叢書・ウニベルシタス　874

したこととすべきこと

〈迷宮の岐路　V〉

コルネリュウス・カストリアディス
江口　幹 訳

法政大学出版局

Cornelius Castoriadis
FAIT ET À FAIRE
Les carrefours du labyrinthe V

目次

凡　例

一、本書は、Cornelius Castoriadis, *Fait et à faire, les carrefours du labyrinthe V*, Seuil, 1997の全訳である。

一、原文でのイタリック体の部分は、訳文では傍点を付した。

一、論文は「 」で、新聞、雑誌、単行本は『 』で示した。

一、本文中の［ ］内の文章は、著者が単行本刊行時に加筆したものである。

一、初出の際の原注は、(1)、(2)、(3) ……で、単行本刊行時に加えられた新たな原注は、(a)、(b)、(c) ……で、訳注は、(一)、(二)、(三) ……で示し、巻末にまとめた。原注の一部は本文中に加え、ごく一部の日本の読者には不要と思われるもの、翻訳された著者の文章の外国誌掲載への言及などは、省略した。また簡単ですむ訳注は、本文中の〔 〕内に挿入した。

はじめに

この本には、精神分析と哲学に関する私の近年の著作を集めた。それらに先行して「したこととすべきこと」を収めている。この項目別の総括的文書については、そのもととなったものを示しておきたい。一九八七年から八八年にかけて、友人であるジョヴァンニ・ブジーノ[一]の勧めを受け、かなりの数の著作家たちが、私の仕事に当てた論文集に協力することを承諾した。彼らの名と寄稿の題目は、論文集の巻末にかかげられている。全体は、『社会科学ヨーロッパ誌』の八六号（一九八九年十二月）に掲載され、単行本『社会の自律と自己転換、コルネリュウス・カストリアディスの戦闘的哲学』（ジュネーヴ、ドローズ、一九八九年）としても刊行された。この本の再刊は近い将来においては考えられないので、私はここに私自身の寄稿を再録することにした。その中で私は、私の歩みとその主な成果を明らかにするとともに、新しいいくつかの疑問の大略を示すために、私に当てられた批判のいくつかの議論を活用させていただいた。私は、あの論文集に力を寄せられた友人たちが、ほかでなされたいくつかの批判にもここで答えていることを大目で見られるよう願っているし、また読者が、あの論文集が彼自身にとって読むに価するものかどうか、判断されることをも願っている〔この論文集の目次は一〇四頁以下を見よ〕。

「何てことをしたの。何てことをしようとしているの」は、女中たちの不満な働きに対して、ブルジョアの主婦たちがあげる伝統的な叫びだった。「したこととすべきこと」は、その名に価するすべての哲学的著作の副題となりうるものであろう。

一九九六年六月

この本に集めた文章は、若干の書き間違いの校正をのぞいて、改訂なしに再録されている。当初の注は1、2、3……で、いくつかの新しい注はa、b、c……で、示した。

したこととすべきこと

私はこの論文集に喜んで寄稿された友人たちに、彼らの証言の数と質を前にしての私の感激をお伝えすることによってしか、感謝することができない。同じ感激をもって私は、ジョヴァンニ・ブジーノにも感謝したい。彼はこの論文集を発案し、多くの障害や個人的な痛ましい事情にも耐えて、刊行を実現されたのだった。

寄稿者それぞれに詳細にお答えすることで、私の感謝の意をもっと実のあるものにできたらと思う。しかしそれには、同じように大部の第二巻と何か月もの仕事を必要としよう。それゆえに私はむしろこの文章を——読者の労を軽くするものにもなるはずの——、私に当てられた諸考察についての一連の考察にすること、私の仕事のいくつかの主要な軸に呼応し、できれば私に向けられた批判の多くに答えることにもなる、いくつかのテーマごとにまとめること、を選んだ。たぶん数多くの問い、現に私の友人たちが提起した問いのいくつか、夜に私を目覚めさせる別のいくつもの問いには、ここではふれていない。しかしそれらは私の心のうちにとどめられていないわけではないし、ほかでそれらについて語ることができたらと思う。いずれにせよ私は、もっとも重要な事例に関しては、残されている任務と来るべき仕事の方向について、明示することにつとめてきた(1)。

存在論

われわれは、革命を救済するために（A・ホネット）哲学をしていないし——存在論に専念しているわけでもない。われわれの思想、われわれの一貫性を救済するために、そうしているのである。存在論、あるいは宇宙論が革命を救済できるであろうという考えは、ヘーゲル・マルクス主義に、つまり私のものとは限りなく離れている概念に、属している。創造という思想に向かっている存在論の研究は、もっとも抽象的な形で、自律社会（一）の可能性にも、スターリン体制やナチス体制の現実にも、場所を残している。この水準では、またほとんどすべてのほかの水準でも、創造はいかなる価値のある内容を持っていないし、政治は存在論から《演繹》されない。

存在論は、伝統的に形而上学と呼ばれていたものを意味するし、形而上学を自分が《乗り越えた》（1972a, p. 158–159）とは、私は決して考えたことがなかった（A・ヘラー）。言語が歴史的な偶発物であることは知られている。とはいうものの、ほかの人びとによってのちにメタ・タ・フィシカ〔形而上学〕と呼ばれた書物の中で、アリストテレスは、この学問は、存在するもの／存在するものとしての存在しようとするもの（オン）／存在しようとするもの、そしてそれ自身に向けて（それ自身として、カットート）それに属するもの、を考察する一種の学問（エピステーメー）であると、大胆にも主張したのである。われわれにいえるのは、存在するもの／存在しようとするものに専念する熟慮／解明があり、それ自身に向けてそれに属するものと、われわれにとってのものとして——つまり、われわれがそれを熟慮するという事実において——それに属するものとを、問いつめる熟慮／解明がある、ということである。この表明は、存在するものについての熟慮と存在しようとする数々のものについての熟慮を、切り離すのは不可能であることを主張しているし、それは、存在するものについての熟慮と《認識理論》（カントと、今日にいたるまでの彼の末裔）を切り離すのが不可能であり、考えられないのと同様に、である。

全体的な存在するもの／存在しようとするものはまた、具体的な実際の組織（秩序、コスモス）として現われるので（さしあたってわれわれは、その組織が全体的か、部分的か、断片的かについては特定しない）、存在論もまた必然的にコスモロジー〔宇宙論〕である。M・ジュールダンがそれと知らずに書いていたように、A・ホネットは、彼がタイプライターの前に身をおくか、街頭にでた折に、きわめて愚かしい宇宙論的な諸仮説を実行に移す。彼は、タイプライターが手の間で爆発しないこと、あるいは彼の同伴者が人間ハンターに変貌しないことが、確かなように行動する。要するに彼は、いかなる超越的な意識も、いかなる実体直観も、いかなる主観間の交流も、それら自身から生みだすか、引きだすかすることができないであろう、必要／利用には十分な、諸現象の規則正しさ、安定性を、少なくとも仮定している。おそらく経験の一貫性はともあれありうるであろう（フッサール）。しかし何人かの哲学者たちの一貫性は、きわめて不確かに見える時がある。つまり彼らが、諸事実それぞれの活動がそれらを明白に確かなものとして示している・そのような諸事実を、彼らの書物の中で疑問視するか、単にありうるものと見なしている・時に、である。

哲学（存在論、形而上学）の道は、人びとが数学、物理学、生物学を熟考すれば、必然的に開かれる(1972a)。それはまた人びとが、批判哲学にとって理解できない事実を、また前記諸科学の言葉のもっとも重大な意味での歴史があることを、熟考すれば必然的に開かれる（1972a, 1986a)。私は誰も科学に、その成果やその歴史に、関心を持つよう強いられてはいない、と書こうとしていた。しかしそれは誤りであろう。哲学は、考えうるものの総体に責任を負うている。というのも哲学は、われわれのあらゆる活動を熟考するよう求められているからである。この責任が現に直面している具体的な諸障害は、諸考察の別の次元に属している。それらは、本質的な事情を何一つ変えはしない。

　哲学の道はまた、人びとが社会、歴史、あるいは人間の精神現象を熟考すれば、必然的に開かれる。しかも一度というよりは二度も。なぜならその熟考は単に、あれらの存在しようとするもの（社会、歴史、精神現象）の存在様式はどんなものか、物理学的な自然や生物のような別の存在しようとするものの存在様式の《かたわら》で、という問いに導かれるだけではないからである。それのみではなくあの熟考は、存在しているものの問題や、それのために世界、自然、生命がある、存在しようとしているものの存在様式の問題に、われわれを直面させる。社会、歴史、精神現象の存在論は、もっとも強力な意味での哲学の、自己・考察の一部をなしている。というのも、哲学が存在しているのは、社会、歴史、精神現象の単に《副次的な条件》(一)であるだけではなく（自然や生命もまた哲学の諸条件だが）、哲学の存在は、社会・歴史的なものと精神現象が存在させる、存在するものの領域の中での、その領域による、特殊な創造でもある、と思われるからである。

　しかし社会・歴史的なもの、精神現象についての熟考は、哲学的には特権的に第三の段階に位置している。なぜなら社会・歴史的なものが存在するという事実（現実の実在）と、その存在様式は、全体的な存在するもの／（自分に向けて、カットート）存在しようとするものといったもの、に関する重大な諸結論へと、ほとんど直接に導くからである。そのこともまた、一度というよりもむしろ二度も。というのも、社会・歴史的なもの（と精神現象。しかしここでは私は、前者にもっぱら注意することにする）は、ある存在様式を明らかにしているし、このことによってすらその存在様式は、人が存在するものから社会・歴史的なものを排除することができない以上、全体的な存在しているもの／存在しようとしているものに（そのいくつかの地層[三]の一つに、ではあるにしても）、属していることを示しているのだから。そしてまた、社会・歴史的なものが存在している事実とその存在様式は、全体的な存在しているもの／存在しようとしているものの存在様式に対して、中立的ではないのだから。別ないい方をすれば、社会・歴史的なものがある、それは自分のものである存在様式にもとづいている、という事実は、世界について何かしらを語っているのである（簡潔であるので私は、以下の頁においてこの世界という言葉を活用することにする）。

社会・歴史的なものに固有の存在様式について、私は一九六四年以来[四]ずっと書きつづけているし、それをここでまた繰り返すことはすまい。各社会は、社会的想念の諸意味作用のマグマを創造していること、この諸意味作用は機能性ないし《合理性》に還元されることはできず、各社会の創出の中で・それによって具現化されていること、あの諸意味作用がその都度、各社会に固有の（《自然な》、また《社会的な》）世界を設定すること、を想起すれば十分である。

われわれはそれら固有の世界の——さまざまな社会の社会的想念の諸意味作用とこの諸意味作用を帯びている諸創出[五]の——限りない変種を、ただちに確認する。われわれは、各社会に固有の諸世界のこの無限の変種が実際にある以上、世界そのものとはどんなものなのだろうか、問うてみることになる。

答えは、世界はあらゆる社会的想念の諸意味作用に適合する（それらと両立できる）し、それらのいずれをも特別視しない、である。これが意味するのは、世界そのものは意味を持たない（……に適合してゆく意味作用をのぞいて。しかしこれは、われわれが意味作用と名づけているものではない）、ということである。その結果、この水準でのあらゆる《解釈のための》議論、社会的想念の諸意味作用の創造の中に世界についての《解釈》を見出そうとするあらゆる試みは、その場を持たない、ということになる。

われわれがまた確認するのは、社会のあらゆる実際の制度、われわれが実際の長続きするものとして想像できるであろうあらゆる制度は、必然的に集同的（集合論的・同一性的（六）、の省略表現）な次元をともなっていること、この次元は必要／利用には十分な、世界へのある影響力を持っていること、そうでなければ諸社会は存続できないであろうこと、である。では、集同的な次元が、相当量の、かつ重要な度合で、世界への影響力を持つ以上、世界そのものとはどんなものなのだろうか。

　答えは、世界そのものは、集同的な組織化に適合するのみならず、そうした組織化に対応する次元を、それ自体ともなっている、である。理解力は社会的に創出されている（1975a, p. 431–455）。しかし理解力は、もし世界が各種のものの、絶対に各種のものの、純粋な多数からなっていたら、対象を持たないであろう（1975a, p. 457–463）。そのことを私は、言葉の濫用ながら、世界の集同的な次元と呼ぶことにする。世界は集同的な次元をともなっている。そうでなければ、たとえば《数学の不条理な有効性》は、理解できないものになる。しかし世界は、集同的な体系ではない。第一に、そうではないのは、世界は人間の想念を含んでいるし、想念は集同的ではないからである。第二に、世界への集同的なものの適用は歴史を持っているし、この歴史は、世界がどこからどこまでも集同的だとしたら、理解しえないものになろう（1972a, 1986a）。最後に、世界が集同的な体系に余すところなく還元されうると仮定すれば、この体系は宙に浮くこととなろう。というのも、その最新の諸原則とその普遍的な諸内容とを集同論的に説明することは、つねに不可能であろうから（1972a, p. 163–164）。

　世界は集同論的な諸組織に限りなく適合する。世界はそれらの組織によって汲みつくされうるものではない。この二つの表明が、私がマグマの存在様式と呼んだ（1972a, 1975a, 1983a）、またわれわれがいたるところで（自らの基礎から分離された数学的構成の中をのぞいて）再発見する、存在様式を明らかにする。

われわれはまた、社会的想念の諸意味作用のさまざまな創造が、根拠のないものでもあり、実際のものでもあることを、確認する。

根拠がないというのは、私が『想念が社会を創る』第一部（1964–65, p. 159–230）で詳しくのべた諸理由によるが、それらの理由は、たとえば古代エジプト人の世界は《間違っている》ということにはいかなる意味もない、といわせるものである（《間違っている》といったことは、その世界がそれとは無関係の意味に満ちている何かしらの《解釈》であるとしたら、いわねばならない、少なくとも議論しなければならない、ことであろう）。われわれはさらに、コーランや福音書の世界が間違っている、ともいわない。われわれがいいたいのは、（a）そんな世界をわれわれは私的な領域以外では少しも必要としていないし、（b）私的な領域の中ですらその世界は、われわれが価値あるものとする諸事実や諸活動——たとえば真の哲学や演劇（《アヴェロエスの探求》（七）の中の、ボルヘスのアヴェロエス、を見よ）——を不可能にするか、意味のないものにする、である。

実際のものである、というのは単に社会的想念の諸意味作用によって社会化される人間たちにとってのみならず、原則的にはさらに他のすべてのものにとってもであり、そのことは単に実際的にだけではなく、理論的にもである。あの諸意味作用はそれらの解釈を強制する。たとえば、ファラオ期のエジプトが資本主義的（あるいは封建的）であった、というのは誤りであろう。アテナイ民主主義の意味作用は、それが仲間たちの共同体の自由を創始したことで涸渇した、というのは、不十分か歪曲であろう。

では、別の面から問題を考えてみよう。社会は対自の存在様式に立脚している。——そして各社会は一つの対自である。各社会は固有の世界を創造する。何ものも各社会のために、意味を作りだすことも、単に存在させることもできない。その何ものかが、各社会固有の社会の中に、その固有の世界がそこに入ってくるものを組織し、そのものに意味を与えるような形で、入ってこないとすれば。個々の精神現象の世界もまた、はじめは固有の世界であり、この世界は、精神現象の社会化がもっと広い固有の世界、精神現象を社会化する社会の公共的世界に開かれているとしても、自らのもっとも深い諸地層の中に、自分固有の世界を最後まで残している。この固有の世界は、閉鎖の様式にもとづいている。——そしてその組織は、当の対自に向けて自らを示す——現われる、現象である——ことのできるすべての、先験的なものである。先験的に《物質的に》（たとえば感覚器官性）でもあり、《形式的に》（たとえば範疇性）でもあるもの。

さまざまな固有の世界の実在、対自の存在様式、その先験的な組織化は、事実である。不思議なことに、それらの事実の否定は不条理である。——私は、固有の世界があるのなら、その組織化は先験的にでしかありえない、といいたい。電磁気にはそれ自体に色がついているという考え、あるいは人は《観察》からはじめてある単数のものとある複数のものの諸範疇を帰納できるだろうという考え（したがって《観察》は当初、観察しているものが《単数》か《複数》か、同時に両者なのか、知らないだろうという考え）、——これらの考えは不条理である。

しかしわれわれは、対自の存在様式といったものが、（社会的な、また精神現象的な）人間に特有のものではない、と確認せざるをえない。生物は対自的に存在している（1972a, 1986b）。生物は、それ固有の世界を創造する。そして、その世界の中に、その世界の組織化にしたがって入らないいかなるものも（大異変として以外には）、その生物にとっては存在しない。

ついでに、この拡大にカントは関心を持っていなかったこと、彼の理論的哲学にとってはこの拡大が具合のわるいものであったことに、注意しておこう。生物の水準での存在論的自律を、カントの用心にもかかわらず実際には明らかにしている、『判断力批判』の嘆賞すべき何節かは、認識論的な視点では、生物を固有の世界を組織するものと見なしてはいないのである。

そこに注意を向けることは、カント主義の承認しがたい限界の一つを認めることであろう。一般的には対自が、個別的には生物の対自が、それ固有の世界を創造しながら存在する（そうしながらでしか存在しえない）、ということがどのようにして生じるのか。論理的には、問題は生物にとっても《超越的な主観》にとっても同じであることを、指摘しなければならない。すなわち実際の世界は、世界が組織されうるものでなければ実際に組織されることができないのであって、このことは、《主観》のではなく世界の属性である（1975a, 1983a, 1986a）。この問題こそカントが、承認するとともに名高い《幸運な偶然》を用いて覆いかくした、ものである。J・ホワイトブックが信じたのとは反対に、この解答拒否が私にではなくカントにとっての、問題を生みだした。経験についての先験的な（したがって必然的な）諸条件を解明しようとしたのはカントであり、彼は主観の側からのみでそれらを見つけられると信じ、《対象》の側にもまた経験の諸条件があることを《忘れた》のであり、すべてを《必然性》という記号の下においた（その後、幸運なであれ不幸なであれ《偶然》は、もちろん不愉快な驚きを生みだす）。彼はつねに（経験がある、《人間の奥底にはかくされた力》がある、等々の）あるがままの諸事実を、よりどころにしているのである。私についていえば、何らかの《必然性》の支配の下に（世界がある、対自がある、という）最終的な諸事実を導くことができると、もちろん決して主張しないであろうし、偶発的なものや必然的なもののこちらかあちらにあるものを、人が偶然と呼ぶことができるとも、そのこちらかあちらにあるものの中でのみ偶発的なものや必然的なものが実際のものであり考えられうるとも、考えていない。

以上のことは確かに、ここで問題とされているさまざまな関連事項を解明する試みを、しないですまさせるものではない。対自といったものが、個別的には生物が、そのたびごとに固有の世界を創造するということは、問題の一部でしかない。生物は実際に存在する。そのことは、彼ら固有の世界と世界そのものとの間のある関係を、前提としている。その関係を、語のもっとも曖昧な意味で対応と呼ぶことにしよう。この対応が存在しているということは、一つの事実、一つの純粋な事実、一つのあるがままの（そして他の無数の事実、たとえば哲学者たちの存在を条件づけている）事実である。この事実は、偶然でも非・偶然でもない。これはある点では、同語反復（ダーウィン的な、すなわち、生物は生きている、したがって生物は生きるのに適している、といった同語反復）である。別な点では、それははるかに深遠であり、同語反復にではなく、世界が――われわれが知っている世界のある地層が――あることに、かかわっている。何ものも、対自があらゆる可能な世界の中で存在しうるはずであろう、とは語っていない。

　ホワイトブックが引いている、『幻想の未来』の中でのフロイトの《答え》は、以上の諸考察を越えるものではない。彼の《答え》は、ダーウィン・カント的である。カントは、すべての認識は（もっと一般的に、世界とのすべての関係は）、対自という先験的な諸構造を前提としている、といっている。彼は、それらの構造が、いかに、なぜ、世界に《対応している》（影響力を持っている）かを、のべてはいない（確かに人は、それらの構造のいくつかが影響力を持たないであろう諸世界を、想像することができる。のみならずわれわれは、もっとはっきりとそれらの構造について知っている。たとえば、極微の物理学的な地層、精神現象的な地層である。そこから、自然の第一の地層への私がつねに改めて強調する留保が由来している）。カントは、あれは幸運な偶然である、という。フロイトはそれに、あの先験的な諸構造のダーウィン的な発生を援用することで答えている。すなわち、先験的な諸構造が世界に《対応して》いなかったとすれば、淘汰／適応はそれらの構造の保持者たちに、生存すること、繁殖することを許さなかったであろう、と。この答えは、それ自身の水準においては正しい。――われわれの討論にとっては不十分である。第一にその答えは、事実から、つまり世界はそれ自体もまた組織されうるものであり、世界は集同的なものを含んでいる、という事実から、存在論的諸前提を引きだしていない。これはフロイトの問題ではなかったし、フロイトにとっての問題でもなかった（彼は、物質世界の《合理的な》形成を決して疑わなかった）。第二に、そして特に、彼のものである発生論的な水準での答えは、実際のすべての対自にとってや全体としての生物にとって、有効ではあるけれども、検討対象のある生物の範囲にその都度ごとに対応する、限られたおよその《知識》にとってしか有効ではない。あの答えは、バクテリアにとって、海亀にとって、チンパンジーにとって、有効である。もしそれらの存在が、生物として、すなわち対自的にあるものの力域として、存在しているとすれば、そのことは、それらが何らかの形で、世界そのものとの必要／利用に関しては十分な数々の接触点を持っている、固有の世界を創造できることを、前提としている。n次元を持つヒルベルト的空間論の誕生と、その物質世界への影響を（あるいは、精神分析理論そのものの誕生を）、あのようにして《説明する》ことは、絶対に不可能である。濾過性病原体の論理とアインシュタインの論理との本質的な断絶のない等質性を、また同様に、存在しているものすべてのどこからどこまでも集同的な組織を仮定するのでなければ（その意味で私は、「超越的な美学は、犬たちにとって好ましいものである。――もちろんわれわれにとっても、われわれの犬たちとの限りない血縁関係の範囲で」と、不遜にも、書いたのである。1986 a, p. 431)。

適応／淘汰は、厳密に集同的な、完全に手段としての、人間の知識の発展を《説明し》うるだろう。が、実際には、それをすら説明していない。適応／淘汰は、人間に固有の諸世界（創出されたさまざまな社会）に固有のものであるものについては、何一ついうべきものを持たない。――すなわち、固有の諸世界を存在させている社会的想念の諸意味作用が、《適応的》でも《反・適応的》でもないこと、つまりそれらがよそにあること、については。精神現象そのものは、不適応の中身に満ちた異常な一事例である。この不適応は、社会制度と精神現象の社会化によって、どうにかこうにか制御されている。——この点から見れば社会制度は、《適応に》ではなく存続に、役立っている。つまり、もし制度を創造できなかったとすれば人類は、生物種としては消滅したであろう。しかしこの同語反復は、社会的想念の諸意味作用の限りない変種の前で、声を失う。たとえば、バビロニアの神々はマヤの神々より《適応的》なのか、よりそうではないのか。あの同語反復はまた、社会の各制度の集同的な次元の——そのレゲンとテオケンの(a)——、社会的想念の諸意味作用というまさしく想像力の次元への決定的な依存関係を覆いかくしている（バビロニアの神学なしには、バビロニアの天文学はなかった）。最後に、また特に、フロイトの答えは言葉の真の意味での哲学と科学の、際限のない問いの創造の前で、崩壊する。《適応》と、創出された（またどうにかこうにか《適応された》）実在の何十万年のあとで、いくつかの社会が、自分たちの制度と既存の自分たちの社会的想念の諸意味作用を問題にしはじめた事実との、両者の関係はどんなものなのか。そこで成就されたこと、それは、その中に・それによって・単なる生物が存在している、閉鎖の裂け目であり、排他的なものとしての固有の世界の（つねに不十分な、完成されない）動揺であり、生物学的《論理》の境界付近での否定である何かしら、世界の歴史の中での前例のない存在と存在様式の創造、である。すなわちそれは、自分固有の実在の諸法を明白に問題し、それ以後、その問いかけの中に・その問いかけによって・存在している、存在なのである。

　私はここでしばらく、後戻りすることにする。私が『想念が社会を創る』の中で提起した問題への答えを、それを一般化することで明白なものにしたいからである。対自がすべてを彼自身から引き離すとすれば、対自はいかにして、なぜ、自分自身の産物以外のものといつか出会うのだろうか。対自がそうしないとすれば、そのことは対自が、それ固有の世界を《外部》から《借りる》か《写しとっている》ことを意味するだろうし、これはバカげている。一般的な答えは、対自は《外部の》世界の諸特徴に十分に《似た》固有の世界を創造することによってしか（創造しなければ）、存在しえないし、そうした創造が、そのことによって対自に固有の世界も世界そのものも、集同的な次元を含んでいることを可能にする、である。対自は集同的なものを創造しなければならない。――そして世界の中には集同的なものがある。対自は、たとえば、分離し結びつける。――そして世界の中には分離されうるものと結びつけられうるものがある。問題とされるのが精神現象という特殊な対自である場合には、以上では答えの一部でしかないし全く不十分である（精神現象は、人間の中に残存している動物的調整の残骸にかかわっている）。ここで肝心なのは、精神現象にとっての《外部の世界》は社会的な世界であること、精神現象は意味の中で・意味によって・存在していること、社会的な世界が精神現象に、社会的な意味作用にもとづいて自分にとっての意味の創造を可能にさせること、である。このことに私は、のちに（「精神現象と社会」の項で）改めてふれることにする。各社会に固有の世界に関していえば、それはさらにいくつかのほかの問題を提起する（「意味と有効性」の項を見よ）。

＊＊＊

社会・歴史的なものは創造であり、決定的に創造であり（創出と意味作用は生物学に還元しえない）、各社会によるそのたびごとの当の社会の創出という創造である（歴史は合理的な展開ではない）。社会・歴史的なものがある。したがって創造は、存在するもの／存在しようとするものに属している。創造は、そこに属しているといったものの一つと、数えられなくてはならない。しかもこのことは、社会・歴史的なものを越えて有効である。すなわち、生物がある。星の存在様式は象の存在様式ではない（このことは、J＝P・デュピュイがあげているように、いくつかの条件の下では《無機物》が《有機物》を《生みだし》うるであろうことを、人が場合によっては示しうるだろう事実とは、無関係である。つまり、生物は、物理学では何の意味も持たない数々の法と質とを生じさせる）。対自的に存在するもの（生物、精神現象、社会・歴史的なもの）の出現が、全体的な存在しているもの／存在しようとしているものの、大変重要な分割化をともなっていることは、即座に明白である。ある範囲で、あるやり方で、あの分割化にもかかわらず、またあの分割化を通して、コスモス、部分的に組織され《首尾一貫した》全体が、存在しつづけていることは、もちろん入念に考察しなければならない、絶大な問題である。

創造という事実はまた、重大な存在論的な数々の含意を帯びている。それについて私は、ここでは暗示することしかできない。あの事実は、絶対的なものとしての確定性という超大・範疇（と、その変身である完全な決定論という観念）の、放棄をもたらす。しかし――A・ホネットや他の人びとがそうしていると思われるように――したがってあの超大・範疇を絶対的で完全な不確定という観念におきかえなければならない、と考えるのは、論理的な誤りである。私の哲学は《不確定の哲学》ではない。創造はまさしく新しい諸確定の設置を――新しい諸形式、エイデ〔形式〕の出現を、したがってその事実によって新しい諸法、新しい存在様式に属する諸法の出現を――意味する。もっとも一般的な水準では、創造という観念は、存在しているものの全体は、それが新しい諸確定の発生を排除する（不可能にする）ことができるほどには、完全に余すところなく《確定されて》は決していない、という意味においてのみ、不確定を前提としている。

創造という観念はまた、別のやはり重要な視点からも、完全な絶対的な不確定という観念と無縁である。その個別的な形成がどうであれ、それがともなう内的な不確定の度合がどうであれ、あらゆる形式（したがってまたあらゆる新しい形式）は、このようにあるもの、あのようにあるもの、である。それは、他のものから区別される個々のものでないとしたら、何ものでもないであろう。

さて、論議を各水準に特有のものにしなくてはならない。創造された形式は、集同的なその諸確定の中でほとんど汲みつくされることができる（たとえば、新しい数学理論）。あるいは、比較的わずかなものにその諸確定を還元することができる（初期の精神現象）。不確定性の存在様式そのものは、単に確定されていないのではない。すなわち無意識の不確定はもっとも強力なものであっても無益であり、たぶん、われわれが近づくことができるとすれば、無意識はそれでもなお十分に区別できる何かであろうし、その不確定は、量子的諸実在物に起こりうる不確定とは、いかなる（論理からはずれた、空虚な）関係も持たない、と人が主張できるほどに、そうである。社会はそれ固有の不確定を帯びているし、――個別の各社会も同じである。

新しい形式と古い形式との関係は、どんなものなのだろうか。もっと一般的に、諸形式の間での、各形式の諸実例（独自の諸典型）の間での、一般的な関係の諸形式は、どんなものなのだろうか。存在しているもの／存在しようとしているものの諸地層の間での、各地層の内部で存在しようとしている数々のものの間での、諸関係はどんなものなのだろうか。《不十分な根拠の原則》について語る（B・ヴァルデンフエルス）のは十分ではない。つまり、人ははるかにそれ以上を語りうる。実際の諸関連の諸典型についての理論は、少なくとも以下の諸様態を考慮に入れなければならないであろう（ここでは、体系的ないし余すところのないものであろうとする、いかなる意向も持たず、単に事例としてあげている）。

——必要にして十分な条件（数学の中で出会うような）。

——単に十分な条件。これはふつう因果関係を意味しているもの（この条件は、前記の条件と同時に生ずることはない。その条件に、他の事情が等しければという決まり文句の下に集められた、必要な諸条件の際限のない全体が付け加えられない限りは）。

——外的な必要な条件（「トリスタンとイゾルデ」作曲にとっての、天の川の存在）。

——内的な必要な条件（前記作曲にとっての、西欧音楽の先行する歴史）。

——精神分析的な意味での支え。

——社会・歴史的な意味での支え。

——ある思想の別な思想への影響（プラトン／アリストテレス、ヒューム／カント、等々）。

これらの様態は、それら相互の間で両立しないものではいささかもない。特にわれわれは、社会・歴史的なものの中で、それらのすべてに出会う（私は、いくたびにもわたって、とりわけ『想念が社会を創る』第一部（八）——一九六四—六五年——の中で、社会・歴史的な生活の中での因果関係の現存と重要性を、強調した）。したがって社会・歴史的な創造は（さらに他のどんな領域の中でもと同様に）、それが根拠のない——虚無からの——ものであるとしても、諸拘束の下でつねに行なわれることは明らかである（その創造は、虚無の中においても、虚無とともにも、行なわれない）。社会・歴史的な領域でも他のどんなところでも、創造は、どこでも、いつでも、どんな形でも、どんなものでもが生じうる、を意味しない。

旧来の哲学との関係

社会は、その社会的想念の諸意味作用の閉鎖の中で、そのたびごとに、創出される。哲学の歴史的創造は、その閉鎖の破棄、つまりその社会的想念の諸意味作用を、部族の表象と言語を、明白に問題としてとりあげること、である。そこから、哲学と民主主義との同質性が由来している。これら二つは、社会的他律の破棄の発端と熟考し討議する主観性という新しい存在の型の、両者の中でしか・両者によってしか、可能ではない。熟考の——思想の——創造は、新しい型の論じ方、哲学的な論じ方の創造を同伴しているし、この論じ方は、際限のない問いを具体化し、かつその歴史を通じて自らを変化させている。

哲学史とわれわれの関係は、それ自身、第一級の重大さを持つ哲学的な問題を、生みだしている(1989a)。それは自然なことであって、それというのも、すべての熟考はまた自己・熟考であり、熟考は今日はじまったのではないからである。この問題のさまざまな側面の中で、一つの側面がここでは特に重要である。閉鎖の破棄である熟考は、しかしながら、抵抗しがたい形で、それ自身に閉じこもろうとしがちである。このことは避けられない(ある哲学が、体系という形をとらない時でさえ)。というのも、そうでなければ熟考は、不確定で空虚な一疑問符であることに、とどまるであろうからである。哲学の真実とは、閉鎖の破棄、そこに特に哲学的なものを含む継承した明白さの毀損、である。哲学はこの運動であるが、しかしそれは、自らが歩む地平を創造する運動である。この地平は、どんなものでもいいわけではなく、そうではありえない。——その地平は、定義を下し、境界を定め、形式を与え、強制する。偉大な哲学に固有のもの、それは、それ自身の地平を越えて進むこと、それをうながしさえすることを、許容していることである。哲学は、考えうるすべてを引き受けようとする——そうしなければならない——のと同様に、それ自身に閉じこもろうとする。もしその哲学が偉大であれば、その中に少なくとも、思想の運動がそこにとどまることができないことの確実な兆候や、運動をつづけてゆくための方法の一部すら、見出されるであろう。それらの兆候や方法は、アポリア〔一つの問いに、互いに矛盾する二つの結論がでること〕、二律背反、明確な矛盾、不均質な凝結物、の形をとっている。

以上のことは、巨大な規模でギリシャ・西欧哲学の全体——私が旧来の思想と名づけたもの——にも当てはまる。この哲学に境界を設け、われわれを拘束する地平は、確定性の地平である。この点では、存在論とギリシャ・西欧哲学の閉鎖がある。しかしこの閉鎖は破りえないものではない[b]。現代の不毛と無力がそう宣言したような、《哲学の終わり》はない(1989a)。旧来の思想の閉鎖は破棄されることができるし、そうされなくてはならない。それは楽しみのためではなく、事態とわれわれ自身の熟考の活動によってわれわれが直面する要求が、そのようなものだからである。そして——ここに旧来の思想という遺産の偉大さの特徴があるのだが——、熟考の名に価する熟考は、プラトンのうちにも、アリストテレスのうちにも、カントのうちにも、ヘーゲルのうちにすら、新しい運動のいくつもの出発点、いくつかの方法を、見出すことができるだろう。

しかしそうしたものは、私の個人的な道程ではなかった。私は、十三歳で哲学を知って以来、哲学に魅せられてきた(私のささやかな小遣いでも、ユーバーヴェーク[九]とブレイエ[一〇]からの誠実な盗用である二巻本の『哲学史』をアテネの古本屋で買うことができた。以後マルクスと同じ時期に、カント、プラトン、コーエン、ナトルプ、リッケルト、ラスク、フッサール、アリストテレス、ヘーゲル、マックス・ヴェーバーが、ほぼこの順序で訪れてきた)。以来、哲学への関心を失うことはなかった。私は一九四五年にパリに来た。哲学の博士論文をまとめるためであり、そのテーマは、あらゆる種類の合理的哲学は、それ固有の視点から見て、数々のアポリアと袋小路にゆきつく、であった。しかし一九四二年以来、私を没頭させたのは明らかに政治だった。私は、この語に固有の意味での哲学をそこに直接まじえることなく、政治的な活動と熟考を進めることを、つねに願っていた。私の著作の中に、大衆の自律（1947, 1949）と創造性が現われるのは、哲学的なではなく政治的な思想としてであった。この自律と創造性は、匿名の集団の活動（1951）の中で・それによって・創出される想念の侵入と、私が今なら名づけるであろうものである。マルクスを批判したのは、現代経済についての熟考と彼の経済学、彼の社会や歴史の見方への内在批判から出発したのであり、形而上学者としてではなく、その後は間隔をおいてのことになった（1953, 1955–57, 1958, 1960）。そして彼の体系を最終的に拒否し、社会の想念による創出という思想に到達したのは、歴史についてと社会のさまざまな形態についての熟考から出発してのことであった（1960, 1964–65）。その時にやっと――『想念が社会を創る』第一部にそれが見られうるように――厳密な意味での哲学とその歴史との接合が行なわれ、マルクスの合理主義的形而上学への帰属がのべられ、ドイツ観念論の中での想像力という観念のいくつかの芽生えが再発見された（この道程についてのもっと詳細な記述は、『官僚制化社会』1972b の総括的な序文のうちに見出される）。『マルクス主義と革命理論』（1964–65）の発表と、『社会主義か野蛮か』誌の刊行停止以後になってようやく、哲学的な仕事が私の自由な時間の大半を占めはじめた（私は、一九七〇年まではエコノミストとして、一九七三年以後は精神分析医として、職業的に働くことをほとんど決して止めはしなかった）。ところでその仕事は、諸科学の、精神分析の、社会の、歴史の、諸想定、諸含意、哲学的意味への専念であるのと同様に、より以上ではないにしても、過去の偉大な諸著作についての熟考であった。

それらの著作の中のいかなるものにも、《特権的な地位》はなかった。しかしアリストテレスが特別な立場を占めていたことは確かであり、その諸理由について、これからのべたい。A・ヘラーがそういっているように、アリストテレスが《啓蒙哲学者たちのあとに》来た哲学者であること、——したがってその意味では、彼の歴史的状況がわれわれの歴史的状況とのいくつかの類似を示していること、これは確かに事実である。しかしそれは真実の一部でしかない。アリストテレスは啓蒙哲学者たちのあとに来ただけではなく、啓蒙哲学者たちに対するこの上なく恐るべき反発のあとに来たのであり、この反発は、かつて存在したもっとも偉大な哲学者、プラトンによって組織されたものであった（私は、A・ヘラーが私に責任を負わせている、プラトンは一《神学者》であったろうというバカげたことを、決して書かなかった。プラトンは神学的哲学をも創造したのであり、——これは全く別のことである）。しかしまた、プラトンの弟子であり彼なしには考えられないアリストテレスは、ある意味でプラトン《以前に》いるのである。すなわちアリストテレスは、重要な部分において前五世紀に属している。確かに彼は、すべてのビオス・テオレイティコス〔理論的活動〕の頂上に位置するにいたる。しかし彼はまた、通俗的な解釈に反して、アテナイ人的な意味での民主主義者だった（彼のポリテイア〔政治〕の理想としての、『アテナイ人の国制』を見よ）。彼にとって思想に必要と（やはり）思われたことから、彼が神、純粋な思考、純粋な行動を提示したとしても、この神——この名に価する唯一のもの——は、この世界とはいかなる関係も持っていないし、この神は、嘲笑すべき堕落なしには、この世界を創造することも、そこに介入することも、できなかったであろう。これらすべての理由によって、アリストテレスの思想の諸緊張と諸アポリアは、特に多産性を帯びている。

アリストテレスは、ギリシャ・西欧的な存在論の境界を定めている。いくつかの主題については、私の決定的な見方では、彼はその境界にまたがっており、まさにそれを越えようとしている。すなわちファンタシーア〔想像力〕(1978b)、ノモス〔法〕/ピュシス〔自然〕(1975b)については。彼は、確定性のうちにとどまっている。つまり、純粋な不確定としての純粋な質料は、抽象的な概念、存在と思考の限界である。創造という観念は、彼にとって意味のないものであったろう。ポイエシス〔制作〕とテクネー〔技術〕についての理論は、本質的に模倣の理論であり(1973a, p. 223–226)、時に彼がぐらついたとしても、である。創造といった観念は事物にとって明らかに不適切なのであり、創造をみだらな(ないし神聖な)語と依然として受けとっている著作家たちの間で、ミメシス〔模倣〕という観念があれほどしばしば現われるのは、偶然のことではない。

アリストテレスは、彼の『政治学』と正義についての彼の理論(『ニコマコス倫理学』第五巻)の中で、前五世紀を考えている。彼はきわめて重要な別の点で(のみならず前出の点に重ねて)、前五世紀を再発見している。彼は(彼が、哲学史についての最初の大計画的沈黙の組織者、プラトンにのみ執着していたとすれば、その存在すらもわれわれは知らなかったであろう)大デモクリトスと、絶えず格闘していただけではなく、ヘロドトスの・ヒポクラテス派の人びとの・偉大なソフィスト論法の・とともに、デモクリトスの・遺産を、ピュシス/ノモスの区別の中で、肯定的に再発見してもいるのである(この区別はプラトンにおいては抹消されており、彼はそれを健全なものと腐敗したものにおきかえている)。アリストテレスの思想が本質的にピュシスの思想であることを、想起してみても無益である。しかし人間の事柄にかかわるにいたると彼は、ノモスの問題を再発見しないではいられなかった。これが『政治学』の中での混沌とした諸側面を説明するものであり、さらにまた、そこでは彼の(あるいは一つの)ピュシスをたやすくは再発見できない、ポリスと正義についての熱考の中で、彼がぐらついている(1975b)ことを説明するものでもある。同様に彼は、精神現象の領域の中で想像力を発見している。しかし彼の努力にもかかわらず、『プシシェについて』〔別称『霊魂論』〕のもっともアポリア的な諸部分の中で彼は、魂の機能的・合理的なピュシスに、想像力を結びつけることができないのである（1978b）。

哲学史とアリストテレスの著作のみから出発して誰かが熟考したとすれば、彼はあのノモスとファンタシーアという——見かけは奇妙にも、実際は本質的に結びついている——二つの主題から出発して、社会の想念による創出への道を歩みはじめることができたであろう（その道を通じて、ヴィコ、モンテスキュー、ヘルデル、カント、フィヒテ、ヘーゲルが、救い手でもあり裏切りものでもある、同伴者であったであろう）。彼は、ピュシス／ノモスの極性に、それが人間にかかわる事柄の中で生じさせる数々のアポリアに、想像力の発見によって生まれる数々のアポリアにと同様に、改めて取り組みえたであろう。彼は、それらのアポリアを（ごまかすのではなく）受け入れ、それらを（もちろん新しい諸問題を生みだすであろう）判定によって、一挙に解決することができたであろう。その判定は三つからなる。すなわち、(1)ノモスのピュシスは、言葉のいかなる意味においても結局はない。(2)ノモスは——テクネーのように——人間たちによって創出されているし、このことが、ピュシスを模倣したものでも補足したものでもない、ファンタシーアを問題とさせる。(3)最後に、存在しようとするものの一つの型、人間として存在しようとするものが少なくともあるし、それが《自然ではない》形でそれ固有のエイドス〔形式〕を創出し出現させるし、しかもそのエイドスが自らのさまざまな確定された潜在性の中にすでに見出されていること・デュナメイ〔ありうるもの〕であること・なしに、であって、したがって、人間として存在しようとするものの把握は、ピュシスの普遍性を打ち砕くだけではなく、あらゆる確定性の存在論を、したがってまたアリストテレスの存在論を、崩壊させる。人間が人間を生む。それゆえにおおむね、アテナイ人がアテナイ人を生む。しかしでは、アテナイ人であることが根を下している、存在論的な（ないし物質的な）場とはどんなものなのだろうか。

あの誰かは、以上の判定をなしえたであろう。しかし彼は、なぜそれをしたのだろうか。なぜ旧来の哲学をも構成している無数のアポリアの結び目の中で、彼はノモスとファンタシーアの二つを選んだのだろうか。この仮定的な問いへの答えを私は持たないし、A・ヘラーが、アリストテレスの存在論の中心的な範疇を拒否することから自らの熟考をはじめる著作家を、ネオ・アリストテレス主義者と呼んでいるのはなぜか、という問いに対しても同様である。私が承知しているのは、社会の想念による創出を私に考えさせたのは、アリストテレスやカントを読んでのことではなく、当の創出の思想がアリストテレスやカントを別な眼差しで私に再読させた、ということである。それらの再読が、私の問いの妥当性と彼らの答えの不十分さを私に納得させたと、あえてつけ加えるべきであろうか。

問題そのものに戻ろう。アリストテレスにとってのピュシスは、目的であり規範である。しかしピュシスはまた、主要な実際にあるものでもある(1975b)。ピュシスは同時に、あるものでも別のものでもあらねばならない。ピュシスはほとんどつねに(錯誤や怪物をのぞいて)、それがあらねばならぬようにあるもの、である。ピュシスは、実際にあるものと無縁の規範であることはできない。このことがアリストテレスを、奇妙な一プラトン・カント主義者にしてしまうだろう。しかしまた、あるがままの実際にあるものも、アリストテレスにとって、ピュシスから統一をも理解の可能性をも奪いとるものであろう。さて、ピュシスの観念の目的と規範という二つの切り離せない構成要素は――この切り離しえなさがなければ、アリストテレスの存在論は崩壊する――、人が人間の領域を考察する時、取り返しのつかないほど解体される。アリストテレスは、ロゴス〔言葉〕とヌース〔理性〕は、われわれ人間にとっての自然の目的である(ト・テ・ピュセオス・テロス)、といっている。どれほどの人間が、このテロス〔目的〕を本当に実現しているのか。どれほどの都市が、この哲学者が考えたような良い生活を保証するために、実際に作られているだろうか。アテナイ人たちの良い生活とエジプト人たちのそれとの間に、もし関係があるとするなら、それはどんなものなのだろうか。

以上すべてをわれわれの用語でいい直してみよう。そんなふうに呼びたいのであれば、普遍的に実際にあるという意味で、人間のピュシスがある。このピュシスとは、核をなすもの、また人間に固有のピュシスとして、根源的想念、すなわち精神現象の根源的想像力と共同の面で創出をはかる社会的想念である。しかしこのピュシスは、いかなる規範とも同時には生じない（ありふれた意味でをのぞいて。完全に《想像力のない》人間は、アリストテレス的な意味で怪物であろう）し、そうしたものとしてこのピュシスは、諸規範を《演繹する》ことも、《基礎づける》こともできない。確かに、諸規範を創造することは、諸意味作用（創出する想念）を創造することと同様に、この人間のピュシスに属している。しかしそこには、実際に普遍的なものとして現われてくる、諸規範のいかなる内容もない。本性から、人間ウーシア〔存在〕から、ピュセイ〔自然〕である、いかなるノモス、いかなる規範も、人間にとってはない。私はここで、社会・歴史的な普遍の問題には立ち入らないことにする。これについての議論は、ご存じのようにこの四十年来つづけられているものの、何一つ確かなものを提供してはいない。私はただ、以下のことに注意したい。(a)その下で社会・歴史的なもの（《物質的》生活での生産、両性生殖、等々）が力を発揮する、普遍的な諸拘束を表わしているありふれた普遍を、規範的な普遍と見なすことはできない。(b)音韻論的なもの以外の、言語の普遍は、言語の集同的な次元にしか、言語ではなく記号にしか、厳密な意味での意味作用的なものではなく手段的なものにしか、かかわりえない（そこに、言語によってなされる指示対象のあらゆる《範疇化》が、属している）。何人かの言語学者が解明しようとしている普遍は、すべてに関係しているが、実は記号に関係しているのである。たとえばチョムスキーが探求している基礎的な統辞論的諸構造は、単に主語／述語のある組織とその諸分枝を、現わしている。(c)具体的な規範性を示している唯一の普遍は、近親相姦の禁止と共同体内部での《自由な》殺人の（殺人一般ではなく！）禁止である。しかしこれらの規範は、精神現象の社会化の最小の要請に属する（1975a, p. 405–420）。創出は、精神現象に昼間の意味を供給しなければならないし、それをするために創出は精神現象に、そこでは他者への欲望と他者への憎悪が当初はいかなる限界も知らない、それ固有の世界からでることを、強制しなければならない。あの二つの禁止からは、具体的・実質的・普遍的ないかなる規範的な処方も、引きだすことができない。以上の諸考察を越えてなすべき巨大な仕上げ作業が残されていること、それは社会・歴史的な仕上げ作業であること、というのも近親相姦の禁止も殺人の（限られた）禁止も、ある内容を持っており、別の諸社会での別の適用の場を承知しているからであること、これらは明白である。

人間のピュシスの実質的で唯一の《規範》は、人間は諸規範を設定しないでいることはできない、である。社会は人間のものであって、擬《動物社会》ではない。社会が創出の中で・創出によって諸規範を設定し、それらの規範が諸意味作用を体現しており、諸規範の存在と維持の様式が、いかなる特定の生物学的な基盤も持ってはおらず、《諸機能》にも、《諸適応》にも、《見習い期間》にも、《解決すべき諸問題》にも、対応していない限りにおいては。

今日では、いくつかの（非常に稀な）社会が、ある（きわめて最近の）時期から、およそ前代未聞の問い、諸規範と社会的諸意味作用の理論的有効性についての問いを、提起している。そこにはまた、社会・歴史的な新しい創造、新しい空間の・新しい存在様式の、新しい諸対象と諸範疇の創造があり、――この創造は明らかに、哲学と私がこの語に与えた意味での政治（1988a）の創造と、一体になっているものである。この空間こそわれわれが前提としているものであり、その中にわれわれは、われわれが真実や正義について討議する時、入っている。このことについて私は、のちに改めて詳しくのべることにする。

精神現象と社会

精神現象と社会・歴史的なものは、どちらかをどちらかに還元することはできない。人は社会を、精神現象的なものによって作ることはできない（たとえば言語という形の下で、精神現象的なものの中に社会がすでにこっそりと導入されたのでなければ）。無意識は諸幻覚を生むが、諸制度を生むのではない。人は社会的なものにもとづいて精神現象を生むことはなおさらできないし、この表現が何を意味しうるのかすらわからない。また精神現象的なものを完全に社会的なものの中に吸収すること、古風な社会か『一九八四年』(一二)の社会の中にそうすることさえ、できない。人びとはつねに夢みるであろうし、社会的な規範をつねに犯すことを望むであろう。

この確認が、J・ホワイトブックには受け入れがたいらしい。この点で彼は、精神現象も社会もどちらかをどちらかに還元できないと語ることは、両者の間での《形而上学的対立》を設定するだろうと見た、J・ハーバマスに同意している。《形而上学的対立》とは奇妙な表現である。私がいま主張したことが誤りであるとすれば、対立は《形而上学的》ではないであろうし、対立は存在しないであろう。問題なのが還元不能といった観念であるとすれば、指摘は非論理的である。もし私が、大気に満ちた部屋も気球もどちらかをどちらかに還元することは（位相的に）できない、といったとすれば、これは《形而上学》であろうか。むしろ、還元不能性のすべての肯定は《形而上学的》であるという観念の背後に、どんな形而上学がかくされているのか、問うべきであろう。答えは明白であって、統一的・還元主義的形而上学である《唯物論的》か《観念論的》かは、どうでもいい)。還元不能なものはないということは、すべてのものの本質は同一であり、現象的な相違は、量、結合、等々の相違に帰着する、を意味する。この形而上学は有害である。それが《形而上学的》であるからではなく、――それが誤りであるから。

精神現象は余すところなく社会化されえないし、――無意識は余すところなく言語に表現されえない。無意識の(ここでラカンとハーバマスが奇妙にも一致する)言語への還元は、事実そのものと(明らかにまたフロイトの、「無意識の中には諸事実の諸表象しかない、諸単語の諸表象ではなく」という思想とも)無縁である。いかなる夢も完全には解釈されえないし、このことは事実においてではなく、原理的にである(1968a, 1975a)。夢が利用する(言葉のではなく形象上の)比喩の選択は、多元的にも、また低度にも、確定されている。形象化の要求は、夢を本質的なねじれに委ねるし、このねじれから出発して人は分析的解釈の中で、言語ではない、極端な場合には表象化もされえない、諸内容を復元しようとする(人があるものの本質を言語の中に見出させようとしたのは、そのものが《衝動》と名づけられたからではない)。夢の解釈はねじれを倍加する。というのも《夢の中心点》は、衝動的、モナド的であるからであり、夢が、(おそらく哲学者である場合をのぞいて)すべての夢みる人が知っている、情動/欲望/表象という最初の未分化を、ふたたび実現させるからである。無意識の《注釈化》は、何一つ明らかにしないだけではなく、ホワイトブックが考えたらしいように、フロイトの発見の肝心なものを破壊し、その発見を限りなく平板なものにしてしまう。このことによって無意識の注釈化は、(私が《参加》しなかっただけではなく、繰り返し告発した、1964-65, 1968a, 1972a, 1975a)《言語学的な転回点》の意味を忠実に表現している。注釈化はまた、精神現象にそのたびごとに独自の言語を強要する、社会化の過程を理解しがたいものにする。

バーナード・ショーの《聖ジャンヌ・ダルク》の若いイギリスの聖職者同様に、無意識は英語を話す、と信じなければならないのだろうか。イディッシュ語あるいはウィーン風のドイツ語は、もっとよい候補ではないのだろうか。無意識についての《言語学理論》は、(チョムスキーのように) 意味論的に普遍的で先験的な言語を (あるいは、この原言語をともなうあらゆる《経験的な》言語の、厳格な同型性を)、仮定しなくてはならない。

人はこの仮定を捨て、精神現象に内在する言語の《潜在性》に仕方なく頼ることができるのだろうか。ホワイトブックが、それを試みている。もちろんすべては、《潜在性》という限りなく柔軟な用語次第である。彼はリクールを、そして《言語以前の意味を示す能力》を、援用している。ここでもなお、自分のいっていることがわかっていなくてはならない。一つの《意味を示す能力》ではなく、精神現象の少なくとも二つの次元があるのであって、それらが精神現象に言語を、もっと一般的には社会化を、可能なものにする。これら二つの次元は、根源的想像力にかかわりを持つ。当初から精神現象は、意味の中にいる。精神現象のために意味を生じさせる様式にもとづいて、すべてが意味を生じさせなくてはならない。そしてほとんどその直後に、精神現象は (ラカンを惑わせた) 代用物の中にいる。精神現象は、あるものの中に別のものを見ることができる。これが記号関係の主観的な相互関連である (1975a)。しかしこのことは、精神現象の言語があり、その機能は《抑圧という障害》によって混乱させられるであろう、ということを意味しないし、無意識に属するであろう言語学的な何かしらと意識的な言語の間に、《異質なもの》があることすら、意味しない。あるのは二つの世界の間での存在論的な変質であり、当初はモナド的な世界・ついで分化されるもののつねに自分自身に閉じこもろうとする世界・そこではある表象が別のある表象と関係あるものとして提起されうる世界と、かなりの部分で集同的な論理に服し、どうにかこうにか共有されている公共的な意味作用を帯びた、諸記号の昼の世界との間の、存在論的な変質である。

私の見解は個人と社会の間の媒介を不可能なものにするだろう、といわれているらしい。しかし問題はそのような媒介を設定することにはなく、個人、それが社会的なものなのであり、個人は、そのたびごとに創出される世界の、完全な断片である。問題は、精神現象が（決してことごとくではなく）社会化されているという事実を、できうる限り明らかにすることである。ホワイトブックは、私が《この問題を理論化できない》と考え、その求められる理論化は、社会化されるべき精神現象の《内在的な潜在性（あえていえばアンラゲ、意向）》の中に見出されるだろう、と信じている。しかしモリエールの医者たちによって、ご存じのように大成功裡に実行された、この《内在的潜在性》の仮定は、理論化とは全く反対のものであり、それは熟慮の停止である。精神現象が（不完全に）社会化されうるということは、大理石で像を作る可能性が、像になる意向を大理石が持っていることを意味しない以上に、精神現象は社会化の意向を持っていることを意味しはしない。ホワイトブックは、正当にもハーバマスを、精神現象と社会の間に《調和をあらかじめ設定している》と非難しているが、《内在的な潜在性》という用語が可能性以外のものを意味するとすれば、彼自身が当の調和をまた導入しているのである（1975a）。

フロイトは、無意識は時間を知らないし、矛盾を知らない、といっている。しかし無意識は社会を知らないのではない、無意識は社会に対してきわめて好意的ですらある、とさらに付け加えていうべきなのだろうか。これは正統派の問いではないが、首尾一貫した問いである。初期の精神現象に積極的な社会化の意図があるとすれば、その時は確かに、社会が意味するすべてのもの、満足の延期、快楽の断念、思想の全能の放棄、抽象的な規則、独立した他者と不確定の他者たち、等々に対しての積極的な意図がなくてはならない。それらすべては、診療所が日ごとにわれわれに示しているものとも、精神現象の世界についてのいくらかなりとも首尾一貫した理論化とも、何一つ両立しない。初期の精神現象にとって社会とは、無条件のアナンケ〔必然〕である。社会が、もっとも好意的でもっとも魅力的な形——母の形——で幼児に自己紹介してみても、無駄である。母に対する深い、ほとんど根こそぎにすることのできない（成人の間では、私に観測の機会が与えられたうちで、もっとも強烈な憎悪にまでゆきつく）愛憎の共存は、不在の母＝悪い母という不可避的な方程式を越えて、母との断絶の中での母の決定的な役割、精神現象のモナドとの断絶の中での母の決定的な役割の中に、その起源が見出される。

人類における《社会化の潜在性》であるものを理解する習慣的な見方、自らの動物性を失ったけだものという見方を、くつがえさなくてはならない。大半の哺乳動物のように、いずれにせよ高等猿類のように、《前・人間》は、《本能的な》社会性に近いものと、本質的に集同的で非反省的な《精神的な》仕組とを、つまり社会的な動物と理性的な動物という二つの生理機能を、同時に与えられてしかいなかった。ここには人間に固有のものはないし、——それは、模倣と見習いというきわめて動物的な特徴の中にもない。人間に固有のもの、それは、厳密な意味での精神現象の発生による、二つの機能的な仕組がこうむる破壊である。機能性にいかなる考慮も払わない想像力の、癌腫瘍のような、危険な成長が、あの二つの仕組を粉砕し、その残骸を非・機能性（器官の快楽に勝る表象の快楽）に従わせる。この残骸は——たとえば、高等霊長類の場合に明らかにきわめて近いか、そうでなければ同一の、神経・感覚器官の組成に結びついている、世界の《知覚された組織》と同様に——部分部分ないし素材となり、それらの援けをえて創出は、人間の理解力、人間の知覚、人間の真の社会化——社会や時代にしたがって著しく変化しうる三つのもの——を構築するであろう。

［《動物社会》のような不明瞭な用語を、改めて持ちだして論ずるのは無益である（たとえばM・ゴドリ

エ、『ラ・ルシェルシュ』誌、一九八九年十一月号）。蜜蜂の巣や羊の群は社会ではない。そこで諸意味作用が共にあることを構成し、諸制度の網によって象徴化され、その網によって具体化されているところに、社会がある。――あるいは、《具体的・抽象的なもの》によって伝えられ、不確定の共同体によって参加しうる、明白な感じえないものがあるところに、社会がある。社会は、理想の創造なしには考えられない。」

では、精神現象と社会の間に《共通のもの》は何なのか。どこに《媒介》ないし《一致点》があるのか。それは、両者にとって非機能的な意味があるし、あらねばならない、ということである（意味はいささかも理性を意味しない）。しかしその意味は、すでにのべたように両者の中ではもともと別のものである。とはいっても、精神現象が意味を求めること、――精神現象にとって固有の意味であるものを社会が精神現象に（決して完全にではなく）放棄させ、精神現象に社会的想念の諸意味作用や諸制度の中に意味を見出すよう強いることも、やはり事実である。どこに諸《媒介》があるのか、とたずねるのは奇妙なことである。それらを人が列挙しきることはないであろう（1975a, 1982b, 1985, 1986b, 1988a, 1988b）。《抽象的に》社会は、（二三）充当の対象、同一化の模範、代理的な約束（不死）、等々を供給する。《具体的に》社会化は、すでに社会化している少なくとも一人の個人の、完全な現存と（破滅的であるとしても）介入なしには、決してなされえない。その個人が充当の対象となり、そのたびごとに創出される社会的世界の入口になる。

人間化の三百万年以上もの間、母、それが社会であった。そのことがわからず、諸《媒介》についてたずねる人は、何が問題なのかを理解していないことを示している。その過程の展開を、精神現象の還元しえない特殊性を考慮しつつ明らかにしたことは、的確に解釈された精神分析理論の、精神現象の世界のみならず社会の中心的な次元への、決定的な寄与である。私は、自分がその的確な解釈を、精神分析学者たちの社会学音痴と社会学者たちの精神分析音痴とに反して、『想念が社会を創る』の第VI章〔邦訳では第三章〕で提供したと、自負している。

それらすべてがまた、無意識の存在様式がマグマの存在様式であるとすれば、マグマはここでもよそのどこでも《無定型の粘土》をいささかも意味していないことを、示しているし――全く反対ですらある。というのも人は、マグマから《集同的な諸組織の際限のない数を引きだす》ことができるのだから――、あれらすべてはまた、《精神現象の実際には限りない柔軟性》に呼応しているのである。マグマの存在様式は、この考慮の対象が集同的な諸組織に還元できるものでもなく、その諸組織によって汲みつくされうるものでもないことを、単に示している。

《ではなぜ精神現象は幻覚的な満足を断念するのか》という――ホワイトブックによれば、フロイトにとっても私にとっても乗り越えがたい難題を生みだすであろう――問いに対しての、中心的な答えはもちろん、精神現象はそれを断念しない、である。精神現象は夢も、幻覚も、昼の夢想も、断念しない。精神現象はその社会化された諸地層の中でもそれらを、さまざまな様相ではあるが、やはり断念しない。

ヒトラーを前にした熱狂的な群衆や、ホメイニの命令で殺し合うパジャランたち〔一三〕は、器官の快楽を手に入れようとしていたのだろうか。しかしこの問いは人を欺くものであり、この問いは、それがひそかに競争相手〔表象の快楽〕を非難しているというデカルト的な諸想定にもとづいてしか、意味をなさない。私は、精神現象は肉体の《形式》でしかない、と書いた(1975a)。もし乳児が同時に幻覚的でもあり《現実的》でもある満足を体験できないとすれば、彼は食欲不振ではなく、単なる栄養失調によって死ぬだろう。器官の快楽に対する表象の快楽の優越(1975a, 1986b)は、器官の快楽が除去されていることを意味しない。もしそうだとすれば、個人の保存も種の両性生殖も、ないであろう。肉体(もっと正確には、肉体の《活動/情念》は、快楽の源泉であるが、しかしこの快楽は、表象と《二重に》ならなければならない。すべての乳児の運命は、幻覚的な快楽と《実際の》満足との一組を、彼が織りなしてゆく仕方に、母が彼に織りなさせる仕方に、かかっている。われわれは《デカルト的な》肉体とは無関係な精神現象、肉体の《内部》に閉じこめられ・肉体との接点としては松果腺しか持たない・精神現象については語るまい。われわれが語るのは、精神現象/身体、肉体の《知覚できない》次元である精神現象、肉体のすべてにわたって《二重になるもの》についてである（そしてすべての社会化は、もちろんまた同時に肉体の社会化であり、逆に肉体が社会化それ自身の支柱であるように、である）。《実際の》満足は、絶えず想念の中につかっている。そして、人類の間で、前者が後者とどんな形でいつか分離されうるのか、わかってはいない。

この分野では、なすべき絶大な仕事が残されている。もっとも緊急だと私には思われる諸方針を、ここにあげておきたい。第一に、個別の諸社会によってそのたびごとに樹立される、特定の社会化諸様式の解明。それらの様式のありふれたものではない不変と見なしうる特質についての討議。私がのべたばかりの特質を越えて、である。

同時に、精神現象／身体の統一性／相違という問題もまた相変わらず曖昧なままであり、これについての討議は、《伝統的な》(《精神身体的な》、等々の) 観点からのみではなく、同時代の諸成果 (神経科学、《人工的な知能》を否定するパラダイム、等々の) 観点からも、改めてはじめられなくてはならない。

また、やはり同じ視点で扱うべき、社会の《具体的な》諸連結についての問題がある。——たとえば、家族、部族、世襲的身分、階級、等々の集団、それらに結びついている個別の諸意味作用、個人に呼応する同一化、である。この問題の存在を私に思いださせてくれた友人たちに、私は感謝する。——そして私が三十年以上にもわたって諸階級、労働者たちの無定型の諸グループ、若者たち等々について書いてきたのは、その問題を知らずにいたからではないことを、失礼ながら私の方から彼らに思いださせたい。x＋x＝2xと書いた代数学者を、1＋1＝2であることを知らないか忘れていると、人は非難するだろうか。

さらに指図し／規範を教える次元が、すなわち以上の諸考察が自律に向けての教育についての熟慮にもたらしうる寄与が、ある。

最後に、私が行なった（1975a, 1986b）以上に十分に検討すべきものに、精神現象や他律的な社会的個人から熟考し討議を加える主体への移行（あるいは昇華の異なった二つの様式の解明）が、ある。

＊

以上の諸問題のいくつかは、H・ファースの文章の中で論じられている。私は、彼がいったことの大半に同意するし、その中には《行動は想念の産物である》という彼の主張も、含まれている。しかしここでは、識別が必要である。『想念が社会を創る』の中で私は、精神現象の活動の全く初期の諸段階しか考察していないし、この時期には、きわめて抽象的で厳密ではない意味でをのぞいて、《行動》は問題になりえない。──ファースは二歳以後の時期を対象としているのに、である。それにまた私が強くいわねばならないのは、精神現象が切り離しがたく表象／意図／感情の流出である事実を強調しながら私が、夢について先にすでにふれた理由によって、特に表象の言語をそこで論じなければならなかったこと、である。それは、もっともたやすくもっとも直接的に、われわれが語ることのできる側面である。このことは、社会的想念の諸意味作用についてもまたいえる（1988b, p. 122–3）。──しかし私は、ファースのように、子供が、後になってからでも、《自由に社会的諸意味作用を作りだす》とはいわないだろう。子供による社会的想念の諸意味作用の同化は、確かにまたつねに自己・活動であり、――したがって建設的で、《創造的》ですら、ある。それでも同化が主として取り入れ（一四）であり、しかもそれが七歳よりはるか以前から（実際には誕生以来）はじまっていることに、変わりはない。取り入れ（一五）が投影を前提としていること（1975a, 1986b）、これは別の話になる。子供たちの諸規範への愛着は確かだが、――しかし遅れてであり、《はじめは》その愛着はその反対のものと共存しており、愛着の諸根源は、精神現象のモナドの解消をともなう、規則正しさと安定した諸指標との繰り返しと必要の中に、求められなければならない。

見習いと進歩

見習いに中心的な範疇の、さらにはデイセクスマキナ（思いがけない救いの神）の役割を果たさせようとする傾向は、すでに長きにわたって見られるものであり、この救いの神は、動物と人間との間の隔たりを奇跡的にも乗り越えさせ、その上、不思議な錬金術によって新たに出現するものの問題を一掃させるにいたるらしい。

しかし見習いは――そのいとこである適応と同様に――、いかにそれが重要であり除去できないものであろうと、生物学の範疇である。ここで私は、厳密に生物学的なこの観念が、同時に明確なものと限りなく不可解なものを含んでいることを、強調するには及ぶまい。生物学者たちがそれを知っているにせよ知らないにせよ、見習いというこの観念はただちに哲学的な諸問題に送り返されるし、この諸問題は（《生命についての哲学》ではなく）生きている人についての哲学が、解明しなければならないものであろう。人間の《見習い》と動物の見習いを何が区別しているのか、人が明確にしはじめるとすれば、人間の領域についての理解に何かしらがもたらされるであろう。このことについて私は、それがなされたかどうか知らない。

自明の事実をただちに認めなくてはならない。動物の見習いが決定的に与えられた固有の世界に関係しており、やはり決定的に与えられた《主観的》諸装置にもとづいているのに、人類の場合のそのような見習いは、《純粋に動物的な》ものとしての人間の――つかむ能力、立つこと、歩くこと、等々の――諸機能にしかかかわっていない。この諸機能をそれら以外のものから抽象的に分離させることが、妥当なものである限りにおいて。人間の《見習い》の肝心なものは、決定的に与えられた固有の世界にかかわってはいない。それは、別種の社会・歴史的な世界に、別種の諸社会に、関係している。そのことは、言語の場合のみならず、振舞いの全体にとってもやはり明白である（肉体との関係すら社会・歴史的に決定されていることを理解するには、アフリカ人たちとヨーロッパ人／アメリカ人たちが、並んで踊るのを見れば十分である）。

以上のことは、密接に結びついている二つの確認に送り返される。ここではバミレケの文化を、あちらではフィレンツェの文化を学ぶことを可能にする、人間の本質的な柔軟性がなければ、歴史もさまざまな社会もないであろう。さてこの柔軟性を解明しうるであろう何ものをも、見習いについての諸理論も、もっと一般的にはそれらに支えられている歴史についての諸概念も、提供していない。最善の場合でもそれらの理論にとってあの柔軟性は、消化しえない凝結物にとどまっている。それに対して、想像力と・社会のそのたびごとに与えられる創出の想像力への強制・にもとづく、精神現象の社会化の解明は、諸現象の全体を、原則としてそれを理解しうる枠内で、われわれにわからせてくれる。(一六)

その上、もし人間の振舞いが見習いでしかないとすれば、人びとがかつて、なぜ、いかに、《初期社会》から抜けだしたのか、理解できない。歴史の存在と諸社会の多様性は、新しい数々の振舞いを人間に発明させる創造の能力を、人間にとって本質的なものとして認めること、時によっては新しいものを受け入れることを、強いる（第二の側面についての基本的な重要性については、1971, p. 140–141）。新しいものを受け入れることに、見習いは何一つかかわりがない。というのもこの受け入れは、最小限、すでに樹立されている《主観的な》諸装置を、大幅にかつ突然（そこでは、《試行錯誤》が実際にはいかなる役割も果たさない過程の中で）、変更させるからである。もちろんこの新しいものを受け入れる能力、それがなければ社会の諸変質はないであろう、最小のものとしてはつねに存在している能力も、伝統的な諸社会のほとんど絶対的な閉鎖を破る、諸社会の歴史的創造と関連して、絶大な転換をそれ自身がこうむっている。

しかし、それ以上のものがある。人びとは時に、人類史の全体を、諸世代や社会の諸形態を通して累積する《見習い》の過程として、提出しようとする。この見方にとっては、《見習い》と称するものを、だんだんに成功してゆく解決しつつある問題のように解釈し、《見習い》を《合理化の過程》と結びつけることは、ほとんど宿命的である。この概念の中に、独断的な主張と《合理性》といった脅しのおかげであらゆる問題を避けている、生物学めかした通俗的な一つのヘーゲル・マルクス主義を、どうして見ないでいられるだろうか。もし人間が見習いによって決定づけられているなら、もしこの見習いが累積的であるなら、三世紀から十世紀にいたる西欧史を特徴づけている、絶大な後退と大量の消失を、われわれはどう扱ったらいいのだろうか。この見習いが解決しつつある問題の中での見習いだとするなら、人類に対していつでもどこでも、一般的に提起されている諸《問題》とは何か、それらの解答はどこにあるのか、を明らかにしえなければならないであろう（1964–65, p. 187–190）。この問いは考察すらされていないし、——

そうされたとしてもそれは、《必要を満たす》か《自然との対応をよりよく調整する》といった類の、間違った月並みなもの以外の、どんな答えを受けとりうるのだろうか。諸《必要》はもちろん、社会の創出によってそのたびごとに明らかにされる（1964–65）。諸《問題》も同様である。紀元四五〇年頃の忠実なキリスト教徒が解決しなければならない諸《問題》は、紀元前四五〇年頃のアテナイ市民が解決しなければならない諸《問題》では、いささかもない。後者と前者の間で何が《進歩》なのか——《累積》なのか——、まことしやかな《弁証法》なしに、人びとが私に示して下さることを私はぜひとも願っている。

社会の創出がいつでも、どこでも解決しなければならない唯一の《問題》、いつでも、どこでもあの創出が、外部からであれ、それ固有の想念によってであれ、混乱させられていないとすれば、実際には非の打ちどころのない形で解決している唯一の問題、それは意味の《問題》、すなわち意味作用を授けられた（《自然の》また《社会的な》）社会を創造すること、である（1964–65, 1975a, 1982b, 1988a）。この視点から見て、《累積》や《進歩》がありうるということは、世界の《意味》がある、われわれは次第にそれに近づいているという、ありふれたものであるにせよ、信じがたい観念に荷担すること、である（補足していえば、対象とする諸社会を、《世界の真の意味》への、いずれにせよ差のあるそれらの接近の度合にしたがって、階層化しようとすること、である）。それはまた、歴史の全体を《合理化》とする見方が誘いこむものでもある。

ざっと（詳細にではなく、1973a, p. 232–237）考察した人類史の全体に関して、《進歩》や《累積》の経過を示す次元があること、それは集同的な次元、レゲンとテオケン、論理数学と技術であることは（1975a, p. 365–369）、明らかだし、月並みなことである。われわれはそこから、《進歩》と《累積》だけ、という結論を引きだすことはできないであろう。われわれが——明らかに不条理である——世界と人間の生活の集同的な諸実在物への還元をはからない限りは。しかもこの集同的な次元についてすらわれわれは、《進歩》とその保存が、重要な哲学的な諸問題に送り返されることを、忘れることはできない。一方では、それらは明らかに宇宙論的な諸条件なしには不可能である(1986a)。それというのも、理解力がその《途方もない力》を発揮できるのは、存在するすべてのものに集同化しうる次元があるからである。他方では、《進歩》の普及は人間の想念次第だし、——その保存も、その受け入れ同様に、そうである。私が若かった頃、ギリシャの(そしてたぶん多くの国の)農民たちは、農学者たちから提案された農法を、「これはわれわれが親から学んだものじゃない」といって、拒否していた(この点で彼らは、必ずしもつねに間違っていたわけではない。西欧の《専門家たち》によってアフリカで惹き起こされた荒廃がそれを示しているように。——しかしこれは、別の話になる)。あの農民たちの態度は、二十世紀末の西欧の知識人にとっては、愚かなことと映るであろうが、——愚かか、そうでないか、これは第一に、特に、あらゆる人間の集団がとる最初の態度である。今日、《近代性》が提供するすべてのものの全員による無批判的な受け入れは、まず単に受身の、全くまた《愚かな》、潜在的には限りなく破滅的な、態度である。アレキサンドリア図書館の火災によるいわゆる破壊に際して、カリフが「あれらの書物がコーランがいっていることをいっているとすれば、あれらは無益だし、別のことをいっているのであれば、あれらは有害だ」と不朽の文句を口にした時、歴史は、事実のみによる真実の観点からはほとんど確実に偽りであるけれども、社会・歴史的な観点からは、歴史は深遠な真実を帯びている。カリフのものとされた態度は、真の信者に価する唯一のものである。それは、幾多の例に見られるように、何世紀にもわたる真のキリスト教徒たちの態度であった。たとえば彼らが、聖パフニュウスの生涯と奇跡について書こうとして、ギリシャ哲学の写本を覆い隠した時の、である(見習い？　解決しつつある問題？　進歩？)。あの態度はまた、パスカル晩年のものである。

集同的な進歩は、それが自分を押し通す時に、それが自分を押し通す場所で、それがもたらした力に応じて、時を追って自分を押し通している（別の文化にとってもっともたやすく採用される諸発明が、武器の諸発明であることは、スターリンやブレジネフについては語らないにしても、アラブ人からアメリカ・インディアンやピョートル大帝にいたるまで、行なわれてきたことである）。そのことが進歩に、異なった社会間の闘争の中での、ほとんどダーウィン的な《生き残る力》を、保証している。しかしそのことすら、絶対ではない。七世紀と八世紀におけるイスラムの信じがたい征服は、技術の優越とは何の関係もない。あの征服は、イスラム教の、その情念と情動（《狂信》）をかきたてる能力の、またごく僅かではあるがイスラムの社会的諸装置の、諸特徴から生じている。しかし、哲学と民主主義と、それらを自分のものにしている型の社会は、何一つ強制しない。

歴史性についての真の諸問題は、《見習い》、《合理化》、《解決しつつある問題》、《進歩》を越えたところに見出される。それらの究明は、私にとっての優先的な課題である。

意味と有効性

私は意味と有効性の区別を知らないでいる、と思われている。この批判は、まずJ・ハーバマスによって表明され、読者がご覧になったばかりの〔この論文集の〕諸頁の中で、さまざまな形で、特にA・ヘラーとH・ポルティエによって、改めてとりあげられている。

非難は、つまるところ、《エッフェル塔はロンドンにある》（意味に満ちているが、有効ではない、ズィンフォルな〔意味のある〕記述）と、《エッフェル塔はパリにある》（意味を表しているとともに有効でもある記述）という二つの記述を、私が区別することができない（あるいは、望んでいない）というのである。すべての間違った記述は意味を持っている。意味を持っていない諸記述、それらについてわれわれは、意味がない、不条理である、というが、——間違っているとはいわない。《第五共和制の四角な根は菊芋である》は、間違った記述ではない。

　意味、意味作用、理想は、社会によって創造されたものである。有効性もまた、そうである。意味／有効性の区別は、社会の創出を構成するものである。この区別は、適正／不適正、合法／禁止等々の区別の前提である。この区別を廃止しようとする企ては、想像しえない全体主義の領域に属し、オーウェルによって『一九八四年』の中で、ニュースピーク[一七]の最終目標として実に見事に想像されているが、その領域は結局、不適正でも非合法でもないものになるであろうものの、《ビッグブラザー[一八]は善良ではない》というのは、文法的に不条理である。

　しかし意味／有効性の区別は全く不十分である。もっとはるかに重要な問題が、各社会は自らにとって意味があるもののみならず、自らにとって有効性があり有効であるものをも創造することを、われわれが認め、われわれがそれを余儀なくされる時以後、立ち現われる。このことに疑問をはさむことは、歴史と民族学がわれわれに示しているものの、完全な忘却によってしか、可能ではない。歴史家でも民族学者でもなかった聖パウロは、その事実を知っていたし、同じ区別をした。すなわち、われわれは十字架にかけられたイエスを伝承するが、それはユダヤ人にとってはスカンダロン〔悪企み〕であり、異教徒にとってはモリア〔バカげたもの〕であった、という区別をした。ユダヤ人にとっては、救世主が（強力である、勝ち誇っている、等々ではなく）十字架にかけられた、という観念は、意味を持つが、この観念はスカンダロン──破廉恥、冒瀆、極端に間違ったもの、である。異教徒にとっては、ある救世主、彼のはりつけ、彼の復活という観念自体、単にモリア──子供じみたおしゃべり、意味のない噂、である。聖パウロは、諸主張（超越的でさえある神の化身、キリスト教的な意味での信仰、等々）に満ちた、一宇宙を創出しつつあったのであり、その宇宙はアリストテレスにとっては、有効でないものでも間違いであるものでもなく、単に不条理な（実際には理解しえない）ものであったろう。このことは、歴史的にいえば、昨日の朝方、起きていたことである。それを、今日のわが哲学者たちは、すでに忘れてしまっている。

各社会が、自らにとって意味と有効性であるものを創出するということの確認の、裏面ないし派生的な命題は、その意味と有効性であるものは原則的に、別の社会にとってはそうではない、ということである。原則的に、と私はいっている。前記の主張はいくつもの形で整備されなければならない。もちろん各社会の《唯我論》があるのではなく、明らかに本質的な変質がある。事実がそうでないとすれば、本質的な（人種差別や戦争を条件づける）外国人嫌いや、民族学的・歴史的な認識のほとんど越えがたい困難も、ないであろう（1983b, p. 262–267, 1987b）

問題は、二つの側面で提起される。まず第一に問題を《それ自体として》──各社会が他の諸社会を体験し創出してゆく仕方を──考察しなければならない。どうにか手をつけはじめられた、探求の巨大な領域。ここでは私は、いくつかの一般的な指針をあげるだけにしておきたい。

ある社会は、別の社会の諸制度の有効性を、それらが自分固有のものと《同一》であるか、それにきわめて近いか、するのではない限り、受け入れることができない、というのは、ほとんど先験的な命題である。そうでなければある社会は、別の社会の諸制度を取り入れるであろう（1987b）。あの非承認がほとんど決して形をなしていないし、彼らは別の人びとだ、彼らは別の諸制度を持っている、というだけなのは、その解釈がいささかも単純ではない、一つの事実である。——しかしほとんどつねに形をなしてもいて、彼らは悪く、劣っていて、堕落しており、悪魔のようだ、ともいう。まあ、あなた方の文化の基礎、『旧約聖書』を再読してみたまえ。あなた方は、ヘブライ人にとっての非ヘブライ人であるもの、《野蛮人》ではなく汚れたもの、をご覧になるだろう。つい最近でさえあなた方は、あの同じヘブライ人たちを、もっと一般的にはあなた方と同じ神を・あるいは同じ仕方で・認めない人びとを、焼き殺したことを思いだされよう。そうしたことが実際に（しかし辛うじて）変わってきているのはギリシャと近代ヨーロッパによってのみである。

以上をのべること、それはもちろん、外国の各社会は《自己》社会にとっての意味を作りだす、——そしてその意味は、それ全体として、否定的な（よくて、不十分な）有効性を帯びている、ということである。他の人びとが人間以下、あるいは非・人間と想定されているとしても、彼らはもちろん全体として意味を与えられており、そうしたものとして扱われている。そのことは、ここでの討論にとってはあまり重要ではない。その代わり重要なのは、《細部》である。どんな範囲で、どんな形で、どんな諸条件の下で、社会Bの諸規則、諸記録、行動の仕方が、社会Aにとっての意味を作りだすのか。究明すべき、やはり巨大な問い。しかし少なくとも確かなのは、AがBに（部族間の交易、戦争で）出会った範囲でAは、使用するのに十分な、Bの《諸記録》等々の意味を、同化しなければならないであろう、ということである。この同化は、必然的に強力な《射影的な》要素を含んでいるであろうし（仕事中の西欧民族学者たちを見さえすればいい）、——この要素は、問題なのは明らかに一つの社会であり、この社会は《われわれ同様に》特権化された、諸制度、諸目標、行為の諸方法を持っている、その《内容》は全く別のものであるにしても、という仮定の中に、すでにあるものである。しかしこの同化は、ほとんどもっぱら手段的なものである。私はアラペシュ人[一九]が、ヌクマ人[二〇]たちの想念の諸意味作用を《内側から理解する》強い必要を感じているとは考えないし、――イザヤが、彼が《拒んだ》《偶像崇拝者たち》の宗教でありえたものを、理解しようとしたとも考えない。Bにとっての意味のAによる同化を可能にするもの、それはあらゆる社会的な創出にとって不可欠な、集同的な次元である。彼らは、われわれ同様に、一〇〇が五〇よりずっと大きいこと、夜が昼につづいて訪れること、Xを望むとすればYを設定しなければならないこと、等々を知っている。この集同的な同化と、それがもたらす実際的な諸三段論法の中にも、他の諸社会の社会的想念の諸意味作用（《非合理的な諸信仰》）について存在しうる《知識》が、もちろん一つの連鎖（カンビュセス二世、猫、エジプト人[c]）として、入っている。いかなる深い理解力も不要である。それは、《綿密に検討されていない事実》の確認である。ここでは、矛盾する二つの考えが生まれる。すなわち、すべての社会は集同的なものの中でも創出されていなければならない。したがってあらゆる社会創出の空しいものではない、いわば交差点（共通の部分）がある。2＋2＝4は、どこでも創出されている（し、正しい）。しかしこの次元（レゲンとテオケン）は、創出の厳密に想念上の次元と絶対的に切り離されてはいない。つまり、ペルシャの猫たちはエジプトの猫たちではない。キリスト教の諸社会では、1＝3ではないが、問題がもっとも重要な事柄にかかわり、三人の聖なる人物（天帝とキリストと聖霊）が三人でありながら全体（三位一体）である時をのぞいて、そうなのである。現代の俗物は、以上の例を単に面白いものと見なすことができるが、しかしそれは、何世紀にもわたって無数の人びとが、1＝3に含まれる予言についての解釈の微妙な違いのせいで、迫害され、追放され、殺されたことを忘れることによって、であって、その解釈には、フィリオクエ[二一]そのものや東方教会／西方教会の大分裂も加わっている。現代史についての哲学者たちは、あまりにカントを読みすぎているし、歴史や民族学をよく読んでいないし、モンテーニュ、スウィフト、モンテスキュー、ギボンをもよく読んでいない。――創出の集同的な《部分》への、創出の厳密に想念上の《部分》のあの依存は、この場合においてもまた、社会的想念の諸意味作用のマグマ的な性格――集同的な部分を切り離す可能性と、損失なしにそうすることの不可能性――を、際立たせる。

意味と有効性は、社会・歴史的な創造物である。それらは、ほかに先例も似たものもない、創出の存在様式を構成する（ここでは私は、生きている人にとっての《意味》の問題を――精神現象にとっての意味についてと同様に――放置しておかねばならない）。それらは、各社会は自分自身のための存在であり、各社会は固有の世界を創造する、という基本的な事実を表現している。

以上が、おおよそ、実際の社会・歴史的な活動の中での、それ自体としての状況である。それは、問題を汲みつくしはしない。各社会にとってそれらの創出の有効性は、ほとんどつねに問われえないものだし、問われていない。各社会にとって、それらの神が唯一の《真のもの》ではなく、それらの法が唯一の有効なものでなかったとすれば、歴史の中での神々の争いはないであろう。しかしわれわれとしては、問題をそこでとどめることはできない。われわれは、比類のない諸法の多様性と、法それぞれの社会内部での有効性を確認する。そこで、二つの態度が可能になる。

1. われわれはその確認だけにとどまって、あれらの違いは重要ではない、と主張する。アズテク(二二)人たちは、人間を生贄として神に捧げていたのか。それがアズテク人たちのノモスであり、それが世界についての彼らの《解釈》（彼らの神についての解釈学）であり、それが彼らの説話(二三)、彼らの《物語》であり、それこそ神が彼らに自らを分かつ仕方である。人は、望むままに、クリチアス、ニーチェ、ハイデガー、あるいはフランスやアメリカの彼らのエピゴーネンの用語を、選ぶことができる。その結果は、完全な相対主義であり、それは知識についても（微分学としての哲学は、西欧のノモスないしエピステーメー（一時代の学問的総体〕の一部をなしており、西欧内部でしか有効性を持たない)、行動についても、そうである(われわれは、たまたまわれわれがわれわれのものを擁護したいのだとすれば、あれらの別のノモイ〔ノモスの複数〕を選びとることはできない。――フランスのニーチェ・ハイデガー主義者たちは今、《人権》や倫理学にすら、接近しているように見える。――これは単なる事実であり、われわれはそんなふうなのである)。力をこめて強調しなければならないのは、あの相対主義はすべての懐疑論と同様に、それが大胆にも根源的なものであるとしても(事実は決してそうではないが)実際的にも理論的にも、反論しえないものだということである。実際的というのは、首尾一貫した懐疑論者は、詭弁、定義のいいかえ、論争的な議論、等々に事欠くことが決してないからである。彼との討論は、レルナ湖の〔一頭を切ると何頭もが生じてくる〕七頭蛇との闘いである。彼に十の用語を含む記述で反対したとすれば、彼はそれらの用語の一つ一つが曖昧で、疑わしい、等々であるのを示そうと、努めるだろう(《あなたはあなた自身のいったことを否定している》と指摘されてフーコーは、《〝あなた〟とは何を意味するのか。私は私ではない》と、ほぼ文字通りに書いた)。n箇の応酬の果てに、議論では10のn乗の用語が使われよう。すべての議論とすべての反論の想定は、真実という共通の目的である。アリストテレスはすでに、哲学者と詭弁家を区別するもの、それはプロアイレシス〔意図〕、意向である、といっていた。前提はまた、討論者たちの間での、首尾一貫性ないし明らかな矛盾のなさという要請の、共同の受け入れであり、――懐疑論者や相対主義者が拒否するのも、その要請(お望みなら、この自明の理、この公準)である。人は、矛盾のなさという原理の受け入れを誰かに強制することはできない。――その原理そのものが、限られた、ないし部分的な有効性しか持たず、その正しい使用はフロネシス〔慎重さ〕を要求するし、その内容と用法は、われわれがより高度な思考様式に移る時、全く変わってしまうので、それだけにますます強制することができない（ついでながら同一性の問題について、私はV・デコンブに完全に同意する。私がすでに『想念が社会を創る』第V章〔邦訳では第二章〕に書いたように、同一性は、……に関しての同一性以外には決してない。1983, p. 390をも参照せよ）。人は、一八八〇年の資本主義社会が一八九〇年のそれと厳密に同一なのかどうかをいえ、そうでないとすれば両者の間での同一性と非・同一性の諸要素を余すところなくあげよ、とあなた方に求める――そして、人は資本主義社会について語りえないと、勝ち誇って結論づけようとする――詭弁家には、決して答えるには及ばない。

しかもまた、同一性の原理が証明できないものだということは、単に懐疑論者や詭弁家にとってのみのものでないことも、やはりアリストテレス以来、知られている。あの原理は、それ自体として証明できない。というのもこの原理のあらゆる証明が、それを前提としているからである。哲学的でもあり社会・歴史的でもあるいい方をすれば、同一性は、それなしには（行動する上でも考える上でも）何一つ可能ではない、しかも完全に不十分なものである、始まりを告げる創出なのである。

2. もしわれわれが支離滅裂さ、《度はずれなもの》を望まないとすれば、われわれは明白で基礎的な区別を導入しなければならない。――しかしそれは、深遠で難しい討論を開始させる区別、少なくともわれわれの歴史的な時期にあっては、たぶん最後の諸課題にかかわる区別、つまり理論と実際の区別である。有効性は、一つだけではなくて二つある（これは、現代の《有効性》信奉者たちが、気づくこともなく無視しているものである）。社会・歴史的に創造された、事実における、あるいは現実的な有効性がある。それは、各社会にとってのその諸制度の有効性である（これは、単に普及、強制、等々ではなく、また単に意味でもない、有効性である。すなわち、ある伝統的な社会にとって、もし意味／有効性の区別がなかったとすれば、正しい／正しくないの区別はなかったであろう）。姦通者への投石による死刑は、ユダヤ社会にとっては有効な規則であり、その有効性は問題になしえないものである（あの規則はヤーヴェによって命じられている）。しかしわれわれは、その有効性を問題にする。われわれは、あの規則の理論的な有効性の問題を提起する。われわれは自らに問う。あの規則についてわれわれは、何を考えねばならないのか。それに関してわれわれは、何をなすべきなのか。われわれは、歴史的なノモイ〔諸規範〕には限りない多様性があることを確認する。そして問う。それらすべてのノモイは同じ価値を持っているのか。われわれはどんなノモス〔規範〕を、われわれのために望むべきなのか。そう問うことは、われわれは理論的な有効性という超・範疇を導入する（受け入れる）というに等しい。このことが、根源的な意味で（たとえば、特に、われわれ固有の制度の前でとどまることなく）理解される二つのもの、熟慮と討論の創始、あるいは理性という言葉の守るべき内容であるもの（*CL* の序文）の創始、と等しいこと、それを示すのはたやすいことである。

＊

理論的な有効性は、少なくとも二つの問題を生じさせる。

第一に、その社会・歴史的な起源の問題がある。現代の哲学者たちの（地理的・年代的な）地方性から、ついに抜けださなくてはならない。人類は、この用語によって今日われわれが理解するもの（言語、制度的な社会的規制、死者たちの反自然的な取り扱い、等々）にふさわしい意味で、少なくとも十万年は実在している。この歴史のもっとも長い部分について、また地上に存在した社会の型の圧倒的な大多数について、われわれはごく僅かなことしか知らない。しかしそれらについてわれわれは、われわれがじかに観察した何百という未開の社会をはじめ、伝統的な諸社会から、多くを推論することはできる。オーストラリアの原住民たちが一万五千年前の、〔アメリカインディアンの〕ツピ・ガラアニ人たちが五千年前の、人類の普遍的な状態を《表明している》のではないが、しかしたとえば、初期のクロマニョン人たちによって十分に実践されていた哲学が、その後になって失われた、と想像するのも、少々度が過ぎよう。この点で決定的なもの、そしてこの議論の中で私にとってこの上なく関心を惹くもの、それは、われわれが十万年前から千年前までに存在した諸社会を、かなり高い確率で推定できること、われわれが——一七七〇年から一七八一年までにケーニヒスベルク[二四]で起きたことではなく——一九〇〇年頃に存在していたほとんどあらゆる社会を明確に知っていること、である。さて、〔ギゼーにある〕ケオプスのピラミッドのように巨大な事実は、あれらすべての社会がほとんど完全にそれらの制度の中に吸収されていること、つまりそこでは有効性の問題が、理論的な有効性の問題としてではなく、既存の諸制度（と制度化された諸表象）に関しての、肯定的な、事実における有効性の問題としてしか、提起されていない、ということである。このことは、もっとも高度な知性と両立しうる（私が何度も書いたことだが、およそであるにせよ太陽年の期間をはじめて確定し、織物や陶器を発明した人びとの知性は、今日の人びとの知性よりも、この表現に意味があるとすれば、はるかにすぐれているし、少なくとも限りなくずっと強力なものだった）。哲学的な用語でいえば、それらの社会の中では、すべての問題が提起されえたけれども、諸原理についての問題は含まれていなかった。さて理性は、もっぱらではないが、確かに主として、諸原理についての能力（カント）であり、もっと適切には、諸原理について自らに問う能力である。いわば、理性は限りない問いである。この問い——と、それが形づくる理論的な有効性の場——は、紀元前七世紀の終わり頃にギリシャにおいてはじめて創造された。理論的な有効性、理性、言葉の完全で強い意味での真実は、社会・歴史的な創造物である。この創造は、真のキリスト教によって、長らく影が薄くなる。それは、古代ギリシャの

《発見》とほかの歴史的諸要素の影響の下で、西欧において再生される。――たぶんそれは（ホワイトヘッドがそう考えているように）、最初の創造の単なる《繰り返し》でも《解釈》でも、ない。

以上の諸条件の下で、理性の《普遍性》とは何を意味するのか。確かにまず問いの対象の普遍性がある。原則として、いかなるテーマも理性からのがれていないし、のがれることはできない。普遍性はまた、事実に関する何かしらをも意味する。先に示した意味での理性が一たび創造されれば、すべての人間は理性へと導かれうる。そのことをアンラゲ〔天分〕、先天的な素質と名づけるのは、詭弁的な同語反復であろう。問題の天分は《単に》、あるゆる人間は他の人間が想像したことを、原則として再・想像できる、ということである。もしこのアンラゲがあるとするなら、それは確かに、人間のあらゆる天分の中で、現実に示すことが途方もなくむつかしいものである。ハイデガーをナチズムに、ルカーチをスターリン主義に、何千という知識人を《良心を犠牲にするよう》に、また今日においてもなお何人もの哲学者を宗教への回心に、導いていった逆方向の天分については、何をいったらいいのだろうか。ここで問題なのは、理性の普遍的な先天性ではなく、天分を構成しているもっとも独特な能力、想像力の、驚くべき力、《普遍性》である。しかし人間を理性へと導くためには、別のものがいる。つまり、社会の他律的な制度への人間の同意と、制度を体現している諸表象の内在化を、停止させなくてはならない。私は、二人のドイツ人哲学者と二人のイラン人聖職者の間の公開討論を開催するための費用を、喜んでお貸しする。しかしこの支出は無駄だろうと私は信ずる。――その結果はあらかじめ知られているのだから。二年前、リュスティジェ枢機卿が参加した討論会の際に私は、レッシングの言葉を想起させることになったのだが、それは、フランスの啓蒙哲学者たちは、世界に干渉するあらゆる啓示の、あらゆる摂理の、永遠の劫罰にかかわる一切の思想の、拒否を前提としていた、という言葉だった。パリの（その類ない知性を誰も疑わない）あの

〔リュスティジエ〕大司教は、いらいらした様子で肩をすくめ、何でそんな古臭い話を持ちだすのか、といったふうなことをつぶやいていたのである。

いかにも私は、H・ポルティエを、彼がたぶん聖アウグスチヌスと同等に、しかし確かにそれ以上にではなく、聡明であるということによって、侮辱することはしないだろう。しかしながらポルティエは、彼の詭弁的な論争術にもかかわらず理性の側にいるし、聖アウグスチヌスはそうではない。なぜなら聖アウグスチヌスは彼の『告白』の中で、こう書いているからである。わがキリスト教徒の兄弟たちとの討論では、いかなる制約も受け入れられうるものではない。しかし『聖書』の神聖な権威を受け入れない人びととは、いかなる討論も可能ではない。啓示された真理の存在を信ずるすべての人びとにとっては、彼らの聡明さ、素質、鋭敏さがどうであれ、彼らの精神がその前でとどまらなくてはならない《根源のもの》、すなわち『聖書』がある。この言及はまた、『タルムード』の中で、あるいは『コーラン』にもとづいて、展開される膨大な知的作業についても当てはまる。それはまたもちろん、悲壮なほど滑稽な形で、際限ない《解釈》によって是が非でも『資本論』の真実を救わねばならない、すべての《マルクス主義者たち》にも当てはまる。

しかしもちろん理性自身がわれわれに、その社会・歴史的な起源はその理論的な有効性と混同はされない、と告げている。理性がこの区別の立証そのものである。そこにわれわれの第二の問題がある。理性はすべての人びとにとって擁護されるはずのものではない。理性は、理論と事実の区別をも、合理的な討論を可能にする（単なる手続き的なものではない）いくつかの規則をも、受け入れる人びとに対してのみ、擁護されるはずのものであろう。これが、事実における状況である。しかし論理的な状況もまたある。人びとはわれわれに、合理的な態度の《合理的な基礎》を提示すること、理論的な選択を理論的に正当化すること、等々をあちらこちらから要求する。デマゴギーとまさに呼ぶべきものをともなう数々の抗議。なぜなら第一に、そのように語る人びとは、《合理的な基礎》を提示することを必要としていないであろうからである（彼らがなぜ先験的にそれを問題にしないかについては、間もなくふれることにする）。第二に、あれらの要求を拒否したとしたら、人びとは否応もなく、《反合理主義者》、宇宙論者、《生の哲学》の支持者、その他もろもろと、ほのめかすからである。

われわれは、何が（思想として、法として、等々として）理論的に有効なのか、という問いを提起する。人びとはわれわれに、あなた方はまた、理論的な有効性の問題がそれ自身理論的に有効であることを証明しなければならない、という。人びとはわれわれに、あなた方は理性がどれほど値打ちがあるのかを合理的に証明しなければならない、あなた方は《合理的な基礎》を提示しなければならない、という。しかし私は、理論的な有効性の問題の理論的な有効性の問題を、それがすでに提起されていなかったら、それが意味あるものでもあり、それが理論的に有効なものでもあるとして、提起されていなかったら、どうして提起することができるのか。理性を合理的に根拠づけることを私は、理性を前提とせずに、どうしたらできるのか。理性の根拠づけが合理的であるとすれば、理性は、それが証明しようとするものを、前提とするし、活用する。理性の根拠づけが合理的でないとすれば（誰かが以下の考えをいつか一つの《根拠づけ》としてとりあげるかもしれない、と仮定していうのだが、《すべての人間は生まれつき理性をそなえている》という考えが、明白な形で合理的ではないように）、根拠づけは自らが狙っている結果を裏切る。社会・歴史的にのみならず論理的にも（《先験的にも》）、理性の設定は開始を告げるものであり、この設定は自己・設定である。ある人びとは第三の可能性という幻想を抱いているように思われる。しかしその可能性となるであろうものを理解するのは、不可能である。言語あるいはコミュニケーションに理性の

《根拠をおくこと》は、多くの理由でバカげている。伝統的に《根拠づけ》と呼んでいるものの厳密な諸要求の観点から見て、言語はコミュニケーション同様に（《主観間のコミュニケーションへの参加者の諸意向》を含めて）、何であろうと根拠づけることをのぞいて、人が望むすべてに役立つ、単なる事実である。言語は、理性に（思想に）必要な条件であり、言語は理性が創造されて以後、その生きた驚嘆すべき肉体となる。しかし言語は、理性を《含まない》。限りない問いはつねにすべての言語に内在する可能性である、と抽象的にいえるかもしれない。——しかしそれは、間違いである。言語は、その実際の制度の中に閉じこもりうるし、問いを停止させうる。必要な変更を加えれば、同じことがコミュニケーションについてもいえる。理性の理性自身への《根拠づけ》、《演繹的なもの》の拒否、理性の一種の自己・明証の告知、——これはまさしく神秘神学と呼ぶべきものである。いかなる大哲学者も、理性を《根拠づけ》ようとは決してしなかった。プラトンは、《本質を越えて》いる何かしらの視覚を仮定している。アリストテレスは、彼がそれについてロゴス〔論理〕に従ってはいないとはっきりいっている（そして、ティ・エーン・エイナイ〔本質〕に関しては無謬である！）ヌース〔理性〕を仮定している。カントは、少なくとも経験と通常の論理の首尾一貫性を、仮定している。ヘーゲルは、ほとんどすべてを仮定している。この点から見て私は、彼らのそれほどわるい仲間だとは感じていない。

これらのことは、マルセーユ風の物語〔滑稽な話〕に似ている。誰もあなた方を制止はしない。理性の使用に何一つ負うていない理性の根拠づけを、あなたがもし生みだしうるなら、あなたには生みだしえないものがあるのか。理性の根拠づけを生みだすであろうものが理性とは別のものだとしたら、ではこの別のものは何に根拠をおくのだろうか。アナンケ・ステナイ〔状況の必要〕だと、二十五世紀前にかなり知られたある心貧しい人がいっていた。

しかし、万一そうした根拠づけが提示されうると仮定しよう。それからどうなるのか。それがわれわれにとって何の役に立つのだろう。もし理性が必然的な諸結果という根拠づけだけから生みだされうるものなら、無知な人びとはおそらくその諸結果を知らないだろう。――では、哲学者たちは？　なぜ人びとは、タレス以来、議論を重ねているのか。なぜ人びとは、それをまさに止めようとしていないのか。われわれは、二十五世紀にもわたって数学者たちが、素数の無限性について、あるいは$\sqrt{2}$の非合理性について、議論しているのを見てきたではないか。哲学者たちという種族は、フランクフルトにおける理性の合理的でかつ肥沃な根拠づけの発見が、世界的な熱狂の波や全員一致の同意を惹き起こすことなしに、いくつかの研究会にゆだねられただけの、いわば地域的な出来事にとどまっているほど、そんなに腐敗し、ミ・ダ・レ・ているのであろうか。なぜ哲学における諸対立があるのか。なぜ哲学史があるのか。社会・歴史的な実際の適用において哲学が、理性によってよりもはるかに重く非理性によって決定づけられているのを、今なお認めねばならないらしいのは、《経験的な》諸要素（支配階級の影響、哲学者たちの消化不良、等々）に負うているのだろうか。しかし人びとが哲学の中に理性を見出せないのであれば、ではどこで理性を見出せるのであろう？

　私は熟考し議論することを試みよう。私は（ハーバマスとポルティエがそのことを私にたずねる前に）、自問する。なぜ私は熟考し議論をしなければならないのか。私は（私があえてハーバマスやポルティエに答えないであろうことを）、私に答える。無邪気なものじゃないか。その問いを提起することによってお前は、改めて熟考と議論の中にいる。お前は、《なぜ私は……しなければならないのか》という問いを提起する。そしてお前自身に、お前は答えとして《正しい理性》によるものしか受け入れないだろうと、ほのめかしている。――しかも《正しい理性》を定義するものを相変わらず知りさえもせずに。お前はすでに、限りない熟考に無条件の価値を与えた。

ソクラテスは、検討のない生活、熟考のない生活は我慢できない、私は死を選ぶ、といっていた。彼は、哲学的に考えねばならないことを彼の裁判官たちに（あるいは、誰に対しても）、証明しようとはしなかったし、別の場合に彼がそうしたように、彼らに《認めるよう強制し》ようともしなかった（『饗宴』223d）。二十世紀の哲学者たちよりも素朴ではない彼は、それ〔哲学的に考えねばならないこと〕を証明するには、哲学的に考えながらでしかできないであろうことを、知っていた。しかし彼は、彼が生きたように哲学的に考え、生きたことで、哲学の価値――熟慮に捧げた一生の、十分な議論なしに行動し語ることを拒否した人の、理論的な価値――を示し、実現したのである。そのためにこそわれわれは、彼を注視することを止めない。

人びとは――政治についてと同様に――《意志主義》について語る。この軽侮を含む用語は、私を寒々とさせる。私は熟考しようと意志することなしに、熟考できるだろうか。私は議論しようと意志することなしに、議論できるだろうか。私が自律的であろうと意志しないとすれば、私は自由で（自律的で）あろうと試みられるだろうか。しかしなぜあなたは自由であろうと望むのか、とポルティエはおよそのところ私にたずねる。あなたは自由であろうとするあなたの欲望の奴隷ではないのか。あなたが考える自律社会は、その社会が自律に身を捧げることになる以上、他律的ではないのか。子供じみた詭弁である。トックヴィルが、たぶん古典的な来歴を持つ（そして確かにその踏まえ方は不十分な）文章の中で、自由以外のもののために自由を望むものは自由にふさわしくない、といった時、彼は《非合理主義者》、《ベルグソン主義者》なのであろうか。意志の参加なしには不可能な、開始を告げる設定、自己設定があり、それが熟考すること、議論すること、である。

意志主義と正当にも呼びうるものは、B・ヴァルデンフェルスが皮肉をこめて私に投げてよこした格言、意志のあるところ、道も開かれる、によって巧みに表現されている。その意味は厳密かつ明確で、意志は、それのみが、道の、解決の、十分な条件である、というものである。私がかつてそう考えていたとすれば、私は、われわれが暮している社会の状態や諸傾向について絶えず問いつづけ、フランスやアメリカの労働者たちの、あるいはハンガリーやポーランドの民衆の、諸闘争や諸再結集の中や、学生、女性、エコロジストの運動の中で、自律を予告しえたものを探知しようとして、生涯の四十三年を過ごすこともなかったであろう。また現代社会の中でのワタクシ化の過程（1960）や、ワタクシ化の社会・歴史的な深刻な現状への定着について（1982a, 1987a）、重要視することもなかったであろう。B・ヴァルデンフェルスは、もう少し熟考した上で、私自身のものでもある格言を、見つけることもできたであろう。それは、意志のないところに道はないし、なりゆきしかない、である。

ある主知主義的な合理主義は、《倫理学》や《実践理性》への《意志》の関与を控えた。——意志のない《純粋な思想という主体》がありえたかのように。——また、《意志》が《プロシャ人》や《ボルシェヴィキ》の特性であったかのように。意志は、熟慮し議論する主体の、……に向けての緊張であり、意志は、その主体を構成するものである。問題なのは、ネオ・カント主義者やフッサール主義者が軽視する意味での、《心理学》ではない。もし熟慮が何かしらを望んでいないとすれば、それは熟慮として存在していない。真実の探求は、真実への意志である（この文章は、真実がもし存在の分配物ならば、明らかにいかなる意味も持たない。存在は、ご存じのように、非・真実やフェアボルゲンハイト〔潜在〕をも、やはり分配する。両者いずれをも《ザイン・ラッセンして〔そのままにして〕》おかねばならないのならば）。真実の探求は真問題なのは、熟慮し議論する主体というこの対自の、この様式の存在論である（1986b）。真実の探求は真実への意志を前提とする。それはまた、（たとえば神聖さではなく）真実への充当を前提とする。そして両者が、すでに真実についてのある思想を前提としている。この水準においては、主体についての解剖はない。あるいはお望みなら、その解剖は主体を殺すことしかできない。主体の本質的な諸要素——表象から思想へという意志への欲望の昇華、表象の快楽から為し・考える自由の快楽への昇華——は、切り離しえない。

なぜ自律なのか、なぜ熟慮なのか、という問いには、根拠にかかわる答え、《上流の》答えは、ない。あるのは社会・歴史的な条件であり、自律の構想、熟慮、議論、理性がすでに創造され、それらがすでにそこにあり、それらはわれわれの伝統に属している、という条件である。しかしこの条件は根拠ではない。われわれの伝統は以上のものだけしか含んでいないわけではない、それは強制収容所やアウシュヴィッツを含んでいると（1983b, p. 268）、私が誰よりも先に長らく強調していたことで、人びとは今や私に反論する。しかし私は、自律の価値を《われわれの伝統》として《根拠づけ》ようとしたことは、決してなかった（それは、滑稽な考えであろう）。逆にわれわれの伝統の価値は、それが自律の構想、民主主義、哲学をも創造した、点にある。そしてまた、それが（たとえば真のユダヤ人、キリスト教徒、イスラム教徒には不可能な）選択の可能性を創造し、それに高い価値を与えた、点にもある。この選択の可能性、それにわれわれは、無条件に高い価値を与える。われわれはその可能性を利用し、われわれの伝統の中にもわれわれの現在の中にも、曖昧な形でも異常な形でも示されている他律に反対し、自律を選択している。誰もH・ポルティエが、ナチスかスターリン主義の党に、ジェズイットの修道院かイスラム教に、加わることをさまたげない。しかしその可能性は、自律の構想の実現された断片としての、われわれの社会的な制度によってしか、彼に与えられていない。もし誰かが、自分はその選択の可能性を嫌悪する、自分は別の社会に生まれたらずっとよかったろう、そこは選択という考えそのものが成り立ちから想像もつかない社会だ、といったとすれば、議論はそこで終わりだし、人は彼に、よい旅を希望することしか、できない。

確かに、より以上のものがある。自律の構想は青天にひらめく稲妻ではない。それは別のものとともに歩む。この構想は、別のもの、手短かにいえばわれわれの周りでの創造の最良のものを、方向づけ、それに動機を与え、それを奨励する。この構想は、その設定とその選択の下流において、詳細かつ実質的に、合理的に擁護されうる。そうできるのは、あの構想の前提と結論にもとづいてである。しかし誰に対してか。合理的な討論をすでに受け入れた、したがってすでに熟考の中に自らをおいている人に対してである。パスカルやキェルケゴールに《合理的に反論する》ことを企てようとする、誰かがいるだろうか。

しかしもっとも重要な点は別にある。偽・カント主義的な論法の、教科書的で些末にこだわる繰り返しは、われわれは理論的な有効性の領域をわれわれが創造することなしには、熟考しえない——熟考するのはわれわれである——という事実がまさに提起している、重大な諸問題を隠蔽している。われわれとは何を意味するのか。それは、精神現象的でもあり（したがって無意識に条件づけられている）、社会・歴史的でもある（したがってわれわれの社会の創出によって条件づけられている）人間、しかも対自的な（したがってもっとも抽象的な視点においてすら、必然的にある《視点》に立ち、ある《展望》の中で見、意味を創造し、当然ある閉鎖の中で意味を創造している）人間である。カント主義の黒い大きな穴（その第二のもの）、つまり実際のものと先験的なものの関係はどんなものなのか、それを覆い隠しつづけることはできない。《われわれ人間》は、《経験論》の諸確定からいかにして抜けだすことができるのか。ここでは私は、この巨大な、他のあらゆる諸問題をも支配する問題について、二つの手がかりを示すことしかできない（1989a を参照せよ）。

第一にわれわれは、精神現象的な側面では、昇華という事実を、昇華させる精神現象の能力を、認めなければならないし、社会・歴史的な側面では、真実と正義の諸問題をそこで提起した、そして現に提起している、空間と時間の創造を認めねばならず、さらには真実についての別の概念にまでわれわれを高めなくてはならない。要するに、事実が理論になりうる・理論が事実となりうる・現場としての、社会・歴史的なものの哲学的な資格の承認なしには、われわれは首尾一貫しない。

第二の手がかりは、理論的な有効性の意味にかかわっている。われわれはその有効性を、《歴史を越えたもの》として、あるいは《歴史の外のもの》としてさえ、性格づけることができるのだろうか。私は、手続き的な、同語反復的な、空しい答えは棚にあげておくことにする。もし私が二万年前に逆戻りできるとしたら、そこで私が、現にあるようなものであり、残りの一切もそうであるとしたら、私は同じ諸理由によって、同じことを考えることであろう。あの問いそのものが、熟考する主体にとってしか、そのような主体がそこでは実際のものとなる社会にとってしか、意味のないものであることを、まず確認しよう。熟慮する活動の諸《成果》にとっては、確かに事情は異なる。普及されているピタゴラスの定理（前ヒルベルト空間の中では、直角三角形の斜辺の上の正方形は、他の二辺の上の正方形の和に等しい）は、いくつかの公理を受け入れるであろう、推論を理解できるすべての人びとに、証明されうるであろうことのみならず、さらにまた、それらの公理とその結論の間の関係そのものも、数学の世界という《補強された》観念性の世界では、《時間》は深紅の赤や郷愁と同様に事物と無関係である、という意味で《時間の外》にあること、これらは私には自明のことだと思われる。事情は、現にあるものすべての集同的な次元にかかわるもの（この次元についての諸記述）にとっても、同じである。数学的にはピタゴラスの定理は、限りなく貧弱な・そして限りなく豊かな・その真実の中で、《可能なすべての領域の中で》、単に真実なのではない。それは（条件つきで）領域の外でも真実である。しかしピタゴラスの定理は、《もっぱら数学》なのではなく、そうではありえない。なぜなら当の領域（と、われわれによって考えられうるすべての領域）が、それ自体も、除去しえない集同的な次元を含んでいる、ということがあるからである。その限りで、数学はその次元に適用しうるし、このことに由来しているのが理論物理学である。われわれの領域に適用しうる諸数学は、ピタゴラスの定理を含んでいる（まず、決定的なもの、自然の第一の地層の中でのみならず、この上なく究明された諸概念の中においても。というのも一般的な相対性の中では、類似の定理が部分的には有効なので）。この観点から見てあの定理は、ここでも彗星群のある星雲においても、今でもビックバンの10^{-40}乗秒後においても、《有効である》。同じ見方をすれば理論物理学の諸成果も、（はるかに条件つきであるにもかかわらず）《有効である》。もしわれわれが、重力は〔それが見出された〕一六八七年以後しかない、と仮定したとすれば、われわれが知り・することのすべては、支離滅裂になることであろう。ニュートンは重力の理論を、確かに《発見》したのではなく、発明し、創造した。しかしこの創造は、現にあるものと、その諸地層の一つの中で、豊かな形で出会っている、のである（し、それゆえにわれわれは、それについて相変わらず語っている）。この場合もまたわれわれはその有効性を、数学的な諸公理のみならず、若干の規則や原理（オッカムの剃刀、首尾一貫性、観察し経験した諸事実との《一致》、等々。もちろんこれらすべての用語は、詳細に論議できるし、されなくてはならない）を受け入れるであろう、推論を理解することのできる、すべての人びとに証明することができるであろう。

注意すべきは、厳密に考えられたそのような人びとが、ニュートン力学の諸公理を受け入れうるであろうこと、しかしそれらを決して発明はできなかったであろうこと、つまりそれらを確立したのは理論的想像力であること、である。——ここで、われわれの理論物理学が、すべての可能な領域においても——あるいは、ある種の観察者たちを含むすべての領域においても——正しいのかどうか、を知る問題の議論（関連するあらゆるものの中でもっとも重要な議論）に入ることは、無益である。しかし、その問題が公理化されている限りにおいて、それは、ある領域の物理学同様に、それもまた領域の外でも正しい、と主張できる。

われわれは知識を創造している。いくつかの場合（諸数学）、われわれはそれによって、時間の外のものをも創造している。別の場合（理論物理学）、われわれは符合の拘束の下で創造する。この出会いが、われわれの創造物を有効なものか無効なものにする。

ある意味ではそのことは、社会・歴史的な知識についても当てはまる。カディウェウ人[二六]たちが顔に絵を描くことは、諸事実に関する経験的な（たとえば一九八七年、マジェラン大雲界の中に超新星が見られた、等々といった）すべての記述と、同じ資格を持つ。しかしカディウェウ人たちの諸意味作用はどんなものなのか。われわれは、いくつかの集同的な要素に立脚しながら、それらを再・創造することを試みなければならない。——ここでもまた符合の拘束の下で。人はどんなふうにでも《歴史を書くこと》ができるというのは、完全に誤りである。その証拠は、人が歴史（や、かつての、またよその諸社会）についていいうる愚かな言葉の数は、無限だということである。それらはなぜ愚かな言葉なのか。というのもそれらは、当の社会ないし時期が実際にあったものと、一致していないからである。不十分である、首尾一貫しないといった、明白な、しかし単に否定的な基準は、放っておくことにしよう（ある未開社会についての、完全に首尾一貫した、偏執狂的な注釈は、それにもかかわらず正しくはない）。

われわれが、外国の社会の何かしらを実際に理解でき、それについて有効な何かしらをいうことができる、その範囲で、われわれは、最初の創造と一致する諸意味作用の再・創造に、とりかかる。ここで働くのもやはり、さまざまな拘束の下での理論的想像力（一つの異種）である。一方では、その任務がたとえば理論的な物理学の任務よりも、限りなくむつかしい（別な形でむつかしい）こと、他方では、われわれと意見が一致するためには、ここでは推論を理解できるだけの人物では不十分であること、それらは明白である。想像力という再創造の能力のない人は、そこで何一つ理解しないであろう。物理学においては、人びとは彼に諸公準を提示し、彼がそれらを承認したと想定し、それらから諸結論を導く。しかし、ある社会の社会的想念の諸意味作用とその《観察されうる現実》との関係は、諸前提と諸結論との関係と全く無縁である。社会的想念の諸意味作用は、諸公準のように表明され提示されることができない。もし人が信仰というものを理解していないとしたら、キリスト教徒について何を理解しうるであろうか。人は信仰を、いかにして提示したり、論理的に定義したり、できるのだろうか。

　われわれが知識の領域を離れれば、議論はその対象を失う。たとえば芸術作品の歴史を越えた価値の問題は、私がすでに論じた（1983b）アポリアの中にわれわれを引きこむ。〔バッハの〕『フーガの技法』は、私の空想博物館の中心に位置する（L・フェリー(二七)のそれの中でもそうだと、私は確信している）。それは、あったがままの紫式部あるいはアリストクセノスすらのそれの中でも、中心に位置しているはずだということに、意味があるだろうか（それが異文化受容後の変転でありうること、それはもちろん歴史性についての推定を創造する。その逆ではなく）。

　しかし、実際的な諸価値についても事情は同じである。民主主義や自律は、インカ人たちや十世紀のダホメ王国の住民たちにとっても、価値あるものであるべきだったのだろうか。この記述は、空しく、意味がなく、無益である。何かしらが一つの要請（一つの《あらねばならない》）になるためには、その何かしらが、相手に対して意味があること、意味がありうることが、まず必要である。新石器時代人たちは個人的・社会的自律を目指すべきであったろう、ということ、それは単に、彼らがあったようにあってはならなかったであろう、彼らがなかったようにあらねばならなかったであろう、いかなる回顧的な議論も彼らにそうさせることはできない、というだけのことにすぎない。

今日を生きている人びとにとっては、彼ら固有の文化がどうであれ、事情は全く別である。なぜなら彼らは、原則として、個人的・社会的な自律という意味に（ギリシャ・西欧史の中で創造された諸意味作用の星座に）接近できるからであり、——彼らは実際に接近している（一九八八年の春〔北京の天安門広場で〕、中国人たちによって要求された民主主義は、いかなる形においても中国の《伝統》には属していない）。彼らを《合理的に説得する》ことは、彼ら自身の自律に到達するよう、彼らを援助することを意味する。なぜそんなことをするのか。というのもわれわれは、全員にとっての自律を望んでいるからであり、——われわれは、他者たちの諸制度を含めたすべてを、理論的な問題として提起しているからである。そこには西欧文化の優越性の肯定があり、他者たちの相違が尊重されていない、とポルティエは嘆いている。われわれは、西欧文化のではなく、西欧文化の一面の優越性を肯定しているのであり、われわれはまた、同じ西欧文化の、対立的な別の一面を否定している。もし誰かがあの優越性を認めないとすれば、彼は、偶然がそこに彼をおいた文化の中にとどまっていること、自分が坊主かスーフィ教徒にもやはりなりうるであろうこと、もし明日、ネオ・ナチかネオ・スターリン主義者が自分の国で権力を奪おうとしたとしても、彼は——場合によっての個人的な都合という動機をのぞいて——彼らと闘ういかなる合理的な理由をも見つけられないであろうことを、白状しているのである。

これは明明白白なことだが、私は今や広く流布している安物のバラの香水とは反対に、単なる相違としての他者たちの相違を、彼らのあり方、していることを考慮せずに、尊重することはしない。私は、サディスト、アイヒマン、ベリアの相違を、尊重しない。首狩り族や手首切りをする人たちには、尚更である。彼らがじかに私をおびやかさないとしても。私が言い、書いたものの中に、相違を尊重するために《相違を尊重する》よう私をうながすものは、何一つない。私は他律を尊重しない。これは、他律的な手段によって自律を強制するという思想が、単にバカげたこと、四角い円である、というのとは全く別の話である。

自律、倫理学の側面から

私が倫理学に関心がないと、A・ヘラーが考えているのは奇妙なことである。確かに私は、証人なしにある寄託物を私に預けていた友人が死んだ時、この預けられたものを彼の相続人に私は返すべきなのか、その義務はないのか、というすべての中で決定的な問題[d]に、全く取り組んだことがなかった。しかし私がプラクシスについて書いたすべて、それに私が与えた定義（1964–65, p. 103–106, 138–146）、精神分析的・教育的・政治的な活動へのプラクシスの意義（前掲箇所と1968a, 1977, 1989b）、これらすべてを知らないのでなければ、倫理学の要点、人間たち（私自身、また他者たち）がかかわるあらゆる活動を導かねばならない指針の内容が、そこにないと考えられはすまい。

誤解は、私がアリストテレスのプラクシスの思想を改めて用いているという奇妙な観念——J・ハーバマスが提起した考え——によって倍加している。ハーバマスやヘラーがアリストテレスを読まなかった、ということはあるまいから、彼らは現代の著作家を、往昔の著作家たちの真似をしているはずのものとしてしか、読むことができないのだと、仮定しなければならない。同じことが、私がレゲンとテオケインというギリシャ哲学の《概念》を改めて採用している、と人びとが私にいう時にも、当てはまる。レゲンとテオケンはギリシャ哲学の概念ではなく、私が『想念が社会を創る』第V章〔邦訳では第二章〕で説明した、新しい諸概念を命名するのに用いた、ギリシャ語である。強いていえば人は、レゲンを、アリストテレスにおけるロゴスの、すべてのでは確かにないが、いくつかの意味と引き合わせることができる。しかしそれには、アリストテレスのロゴスが魂に属しているのに、私にとってのレゲンはすべての社会の原・創出であることを、忘れなくてはならないだろう。もっとへだたっているのはテオケンとアリストテレスのテクネーの関係で、後者はピュシスに深く根を下ろしている（1973a）。さらに似たような意外なことはカントの自律との関係で、それは私がこの語に与えた意味とは何のかかわりもない。要するに、ハーバマスとヘラーにとっては、誰かが《私は考える》といえば、彼はデカルト主義者でしかありえないのである。

アリストテレスにとって、プラクシスとはそれ自身のうちにその目的がある人間の活動であって、その活動の外部にある成果の中には、その目的はない。ついでながら、アリストテレスのプラクシス／ポイエシスという区別が、ある方法を固執する方法（二八）と結びついた（二九）形態である、実体の範疇次第であることに、注意しておこう。だとすれば、テミストクレスやニジンスキーについて、海戦やダンサーの出来ばえについて、何をいうべきだろうか。それらが属しているのが、プラクシスなのか、ポイエシスなのか。さらにまたこの同じ区別、そしてそれを要求する実体の範疇こそ、スミスにおいてもマルクスにおいても、（輸送、ケイスタイ〔流布〕を含め、アリストテレスの諸範疇にしたがって、物質的な実質に変換する）《生産的》労働と《非生産的》労働（商業、サービス、等々）の区別を《基礎づける》ものであることに、注意しておこう。

私にとってプラクシスは、人間がすることの一様式である（し、多くの私への批判者たちが犯しているもう一つの誤解、人間がすることと同一のものではいささかもない）。それは、他者を自律的でありうる存在と見なし、自らの自律に達するよう彼を援けようとする、活動である。他者はここでは、広い意味でとらえられている。それは、私の活動の《対象》としての私自身をも含んでいる。そうしたものとしてプラクシスは、一般的な人間たちに固有のものではなく、熟考し討議する主体に固有のものである。したがってプラクシスは、(アリストテレスにとってその定義そのものである!) それ自身の中にその目的を持っていないし、持つことはできない。それは、その (人間という) 《対象》のある転換を狙っている。この《対象》――他者――は、ある特定の、具体的なものでありうる。すなわち、精神分析と教育において。それはまた不確定のものでもありうる。すなわち、政治において。それゆえに私は、問題を改めてとりあげ (1968a)、精神分析をプラティコ・ポイエティック〔プラクシス的・ポイエシス的〕な活動として、定義したのである。この定義は、教育にとっても政治にとっても、全く同じように当てはまる (1989b)。

以上のべたことが、一人の人間がその生涯に出会いうるすべての問題、自分は何をすべきなのか、に答えているのだろうか。確かにそうではない。しかしどんな倫理的な公理が、それをなしうるのか。《汝自身と同等に (あるいは、それ以上に) 汝の隣人を愛せよ》は、ここではこの実現しえない罪悪感を与える要請の確実に背徳的な性格は棚にあげておくとして、私は哲学よりも音楽に生涯を捧げるべきなのか、私は反乱する群衆に合流すべきか、寝にゆくべきか、それとも彼らに家に帰るよういうべきなのか、と私に考えさせる。カントの定言的命令と諸公理は、もはや醒めることのない昏睡状態のまま無為に過ごしている誰かへの手当を、いつ止めるべきなのか、止めてはならないのか、を私に考えさせる。[三〇] キリスト教やカントの倫理学は、他の誰かを救うために強盗かテロリストを殺すことは、許されているのかいないのか、という問いに答える手段さえ備えているのだろうか。もし人間の生命が絶対者であるなら、――あれら二つの倫理学の中では明らかにそうであるが――、いかなる計算も許されない。さて、われわれは、われわれの悲劇的な条件――プラトン以来、ギリシャ以後の諸倫理学が掩蔽しようとした条件――に立ち向かわなくてはならない。すなわち、人間の生命は絶対者として確立されなければならない、そしてそれはつねにそうあることはできない、という条件。人びとは明らかにこれを好まない。彼らは、《合理的な基礎づけ》という要求をヘブライとキリストの約束に、起こりうるであろうあらゆる場合にあらかじめ答えを与える、倫理的な処方の本か《規則》への願いを十戒に、転移した。自由への恐怖、保証への熱狂的な欲求、われわれの悲劇的な条件の掩蔽。

人間の生命は絶対者と仮定されなければならない。なぜなら自律の要請は定言的なものであり、自律は生命なしにはありえないからである。しかし事実においては、いくつもの生命があり、それらは相互に対立しうるし、人びとは選ぶことを強いられている。私は、貧しい国々で何千人という子供たちを救いうる金額を、豊かな国でたった一つの人工腎臓のために支出することが、道徳的なことなのだろうか、という問いを一瞬でも自分に提起した哲学者を誰一人として知らない。私は、多額の費用をかけて自分が治療を受けなければならなくなった時、哲学者はいかなる道徳的なためらいも持たないと、確信さえしている。もしわれわれが、哲学的ないし制度化された、あらゆる倫理学の二枚舌や偽善からのがれたいのであれば、われわれは、われわれが相対化することはできない定言的命令に直面していることを、認めなくてはならない。

カント的な主体は、プラトン的な（そしてキリスト教徒の）主体と同様に、彼自身の中にしか葛藤を認めないし、しかもその葛藤は、実際には葛藤ではない。それは、いかなる真の問題も提起しない。すべての問題は、《理論的に》、あらかじめ解決されている。彼が悩むとすれば、それは彼が（つねに知っているか知らねばならない）善をしたいと《望んでいる》ものの、それが《でき》ないからであり、それが《できる》としても、純粋なものではない《経験的な諸制約》にもとづいているからである。しかし実は、いかなる問題もあらかじめ解決されてはいない。われわれは、不十分にしか知られていない不確かな諸条件の下で、善を創造しなければならない。自律の構想はわれわれにとって目的であり指針であり、この構想は実際の諸状況をわれわれのために解決してはいない。

この場で、あの哲学者〔アリストテレス〕の越えがたい深さにどうして心を打たれ感動しないでいられようか。《徳は、討議と決定に加わる、後天的な精神的な状態（エクシス〔魂の状態〕）であり、……フロニモス〔思慮ある人〕によって明らかにされるように、ロゴスによって明らかにされる》。エクシスは、《純粋》でも《自発的》でもない精神的な状態である。それは後天的であり、そうあらねばならない（そこから、パイデイア〔教育〕とノモス〔規範〕の決定的な役割が由来する）。エクシスは、二つの意味でプロアイレティケ〔選択する行為〕である。その《目的》の意味でそれは、他動的に選択にかかわっており、それはよく選択しようとするハビタス〔精神の状態〕である。しかしそれはまた、討議と決定に加わる、プロアイレティケでもある。なぜならそれは、熟考する（熟慮し討議と決定に加わる！）ハビタスだからである。それは、単なるハビタス、機械的な自動作用ではない。それは、プロアイレシス〔選択〕、意向と選択を保持している。それは、フロニモス、フロネーシス〔思慮〕を持つ人が、明確にするであろうようなものである。明らかにアリストテレスは、自分が何をいっているか、わかっていない。ロゴスがあるのなら、なぜフロニモスが必要になるのか。誰がフロニモスを決定するのか。何にもとづいてなのか。アリストテレスに対しては大目に見なければなるまい。彼は、二十世紀末の著作家たちを読む機会がなかったのだから。

フロネーシスは、自律を《基礎づけ》はしないし、自律を《演繹》させもしない。しかしフロネーシスなしには、実際の自律はないし、私がこの語に与えている意味での、プラクシスもない。しかも、本当に心を惹かれる理論的な思想もない。理論的なフロネーシスがなければ、精神錯乱は身近である（ヘーゲルを見よ）。

自律は現実性に対して（カントの自律のように）離脱ではなく、（自分自身の、また他者たちの）現実性の、同じ現実性にもとづいての、明確な転換である。にもとづいては、現実性が諸原因ないし諸規範を提供する、を意味しない。ここでもなおわれわれは、旧来の諸範疇の中では考えられない、それ自身が模範という独特の関係を持っている。自律は、実際の生活の内容にもとづいて、その内容と関係のある、規範の自己設定である。

規範は、現実性と（生活の内容と）関連なしには意味を持たないし、この関連の《超越的還元》は可能ではない。カント的な還元の企ての中では、諸主体の（超越的空間とは全く異質の）限りない多様性の、さらには世界の規則正しささえらの、実在という純粋な事実が前提とされている。そうでなければ、言葉の遊びではないのなら、行動の（誰にとってもいかなる状況の中でも十分に類似している）諸公理に必要な普遍性という考えに、意味を与えることは不可能である。全く同様に、主体の（精神現象的で）《経験的な制約》の現実性がそこで前提とされており、――そうでなければ人は、なぜ規範がいるのかわからない。

［ついでながら注意しておきたいこと。《定言的命令は……人間のすべての義務を神聖な掟と人が見なすことを望んでいる》（カント『遺著』）。カントは、単なる啓蒙主義者であるどころではない。神の実在と魂の不滅の公準、革命の拒否、上記の引用文は、理論的な大胆さが彼の中では、制度化されたものに対する服従と官憲への尊敬といかに一体化しているか、を示している］。

カントの普遍化の思想は、依然として有効である。しかし全く抽象的な形で。抽象化を離れるとあの思想は、私がもっともなものと呼ぶものになる。私の行動の《公理》は、《全員》に対しても、もちろん私自身に対しても、別の瞬間においても、別の諸状況においても、擁護されるものでなくてはならない。しかしどこまで《別の》なのか。困難は《公理》と諸《状況》の間にある。あの寄託品についての寓話の中での《公理》とは、どんなものなのだろうか。実は、それは政治的な公理であり、自律的な人びとの間での共通の生活を調整するためのもの、すなわち協定は守られる、である。寄託は一つの契約である。もしいくつかの契約が守られなかったら、何が起きるであろうか。契約はもはやなくなるだろう、というカントの実際的な議論は、無邪気である。現実には、歴史が記録されるようになって以来、あらゆる契約の中でもっとも重要なもの、国家間の条約の違反は終わることがない。それにもかかわらず諸条約が増殖しているし、歴史は存続しつづけている（この点について、もっとも規模の大きな、もっとも重要な諸事実に関する、あの手の哲学の、一般的には現代哲学の、生来の無理解を想起しても無益である。人権をとなえるすべての哲学者たちは、国家の至上権を主張している。――しかし私は、国家のこの傑出した威厳についての哲学的《根拠づけ》を、いかなる場所でも見たことがない。彼らは誰でもが、この上なく精緻なほど繊細な倫理的な諸状況について果てしなく論議している。――しかし戦争の際の何千万人もの殺戮の倫理的性格については、語らないのである。結論的にいえば、哲学的理性は国家的理由の前で粉砕されている）。カントの例のような実際的な議論は、蓋然論的な考察と評価にしかゆきつかない。

しかしカントの実際的な議論は、彼の概念についての深刻な難問をおおいかくしている。《普遍的な法則》という抽象化から、ある仮定された倫理的な行為を律する個別の《公理》の明確な正当化へと、どんなふうにして移るのか。どんなふうにして公理の内容を正当化するのか。実際、寄託に関する寓話の中での《公理》は、私がそう書いたように、協定は守られる、である。これの正当化は、相互の約束の尊重は、自分と他者たちに対する責任の現われであり、この現われはこんどは政治的な要求であって、それは、自律を目指し自分たちが自分たちに与える諸法の下で生きることを願う、諸主体の共同体の存在に由来している、である。

事実、カントのもっとも異論の余地のない諸表明は、必然的にある内容に送りとどけられる（1983b, p. 270–272）。《人間であれ。そして人間として他者たちを尊敬せよ》は、人間についての明白化されていない何らかの考えなしには、無意味である（その人間とは、ここでは単に、《道徳律》の下におかれている誰かではありえない。なぜなら、あの視点では、カントの視角では、私はその人間に人が望むすべてをさせうるであろうし、私は彼を決してとらええないであろうからである）。問題の内容は、私が定義しているような自律であり、実践的な命令は、自律的であれ、であり、かつ（自律についての明白で静態的であり現実的ではない概念を改めて前提とするであろうもの、自律的な人間として他者を尊重せよ、ではなくて）、他者たちの自律の形成に君のできる限り貢献せよ、である。他者たちの尊重を要求しうるのは、彼らがつねに自律する潜在性を帯びているからであって、――彼らが《人間》だからではない。彼らは（もう一度いうが、《人間》が何らかの内容を持っているのなら）、人間でないことも確かにありうるのである。ここでただちに認められるのは、あの〔自律的であれ、という〕命令は、〔私がのちに〔七八頁以下で〕説明する用語によれば、私的な、かつ私的／公的な分野にかかわる〕《倫理的》なものであるだけではなくて、全く同様に（公的／公的な分野にかかわる）政治的なものでもある。というのもあの命令は、不確定の他者たち、共同体、彼らの生存の諸条件、制度にも、ただちに出会うからである。

結果的にそうなるとしても、伝統的な立場でのある最近の説明は、無益なものではない。B・ヴァルデンフェルスは、《事実の要請に結びついている法律》の諸難問を提起し、古いジレンマを想起させている。法律を制定する機関が諸法にしたがって行動すれば、それは根底的な意味で自律的ではない。そうではなくて、諸法にしたがわずに行動すれば、それは自律的ではなく異常である。さらに彼は、ハイデガーのよく知られた文章をほのめかしつつ、「カントは、生産的想像力の管轄（諸権限、諸権能）から実践理性を抜きだした時、何の前で自分が後ずさりしているかをすでに知っていた」、とつけ加えている。

＊

しかしヴァルデンフェルスが想定する《根底的な》意味での自律が考えられるとすれば、その時はドゥーンス・スコトゥス[三一]の神のみが《自律的》である。プラトンの（数学と造化の対象物の固有性にしたがっている）造化の神[三二]も、アリストテレスの（彼がしていること、つまり自分を考えることしかなしえない）神[三三]も、（その本性から結びついている、そして必要に迫られて愛する）神-愛[三四]も、カントの（自律という間違った呼称に反して、道徳律と定言的命令が、そうしたものとして、そしてともにほとんど内容のないまま、必然的に与えられている）実践主体も、確実に、自律的ではない。自律の《根底的な》というあの観念は、偽りの観念、つまりナンセンスである。あれは、自分自身であるという確定を含めて、あらゆる確定をまぬがれている存在を、前提としている（このナンセンスが、ポルティエの論争術を育てている）。そのことを私は、長らく告発してきた（1964–65, p. 142–146）。もし人が、（カントの）自律は、あらゆる現実性から限りなくか・その力が及ばないほど離れているので、以上の諸考察には影響されない、というのも純粋な要請である自律は、いつか何らかの形で確定されるであろう何ものともかかわりがないから、というのであれば、人はその時、その要請が《われわれ人間》ではなく虚無に向けられていることを、認めていることになる。しかしあの要請に私が応えると仮定しよう。ヴァルデンフェルスの論理によれば、私が理由なくそれに応えるなら（サルトルは、自由の行為の理由でありうるものは何一つない、という）、私は単に異常である。私がもし（純粋な、経験的ではない）諸理由にしたがっているので私が応えるとするなら、私はそれらの理由という法（ノモス）に順応しているのであり、したがって私は他律的であって、自律《以前》にいくつかの理由が存在しており、それらのために私は、自律という要請に（経験的にいつまでも不満なものであるはずだとしても、その要請に）応えねばならないのである。もっと簡単にいえば、もしあなたが自律を《合理的に根拠づける》ことができるのであれば、その時は自律が合理的に必要なのであり、なぜあなたが自分を自律的といえるのか、人にはわからない。あなたは単に合理的なのである（別の用語をともなう、スピノザを参照せよ）。ではなぜ私は（合理的という語のもっとも微妙な意味での）合理的な諸理由に、したがわねばならないのか。人間は合理的な存在であるから、という答え、それ自身が限りなく滑稽な答えは、実際のそのようにある存在、人間の《本性》に、もちろん改めて送り返されるし、《存在についてそうあらねばならぬものを押しつける》（これこそポルティエが、そうしていると私を非難しつつ、していることである）。――余談だが、議論の空しい積み重ねのかげで、カントの最後の立場が明白であることに注意しておこう。すなわち、人は善のために善を望まねばならない、である。私がつねに待ちつづけてきたのは、この記述の真の《根拠づけ》、グルントレグング〔基礎の設定〕を私に示してくれることだった。――しかし私にとって重要なもの、それは現実の人間たちの現実の自律であって、いつまでも達成されることのないもの、と苦もなく自らを自任している要求という、作り話ではない。

この状況がカントの理論哲学と厳密に同一であることに、人びとは十分に気づいていない。超越的な主観性の構成が現実のものであるなら、つまりわれら人類の経験的に与えられている諸原型の中で実現されるものなら、言葉の重い意味での知識の歴史も（1972a, p. 164–178, 1986a の諸所で）、またありふれたものではない数々の《誤り》も、理解できないものになる。もしあの構成が単に《理想的なもの》であるなら、それは復原されないものである。哲学の任務は、何が正しいのか、単に問いを提起することではない。そこにあるのは開始である。その任務は、理論がいかに事実になるか、事実がいかに理論になるか、を明らかにすることであり、——それが哲学の存在の条件であって、この条件はそれ自身、哲学の最初の現われの一つである。美しい諸作品がある。真実の諸思想がある。倫理的な（自律的な）諸行為がある。その本質から、問題なのはいつまでも実行されえない理想であることを提起することからはじめた哲学は、自らを支えていた一つの流れを、すでに粉砕したのである。

では、事実の（ファクティッシュ〔事実〕の）観点から、創出する想念と根源的な想像力を考えてみよう。それらの創造は確かに《絶対的》ではない（またスコトゥスの神に準拠するのでなければ、この絶対的という語にどんな意味を与えられるのか）。ただし、創造された形式は、そうしたものとして、すでにあるものに還元されえないし、すでにあるものにもとづいて集同的に構成されえない、という、十分に明確な意味をのぞいて、である（ヴァルデンフェルスがそうしたように、《新しい諸様相》について語ることは、問題の堅い核を明らかにすることしかしていない。ある《様相》はいつ新しいのか。新しいものとは何か）。この意味で創造は虚無からである。しかし私がすでに書いたことだが、創造は虚無の中においてでも、虚無とともにでも、確かにない（『想念が社会を創る』の無数の箇所がそれを示しているし、私は最近そのことを改めてはっきりさせた。1988a, 1988b）。

とはいうものの、創造はもちろん制約されてもいる。しかし創造は、全く理由のないものであり、法を欠いている。なぜ生物のいくつかの綱《こう》が、ある電磁波を色彩として、この色彩として、とらえるのか、という問いには答えがない。精神現象と社会は、なぜつねに意味と意味作用の中にあるのか、という問いにも同様である。いずれ定められた諸法、諸確定、諸存在様式におのずからなる、諸存在様式、諸確定、諸法をおのずから存在させ、生じさせるあの能力、それが根源的想像力と私が呼ぶものである。しかし《まだ》確定された何かしらではなく、ほかのようにではなく、このように自らを確定してゆく、自らを生じさせる、この《おのずからのもの》とは何か。それが、底のないもの、カオス、（個別の、共同の）人間の深淵と、私が呼ぶものである。《虚無》という語はここでは、単に文学的なもの、無益な詭弁の源泉になりうるもの、と私には映る。しかし、あの創造が強力で濃密な形でわれわれを人間の領域の中で明白なものにしてゆくことが確かなら、人は全体的な・あり／あろうとするもののあの領域を分離することはできない。もし創造が人間に属しているのなら、創造はその事実のみによって全体的な・あり／あろうとするものに属している。そのことを越えて、なすべきこととして残されているのが、存在論的なあらゆる練磨と解明である。

　人間の領域のみに限ってみることにしよう。あの自己創造は、自律と呼ばれうるのであろうか。大変な誤解である。J＝P・デュピュイがそう想起させているように、私は自己創造ないし自己形成――生物の発生にも、偏執狂的な妄想にも、他律の中で創出されるあらゆる社会にも、適用されている用語――と、自律とを、徹底して区別している。自律とプラクシスは、人間本性の《与件》ではない。それは社会・歴史的な創造として――もっと正確には、すでに部分的に実現されている、一つの構想の創造として――出現する。

自律、政治的な側面から

私はすでに政治の目的を、「個人たちの個人的な自律への、また社会の中に存在するあらゆる明白な権力に彼らが実際に参加する可能性への、できる限りの接近を助長する、個人たちによって内在化された、諸制度を創造し」ようとするもの、と定義した（1988a, p. 138）。私はそれにつけ加えて、「自律は——これは同語反復だが——事実それ自身によって自制であることも、明らかである。……この自制は、それが自由で責任を持つ個人の創造の中で体現されるならば、単なる勧告以外のもの、それ以上のもので、ありうる」（前出箇所）と、のべた。これらの表明は、私がこの何十年かに書いたことを、凝縮し敷衍したものでしかないが、A・ヘラーの（私がある『権利章典』に反対するであろう、という）、またH・ポルティエの（私が民主的な討論の場の信用を失墜させるであろう、あるいは私が秘かに共有の幻覚にとりつかれているらしい、という）、私に責任があるという夢幻的な考えをここで論ずるのは、無益なことだと思う。私にはむしろ、私の考察を敷衍することによって、私がこれまでほかのことほど表明してこなかった諸点を明らかにすることによって、問題そのものを論ずる方が、より有益だと思われる。

私はまず明白な区別からはじめたい。この区別は諸事実の中に見られるものでありながら、私についての論集の寄稿者たちすべての間で、知られていないわけではないが暗黙のものとされたままである（1978a, p. 196–197。A・アラトは先にこのことを想起させた）。われわれは、個人たちの、また彼らの間での共同体の、彼らの政治的諸制度との諸関係がそこで作用している、三つの分野を、抽象的に区別することができる。すなわち、私的な分野・オイコス〔家庭〕、公的／私的な分野・アゴラ〔広場、市場〕、公的／公的な分野・民主的な社会の場合には私が簡潔にエクレシア〔集会〕と呼ぶであろうもの、である。この区別は、抽象的にはすべての社会にとって意味を持つが、私がいいたいのは、その区別が、すべての社会があれら三つの分野の間でそれらが創出する区別・連結にしたがって、各社会について意義深く考えさせる、ということである。

あれら三つの分野の十分な展開と、民主的な方向へのそれらの区別／連結が、はじめてギリシャで行なわれたとしても、それは私の過ちではない（私はA・ヘラーが、私を大目に見るよう希望する）。〔あの展開や区別は〕まさしくオイコスの独立が確立されたのと同時に、自由なアゴラ（公的／私的な分野）が創出されたからであり、公的／公的な分野が真に公的なものとなったからである（この後者二つの局面は、《公的空間》として、ハンナ・アレント以来、今日の議論の中では混同されている）。公的／公的な分野の真に公的なものの生成は、もちろん民主主義の核である。それ以外については、ここにアリストテレスが語ったものがある（『ニコマコス倫理学』第十巻、1180a, 24–29）。「立法者が（市民たちの）教育やさまざまな職業について配慮したのは、スパルタ人たちのポリスにおいてのみ、あるいはほとんどそうであって、諸ポリスの大半においては、それらの事柄は関心の的になっていなかったし、各自はキュクロペス的なやり方で、自分の子供たちや妻を意のままにし、望むように生きている」。ここでアリストテレスは、いつものように厳密ではない。キュクロペスたち（『オデュッセイア』）の神話のイメージの中では、公的な、あるいはそれ以外の、いかなる法も、彼らが妻や子供たちを殺すことをさまたげるものではない。それはもちろん、いかなるギリシャの都市においても見られたことではなかった。しかし注意したいのは、B・コンスタン[三六]によって流布され、フュステル・ド・クランジュ[三七]によって通俗化された陳腐な見方、以来ギリシャ都市に関する知識人たちの交流の不毛な資産となった見方とは反対に、アテナイの制度——個人たち

[三五]

を彼らが望んだことをするよう放置しておくこと（ツキジデス『戦史』巻二、三七、ペリクレス）——は、アリストテレスによって、当然のことながら規則と見なされていたのであり、例外なことではなかった。例外なのはスパルタ人たちのポリスであり、そこではすべてが軍隊化されていた。ピエール・ヴィダル＝ナケがそう呼んだような[e]、スパルタの幻影が、なぜ近代において、特に十八世紀とフランス革命時に、あれほど評価されたのか、これは別の話になる。

全体主義は、あれら三つの分野を力によって統一する試みによって、また公的／公的な分野の完全な私的化によって、特徴づけられている（1978a, 前出箇所）。第一の特徴は必然的だが、十分にではなかった。すなわち、三つの分野の統一は、古風な諸社会においては多かれ少なかれ実現されている。あの試みは、スターリン体制の下ではその目的に関して失敗した。にもかかわらず、その効果はきわめて現実的だった。ここで問題なのは、政治的諸制度の一般的な分類をすることではない。私が注目したのはただ、（《東洋の専制政治》、絶対諸王政、あるいは近代国家すらがかかわる）国家の出現とその発展は、実際には公的／公的な分野の私的化に等しいこと、である。

現代の自由主義的少数者支配制——《民主主義》と想定されているもの——は、公的／公的な分野を、最大限に制限するか不可避的な最小限に縮小すると、主張している。明らかにでたらめな主張である。現代の政体のもっとも《自由主義的なもの》（アメリカ、イギリス、スイス）は、きわめて国家主義的な社会であり、そうありつづけるよう運命づけられている。すなわち、サッチャーやレーガンの美辞麗句もそこでは、肝心なことを何一つ変えなかった（いくつかの大会社の形式上の所有権の移転は、それらと国家の関係を本質的に変えていない）。大会社の官僚制的な機構は手つかずに残されたままだし、わが政治哲学者たちは、政治的機構としての現代の大企業とはどんなものなのか、という問いの前で眼を閉ざしつづけている。官僚制が、中央集権化された・果てしない・不条理な・法規が、増殖しつづけている。人びとは、そこでは市民たちのみならず弁護士たちすら法を知らないし、知ることができない（ある部門の事案のためには、それ専門の弁護士があなた方のために必要である）諸社会を、羞恥心もなく《民主的》と呼んでいる。しかしもっと重要なことがある。現代の自由主義的な少数者支配制は、その大部分において公的／公的な分野を私的化している、という決定的な特徴を、全体主義的な諸政体、アジア的専制政治、絶対王政と、共有しているのである。確かにそれは、法的に私的化されているわけではないし、国土は君主の領土ではなく、国家は彼の《王家》の奉仕者たちの集団でもない。しかし事実においては、公的な業務の肝心なものはつねに、実際の権力を分かち合っているさまざまなグループ、徒党の私的な業務であり、諸決定はカーテンの裏で行なわれている。公的な舞台には諸決定のうちの僅かしか現われないし、それは偽装されており、もともと不自然だし、不適切なほど遅れがちである。

自律的な社会――民主的な社会――の存在の第一条件は、公的／公的な分野が実際に公的なものになること、エクレシアになること、特定の諸グループの私的な横領の対象ではないこと、である。この条件が含みとするものは無数にある。それらは、社会の中に存在するあらゆる権力の組織にも、その権力の何らかの部分の行使を任務とする（われわれが行政官と呼びうる）あらゆる個人たちの指名と監督にも、情報の作製と普及（私が一九五七年以来そう書いてきたように、確かにいささかも技術的ではなく、決定的に政治的な業務）にも、もっと根底的な水準では（私がまた改めてふれることにする）個人たちのパイデイアにも、影響するものである。《憲法の上では》、公的／公的な分野が実際に公的なものになることは、立法・司法・行政の諸権力が実際に民衆に属しており、彼らによって行使されていることを、前提としている。

ここでわれわれは《代表制》の問題に出会う。代表制の思想への私の反対は、それがアテナイで実行されていなかったことに由来する、とA・ヘラーの文章の中で読むことは悲しい。アテナイの民主制は、われわれにとって一つの芽であって、いささかも模範ではないと、私は繰り返すことを止めなかった。市民三万人の政治組織を、三千五百万人ないし一億五千万人を組織する上で模倣できると主張するには、狂人であることが必要であろうし、私の『社会主義の内容』（一九五七年）、あるいは『ハンガリーの源泉』（一九七六年）を、斜め読みにしろ、ざっと眼を通した人なら、その狂気が私のものではないことに、気づくはずであろう。しかしもっと重大なことがある。A・ヘラーは、少なくともルソー以来の、現代において行なわれた代表制についての手厳しい（しかも私が想起させた、1983b）批判を忘れているし、また彼女は——彼女だけでは全くないが——資本主義的《市場》についての（私が改めてふれる）手厳しい諸批判をも、忘れているのである。彼女はアメリカで暮らしている。彼女は、ひとたび選出されると上院議員は、その任期の終わりまでに事実上、再選が保証されていることを（というのも、数々のPAC〔政治行動委員会〕の金すべてが彼にとどけられるであろうから）、知らないのであろうか。

もっと一般的には、なぜわれわれの政治哲学者たちは、代表制についての形而上学に決して言及しないのだろうか。なぜ彼らは、その実際の現実を横柄にも《社会学者たち》にまかせているのだろうか。現代の《政治哲学（ないし理論）》に特有のものは、《代表制》についての主要な思想は、いかなる哲学的解明も受けていない、そしてそれについてなされている議論は、現実とはいかなる関係もない、というものである。——私についていえば、自由であることを願う人間として私は、私が選んだ行政官たちにしたがうことを喜んで受け入れる。彼らが合法的に行動し、正規の手続きにしたがって罷免されない限りは。しかし、誰かが私を代表することがありうるという考えは、私には耐えがたいほど侮辱的なものに映る。それが著しく喜劇的なものではないとしても。

《代表制》は、不可避的に、概念においても諸事実の中でも、《代表されるもの》たちから《代表するもの》たちへの、主権の（この言葉〔アリエナシォン〕の法的な意味、つまり所有権の譲渡という意味での）譲渡である。民主的な社会にあっては、役割の上で特定の権限を必要とする行政官たちは、選挙されねばならないし（これは確かなことだが、ギリシャ人たちが諸選挙を発明したからではなく、この場合は選挙が、選ぶ上での唯一の道理にかなった手段であるから。1983b, p. 288–290）、また罷免されうるものでなければならない。あらゆる非罷免性は、任期として《制限されている》にしても、論理的にも現実においても、選出された人びとの権力を《自立化し》ようとするものである。

選挙は、ほかの数々の（特定の権限を必要としない）場合には、私がほかで詳しくのべた諸理由によって（1983b, 前掲箇所）——S・ヒルナニが、それらは政治的分業を生みだすからと、優れた要約を行なっている諸理由によって——行政官指名の最良の手段ではない。政治は権力とかかわりがあるし、政治における分業は、統治するものと統治されるもの、支配するものと支配されるものの分割以外の、何ものをも意味しないし、意味することができない。民主主義はもちろん、政治的任務の分割を受け入れるが、政治的労働の分割、すなわち指導するものと指導されるものの間の、政治社会の固定化し安定した分割も、その役割・その職業・その関心が他者たちを指導することにある一群の個人たちの存在をも、受け入れるものではない。

いうまでもないことだが、自制についての制度化された手段が、他のあらゆる体制における以上に民主主義体制においては、必要である。ここで私は、未来社会の憲章を作成はしない。私がただ想起させたいのは、民主的諸革命の成果の維持は、この問題について私が書いたすべてのものの中で、言外に暗示されているこど、また《諸権利》についての批判は、それらの（マルクス主義者たちがいう）いわゆる《形式的な》性格をではなく、それらの部分的な性格を対象とすべきであると、私が強調したこと（たとえば、1979, p. 17）である。諸『人権宣言』が（不十分に）表明したような諸規則、法なしには犯罪も告発もないこと、正当な法の手続き、不平等性と憲法違反の排除は、重要な最低限のものである。

憲法についての私のいくつかの指摘（1983b, p. 297–8）に困惑した私の友人たちは、それらの意味を誤解している。あれらは、憲法への物神崇拝、憲法への幻想に、向けられている。私が想起させたのは、この三世紀にわたって《人権》がもっとも尊重された（あるいは、もっとも侵害されなかった）国、イギリスは、憲法を持たないこと（《議会はすべてをなしうる、男を女に変えることを除いて》が、イギリスの法的なことわざであること）であり、その一方、完全に《民主的な》諸憲法が、この上なく血にまみれた数々の暴政の仮面として役立っていること、役立ちつづけていること、である。私はまた、憲法は自ら《自分を保証し》えないこと、を想起させた。したがって問題は、《根本的なもの》ではなく、実際的な、また政治的象徴の、問題なのである。もし私がある憲法の適切さについて、エクレシアの前で自分の考えをのべねばならなかったとすれば、私はきっとその憲法の支持者であったろう。というのも、いくつかの原則を荘重に主張する、特別な手続きと資格のある大多数によってしか変更されえない、簡潔な文書は、実際的にも、また特に教育的にも、私には有益だと思われるからである。

自制についての諸手段の中で、諸権力の《分立》（この表現は不正確である）は、私には同様に重要だと思われる。それは、古代民主制の中ではじめられた。抽選で決められたアテナイの陪審員たちは、民会に服従する必要はなかったし、民会を非難することさえできた。諸権力の分立は、現代の自由主義的な諸体制の下では、理論的にははるかに前進を見せたが、現実においてはそうではなかった。ここでもなお現代の《政治理論》の一貫性のなさには、唖然とさせられる。それらの体制にあっては、立法権と行政権が実際の同じ決定機関、多数派政党の手中にある。《諸権力の分立》はどこにあるのだろうか。サッチャー夫人は、彼女が法を提案（強要）する時と、彼女が行政上の決定を下す時と、衣裳を着替えるのだろうか。政治哲学における政党の地位はどんなものなのか。政党は世論の多様性を反映している、というのは人をバカにするものだろう。政党は考えられる世論の唯一の表明ではないし、実際には政党は、世論を押し殺し、調理し、硬直化させている。われわれは四十年来、全体主義諸国における党／国家について語っている。状況は確かに、自由主義体制の下では著しく異なっている。しかし誰かが、自由主義諸体制の下での真に重要な諸決定にとっては、権力の実際の場が諸政党である事実について、熟考しているだろうか。《党の指導的役割》を主張していた共産主義諸憲法は、その点ではより率直である。ではなぜ政治哲学は、現代の諸政党の本質的に官僚制的な性質を拭い去り、そこでは権力が、階級的に自己徴募している機構によって行使されていることを、知らないでいるのだろうか。――私についていえば、私は諸政党の《禁止》を提案したことは決してない。政治的意見による集団の自由な結成は、もちろんアゴラの不可侵の諸自由に属している。それについて私がいったこと、そしてF・フェールが間違って解釈していると私に思われること、それは、もし政治活動の主要部分が諸政党の中で展開されつづけているとするなら、それでは共同権力の民主的な諸機関があらゆる実質を除去されているだろう（1957）、ということである。――私は参考までにここで、現代諸社会における司法権力の《独立》についてだけふれることにする。アメリカでの二期に及ぶ共和党大統領の在職は、党派的な与党寄りの最高裁を生みだすのに十分だったし、フランスでの政府に対する司法の恥ずべき従属は、事実においてのみならず文書においても、注釈するまでもないことである。

私は、三つの分野――オイコス、アゴラ、エクレシア――の区別とそれが提起する諸問題を、改めてとりあげることにする。自律社会が、それら三つ相互の可能な限り十分な独立を保証しなければならないであろうことは、確かである。私的な分野の自由はアゴラの自由と同様に、エクレシアの自由と公的／公的な分野が公的になることとの、不可欠な条件である。このことだけで、《不可分》というあらゆる思想を、それが何を意味するにせよ、バカげたものにするに足りる。

しかし他のいかなる社会とも同様に自律社会も、あれら三つの分野を単に《分離する》ことはできない。自律社会もまた、それらを連結させ合流させなくてはならない。それらの絶対的な《分離》は、現実にはありえないバカげたことであろうし、――それはもちろん、今日のもっとも《自由主義的な》諸社会においても、行なわれていない。国家と法は、刑法と民法によって、そして特に（もっとも重要なもののみをあげれば）子供たちの教育によって、《私的な》分野にさまざまな形で介入している。国家と法はまた、数え切れないほどのやり方で、アゴラにも介入している。この点についての現代の《リベラリズム》の支離滅裂――むしろ恥知らずな欺瞞――は、想像力を絶する。経済的・政治的・社会的に（収入の面でも支出の面でも）中立の予算を、これまでに人はいつ、どこで、見たろうか。今日いたるところでの事例のように、国民総生産の半ばがあれこれの形で公的な部門（国家、地方公共団体、社会保障）を通過している時、最終的に国家支出に加えられる財とサービスの価格の半ばから三分の二が、国家の政策によってあれこれの形で決定され、規制され、管理され、影響を受けている時、この状況が不可逆的なものであること（サッチャーとレーガンの十年は肝心なものを何一つ変えなかった）を確認する時、ネオ・リベラリズムの議論は、あるがままのもの、つまり愚かもの向けのお粗末な冗談、と映る。

自律社会は、刑事諸法以前に、私的な分野の不可侵性を保証しなければならないであろう（私は、配偶者間の殺人や両親による子供たちへの暴行に無関心でいるよう、誰かが提案するとは思わない。それらの処罰は、オイコスの中で行なわれるかもしれないことを制限する、エクレシアの介入を意味する）。さらに教育以前においてもまた。自律社会は同様に、エクレシアに連絡させながら、アゴラのできる限り大きな自由を保証しなければならないであろう。この巨大な場は、社会生活の全体を直接・間接に含んでいる。そこには、生産手段の所有権の問題も、《ポルノグラフィ》を禁止するかどうかも、演劇や出版の地位も、市場一般の問題も（アゴラが市場をも意味することはご承知のとおり）、公的／私的な集会のための公共建築物の利用も、また言語の規制も、属していることを私は忘れていない（もし自由主義者たちの無邪気さゆえに、最後の問題の前で彼らが驚くとすれば、私が想起させたいのは、フランスの《英語かぶれのフランス語》を公式に制裁する政策や、《国語》としての英語を次第に問題視することが惹き起こしている、アメリカでの政治的な諸問題である）。ここでは私は、三つの点に言及するだけにしておくことにする。

1　三つの分野の間での諸関係は、《自然な》ものでも明白なものでも全くなく、それらはつねに創出されたものである。圧倒的多数の事例では、それらは（言語、風習等々がそうであるように）、暗々裡にひっそりと創出されている。自律社会は、明白に・自覚的に・自己創出される、社会である。この明白で自覚的な自己創出は、決して全体的なものではありえないだろうし、そうである必要もない（1988a）。しかしこの明白な活動の諸限界を――いいかえれば、立法の対象とならねばならないものと、そうあってはならないものとを――、先験的に、決定的に、理論的ないし《合理的に》、固定させるものは何一つない。自律社会は自律的な個人たちなしにはありえないという、このもう一つの思想の中で具体化される自律の思想は、エクレシアが、個人たちと彼らがどんな性格のものであれ形成する諸グループの、自律的な実際の活動のできる限り広範な領域を――したがって私的な分野と私的／公的な分野のできる限り大きな拡張を──保証し推進することを、前提とする。そこに由来するのが、最少限の立法に特に好意的な、きわめて強力な仮定である。しかしもう一度いうが、この最適な最少限を抽象的に固定させるものは、何一つない。立法は、精神生活には、あるいは個人たちの意識的な思想にすら、介入してはならない──あるいは、介入できない──という人は、自分が何を話しているのか、すなわち教育とは何かを知らないことを、単に示しているだけであろう（『ニコマコス倫理学』第十巻、1179b, 29以下を参照せよ）。──歴史的に見て、アテナイ人たちにとって、私的所有権といったものについての規定を疑問視することは、決して問題にならなかった。しかしフランス革命期の諸国民議会は、いくたびにもわたって《土地所有法》の提案禁止を可決した。これはまさしく前記の問題が提起されたことを示すものである（し、ご存じのように、この問題は依然として提起されている）。しかしあの同じアテナイ人たちは、許される性的な関係のあり方を、法によって定めようとは決して考えなかった。──それに反して一九八九年のブルガリア国家の下では、宣教師の立場だけが黙認されていたのである。

（一九八九年一月一日付の『インターナショナル・ヘラルド・トリビューン』紙（三頁）によると、ブルガリアのデカチュルの住民M・モスレーは、一八か月の懲役刑に処せられた。彼が妻とオラル・セックスの関係を持ったからである。ブルガリア国家の下では、オラル・セックスを含むと定められている《男色》は、同意した成人間でも軽犯罪である。モスレーの妻は彼を、辱しめ男色を強要した、と告発したのだった。モスレーは、強姦と男色強要の罪では無罪となった。しかし裁判の際に妻と《オラル・セックス》に耽ったことを認めたので、加重情状なしの男色として有罪になった。これはおそらくコンスティトゥティオ・リベルタティス（古代ローマ皇帝の自由についての勅法）でも同様だったのではないか）。

2　リベラリズムの、もっと一般的には現在の《政治哲学》と見なされているものの、退廃は、公的／

公的な分野の中に、エクレシアの（既存の国家のすらの）権力の中に、私的ないし公的／私的な分野との——個人たちと《市民社会》との——諸関係の問題、個人たちの《保護》の問題をしか見ないこと、でもある。しかし公的／公的な分野はつねに、自律社会においては、共同体全体が関係し参加する諸事業や諸計画を、また共同体が私的ないし私的／公的な発意にまかせることができないか、そう望まないか、そうしてはならない諸事業や諸計画を、比喩的にいえばパルテノンの建立、アレキサンドリア図書館の設立、シエナのカンポ広場の建設といった諸事業や諸計画を、そこで討議し決定する場所、決定機関であったし、そうであるし、そうありつづけなくてはならない。すべてを——やはり牢獄をのぞいて——《市民社会》にゆだねておかねばならない、ということは、社会活動の現実を奇怪なほど無視しているばかりではなく（都市計画は？　道路は？　環境は？）、共同体といったものに、長期にわたる計画を立てたり、自分たちの未来にある意味で情熱を傾けたり、自分たちの事業の中に自分を見たり自分に出会ったりする、権利や実際の可能性を暗々裡に否認していることを、意味している。なぜなのか。なぜカーネギー、フォード、ロックフェラーなどの諸氏のみが、協会や財団を設立する権利を持っているのだろうか。アメリカ国民ではなしに？

3　最後に、もっともむつかしい点だが、公的／私的な分野の問題、アゴラの問題——一般的にそうしたものとしての、そしてこの言葉の特別な意味でのアゴラ、つまり市場としてのアゴラの問題——がある。自律社会が、公的／私的な分野、すなわち、そこで個人たちが、彼らに気にいるあらゆる活動とあらゆる交換に専念するため、政治的な諸問題を明白に考慮することなしに出会い、集まる領域の、できる限りこの上ない自律を、保証しなければならないだけではなく、極度に推進しなければならないことに、いかなる疑いもない（ここでもまた私は、洗脳者たちの団体に補助金をだすこと、それを大目に見ることすら、誰もしないだろうと推測する)。

あれらの活動や交換の中に、《経済的な》活動と交換――生産と市場と、それらの組織――がある。この分野でもやはり、政治的な分野と同様な、健忘症的な錯乱が現に観察される。自由主義的共和制への諸批判が完全に忘れられているし、少なくともルソー以来はじめられ・二世紀にわたってつづき・経験によって確証された・代議制についての批判を論議する労すらもが惜しまれて、サッチャー夫人や強制収容所についての当惑させられる議論にとどめられているのと同様に、資本主義や資本主義的な偽《市場》についてあらゆる批判が、記憶の欠落のうちに落ちこんでいるように思われ、それらの現実、それらの結果については黙殺されており、とられる唯一の選択肢は、一キロの腐った人参を手に入れるためのモスクワの果てしない行列と、あるがままの西欧経済の間に、あるように思われている。あの健忘症は、今日、自分たちにとって考えられる唯一の解決策として、議会主義と《市場》に飛びついている、官僚制的な全体主義の犠牲者たちの間では許されうることだが(東の国々の人びとは、類例のない熱意と戦術的天分を示したし、示しつづけているが、それと同程度に、彼らの間でもまた、政治的想像力の度数はゼロである。このことは、普遍的な状況が問題であることを、見事に示している)、西欧資本主義体制の元《急進的な》批判者たちの間では、全く許しがたいことである。

無知は、ここでは言いわけにならない。資本主義のあるところ、真の市場はない(1975b, p. 256–263)。《経済学》の数々の合理化と正当化の足場は、一九三〇―四〇年の十年間に、この同じ《科学》の・最良の代表者たち(スラファ、ロビンソン、シャンベルラン、ケインズ、カレスキ、スシャクル、その他何人もの人びと)の成果の下で、崩壊した。《ネオ・リベラリズム》の軽業師たちが、この十五年間の政治的・イデオロギー的な雰囲気を利用して、廃墟の前で煙幕を拡散するのに成功したこと、それは、思想家たちではなく低級なジャーナリストたちをだましえたはずであろう。これらの問題について私は詳しく書いているし、そこに立ち戻ることはここではすまい。私はただ、もっとも重大な諸点だけを想起しておこう。経済学は、資本の概念を定義していないし、定義することができない。経済学は、国民所得の分配について何一ついうべきものを持たない。経済学は、賃金と所得の格差を説明することが、それ以上に正当化することが、できないであろう。経済学は、資本主義の下ではマクロ経済の均衡も完全雇用も自然発生的には存在しないことを、白状しなくてはならない。さらに私は、何頁にもわたって書きつづけることができる……。しかし私は、もっとも大事な点にふれるだけにしておく(1975b, 1976, 1981, p. 128-131)。すなわち、経済学は――マルクスのように――生産のさまざまな《要素》と《単位》への生産物の完全な繰り入れが可能であると、想定している。――この考えは厳密には意味がないし、このことは、(今日における所得一般とさまざまな所得の分配を客観的に調整している)既存の諸状況と力関係以外に、所得格差を弁明するあらゆる基礎を、破壊するものである。

自律社会は、消費者たちの(単なる自由ではなく)主権によって決定する、真の市場を樹立するであろう(1957)。自律社会は、この社会自身の政治的監督に服する、技術的な機関(《計画の工場》)に助けられて、資産の全体的な配分(私的消費/公的消費、消費/投資)を民主的に決定するであろうし、この配分はまた、全体的な均衡を保証するのに寄与するであろう。最後に、自律社会が社会生活のあらゆる水準での共同体の自己統治を創出しながら、生産の共同体の中では自己統治を拒否すること、これは考えられない。生産者たちによる生産の自己管理は、個人たちが目覚めている生活の半ばを過ごしている場所での、民主主義の実現でしかない(私はすでに『社会主義の内容』の中で、小生産者たちを無理矢理《共有化する》ことは問題ではありえないであろう、と強調している)。(三八)

い　ま

間もなく明らかになるいくつかの理由によって私は、自律社会の構想についての以上の議論の中で、のちにふれることにする一つの点——賃金と所得の平等——を、棚上げにしてきた。ここではまず、あの構想の資格についての、若干の説明が不可欠である。

自律社会についての一つの《憲章》の下書き、先に論議した構想の中身は、もちろん私のものである。F・フェールは、私が《社会主義の唯一のモデル》を強要していると、恐れる必要はない。自律社会を樹立しようとする運動は、討論やさまざまな市民たちからだされる諸提案の対照なしに、形成されることはできないであろう。私は一市民であり、したがって私は、自分の諸提案を表明する。

ある人びとには明確すぎる、ある人びとには不明確すぎる、と見えるようなやり方で、なぜ諸提案を表明する必要があるのか。書き手自身の知識不足を別にすれば、また特に、あのような社会は民主的な共同活動の成果以外ではありえないことを別にすれば、表現化の努力の中で二つの考慮が、一九五七年以来、それ以前ですら、私を導いた。一方では、《現存社会主義》の恐しさや、信用を失墜した思想や、敵対者たちの諸批判や、《古典的な人びと》の沈黙に直面して、私に重要だと思われたし、つねにそう思われているのは、自律の構想がどうでもいいものではないこと、この構想は諸手段と諸目的を自らに与えうること、考えられうる限りではこの構想は、いかなる矛盾、支離滅裂、内的な不可能性をも示していないこと、を提示してみせることだった。他方では、偽・具体的なユートピアを叙述するのは、非常識でも滑稽でもあろう、ということである。諸与件は毎日変わっているし、特にまた、かかわっているすべてのもののアルファとオメガは社会的創造性の発揮であるし、この発揮はそれが開始されたら、今日われわれが考えうるすべてを、改めてその発揮の背後に遠く置き去ってゆくだろうから。

しかし別な面からいえば、私が与えた中身をともなっていたにせよ、あの構想は《私のもの》ではない。私のものなのは、二十五世紀前にはじめられ・ここ二百年間は特に濃密で豊かであった・歴史的経験の、解明と凝縮の作業である。私がもっぱら、あるいは主として、古代史から着想をえていると信じている人びとは、私の著作を単に読んでいないのである。私の考察は、(私が一九七八年以後にしか実際には検討していない)アテナイ民主制とともにではなく、現代の労働運動とともに、はじめられたのである。一九四六年以来の、そこにその考察が記録されている諸文書を列挙すること、それは、『社会主義か野蛮』誌に寄稿した私の文章を集めた、八巻本の目次を列挙することであろう。それら三千頁の中には、ツキジデスへの暗示一つと、プラトンへのもう一つの暗示しか見られない。その三千頁で絶えず論議され、描写され、分析され、熟考されたもの、それは現代の経験である。もちろんロシアの経験、しかしまた一九四五年以来の西欧労働者たちの、大小さまざまな諸闘争、一九五六年のハンガリーとポーランドの革命、六十年代の諸闘争、等々である。たとえば『社会主義の内容』の中には、実際の歴史的経験、労働運動によって発明された形態、労働運動が出会ったか・それが展開されつづけていたらきっと出会っていたであろう・問題、現代世界の進展によって提起された新しい問い、に送りとどけられない一句も見出されないであろう。私はそのことを、いうまでもなく、私の諸思想――そこに結局は具体化されている政治的選択に支えられている、私の諸思想――を《根拠づける》か《正当化する》ためにではなく、それらの関連性を想起させるために、のべているのである。もし人がここ二世紀の・特に二十世紀の・歴史を知っているなら、私のすべての著作を通じて、強い関心、強迫観念といえるものが、共同の運動が《変質する》危険、新しい（全体主義的か、そうでないかの）官僚階級を生みだす危険との間で、——要するに、S・ヒルナニの典雅な表現を借りるなら、政治的な分業を止揚する問題との間で——作りあげる赤い糸を見ずに、私を読むのは不可能である。この《変質》、この官僚制化、それらを、ロシアの経験の中にも、さほど重要ではないストライキの中にも、学生の組合や借家人の運動の中にも、人びとは再発見しているし、私は再発見した。

S・ヒルナニは、私がどんな範囲で自分のかつての諸表明に忠実でありつづけているのか、と問うている。私はそれに、すでに答えたと思う。私は、公的／公的な分野が真に公的なものになることなしに、共同体が改めて権力をわがものとすることなしに、政治的分業の廃止なしに、政治的に適切な情報の妨害されることのない流通なしに、官僚制の廃止なしに、諸決定のもっとも極度の非中央集権化なしに、諸決定の採択への参加がなければ諸決定を執行しない、という原則なしに、消費者たちの主権なしに、生産者たちの——全体にかかわる諸決定への全員の参加と、私がもっとも重要ないくつかの特徴の概要を先に示した自制とを、ともなう——自己統治なしに、自律社会、自由な社会が、どのようにして形成されうるのか、わからない。ある点で『社会主義の内容』は《時代遅れになっている》。——私はそれに、かなり早く、いずれにせよ他の人びとよりずっと早く（1963, 1968b, 1973b）、必要な諸訂正を加えた。それは、量的にも質的にも、この用語の本来の意味でのプロレタリアートに、古典的マルクス主義が彼らに負わせた、『社会主義の内容』の中でも明らかに彼らのものとされていた、特権的な役割を与えることはできない、という点である。

では一九五七年以来、何も変わっていないのか。変わっていないどころではない。——しかもこのことこそ一九五九年以来（1960, 1963, 1968b, 1972b, 1982a）、私の関心の中心となったものである。ここで私が改めて分析することはできない（それに実際は、何一つ《説明し》ない）たくさんの要因によって、労働者や国民一般の態度は著しく変わった。——少なくとも明白になったことがある。二つの・それらの対立が現代西欧を決定した・核となる想念の諸意味作用、偽・合理的な偽・制覇の限りない発展と自律の構想。前者は全面的に勝ち誇り、後者は長びく翳りに耐えている、と見える。国民はワタクシ化に耽っているし、公的な分野を、官僚制・経営管理・金融の少数者支配制にゆだねている。人類学的な新しい型の個人が出現し、貪欲、欲求不満、全面的な大勢順応を特徴としている（文化の領域でポストモダン式と大げさに呼ばれているのが、これである）。これらすべては、重苦しい仕組の中で具体化されている。自動化された科学技術の、気狂いじみた・潜在的に致死性の・競争、消費に耽り・テレビや広告に動かされる・自慰、社会のアトム化、絶えず増大しながら不確かな根拠しかない、すべての《生産物》と《豊かさ》の、技術的・《精神的》な急速度の流行遅れ。資本主義は自らに《対応する》個人の型を、ついに作りだすにいたったかに見える。すなわち、いつまでも放心し、《享楽》をわたり歩き、記憶力も計画もなく、商品と呼ばれる幻覚を生産するために地球の生命圏を次第に破壊している、経済機構のあらゆる刺激に応じようとしている個人の型を。

　私はもちろん自由主義的で豊かな諸社会（世界人口の七分の一）について、話している。その心象は複雑であり、しかもほとんどもはやバラ色にはならない。人が（これまで西欧が生みだした最悪のものしか西欧から取り入れていない）第三世界や、東の国々をさえ考えてみるならば（後者においては、現に展開されている自由のための感嘆すべき闘争が、いかなる新しい目標をも見出すにいたっていない。——それは確かに歴史的に《説明される》ことだが、しかし何一つ判断を変えさせるものではない。ポーランドやハンガリーがポルトガルのようになること、それは確かに、ポーランド人たちにとっても、ハンガリー人たちにとっても、すべての人びとにとっても、現在の状況では限りなく好ましいことである。しかし誰一人として、ポルトガルが——アメリカ合衆国すら——人間社会のついに発見された形態を示していると考えることを、私に強いることはできない)。

この状況はいかにも深刻におびやかされている。少なくとも二つの要素によって。一つは、体制を引きつづき自己・再生産してゆく上での、資本主義の現在のあり方の諸結果にかかわっている。今日の社会が製作している個人たちは、やがてその社会を再生産できなくなる。別ないい方をすれば、すべてが売られうるのなら、資本主義はもはや機能していけない。もう一つのものは、体制が遅かれ早かれ出会うことになる、エコロジー的な限界にかかわっている。資本主義的な《豊かさ》は、三十億年にわたって蓄積された生命圏の資源の——加速度を強めてつづけられている——今やすでに取り返すことのできない破壊によって、実際にあがなわれてきたのである。

しかもこの内的な矛盾と外的な限界は、《肯定的な》いかなる解決策をもいささかも《約束してはいない》。西欧の住民たちが現にあるがままなら、エコロジー的な大破局が、おそらく他の事態よりも新しい型のファシズムに、導くことであろう。

かくてわれわれは今日、政治的課題の核心に到達している。自律社会は、共同体の自律的な活動によってしか樹立されえないであろう。そのような活動は、人びとが新しいカラーテレビ以外のものに強く心をそそぐことを、前提とする。そのような活動は、さらによりいっそう、民主主義、自由、共同の事業への情熱が、気晴し、大勢順応の温床である冷笑的な態度、消費競争の代わりになることを、前提とする。要するにあのような活動は、何よりもまず、《経済》が支配的ないし独占的な価値であるのを止めることを、前提とする。これこそF・フェールに答えるものであり、社会的転換に《支払うべき代償》である。さらにもっとはっきりいうなら、自由のために支払うべき代償、それは、中心的な・実際には唯一の・価値としての経済的なものの、破壊である。

これは、それほど高い代償なのか。私にとっては確かにそうではない。私は新しい車よりも新しい友人を持つことを限りなく好む。主観的な好み？　いかにも。しかし《客観的には》？　私は、至上の価値としての（偽・）消費を《根拠づける》任務を、政治哲学者たちに喜んでゆだねる。しかしもっと重要なものがある。もし事態が今日の推移をつづけるなら、いずれにせよその代償を支払わねばならないであろう。地球の破壊が現在の速度でもう一世紀つづきうると、誰が信じることができようか。もし貧しい国々が工業化されたら、その破壊がいっそう加速されるであろうことを、誰が理解しないでいられるのか。体制は何をするのだろうか。絶えず新たな新製品を供給することで、人びとをもはやつなぎとめられなくなる、その時には？

もし人類の残りの人びとが、彼らの耐えがたい貧困から抜けださねばならないとしたら、もし人類全体がゆるぎない持続できる状態でこの地球上で生きつづけたいのなら、地球の資源の慎重な管理、科学技術と生産の徹底した制御、質素な生活を、受け入れねばならないだろう。ともあれ不確かさの巨大な欄外を汚すであろうさまざまな計算を、私は最近やり直していない。しかし考えを決めるために人は、一九二九年における豊かな国々の《生活水準》を地球の全住民に《際限なく》われわれが保証できるとすれば、それはそれでよいことであろう、といってみることはできる。そのことは、ネオ・ファシスト体制の下で強制されうる。しかしそのことはまた、民主的に組織される人間の共同体、目的としての経済の途方もない役割を廃止し、人間生活の単なる手段という、その正当な位置に経済をおき直し、別の諸意味作用に心をそそぐ人間の共同体によっても、自由になされることができる。他の多くの考慮（1974a, 1974b）とは別に、賃金と所得の平等が重要なものと見えてくる（1975b, p. 315–16）のは、以上の展望の中で、価値のあの逆転の契機として、である。

以上のことが現代の人びとの熱望に応じていないと思われること、これは確かである——このことを私は、他の多くの人びとよりも早く理解し、のべた。さらに、人びとは進行中の歩みに積極的に荷担している（1987a）、とさえいう必要がある。彼らは際限なくそうありつづけるのか。誰がそういいうるのか。しかし一つ、確かなことがある。それは、われわれが自由の可能性を増大させるのは、《流行っていること》、《いわれていること》を追いながらではない、われわれが考え・われわれが望んでいることを去勢しながらではない、ということである。われわれに必要なのは、現にあるものではなく、ありうるであろうもの、あらねばならないであろうもの、である。

本文中に記号で示された著作一覧（〔　〕内は訳者）

単行本に収められていない諸論文は、単にそれらの表題によって示されている。単行本は、次の略号によって示されている。

SB　*La Société bureaucratique*, Ed. 10/18, 1973.〔『官僚制化社会』10／18双書、一九七三年。未邦訳。ただし本書中の主要論文二つ、「社会主義か野蛮か」（一九四九年）と「ロシアにおける生産諸関係」（一九四九年）は、『社会主義か野蛮か』法政大学出版局、一九九〇年、に収められている〕。

EMO　*L'Expérience du mouvement ouvrier*, Ed. 10/18. 1973.〔『労働運動の経験』10／18双書、一九七三年。未邦訳。ただし本書中の主要論文の一つ、「プロレタリアートと組織Ⅰ」（一九五九年）は、前掲『社会主義か野蛮か』に収められている〕。

IIS　*L'Institution imaginaire de la société*, Le Seuil, 1975.〔『想念が社会を創る』スーユ、一九七五年。本書の第一部は『社会主義の再生は可能か――マルクス主義と革命理論』三一書房、一九八七年、として、第二部は『想念が社会を創る』法政大学出版局、一九九四年、として、全訳されている〕。

CL　*Les Carrefours du labyrinthe*, Le Seuil, 1978.〔『迷宮の岐路』スーユ、一九七八年。邦訳は、『迷宮の岐路』法政大学出版局、一九九四年〕。

CMR　*Capitalisme moderne et Révolution*, Ed. 10/18, 1979.〔『現代資本主義と革命』10／18双書、一九七九年。未邦訳。ただし本書中の最重要論文「現代資本主義下の革命運動」（一九五九―一九六一年）は、前掲『社会主義か野蛮か』に収められている〕。

CS　*Le Contenu du socialisme*, Ed. 10/18, 1979.〔『社会主義の内容』10／18双書、一九七九年。未邦訳。ただし本書中の最重要論文二つ、「社会主義の内容についてⅡ」（一九五七年）と「社会主義と自治社会」（一九七九年）は、前掲『社会主義か野蛮か』（三九）に収められている。また本書中の「社会主義の内容についてⅠ」は、同じ表題で、カストリアディス研究会による試訳がある〕。

SF　*La Société française*, Ed. 10/18, 1979.〔『フランス社会』10／18双書、一九七九年。未邦訳。ただし本書中の六八年五月を扱った論文「時代に先んじた革命」は、モラン、ルフォール、クードレイ『学生コミューン』合同出版、一九六九年、に、「先取りされた革命」の表題、ジャン＝マルク・クードレイの筆名で、収められている〕。

DDH　*Domaines de l'homme*, Le Seuil, 1986.〔『人間の領域』スーユ、一九八六年。邦訳は、『人間の領域』法政大学出版局、一九九八年〕。

MM　*Le Monde morcelé*, Le Seuil, 1990.〔『細分化された世界』スーユ、一九九〇年。邦訳は、『細分化され

た世界』法政大学出版局、一九九八年。

MI　*La Montée de l'insignifiance*, Le Seuil, 1996.〔『意味を見失った時代』スーユ、一九九六年。邦訳は、『意味を見失った時代』法政大学出版局、一九九九年〕。

1947　«Sur la question de l'URSS et du stalinisme mondial», *SB*, vol. 1, p. 91–100.〔「ソ連と世界的スターリン主義の問題について」、『官僚制化社会』第一巻、九一―一〇〇頁。一九四七年二月に行なわれた、第四インターナショナル第二回大会の討論資料として書かれた。未邦訳〕。

1949　«Socialisme ou barbarie», *SB*, vol. 1, p. 139–183.〔「社会主義か野蛮か」、『官僚制化社会』第一巻、一三九―一八三頁。邦訳は、前掲『社会主義か野蛮か』一―四四頁〕。

1951　«La direction prolétarienne», *EMO*, vol. 1, p. 145–160.〔「プロレタリートの指導部」、『労働運動の経験』第一巻、一四五―一六〇頁。未邦訳〕。

1953　«Sur la dynamique du capitalisme», *Socialisme ou Barbarie*, nos 12 et 13 (non réédité jusqu'ici).〔「資本主義の力学について」、『社会主義か野蛮か』誌一二号、一三号（以後、どこにも収録されていない）。未邦訳〕。

1955–57　«Sur le contenu du socialisme», *CS*, p. 67–222, et *EMO*, vol. 2, p. 9–88.〔「社会主義の内容について」Ⅰ、Ⅱ、Ⅲ。Ⅰ、Ⅱは『社会主義の内容』六七―二二二頁、Ⅲは『労働運動の経験』第二巻九―八八頁。ⅠとⅡの邦訳については前出*CS*の訳者注を見よ。Ⅲは未邦訳〕。

1958　«Prolétariat et organisation», *EMO*, vol. 2, p. 123–248.〔「プロレタリアートと組織」Ⅰ、Ⅱ。『労働運動の経験』第二巻、一二三―二四八頁。Ⅰの邦訳は、前掲『社会主義か野蛮か』二二四―二七〇頁。Ⅱは未邦訳〕。

1960　«Le mouvement révolutionnaire sous le capitalisme moderne», *CMR*, vol. 2, p. 47–258.〔「現代資本主義下の革命運動」、『現代資本主義と革命』第二巻、四七―二五八頁。邦訳は、前掲『社会主義か野蛮か』二七

一―三九七頁〕。

1963　«Recommencer la révolution», *EMO*, vol. 2, p. 307-366.〔「革命への再出発」、『労働運動の経験』第二巻、三〇七―三六六頁。未邦訳。ただし同じ表題で、カストリアディス研究会による試訳がある〕。

1964-65　«Marxisme et théorie révolutionnaire», *IIS*, première partie.〔「マルクス主義と革命理論」、『想念が社会を創る』第一部。邦訳は、前掲『社会主義の再生は可能か――マルクス主義と革命理論』〕。

1968a　«Épilégomènes à une théorie de l'âme...», *CL*, p. 25-64.〔「科学として提示された心の理論へのエピレゴメーヌ」、『迷宮の岐路』二五―六四頁。邦訳は、前掲『迷宮の岐路』二九―七〇頁〕。

1968b　«La révolution anticipée», *SF*, p. 165-222.〔「時代に先んじた革命」、『フランス社会』一六五―二二二頁。邦訳は、前掲『学生コミューン』一〇九―一七九頁〕。

1971　«Le dicible et l'indicible», *CL*, p. 125-146.〔「言いうるものと言いえないもの」、『迷宮の岐路』一二五―一四六頁。邦訳は、前掲『迷宮の岐路』一三七―一六六頁〕。

1972a　«Science moderne et interrogation philosophique», *CL*, p. 147-217.〔「現代科学と哲学的問い」、『迷宮の岐路』一四七―二一七頁。邦訳は、前掲『迷宮の岐路』一六七―二五二頁〕。

1972b　«Introduction générale», *SB*, vol. 1, p. 11-61.〔「総括的序文」、『官僚制化社会』第一巻、一一―六一頁。この10／18双書八巻本への「総括的序文」は、未邦訳。ただし「私の思想の歩み」の表題で、カストリアディス研究会による試訳がある〕。

1973a　«Technique», *CL*, p. 221-248.〔「技術」、『迷宮の岐路』二二一―二四八頁。邦訳は、前掲『迷宮の岐路』二五五―二八六頁〕。

1973b　«La question de l'histoire du mouvement ouvrier», *EMO*, vol. 1, p. 11-120.〔「労働運動の歴史の問題」、『労働運動の経験』第一巻、一一―一二〇頁。未邦訳。ただし、同じ表題で、カストリアディス研究会による試訳がある〕。

1974a　«La hiérarchie des salaires et des revenus», *EMO*, vol. 2, p. 427-444.〔「賃金と所得の階級制」、『労働

運動の経験』第二巻、四二二―四四四頁。未邦訳。ただし、同じ表題で、カストリアディス研究会による試訳がある〕。

1974b　«Autogestion et hiérarchie», *CS*, p. 301-322.〔「自治管理と階級制」、『社会主義の内容』三〇一―三二二頁。未邦訳。ただし、同じ表題で、カストリアディス研究会による試訳がある〕。

1975a　«L'imaginaire social et l'instution», *IIS*, deuxième partie.〔「社会的想念と創出」、『想念が社会を創る』第二部。邦訳は、前掲『想念が社会を創る』〕。

1975b　«Valeur, égalité, justice, politique:de Marx à Aristote et d'Aristote à nous», *CL*, p. 249-315.〔「価値、平等、正義、政治――マルクスからアリストテレスとアリストテレスから我々まで」、『迷宮の岐路』二四九―三一五頁。邦訳は、前掲『迷宮の岐路』二八七―三六三頁〕。

1976　«Réflexions sur le "développement" et la "rationalité"», *DDH*, p. 131-174.〔「《発展》と《合理性》に関する考察」、『人間の領域』一三一―一七四頁。邦訳は、前掲『人間の領域』一七三―二三一頁〕。

1977　«La psychanalyse, projet et élucidation», *CL*, p. 65-122.〔「精神分析、企てと解明」、『迷宮の岐路』六五―一二二頁。邦訳は、前掲『迷宮の岐路』七一―一三三頁〕。

1978a　«Le régime social de la Russie», *DDH*, p. 175-200.〔「ロシアの社会体制」、『人間の領域』一七五―二〇〇頁。未邦訳。なぜか前掲『人間の領域』に収録されていない。ただし、同じ表題で、カストリアディス研究会による試訳がある〕。

1978b　«La découverte de l'imagination», *DDH*, p. 327-363.〔「想像力の発見」、『人間の領域』三二七―三六三頁。邦訳は、前掲『人間の領域』三九七―四五一頁〕。

1979　«Socialisme et société autonome», *CS*, p. 11-45.〔「社会主義と自律社会」、『社会主義の内容』一一―四五頁。邦訳は、「社会主義と自治社会」の表題で、前掲『社会主義か野蛮か』三九八―四二八頁〕。

1981　*Devant la guerre*, Paris, Fayard, 1981.〔『戦争を前にして』、パリ、フェヤール、一九八一年。未邦訳〕。

1982a　«La crise des sociétés occidentales», *MS*, p. 11-26.〔「西欧社会の危機」、『意味を見失った時代』一一

―二六頁。邦訳は、前掲『意味を見失った時代』五―二二頁〕。
1982b　«Institution de la société et religion», *DDH*, p. 364–384.〔「社会制度と宗教」、『人間の領域』三六四―三八四頁。邦訳は、前掲『人間の領域』四五二―四八〇頁〕。
1983a　«La logique des magmas et la question de l'autonomie», *DDH*, p. 385–418.〔「マグマの論理と自律の問題」、『人間の領域』三八五―四一八頁。邦訳は、前掲『人間の領域』四八一―五二六頁〕。
1983b　«La *polis* grecque et la création de la démocratie», *DDH*, p. 261–306.〔「ギリシアのポリスと民主主義の創造」、『人間の領域』二六一―三〇六頁。邦訳は、前掲『人間の領域』三二二―三六九頁〕。
1985　«Institution première de la société et institutions secondes», dans *Y a-t-il une théorie de l'institution?* Paris, Centre d'études de la famille, 1985.〔「社会の最初の創出と副次的諸創出」、『創出の理論はあるのか』パリ、家族研究センター、一九八五年、所収。未邦訳〕。
1986a　«Portée ontologique de l'histoire de la science», *DDH*, p. 419–455.〔「科学史の存在論的射程」、『人間の領域』四一九―四五五頁。邦訳は、前掲『人間の領域』五二七―五七三頁〕。
1986b　«L'état du sujet aujourd'hui», *MM*, p. 189–226.〔「今日の主体の状態」、『細分化された世界』一八九―二二六頁。邦訳は、前掲『細分化された世界』二〇三―二四三頁〕。
1987a　«Voie sans issue?», *MM*, p. 71–100.〔「出口なき道」、『細分化された世界』七一―一〇〇頁。邦訳は、前掲『細分化された世界』七三―一〇六頁〕。
1987b　«Réflexions sur le racisme», *MM*, p. 25–38.〔「人種差別に関する考察」、『細分化された世界』二五―三八頁。邦訳は、前掲『細分化された世界』二〇―三五頁〕。
1988a　«Pouvoir, politique et autonomie», *MM*, p. 113–140.〔「権力、政治、自律」、『細分化された世界』一一三―一四〇頁。邦訳は、前掲『細分化された世界』一一九―一四八頁、「権力、政治、自治」の表題で〕。
1988b　«Individu, société, rationalité, histoire», *MM*, p. 39–70.〔「個人、社会、合理性、歴史」、『細分化された世界』三九―七〇頁。邦訳は、前掲『細分化された世界』三六―七二頁〕。

1989a　«La "fin de la philosophie"？», *MM*, p. 227–246.〔「《哲学の終焉》？」、『細分化された世界』二二七—二四六頁。邦訳は、前掲『細分化された世界』二四四—二六四頁〕。

1989b　«Psychanalyse et politique», *MM*, p. 141–154.〔「精神分析と政治」、『細分化された社会』一四一—一五四頁。邦訳は、前掲『細分化された社会』一四九—一六四頁〕。

1989c　«L'idée de révolution a-t-elle encore un sens？», *MM*, p. 155–172.〔「革命という理念にまだ意味はあるのか」、『細分化された世界』一五五—一七二頁。邦訳は、前掲『細分化された世界』一六五—一八三頁、「革命の観念」の表題で〕。

1989d　«La révolution devant les théologiens», *MM*, p. 173–186.〔「神学者の前の革命」、『細分化された社会』一七三—一八三頁。邦訳は、前掲『細分化された社会』一八四—二〇〇頁〕。

＊＊＊

『社会の自律と自己転換
——コルネリュウス・カストリアディスの戦闘的哲学』

目　次

〔この論集への寄稿には主としてフランス語が用いられているが、他国語による例もあり、その場合のみ使用言語を明記した〕。

I 横顔、思い出、概観

エドガール・モラン　熱情に燃えるアリストテレス
ピエール・ヴィダル＝ナケ　コルネリュウス・カストリアディスと「社会主義か野蛮か」についてのとりとめない思い出
ユージェーヌ・アンリケ　コルネリュウス・カストリアディス、活動中の人
江口　幹　カストリアディスの一面、自律の思想家
アティリオ・マンガーノ　カストリアディスとマルクス主義〔イタリア語〕

II 哲学

ヴァンサン・デコンブ　哲学的革新
ファビオ・チャラメリ　創造の輪
ミハイル・ワイダ　絶対的創造の哲学
J・M・ベルンシュタイン　プラクシスとアポリア、ハーバマスのカストリアディス批判〔英語〕
フランシス・ギバル　想像力と創造。コルネリュウス・カストリアディスの思想について
ベルンハルト・ヴァルデンフェルス　想像力の優越的地位。コルネリュウス・カストリアディスにおける社会的想念の役割〔ドイツ語〕
アグネス・ヘラー　カストリアディスとともにアリストテレスへ、アリストテレスからカントへ、カントからわれわれへ〔英語〕

Ⅲ　社会・歴史的なものと精神現象

ハンス・ヨアス　創造過程としての制度化。コルネリュウス・カストリアディスの政治哲学の社会学的意義について
アクセル・ホネット　革命の存在論的な擁護。コルネリュウス・カストリアディスの社会理論について
ハンス・G・ファース　社会的諸制度のうちにひそむ《根源的想念》が発展してゆく基礎
ジョエル・ホワイトブック　主観間性と精神現象のモナド核。無意識についてのハーバマスとカストリアディス〔英語〕
ジャン＝ピエール・デュピュイ　個人主義と自己・超越性

Ⅳ　現代世界、ロシア問題と現代資本主義

フィリップ・レノオ　官僚制化社会と全体主義。「社会主義か野蛮か」グループの歩みについての考察
アンドリュー・アラト　装われたロシア、カストリアディスとソ連社会という問題〔英語〕
デイヴィド・エームズ・カーティス　社会主義か野蛮状態か、コルネリュウス・カストリアディスの著作が提示する二者択一〔英語〕
ヨハン・P・アルナソン　近代性についての想像上の設定〔英語〕
リュク・フェリー　西欧の没落？　自由主義的涸渇から民主的革新へ
エヴリーヌ・ピジエ　C・カストリアディスの六八年思想

V　倫理学と政治

セルジオ・ゾリヤ　カストリアディスのもののような思想の枠組で、倫理学を熟考できるのか
ジャン゠ピエール・シメオン　カストリアディスにおける民主主義思想
フェランク・フェール　カストリアディスと社会主義の再定義〔英語〕
サニル・ヒルナニ　カストリアディスと現代政治理論〔英語〕
ユーグ・ポルティエ　実践から創出へ、その反復
ジェラルド・ベルトゥー　カストリアディスと社会科学批判
コルネリュウス・カストリアディス　したこととすべきこと
コルネリュウス・カストリアディスの簡単な著作目録

プシシェ〔精神現象〕

モナドから自律へ(1)

問い――湾岸戦争の最中とその後にあなたに向けられた、かなり似たような多くの質問からは離れたいと思います。人びとはあなたに、あなたの著作を要約し明確化し、現在の意見をのべられるよう、求めています。同時にまた、立場をはっきりさせること、方針を示すか、あるいはむしろ予言すること、《模範となる思想家》の地位を受け入れることも。われわれは今、そうした思想家を大いに欠いています。それにあなたは、《すたれない》最良のものを持っていた人びとの何人かからの、われわれの少しずつ進んだ批判的離反にも寄与されました。

そうした地位、われわれがその《他律的》な権威を承知している地位に、あなたがつかないでいるためには今どうしたらいいのでしょうか。たぶん――これこそ私が提案したいことですが――《活動の場》、あなたの《実践的・生成的な》歩みに戻ること、ではないでしょうか。あなたがそれらの倫理的な重要性を提起されている三つのあなたご自身の特定的性格、思想家のそれ、精神分析医のそれ、市民のそれがあります。最初のものは脇においておくことにしましょう。というのもそれは、これからのあなたの答えの中で《明らかにされる》だろうからです。

ですから私たちは、政治について、活動家的な姿勢について、あなたの反体制的な軌跡について、レーニンとの・ついでマルクス……との・決別について、話すことができましょう。それにまた、精神分析医としての仕事について、あなたのラカンとの出会いについて、もう一つの決別について、フロイト派の世界の中でのあなたの明らかな独自性についても……。さらにまた私は、あなたが私たちに、《社会・歴史的なもの》についての活動家的な経験が精神分析の場で明らかにしたもの、あるいは激変させたもの、について話していただけたらと思います。あなたの精神分析医としての立場から見て、政治的な《舞台》で有益であり、そこに移しうるもの、加えうるもの、とあなたに思われるものについても。

マルクスとフロイトとの交流が単に理論的なものではなく、街頭と長椅子という現場のものでもあった、あなたのような二重の人物とかかわりを持つという、この機会は貴重なものです。社会的な闘争と夢について聞きとることは、存在の同じ緯糸《よこ》の中でまれにしか結びつかないか、つながっておりません。ある人びとは――私はザルキンド(2)と、特にライヒ(一)を考えますが――あの解決不能の問題のために命を落としさえしました。二種類の経験はあなたの生活の中でどんな状態になっているのでしょうか。それらは入りまじっているのか、それとも対立し合っているのでしょうか。

カストリアディス――私は、自分の歩いてきた道を改めて想起することは止めておきます。すでに何回もしていることですし、特に一九九〇年秋にクリスティアン・ブールゴワ社から再版された『官僚制的社会』の総括的な序文の中で私は、私の歩みの肝心なもの、とりわけ政治的な面を説明しており、精神分析的ないしフロイト的な面についての説明は、もっとのちに行なわれています。ごく若い頃から私は、フロイトに関心がありましたし、熱中さえしていました。一九五五年の『社会主義の内容I』のような、そこで私が、政治的な領域の中で行なわれるか考えられるかするすべてのものの中での、個人の性心理学的な側面を考慮する必要を強調した、比較的古い文章もあります。しかし私は、一九六〇年以後にしか、あの二つのものを一緒に考える企てに実際には取り組みませんでした。私は当時、個人的な精神分析をはじめました。しかもそれはまた、マルクス主義者であることを、あるいは言葉のいくらか正確な意味でのマルクシアンであることさえ、私にとってはつづけることができなくなった時期でもありました。マルクスの見解の中での、単なる欠落以上のもの、根本的な欠落と私に思われたもの、それは単に個々の個人という次元ではありませんでした。それは、社会・歴史的なものという想念上の創造、根底的な・創出し構成する・匿名の共同の想念としての・想念でした。その時にこそ、熟考と思想の中での合流が行なわれたのでした。

問い——あなたの批判は、単に主体ないし人間についてのマルクス的研究方法の中での主観性にかかわる失敗の批判ではない、とあなたがいわれる時、あなたはとりわけ、サルトルのマルクス主義との論戦を当てこすっているのではないですか。つまりサルトルが、フローベルやフローベルの登場人物たちについて語りはじめ、彼が作家や主人公を独特化させる功績を精神分析学に回復させた時の、あの論戦をですが。

カストリアディス——私はサルトルの仕事にほとんど注目していませんでした。気休めに、悲しい義務として、『弁証法的理性批判』を読みましたが、それは全く私の興味を引きませんでした。私は『家の馬鹿息子』を読んでいません。サルトルはフロイトをかつて何一つ理解したことがありませんし、彼はフロイトに対して、無意識というあの概念とは何か、自分自身を意識していない意識とは何か、という異議を申し立てました。フロイトの中にあるものも、現実の中にあるものも、何一つ理解しなかった高等師範学校の小柄な教授の異議でした。《自分自身を意識していない意識的なもの》、これは明白な事実そのものですし、主体についての、社会についての、歴史についての、明白な事実です。

社会や歴史の構成的な次元、創出してゆく次元を考えてみましょう。われわれはそこに、別の言葉がないので源泉とこそ呼ぶべき何かしら、諸世界の組織者である以上に創造者である、新しい諸形式・諸表象・諸図式を――条件づけられているにもかかわらず――根拠のない形で出現させる、人間諸集団の能力を見ます。そのような諸図式によってこそ、古代ギリシャ世界はニンフたち、神々に満たされていますし、ヘブライ世界は人間をも創造した唯一神の働きの産物なのですし、現代資本主義世界は生産諸力の拡大に身を捧げた世界なのです。そうしたことすべては、必然的なものでも偶発的なものではありません。社会を形成している人間たちが、真に重要なもの、すなわち形式ないしエイドス〔形相〕に関して、そのたびごとに虚無から創造するのは、存在のあり方です。しかしもちろん、虚無の中ででも、虚無とともにでも、ありません。というのも人びとは、すでにそこにあった何かしらを活用するからです。ギリシャのポリスは、ギリシャ神話を素晴らしいほど活用することで形成されています。悲劇もギリシャ神話を活用していますが、別のものに作り替えています。近代ヨーロッパは、ギリシャをもローマをもヘブライ的なものをも、アラブの諸要素をもゲルマンの諸要素をも、さらに自分自身で創造した別のものをも、同時に活用しています。しかも近代ヨーロッパは、自分自身で別のものを創造することによって、以前の諸世界から自分が借用したものに、別の意味作用を与えています。

われわれはただちに、〔社会や歴史の構成的な次元とは別の次元のもの〕主体との類似を見ることになります。二つの場合ともに、人がすでに生物の中に基礎的に見出しているもの、対自の存在様式である存在様式があります。対自とは、固有の世界、固有の世界の創造の源泉、を意味します。何ものも、細胞の膜を通り抜けない限り、そして一たびそこに入ったらその細胞によって新陳代謝されない限り――さもなければばその細胞を殺すので――、ある細胞の中に入ることができないのと同様に、何ものも、ある個別の精神現象の中に、それの新陳代謝によらない限り、入ることができません。何ものもまた、ある社会の中に入ろうとしても、その社会が自らのために現存するすべてのものに与える意味をわがものにするために、当の社会が再・解釈されていなければ、実際には再創造され、再構築されていなければ、入ることができません。社会は、精神現象のように、およそのところ細胞や生物の有機体のように、言葉の代数的な意味で閉鎖の中にあります。代数的な物体は、その物体の中で表明できる方程式すべてが、その物体の諸要素によって解を可能にするのであれば、閉じられています。たとえばヘブライ社会では、現存していると思われるすべてが意義の面でのその解答を見出していましたし、そこではそのすべてが解釈されうるものでした。そこから、本来のヘブライ的な見方では、ホロコーストでさえ意義に満ちている、という途方もない逆説も生まれます。われわれには残虐なもの、バカげたものの極みと思われるものが、それでもユダヤ人には選ばれた民であることのしるしなのです。

　そのような閉鎖は、人類史の上で二度、破られました。閉鎖は、古代ギリシャではじめて破られました。ついで、キリスト教、真理によって、改めて閉ざされました。ふたたび閉鎖は、十二世紀と十三世紀以来、近代ヨーロッパによって破られました。数々の問いが出現しはじめた、その時にです。やがて人びとは、諸革命、啓蒙哲学、労働運動の時代にゆきつきます。

　社会的なもののあの創出(三)してゆく次元、それをマルクスは理解していません。『資本論』の中のあちこちに、蜜蜂と建築家についてのような、一つ二つの文章はありますし（その文章をフランス共和国大統領〔ミッテラン〕はまことに哀れな形で利用しましたが）、『四四年草稿』の中のいくつかの文章もあります。しかし要するに、マルクスはヘーゲリアンのままです。彼は精神を生産諸力にとりかえます。彼は合理主義者です。そのことがよく理解されるのは、彼が、人間が自然の諸力を実際に制御できない限り、また制御できないので、あらゆる神話が自然の諸力を馴らし調教する、と書いた時にです。したがって（これは言外にほのめかされていることですが）、ひとたび人間が自然の諸力を制御したら、神話はもはや存在する理由がなくなるだろうし、消えてゆく、というわけです。想念はそんなふうに示されています。

問い――……一つの徴候として、ですか。

カストリアディス――一つの徴候として、一つの埋め合わせとして。しかもフロイトにおいてさえ想念は、埋め合わせ的な幻想の役割を果たしています。幻覚を生じさせるのは、対象の欠如です。対象とその欠如がまず設定されねばならない、その時にです。――そして対象とその欠如は、幻想によってしか、つまり想像力によってしか、設定されえません。

問い――あなたのスターリン主義に対する猛烈な、そして早期の批判は、あなたにレーニンを非難させるにいたりました。あなたはマルクス主義の教義の大半と決別しました。ラカン主義の犯罪、偏向、行詰りの告発を越えてあなたは、フロイト自身とのはるかに決定的な決別を開始した、といっていいのでしょうか。その場合、今世紀のイデオロギー的な半神たちの何を、人は《救うこと》あるいは保持することができるのでしょうか。あの半神たちの間でのどんな雑種の形成が今も可能であり繁殖力がある、とあなたは思われるのでしょうか。

カストリアディス――事情は対称的ではありません。マルクスは偉大な思想家です。しかし彼は、ほかの二十人ばかりのかたわらで、トックヴィル、モンテスキュー、ホッブス、プラトン、アリストテレス……のかたわらで、肖像陳列室にとどまることになりましょう。

われわれがマルクスから学んだ二つのことは、残ることになりましょう。第一のものは――マルクスにおける記述の欠点がどのようなものであれ――人間の社会的な側面に関心を集中させたことですし、あらゆる方法論的ないし実体論的な個人主義との決別です。もっともマルクスのうちにも個人主義的なものが、ぼんやりと、曖昧な、漠然とした形で残っています。目指すもの、理想は、十分に発達した独自の人間ですし、この人間は他者たちと《自由に》協力するのです（まるで人びとがかつて他者たちと自由に協力できなかったかのように、まるで人びとがフランス人ないし中国人……の性格を《自由に》選んでいたかのように）。しかしマルクスがわれわれに教えたのは、機能的でもあり分裂してもいる・その分裂の中でさえ機能的であり・その機能性の中でも分裂している・全体として、社会を見なければならない、ということです。

別な面では、政治的な呼びかけが残っています。彼にとって問題なのは、新しいユートピアを描くこと、あるいは《正しい》都市を決定的な形で明らかにすること、ではなく、社会の中での人間たちの実際の運動の中に、別の未来のために社会を変えさせるものを探そうとすること、でした。しかしこの課題の設定は、法外な数々の問いを提起しました。問題なのは社会の中での人びとのどんな運動なのか。マルクスはある意味で――理論的に、政治的に――幸運でした。というのも彼は、プロレタリアートの中に、実際の運動の主体をも、彼にとって親しい諸価値の担い手をも、見出したと信じていたからです。彼はついでに、その実際の運動がたとえばナチスのものだとしたら、あるいはそれが単に《破滅的なもの》だとしたら、その実際の運動について何をいうべきか、という問いを考える必要を厄介払いしていたのでした。たとえばそれがテレビで報道される愚行以上のものに絶えず向かっているとしても、《現実の》運動を称賛すべきなのでしょうか。マルクスは、政治的判断や価値判断についての――彼が軽蔑と冷笑しか抱いていなかった――問いを、遠ざけています。

事情は、フロイトとはきわめて非対称的です。フロイトの思想の中には、時代遅れになっているもの、あるいは、彼の社会・歴史的な環境のために大変はっきり痕跡をとどめているものが、明らかにあります。つまり、彼の理論の家父長的な側面、彼の認識論的ないし哲学的な立場の時に実証主義的な（もっとも彼の見解の内容とは矛盾している）性格……です。しかしそれらすべては、大した損失もなしに改めうるか、除去しうるものです。非対称は、フロイトが見出したものの重要部分が真実でありつづけることの中に、しかも確実にはるか先に進まなければならないということの中に、あります。その先に進めるべき仕事、それこそ私がはじめようとしていることです。

私は、フロイトにおける無意識の概念には、重大な不備がある、と思います。神経系統の生理学からはじめた、《実証主義者》であった誰かにとっては、そのことがいかに奇妙に思われようと、フロイトは彼なりに二元論者でありつづけています。彼のうちには、肉体と魂の二元論が見出されます。このことが、きわめて重要な諸問題を生みだしています。第一に、その二元論は除去できるものではないからです。われわれが身体的諸現象の存在様式にもとづいて粉砕することのできない・精神的諸現象といった・ものの見方、存在様式があります。それは、全く明々白々なことです。しかし同様にまた、恒常的で本質的な相互依存があることも明々白々です。精神的過程が中断されるのは、単に人が死んだから、誰かの頭蓋に穴が開けられたから、だけには限らず、われわれはつねに《ちょっとした中断》があることも承知しています。誰かに酒を勧めると、彼は酒なしには口にしないであろう話を話しはじめます。彼にある言葉を投げかけると、彼は顔を赤らめるか、相手に平手打ちをくらわせます。ある言葉が、身体的な動きを誘発するわけです。

哲学的な水準においては、魂と肉体との、精神現象と身体との、本質的で最終的な区別はありません。アリストテレスがすでにそういっているように、《ソクラテスの死骸はソクラテスではない》、彼がまだ温かいとしても、です。エヴァ・ガードナーの肉体の中のカントの精神を、またその逆を、想像することはできません。アリストテレスが、魂は生きている肉体の形式である、といったのは、理にかなったことでした。魂、第一にそれは生命ですし、――生命、それは肉体の実在そのものです。単純な生物の間でも、肉体はある時期から、周囲の・環境の・包含するものの表象によって、特定の影響の受け方によって、衝動によって、倍加されます。このことは、単純な生物の間では、事例の九九・九九パーセントにおいて、生物学的な機能の厳格な枠内にとどまっています。人類の間では、その枠から離れます。ある組織新生が、ある癌腫がありますし、それは単なる神経系統の量的拡大の結果ではなく、確かにまた、神経系統組織の、おそらくはさらに数々のものの、異常な複雑化の結果でもあります。この癌腫は、論理的な諸能力の増加をそれほど表現しているわけではありません（《人間は理性的な動物である》というのは、伝統的な愚か事です。人間は動物よりもはるかに理性的ではありません）。あの癌腫が表現しているのは、想像力の法外な発揮です。非機能化された想像力の、です。この想像力は、単純な生物の・人間ではないものの・肉体のうちにもすでに潜んでいます。昆虫は色を識別します。さて、色を識別したり音を聞き分ける、という事実の中には、一つの創造があります。このことを哲学は、つねに無視してきました。哲学は第一次的な特質の問題からなる、色彩や味覚といった第二次的な特質は重要ではない、重要なのは存在している蜜蠟の断片である、という思いに取りつかれていたからです。しかし重要なのは蜜蠟の断片ではなく、自然の中には青も赤もなく、ただ多くのオングストローム〔一センチの一億分の一〕の電磁波のさまざまな波長しかないのに、われわれが青や赤を識別する、ということです。いかなる物理学の法則も、あれらの同じ波長として青や赤を見る代りに、なぜわれわれが青と赤を識別するのか、を説明することはできません。物理学はせいぜい、何らかの違ったものが、その感触を受ける対自の中で生ずるのは正常なことである、ということができましょう。しかし物理学は、その違っているものの特質については、何一ついうことができません。そして生物学は、現にあるものであろうとする生物界、諸生物は、それらがもしある型の感触に特有のある感覚的な反応を発展させなかったら、存続しなかったであろう、ということはできますが、しかしその特有性の質的な内容については何一ついうべきものを持ちません。したがって生物の中には、すでにそこにある想像力があり、その生物が外界から受ける感触に呼応する、まさしく映像と呼ぶべき何かしらの創造があります。しかし生物の間では、その想像力は機能性に従属しておりますし、決定的に与えられております。その想像力は人間の間では、非機能化されており、際限なく創造的です。このことこそ、伝統的な哲学が理解しなかったものです。

《超越的想像力》とともにもっとも遠くまでいったカントでさえ、《諸印象の受容性》について語っています。さて、諸印象の受容性はありません。知覚は能動的・意図的な態度であるからだけではなく、もし人が単純な感覚を隔離できたとすれば、その感覚の中にはいかなる受容性もないであろうからです。受容的なもの、それは感触です。網膜は感触を受けますし、私の中耳は空気の波動によって震わされます。しかし網膜も中耳も、感触や空気の波動によってそれらとは全く別のものを作りだします。網膜も中耳も受動的ではありません。カントは、思慮を持たない諸感覚を生みだすはずの、ロボットを考えますが、そんなものはありえません。肉体は、自らの諸感覚を創造します。したがって、肉体的な想像力がありますし、人間の間でそれとともにあるものは、本来の意味での根源的想像力の新しい次元、表象でも意図でも情動でもある、あの流出の出現、です。この対の二つの想像力によって、人間の主体に固有の世界が創造されますし、それは動物に固有の世界ではもはやなく、決定的に与えられたものでもありませんし、非機能化されています。

人がそこにとどまってしまうならば——そこに旧来の哲学が避けようとしていた危険がありますが——、なぜ、いかに、あの固有の世界が、別のもの、特に数々の別の固有の世界と交渉を持つのか、という解決不能なアポリアや、唯我論的な立場にゆきつくことでしょう。それにまた、歴史も理解できないものになりましょう。そこで力を見せるのが社会的想念ですが、これについてはあとでのべることにします。

ではここで、精神分析的な視点から想像力をとりあげてみましょう。ご存じのようにフロイトは、想像力については決して語っておりません。彼が語っているのは、幻想についてです。それは、実証主義的でもあり自己防衛的でもある、態度でした。彼は同時代人に対して、途方もない話をすでに十分に物語っていました。彼がその上、《すべてこれらは患者たちの想像力に負うている》、それは決定的な崩壊であった！　といったとしても、です。見るべきものは臆病さであり、そのおかげで彼は、『狼男』(二)の話に関して、その終わりに当たり欄外の注で、原初の光景(三)（名高いコイトゥス・ア・テルゴ）は患者の幻視以外では決してなかった、と認めています。フロイトは、衝動、特に性的衝動に関係する・精神的所産のある型にのみ向けられる・無意識について語っています。この無意識は、欲望の対象としての他者や抑圧等々と、かかわりを持ちましょう。

私は、人間の無意識はフロイト的な無意識以上のものだ、と考えますが、——この考えを実際に練りあげ、理論的な関心を越えてそれに実践的な妥当性を与えるための能力、体力と時間を私が持てるのかどうか、わかりません。

人間の無意識がありますが、その一部でしかないのが、《第二の論点》のものを含むフロイトの無意識です。というのも肉体は、外部との諸接触を何かしらに変えるものだからです。胎児はすでに想像力です。胎児は羊水の中で身動きします。胎児は、彼の腸に由来する諸事物なしですまします。われわれの腸に由来する諸事物なしですましているように。彼の心臓は鼓動します。われわれが空気にふれ、呼吸しているのに、胎児はそれらなしですましています。そうしたことすべては、松果腺でわれわれの精神か魂に結びつけられている、デカルト的な機械とは関係ありません。われわれがわれわれの肉体にさからい、肉体に信じがたい数々のことを強制したり苦しみを乗り越えさせたりできるようにさせるのは、そこには驚くべき違いがあるにもかかわらず、唯一の、同じものです。

そこに何かしらがありますが、それはもはや《無意識》と呼ぶことすらしてはならないものです。というのもこの用語は、フロイトによって、決定的に刻印されているからです。暫定的にそれを、人間の無意識と呼ぶことにしましょう。それは、必ずしも無意識に属してさえいないし、部分的には全く意識されない・苦しみや快楽の形をのぞけば実際に意識されることも決してできない・奇妙な資格を備えています。体内の器官を病んでいる人は、そのことを意識していませんし、彼が意識している唯一のもの、それは苦しみです。同様に快楽ですし、そこには器官の快楽も、自らの肉体の中にあることの・確かにそこにあることの・もっと一般的な快楽も含まれています。しかしそれだけではありません。ライプニッツはすでに《モナドのごく微小な知覚》に関して、いくらか類似した事態を語っています。

したがって人間の一種の全体性がありますし、彼は同時に身体であり魂であり、そこでは肉体はつねに、ある意味で精神的であり、精神現象はつねに、いくつかの点で身体的です。そのことを人は、単に意識／無意識の、まして欲望の抑制／非抑制の、両極の形としてのみのべることはできません。私は、自分の心臓の働きを抑制していませんし、心臓はかすかな音をたてて動いています。それがかすかな音をたてて動いている限り私は、よく機能している有機体について、ごく微小で曖昧な一種の満足を感じています。その機能の調子が狂うと、もはやかすかな音ではなく、心悸亢進、不整脈、等々になります。私には単に身体的ではない何かしらがあること、それは確かだ、と私には思われます。この方向においてこそわれわれは、問題の哲学的な諸側面のみならず、転換ヒステリー[四]、精神・身体的な諸病や自己免疫性[五]の諸病のような、もっとずっと明確な諸現象についても、理解すること、あるいはむしろ考えることが、たぶんいつかできましょう。私は、ほかの哺乳動物の間で自己免疫性の諸病に出会えるとは、考えません。精神現象の非機能化、防衛諸機構のそれら自身の主体に向けられる転倒。裏切り。内的な葛藤。それらの結果が、斑硬化症〔中枢神経系の疾患〕、アレルギー、等々です。

この人間の逆説を強調するために私は、《一つである二つであるもの》という字句をいい添えることにします。これは、私が『想念が社会を創る』の第VI章〔邦訳では第三章〕の中で、「今日の主体の状態[a]」の中で、近く発表される「論理、想像力、熟考[b]」の中で、精神的モナドについて書いたことの、想起にすぎません。つまり、精神現象の非機能化、快楽の非機能化、器官の快楽を犠牲にした表象の快楽へのきわめて強い充当について書いたことの、です。すべては、精神現象が全く単独の歩みをつづけようとしていたかのように、肉体から実際に抜けだそうとしていたかのように、行なわれます。食欲不振の子供は、たぶん自閉症の子供も、肉体や環境から抜けだすことを願います。彼はそれができません。そこで彼は、引き裂かれます。この分裂について語る時にわれわれは、そこにある何かしら、人間の精神現象という奇怪なものの中・この癌腫の中・この組織新生の中・にある何かしらを、発明するのではなく、まさしく癌細胞がそうするように、他のすべてを犠牲にして精神現象としてのみあろうとする傾向として、解釈します。この試みは、いくつかの精神病について何がしかの視野を開かせます。そこで、われわれは改めて、社会的想念の根底的な役割に出会います。社会は、精神現象を、《現実》に無理矢理に送りとどけること、そこに他の個人たちや《真に》諸事物である諸事物がある、そうした環境の中に再挿入することをも、目的としています。

問い——人間の精神現象の非機能化というこの考えを、《肉体的自我の精神的自我への同化》という、主としてメラニー・クライン(六)的な——しかしまたフロイト的な——概念と結びつけることができるのでしょうか。

カストリアディス——それは同じものではありません。ご指摘の概念で問題とされているのは実際に《同化》です。——それは、個人が生き残らなければならないとするなら、確かにつねに行なわれねばならないことです。しかし私が話しているのは、《それ以前》の何かについてです。つまり、その何かは、精神的モナドと《それの》肉体との一種の裂け目、一種のかなり根源的な分離からはじまっている、と私はいっているんです。

ある年齢までの赤ん坊は、完全に自己中心的です。肉体は、幻想化、幻覚化等々の力の前で、ほとんど抑圧された形で機能することを強いられています。そのようなものとしてのみ人は、乳児の食欲不振やそのほかの一連の事柄を理解できます。あの裂け目があります。精神的な主体と肉体的な主体、あるいは《精神的な自我》と《肉体的な自我》をとりあげましょうか。自我は——フロイト的な概念においてもやはり——もっとはるかに明確で練りあげられたものですし、ずっとのちになって少しずつ形成されるか、創造されます。

問い——想像力という用語——心象、想念があるので、したがって鏡像的な・視覚的な・審美的な・眼の・一連の関与があるので、きわめて共指示的な用語——は、あなたが現実のものの記号化への一過程として示されている、と私には思われるもの——あなたが《絶えざる流出》と名づけているもの——に関しては、急速に不十分なものになる危険があるのではありませんか。想像力という用語はまた、感覚器官を介した諸心象、臭覚的な諸事物、境界上の位置の設定とも、必ずしも眼にはかかわりがないものの、リズムにも音楽の要素にも明確な発音にも、したがって何らかの時間性にもかかわりのある諸事物とも、関係がありましょうし、乳児たちを扱っている動物行動学者たちがきわめて強い能力として描いている、絶えざる記号化の能力であるあの想像力とも、関係を持ちましょう。

カストリアディス——確かに。しかし私は、想像力という用語を旧来の意味では用いておりません。想像力、それは何かしらを出現させる能力です。その何かしらは、通常の知覚や、フッサールとハイデガーの *Lebenswelt*〔生活世界〕や、物理学が示しているような、《現実のもの》ではありません。したがってそれは、まさしく主体の対自的な世界の創造です。想像力、それはすでに、ある空間とある時間の提示です。われわれの各自が、固有の自分の空間と自分の時間を持っています。どんなふうにしてわれわれは、共通の、集団の、社会的な空間を持つにいたるのか。もっとむつかしいことですが、共通の時間は？　この答えをわれわれは決して手にできません。ほかのいかなる場においても、十分に発育した、意識的な成人である個人は、自分固有の時間と共通の時間との間の、あの絶えず繰り返される相違と変質の中で以上に、拭い去ることのできない自分の孤独を感ずることはありません。目覚しが鳴ります。八時です。私は仕事にでかけていかねばなりません。しかし私は、仕事なんかくたばれ！　です。あるいは私の気分の時間。陽が照っているのに、私はこの上なく悲しい、雨が降っているのに、私はとても愉快である、等々。

《前・主観的な》世界は、眼が見えず耳が聞こえない、緊密な塊です。想像力の誕生は局部的な爆発であり、その爆発があの塊に穴をうがちますし、その穴が内的な空間、驚くべきほど膨脹することのできる部屋を、あの塊の中に開示します。その部屋は、部屋ではありません。それは円筒のようなものです。というのもそれは、同時に時間だからですし、したがってそれはまた四次元です。それは、自分自身に対して、円筒のいくつもの仕切り壁にもとづいて、組織された世界を形成しています。それが、あなたが名づけられる《記号化》だと、私は考えます。

臭覚的な諸事物、触覚的な諸事物がありますし、それらは当初、視覚的な諸事物よりもはるかに重要です。私には観察手段へのいかなる特定の執着もありません。ラカンにおける想像力の概念についての重要な不適切さの一つは、彼の観察手段への特定の執着です。私にとっては、発達した諸段階について語るなら、想像力とは特に、（私がなりたかった）作曲家の想像力です。一挙に、全く視覚的ではない諸形態が出現します。それらの形態は主として聴覚的であり――律動もあるので――運動的です。ブリジット・マッサンが引用している、モーツァルトの手紙の驚嘆すべき抜萃がありますが、そこでモーツァルトは、彼がどんなふうにして作曲するかをのべています。尊敬し合っているすべての作曲家と同様に彼は、明らかいました。真の作曲家は、私が眼を閉じながら、ある舞台をふたたび見るか、ある舞台を想像することができ、実際には決して存在していない登場人物たちを存在させることができるように、和音や和音のつらなりを書き、聞きます。モーツァルトは、部分部分が頭の中で作曲される、と説明しています。そして彼は、部分が終わった時、その部分は彼の前で同時に部分のつらなりの中におかれている、という幻覚的な事実を語っています。彼は瞬間的に、彼のソナタの最初の楽章の、出だしと中間部と終わりを聞きます。ガリレイが神について、われわれが一つ一つやっとのことでたどりつく諸証明を、神は自分の前に一瞬のうちに並べてみせた、といったようにです。これこそ想像力です。モーツァルトが、自分の頭の中には並べられた断片がある、という時、彼は楽譜を見ているのではありません。彼が断片の全体を聞いている、ということです。このことはわれわれには、理解しがたいことに思われます。われわれの音楽的想像力は、ソ短調交響曲の冒頭とメヌエットを同時に聞きうるには、まことに貧しいのです。社会的想念の中にもまた、いかなる《視覚的なもの》もありません。社会的想念、それは社会の中での諸心象の創造ではありません。それは街角の壁を人びとが塗るという事実でもありません。社会的想念という、神々あるいは行動の諸規則という、根源的な創造、それは、視覚的なものでも、聴覚的なものでも、ありません。それは、意味を持ちうるものです。

問い――そのことは、すでに感じ・知ったもの、古いものをともなう表象・反復・再発見の中に根づいているものからの、根源的想念という概念の分離を導かないでしょうか。『迷宮の岐路I』の中に一節があり、そこであなたは、無意識は過去にだけかかわりあっているわけではない、それは反復だけではない、ときわめてはっきりのべておられます。何かしら現在のもの、《出現しつつあるもの》があり、それについてフロイトの分析、特にラカンの分析は、同じ幻覚的な源泉の中で想念、表象、反復を結びつけることによって、しばしば行きづまりを呈しています。逆にあなたは、完全に未来を予見する選択をされた、と私は思うのですが。

カストリアディス——簡単にいいましょう。それは出現ですし、この出現は——人が社会・歴史的なものについてではなく、主体について語る時、言葉の濫用が許されるのなら——歴史的なものです。出現は、つねに過去の何かしらをとどめおいていますし、出現は、状況がすでに当人にとって生じていた人にとって生じます。しかしそれは出現ですし、この出現は創造的でありうるし、創造的です。いつも見かけでは、ですが。というのも出現は創造とは別のものだからです。ここで、君は同じ夢を二度は決して見ないだろう、といったヘラクレイトスが思いだされますが、そのヘラクレイトスを超えて、出現はまた単なる時間的なずれでもありません。そうではなく変質です。なぜなら別の形態が出現したからです。この観点から見れば確かに、問題なのは反復的な過去に根を下した想像力ではありません。全く逆です。

問い——あなたの著作の中で、根源的な想念、幻想化は、ニーチェの《権力意志》と、ラカンにおける《主観性》ないし《構造》、《主観性＝構造》と、リオタールその他の人びとにおける《欲望》と、同じ役割を果たしているものと考えられましょう。しかしながら、精神現象の新しい一般概念、基礎、プリムム・モウェンス〔最初の動因〕、あるいは生物学的な基体が問題ではないことも、明らかです。あなたは、一九六八年にマオイストたちがいっていたように、この問題を《もう一度》再検討できるのでしょうか。

カストリアディス――問題なのは、新しい一般概念ではないし、確かに生物学的な基体でもありません。問題なのは、一方での個別的な人間の精神現象の、他方での社会・歴史的なものの、存在の・存在様式の・核です。創出があるのは根源的な想念があるからですし、創出される範囲においてのみ、根源的想念はありえます。それは、創造されたものと創造の諸要素の輪です。さまざまな諸要素が一挙に設定されねばなりません。諸要素がなければ、創造されたものもありえませんが、しかし諸要素そのものも、それらの《結果》、創造によってしか、それらがあるようなものではありません。存在一般は創造です。想念と想像力は、存在一般のあのヴィス・フォルマンディ〔形成力〕が、人類という全体として存在し存在しようとしているもののあの芽生えの中で帯びる、存在様式です。人類はそこで、独自の形態とともに、密度とともに、特にたとえば意味作用、明白な理想のような、独特なあの諸創造とともに、現われます。生物は、厳密に物理学的な諸法則にもとづいて説明しうるものではありませんし、まして理解しうるものでもありません。生物は一つの出現です。この出現の中にわれわれは、全体として存在し存在しようとしているもののあの形成力、それ自身の中にもちろんいかなる個性も、さらにいかなる目的性をも持たない力を、読みとりますし、あの力は目的論の対象にはなりません。存在とはそういうものです。そうでないとすれば、存在はいつも同じものになりましょう。人間という存在も存在しないでしょうし、生命も存在しないでしょう、等々。さて、存在、それはつねに別な形で存在することですし、別のものを存在させることです。そのことに関してわれわれは、人間のうちに、限りなく強化され拡大された反響を見ますし、それがまさしく根源的想像力と根源的想念です。このことは、存在の主観性化をいささかも含みません。

ニーチェの《権力意志》、これは別の問題です。私はニーチェについて論じようとは思いません。それは余りに長いものになりましょう。

あなた方は、私がラカンの諸概念に全く同意していないことを、よくご存じです。彼が絶えず引き合いにだす《構造》は、私の見解では大変重要なもの、時間性を排除しています。同時に彼は、精神分析的であれほかのものであれ、根拠のない諸《構造》にすがっていました。たとえば、言語です。主体は言語なしには何ものでもありません。このことは明らかですし、しかもそれは世界同様に昔からのことです（アリストテレス）。

で、言語とは？　言語にはどんな事情があるのか。言語はどこから来たのか。精神分析学は言語について何をいうべきなのでしょうか。フロイトが〔ヴィルヘルム〕フリースに送った手稿の中に、ある一節があり、そこでフロイトは、彼がはじめた方向で言語の諸起源を説明することになるという事実への、自信を表明しています。もちろん彼は、その際にもその後にも、何一つ全く説明しませんでした。ラカンにおいては、主体が彼の前に見出す言語があります。つまりラカンはハイデガー主義者であり、言語は存在の一つの贈与であり、人間は話さないが、しかし存在が、人間に言語を与えることによって、人間を通して独り言をいうのです。――この種のイデオロギー的、神学的な形而上学には、私は関心がありません。さてそこで人は、言語は根源的想念の・つまり社会の・創造物であると、確認することを余儀なくされます。言語といったものと個別の諸言語は、呼応する共同体の、そのたびごとの創造物です。ここで、余談に入らなければなりません。

　人間存在の、創造的であり・したがって還元不能の・説明不能の・演繹不能の・ポイエティックな〔生成的な〕次元は、すべての論理的な次元を無視させるように見えます。しかし事情は、いささかもそうではありません。われわれが熟考しはじめる時にわれわれがする最初の確認の一つは、ある――一般に《論理的な》と呼ばれるであろう、私が集合論的・同一性的な、あるいは集同的なと名づけている――次元があることですし、この次元はいたるところに、精神現象の中でも社会の中でも、生物の中でも物理学的な存在の中でも、現存しています。山羊は同時に鹿であることはできません。二足す二は四です。火のない煙はありません。一定の諸原因が一定の諸結果を生みだします。そのことはいたるところで見られます。しかしそれは、現にあるものを形成している二つの次元の一つでしかありません。精神分析の場合を例にとってみましょう。分析者と長椅子には彼の患者がいるとします。患者は夢を物語ります。二人は一緒に、慣例にしたがって夢の解釈に取り組みます。少なくとも、取り組むことを期待しなければなりません。夢は途方もなく複雑な構成物ですし、そこに想像力が介入します。夢の接近の中での・夢の発明の中での・夢の語呂合わせの中での・創造性の驚くべきほどの、しばしばまぶしいばかりの度合で。しかしまた、そうした夢の中で、たとえば計算に出会います。夢の創造的・生成的な想像力は、自らがいうべきことをいうことができるよう、計算の中で道具化されねばなりません。同じように、バッハが遁走曲を書く時、主旋律の音符を計算しますし、五分の一拍子の主旋律を繰り返すために五分の一拍子を計算しますし、対旋律の音符を計算します。彼はその構成の上での和声の諸関係を承知しています。構造主義者なら、バッハは彼の計算の中で精根をつくす、といわねばならないでしょうが、それは全くのたわ言です。諸計算は、絵画の傑作の中でもまた行なわれます。シュルレアリストの詩の中にすら、素晴らしい論理があります。その論理がなかったとしたら、一句の見かけか実際の不条理な感覚の効果は、感覚的な効果にならないでしょうし、句は全く何ものでもないでしょう。論理を越えたものが、いわれるだけではなく、単純に存在することができるのも、対立によって、対照によって、またさらに論理的な組成物を絶えず挿入することによって、です。哲学は、確定性という大範疇の犠牲者でありつづけており、存在するものはすべて確定されねばならない、どこからどこまでも確定されねばならない、と想定しています。この想定は真実ではありません。真実であるのは、かなり確定されていないとすれば、何一つ存在することができない、ということです。無意識は、ラカンがそう信じているのとは反対に、機械ではありません。しかし無意識は、無意識として確定されています。無意識は、それ自身のものである存在様式を持っていますし、それはカンガルーや位相の定理の存在様式とは違います。

　無意識は、その存在様式において、その現われ方において、確定されています。しかし無意識は、そこで繰り広げられているものの内容については、確定されておりません。そこで繰り広げられているものの中には、生起があり、出現があります。この出現を理解しようとするとわれわれは、名高い《へそ》[七]に・最終的には患者のすべての歴史に・われわれが出会うところにまで、その現われを別のものに、どうにかこうにか結び直すことを余儀なくされます。フロイトは、神経症の選択性について語っています。彼はいくらか実証主義者でしたので、体質的な諸要素についても考えていました。しかしこの体質的な諸要素には、ほとんど眠気を誘うような効力しかありません。実は、問題なのは、還元不能で説明不能の患者の存在の仕方ですし、神経症患者として、精神病者として、変質者として、《正常なノイローゼ患者》として、固有の世界を設定する・患者の能力と、そうせざるをえない必要性、です。

　集合論的・同一性的な、集同的な次元は、いたるところに現存していますし、われわれが意識的に、重要な諸結果をともなってそれを侵犯する時にすら、われわれはやはりそれを利用しています。ヘーゲルがシェリングを嘲笑するために、《絶対の闇の中ではすべての牛は黒い》と、通俗的な諺を改めてとりあげた華麗な一節を口にした時、この文章の衝撃的な側面は何に由来するのでしょうか。それが意識的に諸用語と諸関係をきわめて論理的に活用することで、不条理な結末があり、その不条理な結末が論理的であり意味をなしていることを示した、その事実に由来しています。ここに、二つの次元、集同的な次元と生成的な次元が、位相幾何学でいわれるようにいたるところで密集している、と私がいう理由があります。一方の要素に近づいてみようと人は、他の要素を見出します。狂気の中ですら、それは明白です。

問い——自分に向いている、全能の幼児の精神現象的なモナドと、社会や人間文化の中への彼の受け入れを無意識のマグマに強いる、耐えがたいか柔軟な社会化の過程とを、あなたが対立させ、相互に作用させていることを、私は理解したと思います。たぶんそのことをあなたは《昇華》と名づけられているのですし、この昇華はとりわけ言語と個々の言葉を通過しています。この場合、自律化の過程とは何をあなたにとっては意味するのですか。社会的な場ではそれは、民主的ないし絶対自由主義的な革命なのでしょうか。そして精神分析の場では、名高い転移（八）の清算なのでしょうか。

カストリアディス——あなたが全能の幼児について話されたこと、それは全く適切です。この点については、精神現象の想念上の至上権について語っていたフロイトを、あえて訂正しなければなりません。精神現象の至上権は、当初は現実のものです。それは実現されます。精神現象を喜ばせるのは、諸表象の形成です。そして確かに肉体によって、特に他者たちによって、猛烈な攻撃を受けるのがその全能なのです。

一人で放っておかれる新生児は、死んでしまうか、最良の場合でも狼・児童になりますし、真に人間である能力を取り返しのつかないほどに失います。社会化はしたがって、人間存在を構成してゆくものです。政治的・哲学的・経済的な理論の中で愚かにも《個人》と呼ばれているもの——社会に対立させられているもの——は、社会に属しているもの以外では全くありません。モナドの核の周辺に、しかも奇妙な形で寄せ集められるのは、こうした比喩を使ってよいのなら、社会化の相次ぐ層なのです。それは、金属イオンがある極に向かってゆくように、ではありません。それは、複雑で、矛盾しているし、葛藤を含んでいます。フロイトは、まことに見事な比喩を用いていました。彼は、子持ち石、角礫石、火山の岩について語っていますが、それらの岩の中では、堅い諸断片が凝結した溶岩流の中に固まりとなっています。この溶岩流が時折、もっとも深いマグマの諸要素を表面にまで連れてくるのですが、そのことはわれわれの生活の中で、診療所の中で、われわれがつねに見るものです。

多かれ少なかれ穏やかなものであるこの社会化は、実際は本質的に荒々しいものです。社会化とは、精神現象が、その全能を・世界の中心か全体であることを・断念しなければならないことを、意味します。それは——われわれがいくらかでも率直であるなら——われわれが決して断念しないもの、断念できないものです。私がいつも座標軸の起点です。軸x、y、z、あるいはtが出発するのは私からですし、それらの軸は、今、ここの、私から出発します。それらの軸を他の傍観者たちの軸と接続させること、それは厄介な仕事です。

幼児は、乳房は自分のものである、母は自分の意のままである、自分と母は排他的な関係にある、と信ずることを止める必要性、母が他の誰かを欲していると認めること（これが、フロイトにおけるエディプス・コンプレックスの意味を復元する上での、ラカンの寄与ですが）の必要性の前に、おかれています。私が永久にそこから排除されている、母と誰かとの関係がありますし、それを私が認めないなら、私は社会化された個人には決してなれないでしょう。

しかしそれだけでは十分ではありません。フロイトがエディプス・コンプレックスの問題に取り組んだのは、もっぱら精神・発生論の視点からでした。しかし『トーテムとタブー』の中では、この問題の社会・発生論的な次元を彼が急速に感じとっていたことが、理解されます。精神分析学者たちの社会学的盲目が見られるのは、彼らが『トーテムとタブー』の神話を読む際に、父親殺しにしか注目せず、兄弟たちの感情を無視している、という事実の中でです。あの兄弟たちは、自分たちの全能を断念すること、他人を殺さないこと、各自が自分のために一族のすべての女たちをもはや望まないこと、を誓っているのです。フロイトの神話の中では、死んだ父の身代りが、制度の中心、トーテムです。全く病的な、歴史の中に部分的に現われる、人が時にキュクロペス〔一眼巨人族〕型の家族と名づける、家族組織を想像してみることは十分にできます。アリストテレスがいくらか厳密さを欠いて彼の考えをのべるのはまれなことですが、その一例がギリシャの都市について語った時で、彼は、子供たちの教育と市民たちの仕事のための諸規則を強制しなければならない、と立法者が考えたのは、ラケダイモン〔スパルタ〕人たちの都市においてしかない、他のすべての都市においては立法者は、父親たちが自ら望むように妻たちや子供たちを支配させていたらしい、とのべたのです。さて、これは誤りです。『オデュッセイア』の中のキュクロペス人の制度では、法も集会もないし、各自は妻や子供たちを、殺すことも食べることも自分の好きなようにすることもできたのです。これは、『トーテムとタブー』における父親殺し以前の制度です。しかしギリシャの諸都市においては、すべての都市と同様に、父親の権力は――それがオイコス〔家庭〕の中で、ファミリア〔家族〕の中で、一家の中で、いかに大きかろうと――にもかかわらず限定されていますし、それは他の父親たちの権力によってであって、単に万人共通の法によってのみではありません。父親は、法によって設定された共同体にかかわりを持たされますし、彼の権力を制限するのは機能している共同体です。そうでなければ子供は、永遠に父親の奴隷であるか、抑えがたい憎悪に燃えた敵に、なります。子供から見た親子関係の獲得は、父親の制限という対等化によってしか、父親も他の父親たちの一人である、父親を越えるもっと全般的な何かしら、共同体とその制度がある、という事実によってしか、なされえません。ここでもまたラカンは（象徴的なものについて、法について、等々を語ることによって）、事情を混乱させましたし、そこでは機能している具体的な共同体が全く無視されています。以上すべての中で昇華の過程がもっとも重要です。昇華とは、人が単なる器官の快楽を断念すること、社会的にしか存在もせず価値もない諸対象に感情を集中するために、個人的な表象の快楽をも断念すること、です。精神分析学者たちの常識外れの立場にはけりをつけなければなりません。それによると、画家たちだけが昇華する、というのも、彼の糞便を細工する代わりに画家たちは色彩を細工するからだ、というのです。話しだしたその瞬間から、自分の親指や舌をしゃぶる代わりに人は、昇華の中に入ります。というのも彼は、社会的な活動に、社会によって創造され・社会によって設定され価値を与えられた対象に、感情を集中するからです。同じことが労働についてもいえます。それが疎外されているかいないか、等々の労働の性格について予断を下す必要はありません。問題なのはつねに昇華の活動です。

しかし昇華については、さらに二つの側面を見分けなければなりません。一つは単に叙述の対象となる側面です。あらゆる人間の社会には昇華があります。身近で一般的な愚かしさから抜けだしましょう。アテナイ人たちがパンテノンを、パリ人たちがノートルダムを建設した時にだけ、昇華があるのではありません。昇華はまた、アテナイ人たちがミロ島の人びとを虐殺した時にも見られます。というのもアテナイ人たちは、ミロ島の人びとを政治的な理由で虐殺したからです。それは驚くべき犯罪です。それはおそらくアテナイ民主主義の失墜をもたらした一つの理由ですが、それも昇華の活動です。その活動は、器官の快楽のためのものではありません。強制収容所で実行されている昇華もあります。人びとをガス室に送りこんだ連中を含む、サディスト的なナチス親衛隊員たちの昇華もありました。もっともそれには、疑わしさもあります。というのも、彼らが本当にサディストであったとすれば、彼らは人びとを抽象的なやり方で処刑するよりも、むしろ人びとを生かしておき、拷問する、刃物で傷つける、等々を選んだであろうからです。それも昇華の活動です、たぶんそれには、おそらく別の性質を持つ諸表象がともなわれていたかもしれませんが。しかし誰も、どんな表象がともなわれていたかを理解するために、あの連中の精神分析をしませんでした。

問い――諸表象を想定できるのでしょうね……。

カストリアディス――諸表象が不可避的にあります。快楽的な諸表象が不可避的にあります。私が哲学か音楽にたずさわる時にも、快楽的な諸表象があります。もっとも時にはそれほど快楽的ではないものもありますが、問題はそこにはありません。私がいいたいのは、例の活動はその主観的な快楽の中で精根を使い果たすのではない、ということです。活動は、社会的に創造され、社会的に価値を与えられた対象に、感情を集中します。その対象が犯罪的なものであろうとも、です。ホロコーストには当惑させられます。しかしアズテク人たちは人間の生けにえを神に捧げていました。祭式をとり行なう僧侶は、犠牲者たちを生けにえとして捧げながら射精したのではありません。彼は典礼を遂行していたのです。アズテク民族にとっては、あれらの犠牲者たちを生けにえとして捧げることが――世界の秩序のために、神々が存在しつづけるために、太陽が地球の周りを廻りつづけるために――絶対に重要なことだ、と考えられていたのでした。

しかしながらわれわれは、価値判断という昇華のもう一つの視点をとることを、控えるわけにはいきません。われわれはまた、精神分析の中でもそれを控えることはできません。われわれは、自律という別の目標を持っていますし、それはまた社会的な目標、昇華の特殊な型でもあります。精神分析の諸目的の中にも、政治的な諸目的の中にも、それらが共指示するさまざまな種類の昇華の中にも、特定の承認が見られますが、それは、私は自律的でなければならない、私の無意識の知覚を抑圧してはならない、私の欲望から・衝動から・表現か行動に移りうるものを濾過しなければならない、という事実の承認です。他者たちは私の単なる欲望の対象ではありませんし、道具でもありません。彼らもまた自分たちの自律に到達しなければなりません。精神分析のよく考えられた目的は、転移の精算を越えて進みます。それは、主観性の新しい力域の設定にまで進みます。つまり自分の基礎にある無意識との別の関係をどうにか樹立することのできる、熟考し議論する主観性にまで、です。その関係は除去の関係ではありません。フロイトの《エスがあったところに、私はならねばならぬ》は不十分です。それは間違って考えられてさえおります。その後に示されたのは、フロイトがそれをゾイデル海〔オランダ北西部の北海の入り江〕の干拓のように、そこにチューリップを栽培する悪臭を放つ沼の干拓のように、考えていたことです。問題は無意識を干拓することではありませんし、無意識はそんなことに決して適してはおりません。もし人がそうなしえたとしても、それは自殺行為でしょう。というのも、すべてが出現するのはまさしく無意識からだからです。問題は、無意識の奴隷にならないことではありません。つまり、無意識の中で圧力となっている諸衝動や諸欲望を意識することによって、表現への過程、あるいは行為への過程を中止させうること、ではありません。自律的でありうるのは主観性であり、自律とはそこにある関係なのです。

そのことはまた、政治的構想にも意味を与えるはずです。政治的構想は自律社会の創造を、すなわちその諸制度によって伝統的な関係、他律の関係とは別の関係を持つ社会の創造を、目ざしています。そのことは、自律社会は自ら作ったものを承知して諸制度を設立している、したがってこの社会はそれらの制度を廃止することもできる、それらの諸制度の精髄は自律的個人の創造でなくてはならない、を意味します。

　精神分析学者たちの社会学的・政治的な盲目と、社会学者たちと哲学者たちの精神分析学的な盲目について、もう少しだけ。哲学者たち、社会学者たち、政治学者たち、その他の人びとは今日、《人間個人》について語りつづけています。まるで人間個人があるかのように、です。《人間個人》はありません。あるのは社会化されている精神現象ですし、この社会化の中、その最終的な結果の中には、言葉の真の意味での個人的なものはほとんど何一つありません。社会が他律的であればあるほど、ますます個人的なものはなくなります。真の個人化は、諸社会が自律への歩みに手をつけた時に、はじまります。人は民俗技能系の二人の陶工の両者を見分けることはできませんし、エジプト学者でなければ、十八王朝期のエジプト彫刻と二十王朝期のエジプト彫刻を見分けることもできません。しかしもしあなたがいくらかギリシャ語を知っていたら、あなたはサッフォーの詩句とアルキロコス（九）の詩句を混同することはありえません。それはちょうど紀元前七〇〇年のことで、学識をともなうギリシャ詩のはじまりに当たり、二人の詩人は完全に違った形で書いていました。同様にあなたはバッハとヘンデルを混同することはありませんし、この二人のドイツ人は同時代に対位法の楽曲を書いていました。厳密にいえば人がためらいがちになる一つ二つの曲がないでもないでしょうが、彼らの創造の肝心な点は確かに認められます。彼らは個人化された個人でしたし、一部族、一民族の写しではありませんでした。それに、個人化された個人が創造されるためには、個人化された社会が必要です。他律的・伝統的な諸社会は、個人化されようとしているものではありませんでした。それらは、画一化されようとしているもの、集団化されようとしているもの、でした。精神分析学者たちの社会学的盲目については、ラカンに関連して私はそれをお話しした、と思っています。彼らは社会の一定の創出に由来するすべてを、《現実の》、同時に《戒律》の一部をなしているものと見なしていますし、それらを壊れえない・変わりえない・転換しえない・何かしらにしています。実際にはそれらは社会的な創出物なのに、です。

問い――とはいっても、患者たちが話をしようとするその時に、そのようなことを精神分析医たちがするのは、評価できることです。

カストリアディス――全く賛成です。しかしそれは別問題です。唯一の《現実》、それは社会的な現実です。そこに、果てしなく繰り返される誤解があります。精神分析の中で《現実原則》が語られる時、どんな現実が問題なのでしょうか。私はいかに狂人であろうと、火が燃えること、あるいは彼が六階から落ちれば自分が死ぬことを、知らない狂人を見たことは決してありません。彼が身を投げたとすれば、それは自分が死んでゆくことを彼が知っているにもかかわらず、なのです。しかし彼が決して知ろうとしない現実、それは社会的な現実、親子の間の諸関係、欲望の諸対象との関係です。この現実は、実際的なもの以外のいかなる特権も持ってはおりません。精神分析医が現実について語る際にとらねばならぬであろう態度、それは患者に対して《あなたはそれを認めねばなりません。それが現実です》と、いうことではありません。そうではなく、《これが今のところ創出されている現実です。あなたが壁の前にいるとして、それを移動させようとして壁に頭をぶつけてみても、何の役にも立ちません。あなたがそれを移動させたいのなら、別のやり方をしなければなりません。しかしまず、壁がそこにあること、それに苦しめられていることを、知らねばなりません》と、患者にいうことでしょう。

問い——そのことが第五の質問を導きます。主体の状態についてのあなたの社会・歴史的な研究方法は、精神分析と政治の両領域での実践的・理論的な諸仮説に、あなたを導いているのでしょうか。そのことは、精神分析の仕方について、また団結の・組織化の・闘争の・やり方についても、明確な実際的・《技術的な》影響を持ちうるのでしょうか。もっと正確にいえば、《活動家的な》諸実践と組織化の諸様式は、新しい歩みと新しい形をとらねばならないと、あなたは考えていますか。この革命の中での革命を、あなたはどんなふうに理解されているのでしょうか。

カストリアディス——まず理論的な諸影響があります。私の考えでは精神分析のファンの、ファンという語の二つの〔終わりと目的という〕意味での、新しい見方があります。政治のファンについても同様です——ただし、二つの意味においてではなく、目標という意味でですが。完成という意味での政治の終わりは、決してありえないでしょう。同様に精神分析の終わりも。精神分析の目的、それは今や、自己分析する患者の能力です。政治の場合には、目的について語ることはできません。共通の集団的な諸目標についての討議がつねにあるでしょうし、創出の諸問題もつねにありましょう。問題は、決定的に完成された社会を樹立することではありません。

それらの影響は明白です。それらはまさしく、プラクシス〔実践〕の領域での、目的と手段の区別の廃止として理解されます。その区別のバカさ加減を悟るには、事実をのべれば十分でしょう。人は他律的な手段によって誰かを自律的にすることはできません。

自律は、精神分析や政治運動の出発に当たって、求めるべき目的でもあり、潜在的にせよその存在を想定しなければならないものでもあります。この潜在的な存在、それは自律への意志、自由であることへの意志です。精神分析の場合には、それが苦痛からの自由であるとしても。また社会の場合には、ただ自由でありたいだけだとしても。すべての準備はその方向にそったものでなければなりませんし、それらはすでに目標の一部をなしています。私は、精神分析の場合、自由連想が手段である、とは考えません。自由連想をすることのできる患者は、巨大な一歩を踏みだしたのですし、彼はすでに、検閲や防衛の巨大な一部を崩壊させたのです。そういったものはもちろん不十分ですが、しかしそれは、探し求めている諸目的の一部をなしています。自分たちの組合や雇主や政府に、自分たちのために何かをお願いする代わりに、闘争しようとしている人びとが自分たちを組織する時、それがなすべきことについて討議するためであったとしても、彼らは同じ歩みの中にいます。そこにはすでに、出現している・かつその後の発展の条件でもある・萌芽的な自律があります。——もしそれが発展されるものならですが! われわれに与えられている唯一の保証、それはわれわれが死んでいくということです。

以上の論理的な諸帰結は、それらの原則においては明確ですが、現実の中で・《行動のあり方》という厳密な意味での実践の領域の中で・表明するとなると、はるかにむつかしくなります。精神分析の場合には、われわれが利用している古典的な準備について、確かに疑問を呈することができます。準備について知られている諸規範は、横たわっている姿勢、《自分を抑えてはいけません。頭に浮かんだままを話して下さい》という逆説的な指示、治療時間の規則正しさ、治療時間の決められた長さ、ですが、これらは精神分析医が分析の中で持っている、想念上の・また実際の・巨大な権力と釣り合いをとるための欠くべからざるものです。それらの形式的には契約上の自己規制（そして、われわれが承知しているように、精神分析医の側から分析の作業の中での彼の力に応じて、しばしば違反されることのある自己規制）は、患者の治療のためにあるもので、絶対に尊重されなければなりませんし、それらは単なる手段ではありません。

それらはすでに、患者の解放への何歩かを形成しています。それらすべてはまた、本来の意味での分析の過程に・解釈の仕事に・著しく影響します。解釈にとっての黄金の規則は、それが患者にとって彼のその後の道程を容易なものにしなければならないこと、それが事態を閉じこめないこと、それが事態を凍結させないこと、それが間違った決定的な答えを与えないこと、それが過程を開かれたものにすること、ですし、それらはみな、患者の・過程をたどり・深めてゆく・能力を拡大することによって果たされます。

確かに、分析過程のかなりの長さの前でしばしば失望させられること、期待できた諸結果がえられないこともありますし、そこに問題があります。この点について私は、何一つ提案すべきものを持っていないことを認めます。すべての――すでにフェレンツイ（一〇）の時代から・あるいはそれ以前から・はじまっている――実行された改善の試みは、これといったことを何一つもたらしませんでした。大概の場合それらは、患者の転移という疎外の強化を必然的にうながしています。想像できたすべての改善は、精神分析医の側からの増大する介入という方向に進みました。そう申しあげるのは、私がおそらく今日開業をしている人びとの中でもっとも介入するものの一人であるにもかかわらず、です。指示や忠告や禁止を私が口にするわけではないのですが、全く沈黙を守っている時間がごくまれなのです。

問い――そうして介入は、いつも解釈の要請によるのですか。

カストリアディス――それらはほとんどつねに解釈の代役です。それらは、患者は自分の幻覚的構築物の広がりを判断することができない、そうではない何かしらを何らかの瞬間にそれに対置されないならば、という原則から出発しています。たった一人で放置された患者は、その発見をするのに、少なくとも七〇年は要しましょう！　ここで関係しているのは、精神病者ではなく、正常な神経症患者です。精神分析医の役割の一つが、幻覚としての幻覚を明瞭にさせることである、そういう瞬間があります。

政治家に属するものについては、内容に関する影響はきわめて奥深いものです。『細分化された世界』所収の「権力、政治、自律」のような文章の中で私が与えようとした諸表現が明確に示しているのは、政治と政治活動それ自身の内容は、精神分析的でもあり・歴史的－政治的でもある・明らかに二重の着想による、自律の理念と目標から出発して、考え直すことができるし、そうされなくてはならない、ということです。社会的・個人的な自律とは、われわれがわれわれの法を作る、共同体が実際に至上である、個人たちは彼らの権力への参加に関して実際に自由であり平等でなくてはならない、ということです。自律の制度的な諸帰結を詳述するのは、紙の上ではたやすいことです。自律社会とは、そこで共同の熟慮性が最高度に達した社会、を意味します。民主主義は熟慮性の体制ですし、法や共同の事業が問題であれば、これからなそうとしていることについて、人びとが共同で熟慮し決定する体制です。人びとはまた別の方向でも熟慮します。人びとがすでにいい・考え・決定したことについて、それをとらえ直し・それを変更するために、立ち戻ることもできます。そうしたことが提起された、その時以後、制度上の諸問題点を明示することはむつかしくありません。たとえば、今日なおきわめて部分的である民主的な諸権利です。これらの権利の部分的な性格を克服させるためには、経済面・生産の組織面・生活のあり方の面・等々の転換が問題となります。それらの転換は、政治的諸目標と諸制度についての討論にもとづくものになります。

われわれは、大部分が他律的である社会に暮らしており、そこで個人たちは今日あるようなあり様なので、ずっとはるかにむつかしい問題がありますし、それは、自己組織化する仕方や闘争方式について、あなた方が提起する問題です。いうのはたやすいし、いわねばならないのは、《民主集中制》だけではなく、伝統的な諸組織の中での官僚制化と階級制化を養うすべてのものという、組織を覆っている致命的な外皮をはぎとらねばならない、ということですし、政治的諸組織の中で、一緒に生き・一緒に討論し・一緒に決定する・新しい諸方式をわれわれが発明しなければならない、ということです。そうした諸方式を何にもとづいて明確にしえなければならないか、それらが何から着想をえなければならないか、そのことはわかっています。実現に移そうとすると人びとは、資本主義社会の中での諸グループの間で絶えず復活してくる病理と衝突しますし、この病理は明らかに乗り越えがたいものです。この問題については、別の、このインタビューとほとんど同じ長さの討論が必要となりましょう。

精神病の中での世界の構築[1]

この講演に簡潔な題名を与える必要が、この題名を誇大妄想的な表示と思わせることになりました。この講演を、特にピエラ・オラニエ[一]の業績に関連して精神病の中での世界の構築の問題の熟考のための・いくつかの関係する問題の若干の側面についての・予備的な諸考察の断片、と名づけるのは、はるかに適切であったでしょうが、しかしはるかに優美でないものともなりましょう。そのことは、ピエラと私がつねに分かち合っていた態度の中では、私がいうべきことの大半が疑問を呈する次元に属していますので、それだけ余計に印象づけられます。

その疑問、それを私は源流からとらえ直してみることにします。精神病が精神現象上の現象であること（名称は人を誤らせるものでありえます）、たとえば器官上の現象ではないことを、われわれはどのように知っているのでしょうか。なぜ人は、精神病を精神分析の領域の中に位置づけるのでしょうか。第一の疑問は、肉体と魂の諸関係についての大古からの論争、近年また活発に繰り返されている論争（向精神薬、神経科学、等々）に照らして、正当化されます。第二の疑問は、フロイトが精神病の精神現象的な性格を疑っていなかったこと、精神病患者を分析できると考えていたことを想起すれば、正当化されます。

なぜ精神病は、癲癇やアルツハイマー病のようではないのでしょうか。これらの場合には精神病には見られない神経組織の諸変化が確認される、と答えるのでは不十分です。というのも第一に、精神病に責任のある組織の病変（あるいは分子、あるいは遺伝因子、あるいは組成の間違い）がまだ見つけられていないのではないか、という反論が予想できるからです。私が思いだすのは、フロイト自身が一九二五年に、神経症を決定づけるであろう《仮定的な諸物質》の発見のために《……今のところまだ（フォーアロイフィヒ・ノッホ）いかなる道も敷かれていない》（「精神分析への抵抗」）と書き、一九二七年にはさらに《……諸器官の生物学や神経症の諸現象への諸器官の化学作用に由来する……新しい道が開かれるであろう日を、推測することはできる。その日はまだ遠くにあると思われるが……》（「素人の分析について」）と書いていることです。

第二に、精神現象と中心的な神経組織との、あるいは身体全般とすらの、相互作用や相互依存（向精神薬、幻覚剤、アルコール、電気ショック、等々）を疑うことは、できないからです。二つの領域の境界、それらの相互作用の諸様式は、われわれには依然として未知のままに残されていますが、この難題への答えは、フロイト自身によって、夢や神経症的徴候に関して、すでに与えられています。この答えは、単に《方法論的》ないし《認識論的》なだけではなく、まさしく哲学的な、もっと正確には存在論的な、決定から生まれています。フロイトは、夢は意味を持つ、前兆と同様に、と決定したのでした。精神現象の活動と神経組織との間の直接の関係は、《それが存在するとしても、最良の場合でも意識諸過程のある特定化しか提供しないであろうし、それらの理解には何一つ寄与しないであろう》（『精神分析梗概』、傍点は引用者）と一九三九年に書いています。夢と前兆という現象は、精神現象の因果関係にしたがっていますし、——それ以上に、多元的な決定に従属しているか、主として精神現象の諸過程によって条件づけられています（前掲「精神分析への抵抗」）。あの決定をなぜ存在論的なと名づけるのか。なぜならそれは、夢と前兆の資格と存在様式にかかわっているから、すなわち両者とも意味の世界に属しているからです。

問題はしたがって、人は精神病についても同様なことをいいうるか、を知ることにあります。つまり精神病、あるいは少なくとも精神病のいくつかの型は――ピエラのように私はここで、精神分裂症と偏執狂についてしか話しませんが――精神現象の働きの、くずか廃物の蓄積なのか、それともその働きは単に正常といわれる働きに比べて不十分な形のものなのかどうか、を知ることにあります。あるいはまた反対に、精神病は、そのことがいかに奇妙に思われようと、意味の世界に属するのかどうか、を知ることにあります。ご承知のようにフロイトはまた、フリースとの文通の何年か〔一八八七年―一九〇二年〕以後に、精神病（偏執狂）に関するあの最後の決定を下しております。

　精神病は精神分析の領域の一部である、ということは、精神病の諸現象は意味を持つ、ということですし、それはしたがって、意味の共通の世界からの《疎外》、離間、分離を示す精神錯乱に意味を与えるという、恐るべき責務の前に立つことです。それはまた、精神病の諸現象について、精神現象的な・因果関係ないし多元的決定を提出するという、責務の前に立つことでもあります。私はただちにいわねばなりませんが、以上二つの責務は最善の場合でも不十分にしか果たされえません。それは、精神病が意味の世界に属していないであろうからではなく、二つの点について、つまり精神錯乱の内容とその《役割》ないしその作因作用についてわれわれが、夢ないし神経症的な前兆よりも共通の世界に比べてはるかに離れている、精神現象的な諸創造と取り組んでいるからです。

　精神病についてのピエラの仕事の価値は、前記のものと似たある決定と互いに関連しておりますし、その決定それ自身は、彼女の諸著書の表題がすでに示しているような、彼女のもっと一般的な姿勢に由来しています。『解釈の暴力』[a]は、解釈することは、それが意味を与える一つの《原文》から出発してもう一つのやはり意味を与える《原文》に到達すること、であることを告げていますし、『意味を求めての解釈

[b]者』は意味一般ではなく個々の意味を求めています。この姿勢にかかわる決定とは、(a)精神病の諸現象は意味を持つ、(b)その意味は還元できない——この用語については改めてふれることにします——、(c)精神病は、精神分析学が無効でないとすれば、精神分析学的に解明されうるし、解明されなくてはならない、です。彼女が（私が『迷宮の岐路[c]』の中ですでに引用した）一九七五—七六年のサン・タンヌのある研究会でのべたように、《もしわれわれが精神病を理解しないなら、そのことはわれわれが精神現象一般の働きの中で何かしら肝心なものを理解しないことを意味する》のです。

　このことについて私は、『解釈の暴力』の中のいくつかの表現を想起してみることにします。彼女は、精神病は無意識を透明の中にさらすだろうという考えや、精神病は《精神活動の第一段階》の非進行、後退ないし繰り返しに属しているだろうという考えは、間違っているし長持ちしている神話だ（おそらくそこには《父という名の効力喪失》も含めなくてはならない）と、いっています。精神錯乱はわれわれに、《高度に洗練された精神現象の諸産物》（同書一七頁）をゆだねます。精神病の創造（彼女の用語）が示す、さらにそれ以上のものがありますし、精神病を介して行なわれる《再解釈の驚異的な仕事》（前出書）があります。再解釈、高度に洗練された精神現象の諸産物、精神病の創造というそれ以上のもの、すべてこれらは、主体にとって最初の《意味のないもの》から出発して、他者にとっては無意味だが主体にとっての意味の創造によって、精神病を特徴づけること、に帰着します。実際、意味の建設は《自我と意味作用の領域との関係に……進んで特権を与えている》（前出書、一八頁）と彼女はいっています。

　このことは結局、精神病の中には、主体にとって意味のある（その他の人びとにとっては意味のない）世界の、建設がある、いやむしろ創造がある、というのと同じことです。しかしここでは注意深くあること、どんな意味が問題で、この用語をどう理解しているかを明確にすること、が必要です。なぜなら《器官的な》意味もあるからです。器官の諸現象と諸過程も、意味を持っています。なぜならそれらは、秩序立てられた・機能的な・目的を持たされた・分類化された・諸関係を表現しているからです。それらは、等価値の・秩序の・隣接のものとの・諸関係の、極端に複雑な原型によって支配されています。それらは、全体的で機能的な、位階的な組み合わせを表明しています。それらは、原因性と目的性とを・《知覚》と《行動》とを・《もし……なら、その時は……》という関係を・結びつける、諸形態の下で作用しています。自分にとっての意味を創造する諸作用と諸関係のあの全体によって、生物は、そのたびごとに、固有の世界を、彼にとっての世界、彼にとって《意味のある》世界を、創造します。しかしここでの《意味のある》は、われわれの知る限りでは、生物学的な目的に呼応している、機能すること（自己保存することと自己再生産すること）を可能にする、を単に意味しているだけです。機能することそれ自身が、主として機能的である《快楽》を場合によってはともなうこともありますが。

　区別をはっきりさせるためにわれわれは、精神現象の諸現象の意味は、主として機能的ではないこと、生物学的な目的性を越えてその目的性の破壊をもたらすために進みうること、を仮定しなければなりません。このことについて個人的・集団的な人間生活はわれわれに、沢山の繰り返される証明を提供しています。

　確かに、人類における精神現象的なものと器官的なものの交錯（あるいは前者の後者への依存）は、二つの次元を辛うじて分離できる程度のものです。しかしわれわれは、現実原則（二）のように、あるいは快楽を器官の快楽と理解するなら快感原則（二）さえものように、《機能的な》諸範疇にもとづいて精神現象の諸現象を、理解することはできません、人類においては、快楽は主として表象の快楽、非機能化された快楽ですし、しかも、この表象の快楽すら、意味を与える必要の前では、その優位を認めています。精神現象的な

(そして身体的な)絶大な不快を代償としてさえ、そうなのです。そうしたことの極端な形こそが、精神病の中に見出されます。あの意味を与えることはしたがって、ある種の表象上の一貫性の樹立として、理解されねばなりません。器官的なものを犠牲にしてさえの、表象的なものであっても快楽を犠牲にしてさえの、——精神病の中では——他者たちの表象との一貫性、社会的な諸意味作用、つまりピエラが《集団が語るもの》と名づけたものを犠牲にしてさえの、樹立です。謎——ここでは論ずることのできない謎——は、他者たちの(社会的な)表象との根本的な不一致がそれを示しているように、あの一貫性を判断するものとなる諸基準そのものも、主体によって創造されている、あるいは創造されうる、ということです。——そうでなければ精神病はありえないでしょう(別の視点から見れば、社会の諸制度の変質性や歴史がありえないであろうように)。

精神病に関する《反精神分析的な》の別の防衛線をも検討しなければなりません。つまり精神病の諸現象にも意味はあるだろう、しかしその意味は器官的な変化ないし欠陥のために薄められ取り消されている、というものです。私は器官主義者たちをさほど念頭においているわけではなく、クルツ・ゴルトシュタイン[三](『器官の構造』[d])と同様に重要なある人物のことを考えています。諸欠陥(特に器官的なそれ)に対しては、主体にとって適切な世界の再構築がまずあります。それは、その世界が構成している領域と豊かさの縮減をともないます。ついで、器官の破壊のより強い諸段階においては、ゴルトシュタインが破局的な反応と呼ぶもの、つまり意味を与える機能と試みの崩壊があります。意味というこの語に与えられる語義がどのようなものであろうと。

この見方、私には(その基礎や器官的な条件づけの問題にはかかわりなく)正しいと思われる見方を、人は単にしりぞけることはできません。実際、はるかに進行することもありうる〔強迫神経症の極端な諸事例の中にそれが見られる〕《偏狭さ》という諸反応である、精神現象的な諸反応がありますし、破局的な精神現象上の諸反応もあります。精神病的な諸現象との違いは、つねに明白ではありません。ここで、ピエラ・オラニエが『解釈の暴力』の中で暗に提起した基準の、重要性と妥当性が現われます。その基準とは、精神分析の視点から見てわれわれにとって何よりも重要な精神病は、そこに常軌を逸した創造がある――私の用語でいえば、固有の世界の構築と創造がある――精神病だ、ということですし、その創造は、本質的に共通の世界の縮減、切断ないし残骸の和ではなく、共通の世界を組織するいくつかの原則の変質であり、その共通の世界に参加する希望すらの、消滅ないし希薄化なのです。

何よりもまず、主体は彼自身にとっての何らかの意味を創造しなければなりません。私がここでは周知のものと想像している、ピエラの概念の中では、主体の表象上の活動は、ピエラがピクトグラム〔絵文字〕と呼ぶ第一の基礎、主体にとって基礎的な映像、そこから意味を与えることができるのであろうすべてのものの源基、から出発しています。ついで主体は、幻覚的な産物を通じて意味を与えます。最後に、第三の地層において、主体は彼の諸思想の中で、自我についての諸思想の中で、意味を与えます。しかし主体の思想の中で意味を与えるものは《全体》、つまり社会にとっての意味をも与えなければなりません。自我についての諸思想にとって有効性とは、全体が語るものとの一致ないし一貫性を主として意味します。この表明の極限においてはいくつもの問い――たとえばガリレイの場合にはどうであったのか――が提起されますが、それらは高度に特殊な諸社会に関係しており、それらをここで論ずることはできません。しかし主体が語るものの有効性は、それと社会が語るものとの一致を実際には意味する、ということは、沢山の他の諸社会の存在から見て、われわれの領域においては社会的に語られるものの有効性の問題は提起されえない、ということを前提としています。いいかえれば、社会の創出は本質的に恣意的なものですし、――ピエラはのみならず、精神病の・特に類似物の指定に関しての・社会的相対性を認めています。

この点を強調しなければなりません。フロイトにとって宗教は――われわれが知っているほとんどすべての社会機構にとっての礎石は――、幻想でしたし、幻想は、情動充当の誤りとして彼によって定義されています。確かに全く不十分な定義です。なぜならこの《誤り》は、どこからか来て、どこかにゆくからです。誤りはまさしく意味の探求に由来していますし、それが《つづいている》限り、誤りはその役割を果たしていますし、それは社会生活に必要な服従感覚、むしろ一体感覚を生みだしています。しかしあの定義はわれわれの話題にとっては十分なものです。というのも、ここで問題なのは明らかに、集団的な創出された《誤り》であり、共同体全体に波及しそれを動かしている情動だからです。したがって、キリストに支えられていた時期のキリスト教社会の中での、強固な信仰の対象、処女懐胎は、社会が主体自身によって支えられているとすれば、その同じ社会によって（他のすべての社会によって）、精神錯乱的な思想と見なされましょう。

したがって精神病は、主体の思想にとって意味を与えるものと、《全体》にとって意味を与えるものとの間の、本質的な葛藤ないし非一貫性です。以上の定義が認められるなら、精神病は本質的に自我とかかわりがあります、それは、精神錯乱的な諸思想の・全体が語るもの、すなわち社会的諸意味作用に反する諸思想の・あるいは全体が語るものと首尾一貫しない諸思想の・創造です。しかしそれらの思想は、それらの主体にとって意味を与えるものです。その諸思想が大概の場合、主体にとって苦しみの源泉であるにもかかわらずそうなのですし、他者たちが考えていることのみならず、他者たちにとって意味を与えているものを主体が知っていることとも相容れないにもかかわらず、そうなのです。実際つねに、精神病者の魂の中には、あの諸思想以外のものを眺めている片隅、彼にとって意味を与えているものが他者たちにとって意味を与えていないことを知っている（パーシヴァルを参照せよ）片隅が、あります。[四]

以上のことすべてを認めるなら、三つの大きな問題が出現します。

――何人かの主体たちのそうした進展が、なぜ彼らを精神病に導くのか。

――精神錯乱が語るものの内容について、一般的に、何か一般的なこととして、われわれは何をいうことができるのか。

――最後に、無茶な質問だが、精神病の精神分析的な治療について、何をいうことができるのか。

これらの問いの第三のものと第一のものについて私は、ここでの私の主題であるもの、精神錯乱の内容、すなわち精神病における世界の構築、に立ち入る前に、若干の注意をしておくことにします。

精神病の精神分析的な治療が直面している諸任務は、整理すると、以下のものであるように私には思われます。

(1) 精神錯乱が語るものと共同で語られているものとの間の、葛藤の激化を乗り越えること。精神病者の孤立――モーリス・ダヤンが《孤独な確信の冷酷な支配》とよくも名づけたもの（『意味を求める解釈者』への序文で。二〇頁）――の中に裂け目を生みだすこと。精神病者が語ることに耳を傾け、相互・言語を彼らとともに創造しようと努めることによって。

(2) あの葛藤の中に、精神錯乱的な構築の中に、苦しみの源泉を示すこと。――そこで人が、たぶん神経症における以上に、《苦しみの節減》や苦しみと本質的なマゾヒズムとの諸関係やらに、衝突する任務。

(3) 世界が別の形で意味を与えうることを示すこと。

(4) 精神病者の話が（《全体》にとって）無意味であるという意味を与えること。――このことは、彼の話がある形で意味を与えないという事実と衝突します。というのも、最終的には何一つ意味を与えない（これは真実である）からだけではなく、精神錯乱的な構築の出現とその内容は偶然であり、かつそれらが創造の要素を含んでいるからであって、したがってまた臨床医も精神病者もともに、そういう事情なのだ、そういう事情だったのだ、という我慢ならない事実を認めざるをえないであろうからです。

いい方を変えれば、精神病についての一種の一般理論が必要でしょうし、それは奇妙な個々の話を説明でき、それらに《意味を与える》ことのできる理論ですが、――これではほとんど相容れない諸用語の使用になります。この矛盾、われわれはそれに神経症の場合にも出会うことも確かですが、――そこでの矛盾は、それほど甚だしい欠陥となるものではありません。そうであるのはたぶん、神経症においては解釈が、人間の条件――たとえばエディプス――の枠内であれかこれかの形ですでに仕上げられていた諸欲望と、向き合うからです。われわれは神経症患者に、あなたがあなたの父親か母親を欲したことは《正常》なのです、さまざまな仮面や形の下でそうしつづけることは《正常》なのです、あなたがその欲望の直接的な満足を断念し、代用となる諸対象を持つことは《正常》なのですと、いうか、ほのめかすことはできます。しかし、たとえばあなたの母親があなたを憎んでいたから（そして彼女は彼女自身の母親が……であった、等々でそうであったから）、――あるいはあなたが彼女をそんなふうにさせてしまったから、あなたは狂人なのです、狂人であったのです、という考えを認めさせることは、はるかにずっとむつかしいことです。それがうまくゆくこともあります。しかし、だからといってそれが私に何の役に立つのだと、患者には答える権利が立派にあります。

以上のことが私を第一の点、精神病の起源の問題――ピエラの主体についての仕事の中でおそらくもっとも重要な部分――に、導きます。彼女の仕事に関して私は、その概念への私自身のいくつかの疑問を提起しなければなりません。一方には理論的な疑問があります。ピエラによれば、精神錯乱的な思想は主として、起源の問題に答えることを目指していますし、(『解釈の暴力』二二六―二三二頁)、《精神現象の上での遺伝的な》(前出書、二三三頁以下)性格をも含んでいます。起源の問題はつねに、個人の歴史の神話ですし、それは共同の歴史についてと同様です。その神話の中でのある亀裂が精神病発生の、必要か十分な条件であると、私は確信してはおりません。他方に経験的な困難があります。私の努力にもかかわらず、患者たちの話の中に、両親の憎しみを告げるものの痕跡や、子供を欲しない欲望か子供の死への欲望の痕跡を、見つけるにはいたらない患者たちを、私は持っていましたし、相変わらず持っています。

現に私にとって重要なのは、精神錯乱の内容、精神錯乱的な世界の構築、共通の世界と断絶した世界の創造、です。

世界はつねに、ある主体にとっての世界です。その構築は、一般的に暗々裡のうちに、以下のものの構築を必然的に前提としています。

――《精神現象》としての、また特に肉体としての、自己。そして、他者、とりわけその《代弁者》、母の構築にはじまる、他者たち。これは、擬人化論理学的な構築と呼ばれうるものです。

――《諸対象》、それらの属性、それらの関係。これは実用論理学的な構築と呼ばれうるものです。というのもこの構築は、もっとも一般的な諸事物に関係しているからですし、さらにはまた、それなしには諸事物が存在しないであろうし・粉砕化されるであろう・実用的な組織とも、関係しているからです。

忘れないでおくことが重要なのは、一般的な場合、精神病者が語るものは、その圧倒的大多数において、精神病者の社会についての、擬人化論理学的な、かつ実用論理学的な諸構築と共通している、ということです。そこには現実一般の否定はありません。精神病者はわれわれの言語を話します。机であるもの、どうやって地下鉄に乗るのか、を知っています。彼は、火が燃えること、彼は燃えないことを、知っています。——あるいは彼は、故意に自分に火をつけます。というのも彼が、火が燃えることを知っているからです。彼が根本的に違った形で構築するのは、共通の世界のつねに（否定的に）特別な領域なのです。一般的に彼は、以下のものと関係を持っています。

——快楽の肉体ではなく、苦しみの肉体としての、自分の肉体、

——多かれ少なかれ荒廃している(e)諸情動と諸欲望、

——次第に消滅してゆく幻覚化の働き、多かれ少なかれ不可能になる・もちろん同じ機能を果たせない・普通の意味での・幻覚に代わる精神錯乱と錯覚、

——最後に、（自分の肉体も含めた）諸対象の、《精神錯乱的》になる、いくつかの関係といくつかの所有。

なぜ精神錯乱的な構築一般なのか。なぜその構築は、ほかのものではなく、特定のいくつかの点を選んだのか。なぜこの特定のやり方でなのか。なぜわれわれは、偏執狂と精神分裂症については、それらの《起源》のみならず、それらの組織についても、見分けることができるのか。なぜ精神錯乱は、他の瞬間にではなくある瞬間に、突発するか、定着するのか。こうしたものが、精神病についてのあらゆる理論的な概念が直面しなければならないであろう、諸問題のいくつかでしょう。私はここでは、精神病の中で・精神病によって・構築される世界を理解する試みでありうるであろうものを、ピエラ・オラニエの仕事と関連して示すために、今あげた諸問題のごく一部だけを考察してみることにします。

世界の構築と主体の（自己についての固有の映像の）構築は、——それが社会の場合においてもそうであるように——本質的な諸理由のために関連し・同質的なのです。二つの構築は、対応していなければなりません。そうでなければ、どちらも意味を持たないでしょう。主体にとって、彼自身の居場所のない世界に、どんな意味がありましょうか。意味のない世界の中で、主体が主体としてあることが、どんな意味を持ちうるのでしょうか。哲学的には、主体と世界は、意味の同じ原型に依存しています。しかし主体が本質的に・一挙に・そこに位置しなければならない世界は、森や大洋や星の世界ではなく、人間の／社会の世界です。それは世界が、委任によって、つまり一組の親を通じて、まず第一に母親、社会の身代わりを通じて、ピエラが《全体の代弁者》と名づけるもの、母親の形をした社会の使者を通じて、主体に自己紹介する世界です。幼児はしたがって、身体的でも精神的でもある彼の現実と生死にかかわる接触をすることにより、第一に、何よりもまず、《彼自身》について、またもっとも・あるいは唯一の・身近なものとして自己紹介するものについて、意味を与えなくてはなりません。ここで、ピエラが、意味のある最初の映像、あらゆる映像の母体としての絵文字、と名づけるものが発生します。

精神現象の社会化は、社会的諸意味作用の内在化です。この内在化が可能であるためには、媒介に当たる最初の連環に、あれかこれかの形で幼児によって感情を集中されること、幼児が自分自身にも感情を集中できるような形で感情を集中されることが、必要です。確かに、この自己集中はつねに存在します——それは生存そのものの条件です。しかし重要なのは生存の諸様式です。そこで、言葉のあらゆる意味での、数々の歴史がはじまります。

精神錯乱が語るものの構築は、自我の活動です。なぜそうなのか。なぜなら自我は、言語の（主観的な）場所だからです。そして言語は、世界や社会のあらゆる組織の・その組織についての論理の・明白な使者です。精神病の特性は、幻覚的な活動の、除去でないとすれば、少なくとも短絡です。なぜなのか。というのも他者が、望まれないものとしてか、耐えがたい——主体の死の——欲望の・憎悪の・持主として、体験されたからです。したがって主体は、自我と絵文字の間で短絡されています。したがってこの絵文字は、確かに拒絶の絵文字です。その意味でピエラ・オラニエにとっては、幻覚化の活動の回路からはずれることそのことから、すべてがはじまります。

この点について私は、ピエラを批判しました。精神錯乱は錯覚と同様に創造として、主体の根源的想像力の異常な活動を、示していますし、——この活動は、もっとも一般的な意味での幻覚化と、切り離せません。それなのにピエラは、映像化と意味の付与とを切り離しうるかのように、ほとんどつねに話しています。私の意見では、両者を切り離すことは決してできません。主体にとって、最小限の意味を持たない映像はありませんし、映像によってもたらされていない意味もありません。意味は映像によって支えられなければなりませんし、——したがって意味は、言葉のもっとも一般的な意味での幻覚化である、根源的想像力の仕事の中に、含まれています。

彼女の矛盾は解消できないわけではありません。ピエラにとっての幻覚とは、言葉の厳密な意味での欲望の映像化である、と理解するならば。実際、精神病によって非活発化されるのはこの側面なのです。除去されるのではなく、です（その場合には当の側面は再び現われることは決してできないでしょう）。

以下のように取り組んでみるなら、問題の全体をよりよく理解することができます。人間のあらゆる精神活動は、三つの面を持つベクトルによって明らかにされますし、その中に存在しています。すなわち、表象の空間、欲望の空間、情動の空間、という三つの関連している空間の中で展開されている、ベクトルです。精神病においては欲望は、意図というもっとも一般的な種類のもの――生物の間ではつねに見られるもの、さもなければ生物は生きのびられない――によって、代えられています。欲望の消去がありますし、単なる・無味乾燥な・抽象的な・意図による、欲望との入れ替えがあります。ピエラは、意志という語を用いています。つまり、欲望のない意志、人が単なる（肯定的か否定的な）指令である・現実から遊離した他者――たとえば声――のせいにできる・意志です。なぜそんなふうなのか、というのも他者は、当初から、単なる指令、冷たい命令、我の強い性格として作られていたからですし、――あるいは他者の中での欲望が単なる憎悪に代わっていたからです。ピエラがはっきりそう理解しているように、他者は実際にそうだからそんなふうに作られているのか、それとも、主体が体験し／作りあげることのできた他者がそんなふうでしかなかったのか（私の意見ではこれも十分に事実でありうるもの）、を識別する問題は、未解決のものとして残されねばなりません。

　主体自身についてのあの構築の諸結果が、欲望と明確な情動の不在です。世界との・まず最初に人間の世界との・彼の関係についての諸結果も、全く同様に荒廃をもたらすものです。欲望の側面の消去は、精神病者を分離させる条件です。それは、他者たちとの交渉に入ること、彼らと話し合いをすること――英語でいうカム・トゥ・ターム〔折り合ぃをつける〕というもの――を、彼に不可能にさせるものです。欲望を持たない他者は、必然的に無情な他者であり、自然の力ないし機械的・官僚的な法律に比較できる他者です。もし私自身と他者たちが欲望の対象として構築されているなら、協定や契約がつねに可能でしょう。なぜなら他者の欲望との幻覚的な一体化の可能性も、ドー・ウト・エス〔代替物〕の・キド・プルークォ〔代用物〕の・主体と他者との相互依存の・可能性も、ともにあるであろうからです。知られているように、たとえば、サド・マゾヒズムの幻覚的な一体化としてあるのはつねに一つです。

もっとも極端な諸事例の中でさえ、そうです。二人の主体は彼らの幻覚のいかなる代わりでもないだけではなく、彼らが、一方から他方へと揺れ動く照明をともなう、幻覚の舞台そのものなのです。精神的かつ実用的な、相互依存。サディストなしのマゾヒストはいませんし、逆もまたそうです。マゾヒストを興奮させるのはサディストの欲望ですし、サディストを興奮させるのはマゾヒストの欲望です。犠牲者たちが自分の快楽を告白することを懇願する、サディスト的な人物たちがいることは知られています。ついでにいえばこのことは、《欲望》をほとんど至上のもの・唯我的なものとして提起する（ラカン、《男根が欲望し、主体が求める》）必然性の不条理さを、明らかにします。確かに、欲望と要求とは区別しなければなりません。しかし欲望は、それが従属している限りにおいて要求します。欲望は、ピエラがそういっているように、また・かつ特に、他者の欲望への欲望ですし、――この意味で他者の欲望への欲望に従属しています。

しかし精神病においては他者は、個人であれ個人を越えたものであれ、文字通り容赦しないものです。他者は、強要し、命じ、話し合いも交渉も可能な不服申立てもなしに刑の宣告をしますし、――服従は快楽をともなわない盲従です。そんなふうにして他者は、分離されたもの、分離してゆくもの――精神病者である主体自身によって結局は実行される役――に、なります。

しかし精神病者はなぜそんなふうに作られているのか。ピエラ・オラニエが答えます。なぜなら精神病者である主体にとっては、幻覚的な因果関係による防衛が不可能になっているからです（前掲『意味を求める解釈者』三二六頁の、「迫害を生む親子関係」）。その防衛は、主体の苦しみを他者の欲望のせいにできるはずですし、そうすることで主体を、そういいうるなら《正常な》マゾヒストの立場におくこともできるはずですが。

以上の方向においてこそまた、人はすべての精神病のではないにしても、少なくともその大半の事例における別の顕著な特徴、すなわち、自然なもの（物理学的なもの）と人間的なものの間の違いの消去を、理解できる、と私は思います。精神病の中で問題なのは、浅薄な見方で示されているものとは逆に、全般化されたアニミズムではなく、むしろ全般化された物体主義ですし、精神分裂症の中で、ずっと曖昧な形ですが偏執症の中にも、見られるように、です。一方この物体主義は、精神病者の分離と除去の条件でもあり、構成要素でもあります。人間の他者たち、あるいは迫害してくる諸対象は、実際には生命あるものではありませんし、彼らは、彼らから発せられる命令や、主体を害し・主体を苦しめようとする・単なる意志としてのみ理解される、厳格な実在物なのです。ピエラは、《匿名の権力の・あるいは〝憎んでいる〟人びとの・官僚制》（「迫害を生む親子関係」、前出書、三二七頁）について語っています。私なら、敵意を持っている人びと、悪意のある人びと、というでしょう。そこから由来するのが、精神病者たちの奇妙な性欲、あるいはむしろ性的活動ですし、精神分裂症患者の凍結された能力、偏執狂患者の酷熱の不在です。他者、パートナーは、――七〇年代の《対象としての女性》の意味での――《対象》ではありません。他者は性的物体です。食糧が、快楽の創造的な特性を備えた・うまいかまずい・食べものではなく、食べられる物体であるのと同じように、です。このことの一面は、サドのうちにも見ることができます。彼は確かにはるかにずっと複雑で、非均質的ですが、しかし彼においては、精神病的な要素を無視することはできますまい。すなわち、物体としての他者たちの扱い、全面的な量化、機械的な組み合わせ、自然／人間の区別の猛烈な否定、女性たち・諸器官[五]・諸情景についての記述の甚だしい紋切り型、自然の大異変の様相を示す・時にはナポリのジュリエットにとってのように自然の大異変とともに起きる・快楽、です。

二つの用心を示すことで、私の話を終えることにします。

まず第一に、理論の普遍性についてです。もしわれわれが、精神病においても見られるような、精神現象の驚くべき創造性を認めるなら、理論は、現実を考えるのに不可欠な・現実を解明する・しかし事例ごとにいずれにせよ現実から離れている・理想的な諸典型をしか作製することができないであろうことを、われわれは承認しなければなりません。ピエラ・オラニエの理論は、精神錯乱における創造の過程の重要な諸様相を見事に明らかにしていますが、その理論をすべての事例に答えるものとして、とらえてはならないでしょう（精神分裂症と偏執狂の場合においてさえ、です。それらの事例について私も、彼女のように、もっぱらたずさわってきましたが）。特に、両親は実際に理論がそう提示しているようなものであったのか、それとも単に主体によって（世界についての彼の構築の一部として）、そんなふうなものとして構築されただけなのか、を識別する問題は、未解決のものとして残されています。ピエラは、われわれは精神病の必要な諸条件については語ることができないが、十分な諸条件についてはできる、と書いています（『解釈の暴力』、二二〇―二二二頁）。これは、（精神分析学者たちによって、またほかの《人文科学》の実践者たちによって、いつも忘れ去られている）実際に重要な区別で、この区別は、必要にしてかつ十分な諸条件をもちろん提示しなければならないであろう、精神病の原因究明の理論へのあらゆる意図を除去しています。しかしこの区別自身、私が先にそう指摘したように、十分なものではありません。数多くの場合、臨床診断はわれわれに、《必要な諸条件》は見出せないと告げます。われわれはしばしば、いかなる標準的な描写にも合致しない両親を持つ、精神病者たち（と、多くの自閉症の子供たち）を眼の当たりにしています。このことをピエラは異議なく認めてくれるだろう、と私は思っています。

第二は、理論の余すところのなさについて、です。この点でもピエラ・オラニエは、ぜひとも必要な諸留保をかなり表明しています（前出書、二一八―二一九頁）。ピエラのように、精神錯乱的な思想の驚くべき創造性について語ることは、精神錯乱の内容の主要な諸部分について――われわれが《正常な》・あるいは神経症の・夢の内容について、ある程度の成功裡にそうしようとするように――《説明する》可能性を、断念することを意味します。このことは、あの内容といったものが、その特殊性において、われわれにとってほとんどつねに理解しえないもののままでいる、ということを認めることをすら意味します。その内容がわれわれにとって理解しうるものになりうるであろう、ということは、内容形成の必要にして十分な諸条件をわれわれが余すところなく列挙しうるであろう、ということを意味するだけではなく、そこから内容が出現する、諸意味作用と諸意味作用の世界をわれわれが共有できるであろう、ということを意味します。しかしそれは、完全に可能なものでは決してありません。精神病の精神分析的治療は効果のないものではありませんし、全く逆です。しかしその治療は、精神錯乱の内容の完全な理解を介するものでも、介しうるものでも、ありません。

　そのことを私は、この話を終えるに当たって、実例によって明示することにしましょう。週に二回ずつ私が診ている、長年にわたって拘禁されている精神分裂症の女性がいて、彼女とはなかなかいい結果がえられたのですが、その彼女がある日、恐ろしい思い出を私に語りました。何年か前に彼女は、当時の愛人とともにホテルの一室にいました。愛のいとなみのためです。しかしそれを果たすことはできませんでしたし、おぞましいものでさえありました。「なぜならシーツが、それが燃え上がるほど砂糖づけになっていたからです」。どうしてシーツは砂糖づけになっていたのでしょうか、なぜそのことがシーツを燃え上がらせたのでしょうか、そう私が、愚かさを承知の上でたずねますと、彼女は、出すぎた弟子を叱る大哲学者の口調で、正当にもこう答えました。「カストリアディス先生。もしあなたが夢を見たことがないとすれば、夢でしかないものを、夢みることでしかないことを、私があなたに説明できましょうか」。この答えの中には、ピエラがあれほど感嘆した精神分裂症患者の天分、時には実際にイマニュエル・カントの天分と競うことのできる天分が、見られます。

情熱と認識[1]

われわれが思想と呼んでいるものの中で、形式化されていないか形式化されえないもの・つまり機械的な働きに類似しえないもの（チャーチの命題）[1]・のすべては、人間の想像力と情熱とを働かさせます。

想像力について私は、すでに夥しく書いています。[2] したがってここでは要点を想起するだけにしておきます。認識の両端において、しかしまた絶えずその中間においても、人間の創造的な力、すなわち根源的な想像力が、働いています。別なふうにではなくかくかくと形成されている外的世界を提示しているのがこの根源的な想像力ですし、それはまた、認識構成の基礎となっている基本的な諸公理、諸公準、諸図式を、創造します。あの想像力は最後に、認識のあらゆる展開、あらゆる洗練に養分を与える、諸仮定・諸原型、諸思想・諸映像を、創造します。さてこの想像力は、それ自身として、またその重要な活動の諸様式において、匿名の共同のものの創造として・社会・歴史的な水準で・その想像力と対をなしている社会的想念と同様に、形式化されていませんし、形式化されえません。確かに根源的想像力はつねにまた——存在しているものすべてと同じく——集合論的・同一性的な、簡略化すれば集同的な、[3]次元を含んでいます。しかしその諸活動においてもその諸結果においても、肝心なことはその点にはありません。バッハの遁走曲の中で音の間での算術的な関係が肝心のものではないのと同様に、です。

なぜコンピューターは人間の精神の代わりになりえないのでしょうか。というのもそれは、想像力を欠いているからですし、それを機能させている諸規則を越えて進むことも逆戻りすることも、できないからです（そうするよう規則として人がまさしく指示しなければ。もちろんこの場合、理にかなった諸結果を導くことのできる新しい規則を設定することは、コンピューターには不可能でしょう）。またコンピューターが情熱を欠いているからですし、したがって検討の対象を急に変えることができないからです。以前には思いもつかなかった新しい考えが、途中で新しい対象に愛着を持つにいたったのに、です。欠如しているもののいずれも、偶然の働きによって埋め合わせることはできません。

情熱と認識の関係の逆説

まず最初に、情熱と認識、これらの相互に全く相容れないと思われる二つの用語を近づけてみることは、バカげたことのように見えます。平均的に教育を受けている・のみならず大半の哲学者たちによって弁護されている・個人は、両者の関係は否定的なものでしかありえないであろう、情熱は（《安住の場に夢中な》(二)想像力のように）、学問的な冷静さを必要とするであろう認識の仕事を、混乱させるか腐敗させることしかできないと、たぶん主張することでしょう。それへの反論はたやすいことです。認識のあらゆる大きな成果は、——砂の上に描いた円を乱されることを拒否して殺されたアルキメデス(三)から、運命的な決闘の前夜を通して自分の諸定理を書きとめていた、エヴァリスト・ガロワ(四)の熱に浮かされたような筆跡にいたる——情熱と唯一の対象への抑えがたい没頭とによって、力づけられています。われわれへの仮定的な、しかしありそうな質問者は、自分が見たのは認識の対象か真実かに抱いた、知ることへの情熱それ自身ではなく、さまざまな非本質的な・不純な・情熱、つまり羨望、憎悪、怨恨、金銭や栄光へすらの執着、さらに、そしてたぶんとりわけ、《自分の》思想と《自分の》成果へと拡大された探求者のエゴイズムです、といって、われわれに反駁することができましょう。

この質問者に対してわれわれは、ヘーゲルを想起することによって、ほかのいくつかの分野でと同じようにこの分野においてもまた理性の狡智は、この上なく高貴なものではない諸情熱をも自分のために役立てることを承知している、と反論することができます。いかがわしい動機からの巨匠たちや学派間の対抗意識（ニュートン対ライプニッツ、クロネッカー[五]対カントル[六]……）が、認識の発展に当たって推進的な役割をいくたびとなく果たさなかったでしょうか。今日では特に、権力や何としてもの名声や金銭へすらの情熱が、科学研究の強力な刺激剤でないと、誰があえて主張するでしょうか。――現代の優先権への実際の熱狂ぶりがその例をやたらと示しているのですから。

われわれは、もっと深い地層に入ってゆくこと、そのために情熱という用語にもっと厳密な意味を与えることが、できますし、そうしなければなりません。人はピエラ・オラニエ[4]とともに、快楽の対象が必要の対象に変えられた時に情熱がある、ということができます。いいかえれば、対象が欠けてはならない時に、主体が生か死かを賭けるにいたった情熱の対象の所有、吸収、追求なしには、ある意味で最終的にはその対象との一体化なしには、自分の生活が考えられない時に、です。この関係は認識の分野に存在しているでしょうか。そのことを示すのは、確かに単に経験だけではありません。いわば先験的な諸考察こそが、認識の型どおりのものではない仕事は、上記のように定義した情熱なしには、主体の彼の対象への完全な献身なしには、ありえないと認めることを、われわれに余儀なくさせます。しかし認識における場合、その対象とは何でしょうか。

認識は、これは何か……、あるいは、なぜなのか……等々の、疑問からはじまります。しかし疑問は、それが何らかの結果に達しない限り、哲学の場合ですら、認識になりません。この最後の点を強調することが必要です。人が疑問、不確定、脱構築、非力な思想についてしか語らない、この時代においては。

では、知ることの情熱によって感情を集中されるのは、何なのでしょうか。

提示される第一の答えは、もちろん、真実です。真実が知ることの諸結果にかかわっていることをおよそのところ認めるのに、真実とは何か、という問題の哲学的な論議に入る必要はありません。しかしここで、いくつかの奇妙な事実が改めて現われます。真実への情熱は、諸結果への情熱と切り離すことができませんし、研究者、科学者、思想家にとっては、真実はその諸結果の中に具体化されているか、具体化されているように思われています。さて真実への情熱は、そうした（自分の）諸結果への病的な執着に彼らを導きえますし、大概の場合に導いています。彼らは、多かれ少なかれ諸結果と一体化していますし、それは彼らの問題化が彼らにとっては彼ら自身の主体性、彼らの存在そのものの問題化、と感じうるほどまでに、なのです。主体のナルシシズムは、必然的に——認識の分野の中だけではなく——主体の諸生産物、今や明確で無条件の感情集中の諸対象、をも含めるまでに広がります。

しかしこの感情集中は、真実を執着する対象に変え、特に哲学においては、しかし哲学においてのみではなく、まことにしばしば体系への愛着になりますし、真実探求の最初の動機や原動力と相容れなくなります。感情集中は、疑問の運動を止めることしかできませんし、その運動が自らの諸結果に向かうこと、ましてその諸結果を可能にした諸公準に注意を向けることを、禁じます。そこに、認識の領域における教条主義や狂信の根の一つが見出されます。

以下のジレンマに解決策があるのでしょうか。

——諸結果に熱中すること。それらがなければ真実は妄想に（最善の場合には、カントの調整的な思想とそれに由来するさまざまな二律背反に）とどまります。諸結果に固執する危険を冒して。
——真実それ自身の探求に熱中すること。したがって最終的に果てしない疑問に熱中すること。その疑問がいくつかの固定する点なしに宙吊りになることを忘れる危険を冒して。

答えはいくつもあります。哲学の面では答えは、疑問と諸結果の間での開かれた関係としての・過程と休止との間や掘り下げと出会いとの間をいったり来たりするこの種に特有の運動（《対応》）としての・真実についての新しい理念を強要します。精神分析の面において答えは、歴史的には新しい独自の感情集中の型、創造の源泉としての自己への・思想のそれ自身の中での活動といったもの(5)への・感情集中の型を、認めることを余儀なくさせます。どんな条件の下で人は、単に結果としてではなく過程と活動としての知ることに、感情を集中できるのでしょうか。その過程の起源でもあり当事者でもある自己自身に、どんな範囲で人は感情を集中できるのでしょうか。

哲学的な諸側面

《もしあなた方が、ソクラテスよ、君があの探求を放棄し、もはや哲学することをしないならば、われわれは君を無罪放免する、……と私にいわれるのなら、私はあなた方に答えるだろう。……私は哲学することを止めない……、検討なしの生は生きるに価しない、と(6)》。こうのべたソクラテスが死んだのは、たぶんいくつもの要因や動機があってのことですが、特に検討、疑問が彼の情熱の対象となっており、それなしには生が、生きている労苦に価しなかったからです。十分にそのことに注意しましょう。ソクラテスは真実については語っておりません。彼は自分が確実に知っている唯一のことは、自分が何一つ知っていないことだと、皮肉をこめてであったとしても、いつも広言していました。彼は、エクセタシス、検討、調査について語っています。われわれが明確化した二つの糸は、ここではっきりと区別されます。情熱はその対象を生命と同等のものにしますし、その対象に、所有としてのではなく、探索、調査、検討する活動としての、性格を与えます。

プラトンは『ファイドロス』の中で、特に『饗宴』の中で、ディオティマの口を借りて、愛の情熱、エロスを、知ることの・のみならず人間生活の中で真に価値あるものすべての・基礎におきます。アリストテレスは『形而上学』を、《人間は誰でもその本性によって知を欲する》という、有名な言葉ではじめています。ここには現代との驚くべき対照があります。スピノザを除外すれば、ですが、彼にとっては第三の種類の認識、真の直観は、実体への知的な愛でした（もっとも知的なという言葉が愛という言葉を独特に和らげていることに注意しなければなりません）。それに対しデカルトからフッサールやハイデガーにいたるまで、アングロ・サクソンの哲学をも含めて、知ることが厳密に知的な事業になっていることが、確認されます。そのことを、大イマニュエル・カントの事例一つだけあげて、ここで明示してみることにします。

カントは、ご存じのように、《人間の関心事》についての問題を提起し、それを三つの基本的な要素の形で示しています。私は何を知ることができるのか、私は何をしなければならないのか、何を期待することが私にとって可能なのか、です。第一の要素についての絶大な労苦は、彼が認識の超越的な諸条件と呼んだものについての・いいかえれば先験的な総合的判断（同語反復ではない必然的な判断）はどのようにして可能かという問題についての・探索になります。この探索の結果は、われわれにここで興味のある視点では、超越的なエゴの構築ですし、このエゴの中では《想像力》がある役割を果たしています。しかしその役割は、確定したある知ることの要求に従属させられており、決定的に与えられた諸形態の永遠に変わらない生産、からなっています。同時にこの超越的なエゴは、その必要な構成上、身体的にではなく精神的に、完全に分離されています。それは精神的な機械ですし、——今日われわれは、一種のコンピューターだといえましょう。のみならず、一つというより二つのコンピューターがあり、それらは相互に交渉を持ってはおりません。事実カントは、超越的な主体と心理学的な主体との間に、底知れない裂け目を設けています。前者は、先験的な判断の提示という唯一の要求の下で機能していると想定（公準化）されています。後者は、経験的な心理学の諸法則にしたがっており、したがって、根拠のない・しかし精神的な諸原因によって（自然科学における意味での）確定された・判断を表明しています。カントの（たとえば図式論に関して、《人間の魂の深みに隠された力》として語る）いくつかの表現にもかかわらず、その魂が彼においては二つに分裂している、ということすらできません。むしろこの魂は、（これは何かの問題にゆだねられている）純粋な事実の側に完全にいて、そこには超越的な要求（何が正しいかの問題に答えることのできる唯一のもの）、純粋な道徳性という考えが輝いている、魂の別の端を希望もなく眺めている、というべきです。最善の場合には分裂がありますし、その分裂は、人を寄せつけない純粋な義務を示しているのかどうかよくわからない（この場合われわれは、経験主義的な相対論にゆだねられる）・超越的な・意識（ないし実践理性）、あるいは《われわれ人間》の実際の現実（この時われわれは、完全に自然の外にいるであろう）と、経験的な精神現象——それが真実をいう（か、善をなす）時にすら、不適当な（短絡的か不純な）理由でしかそう語る（か、そうする）ことができない精神現象——との間の分裂です。認識の領域においては、この経験的な魂は、いずれにせよ混乱や誤りの源泉であることしかできないでしょう。たとえば、《経験的な想像力》が、あるいはもっとわるいことには諸情熱が、超越的な意識の作用とともに干渉する場合には（しかしどんなふうに干渉するのか、も問題です）。

長い議論を中断してわれわれは、以上のべたことが少なくとも是認しうるものにするであろう――そうあることを私は願っておりますが――いくつかの主張だけに、とどめねばなりません。

われわれにとって重大なのは、実際の主体たちの実際の認識であって、超越的な幻想でも人を寄せつけない理想でも、ありません。逆説だけが眼を惹きます。前述の理想を抱いての排他的な没頭は、懐疑論と唯我論にしかゆきつきません。

実際の主体たちは、つねに社会・歴史的な主体です。彼らの社会性、彼らの歴史性は、認識への彼らの接近の、残りくず、付随的なもの、あるいは障害物、ではありません。そうではなく重要で実在の諸条件です。そのことについては、言語なしの思想はないし、言語は社会・歴史的な創出としてしか存在していない、という事実があります。

実際の主体たちはまた、言葉の十全な意味での主体たちであって、社会・歴史的な諸条件の単なる産物ではありませんし、対自的な主体、もっとも特殊的には人間の心理現象、です。

一歩ひいてみることにしましょう。何らかの（バクテリアから人間にいたる）対自的な一存在が、存在し何らかの活動にとりかかる上での、可能性の諸条件ではなく、必要な有効性の諸構成要素は何なのでしょうか。

対自的な実際の存在が前提としているのは、この存在が、

――固有の世界を創造し、そこに自分自身をおき、自分固有の世界の構成から彼に求められる諸様式にしたがって、その世界の基層と最小限の相互作用を持つこと、

――いくつかの目的を追求し、他の諸目的を避けること（そうでなければ彼は、存在することを止める

でしょう)、

――自分の諸活動の諸目的と諸結果を、肯定的にか否定的にか評価すること。

人間の精神現象の言語に移してみましょう。精神現象は、世界についての・またその中での自分の位置についての・映像を、自ら創造しなければなりません。精神現象は、欲望し嫌悪しなければなりませんし、自分が欲望する諸対象との快楽と、自分が嫌悪する諸対象への嫌悪を、経験しなければなりません。

しかしまた精神現象は、自らが社会化されない限り、存在することができません。このことは、精神現象がそこに自らが見出される社会から、世界と自己についての自分の映像を、感情集中の自分の諸対象を、評価についての諸基準を、快・不快の自分の諸源泉を、不可欠なものとして受けとっていることを、意味します。

これらの映像、これらの対象、これらの基準は、個々の精神現象から、また同様に彼がそこに身を潜ませている社会集団からも、情熱的に感情を集中されています。この集中がなければ、個人も集団も存在することができないでしょう。こうした諸考察は、経験的なものでも超越的なものでもありません。それらは、個人的・集団的な人間の、人間が創造する・人間が自分を存在させることによって存在させる・世界と自分との関係の、存在論に属します。この人間とこの関係は、社会・歴史的なものとしてしか存在しませんし、そこに以上すべての問題の中心的な次元があります。その諸側面の一つに、われわれは簡潔に取り組んでみることにしましょう。

信仰、認識、真実

われわれが語った、自己と世界の映像への情熱的な感情集中は、それ自身としてはまだ、認識に関係しておりません。それは、信仰の領域に属しています。信仰は、個人としての・また集団としての・人間があるところならどこにでも見られます。生きることは、世界の諸事物がかくかくあること、規則正しく経過することへの、実用的な信仰なしには不可能です。この信仰をわれわれは、おそらくすべての生物と共有しています。——この信仰がわれわれにとってのみ、多かれ少なかれ明白であり意識的であるとしても、です。しかし人間たちにとってこの信仰は、世界の諸事物とそれらの関係が知覚できる存在であることをはるかに越えて、進みます。この信仰はまた、そして特に、世界と社会と個人たちの生と死を一緒につなぎとめている、諸意味作用の信仰です。[a] この信仰は、社会の想念上の創出の、主観的な補完物です。この信仰の諸内容（あるいは諸対象）は、ほとんどその全体において、社会的な起源と性格を帯びています。諸内容は、個人的な経験や特異質に属しているにもかかわらず、副次的・偶然的にしか個人のものではありません。それゆえにそれらは、ほとんどいたるところで、ほとんどつねに、問題にされえないのです。人は、ある具体的な事実を問題にすることはできますが、社会の想念上の諸意味作用についてはできません。社会の創出はつねに、言葉の広い意味での宗教[7]にもとづき、宗教によって承認されてきました。いかなる信者も、自分の宗教の教義に疑念を持たないでしょう。今日のいくつかの社会のように、宗教的な影響からどうにか解放されている諸社会においてすら、ふつうの市民が疑念を持とうと決して考えることはないであろう、たくさんの思想が無数にあります。彼は信じています。——自分が信じている（自分が知っていると信じている）ことを、必ずしも知ることすらなく、です。

認識は、ここで唯一われわれにとって重要な厳密な意味では、部族の諸信仰を問題にする疑問や探索の過程が開始され、そうして集団を形成させていた形而上学的な安住の場に裂け目が生ずる時に、はじまります。認識は確かに、必然的に信仰に支えられています。すなわち、ボーア(七)とハイゼンベルク(八)が強調しているように、一般相対性と量子論の奇妙な点は、共通の経験の世界を仮定し、その世界の中で立証されねばならないことにあります。しかし認識は信仰を問題視しますし、原則として、既存の諸意味作用と意味付与の方式を覆します。

いかにも認識と信仰の区別は、歴史の現実においては、いつもそれほどはっきりしているわけではありませんし、両者の間には中間的なものが存在しています。もっとも語られている例をあげれば、三つの一神教の中では、信仰の内容は――一般的には聖なる文書の《真の意味》について――疑問の対象となりますし、学問的な長い論争（と、かなりの数の虐殺）の糧となりました。しかしこの疑問には、言葉の数学的な意味での限界が、必然的にありました。疑問はつねに、聖なる諸文書の、啓示されたがゆえに異論の余地のない最終的な真実という公準の、手前でとどまらねばなりません(8)。

信仰も認識も、対自的な諸存在――生物、精神現象、社会――の創造物です。しかし信仰は、閉鎖の中で確立されています。信仰にとっては、当の対自的な存在を世界の中に存在させること、その存在が生きられる環境を作ることが、宗教にできればそれで足りるのです。それゆえに、単なる生物においては全面的に、人間においてはその手段的な部分において、信仰はあれかこれかのやり方で、現にあるものに適応するものでなければなりません。しかしこの制約は、われわれが人間の諸信仰の真に重要な部分――その想念上の部分、意味作用と関係する部分――を考察する時、消滅します。信仰にとって唯一の重要な制約は、意味の閉鎖ですし、当の社会の中で現われうるあらゆる問いに答える《能力の上限》です。

この閉鎖こそ、疑問と認識の過程によって破られるものですし、認識はそれ自身、別の制約、ロゴン・ディドナイ、つまり説明すること、にしたがっていますし、問いをのがれようとするすべてを拒否します。この制約は、二つの要求、内的な首尾一貫性の要求と現にあるものとの一致の要求に、分割されます。これら二つの要求は、それら自身の中ですでに、新しい諸問題を提起します。この理由からだけでも、疑問は果てしないものです。

そうした活動がどのようにして主体から感情を集中されるのか、そうした活動が精神現象にとってどんな意味があるのか、ここにわれわれが今や取り組んでゆくことになる問題があります。

精神分析的な諸側面

信ずる、考える、知る、という独特なこれらの精神的活動は、精神分析理論の中心的な関心事の対象にならねばなりません。というのも、何よりもまず、それらの活動が精神分析が存在する諸前提そのものだからです。[9]しかしながらそれらの解明は、フロイトによって辛うじて着手されたものの、彼の後継者たちの間でも、ほとんど同じ状態のまま残されています。

最初の概念（『性欲論についての三つの試論』[10]）の中でフロイトは、知の衝動（*Wisstrieb*）を引き合いにだしていますが、その地位が少なくとも奇妙なものであることは、認めなければなりません。フロイトが別の場所（『衝動とその運命』一九一五年）で書いたものによれば、衝動は《身体的なものと精神的なものの間の境界》です。衝動は必然的に、《身体的な源泉》と表象による精神現象の中での《委任者》（*Vorstel-*

lungsrepräsentanz des Triebes）を、持っています。《知の衝動》の《身体的な源泉》でありうるであろうものは、どうにか見分けられます。確かに想起しなければならないのは、一九〇七年においてはフロイトはまだ諸衝動を吟味した理論を持っていなかったこと、『性欲論についての三つの試論』においても『幼児の性理論』においても、問題とされたのが子供の性的好奇心であること、です。そのことは確かに、あの《衝動》に精神分析の上でのある配慮をはらわせますが、子供の性的好奇心と、宗教、宇宙論、素数についての定理とをへだてる、巨大な一歩を越えさせるものではありません。なぜ雌牛は宗教を持たないのか。——あるいは、有性の動物たち一般はなぜ幼児の性理論を生みださないのか。彼らはなぜ、ふつうは目的に直進してゆく、あの種の好奇心一切を持っていないとすら見えるのか。答えはたぶん、動物たちの性的機能は完全に《本能的なもの》である、つまりあらかじめ定められた・不変の・確定された・機能本位の・方法と目的を持っている、でしょうし、——あるいは、いずれにせよ、そうであるはずでしょう。それに対し人間においては、われわれはまさしく《本能》にではなく《衝動》に、かかわりを持っております。

そうした違い、結局はフロイトの見方の中で動物性と人間性の間での違いをうながす違いについて、何をいうべきでしょうか。この問題には、一九一五年の文章もそれ以外の文章も、じかに取り組んでは決しておりません。むしろフロイトの中で確認できるのは、答えのいくつもの草案の多様性と、いわば問題の回避です。両端の一方には、《生物学者の》主張があって、それは極限にまで押し進められ、あの違いを目立たないものにしていくことになりましょう。確かにフロイトは、そうはしておりませんが、しかし人は、エロスとタナトスの闘いを生物界すべてにまで、特に死の衝動をもっとも単純な諸有機体のうちに見出せると信じこむまでに、彼を駆り立てているものは何か、[11] 問うてみることができます。もう一方の端には、人間の精神的現象の少なくとも一部である、あの主要な特性、意識的な特性については、われわれは何一つ知らないという、何度も繰り返された告白が位置しています。時折《われわれのロゴス神》(『幻想の未来』)への祈願が、合理性であるのであろう、人間の削除しえない属性の公準化を考えさせます。しかしもちろん、合理性は意識を前提にしていません(すべての捕食動物は合理的に行動します)し、意識は合理性を前提としていません(個人的・集団的な人間の行動のもっとも手軽な観察が、それを示しているように、です)。『トーテムとタブー』の創建者神話は、せいぜい特定の《宗教的》信仰の起源を説明することはできましょうが、意識、明白な合理性、認識活動については、そうではありません。認識の運動を、もう一つの《本能》、これも生物の間では普遍的な生存本能に関係づけることは、人間の間では発生論的により高級な《合理性》に結びつけることによってすら、尚更できないだろうと、付け加えていってみてもほとんど役に立ちません。なぜなら生存本能は、最善の場合でも、いつまでも同じである《諸必要》の満足のために使われる・純粋に機能的で手段的な・認識の増大をしかもたらしえないであろうからです。

フロイトによって提起されたあの諸要素の中での疑問に、固執することが重要です。人間の子供たちの間には、他の哺乳動物の子たちにはない性的好奇心が、なぜあるのだろうか。——なぜ事実、実際に、あ゙ったのか。その好奇心がなぜ、幼児の諸性理論の数々の奇妙さを導いたのか。その原因は人間の間での性行動の《秘密》にある、子供たちによる動物たちの性行動の観察は、すべての人間社会の中での通例であった、都市の富裕な諸階層におけるヴィクトリア朝期の育児室という(不確かな)例外をのぞいて、と主張するのは滑稽なことでしょう。《性的好奇心》は、われわれがすぐこのあとでとりあげる別の要素の結果としてしか、探求を出現させることはできませんでした。

しかしながらフロイトは、心ならずもということができましょうが、われわれの疑問についてわれわれがその中で熟慮できる、枠組を提供しているのです。

動物性と人間性との間の違いの論議に、フロイトが直接に取り組んだことは決してない、と私が先にのべたこと、このことは確かです。しかし『衝動とその運命』についての一九一五年の文章は、それが正しく理解されるなら――これはこれまでなかったことですが――、空疎な形で、一つの答えの発端を提供しています。その源泉は身体である・しかし精神現象に理解してもらうためには精神現象の言語を語らねばならない・衝動は、精神現象の中に表象を生じさせますし、そこで表象は代理者ないし使者（*Vorstellungsrepräsentanz des Triebes*）の代わりをします。ここまでは、動物の精神現象といかなる違いもありません。違いが現われるのは、その表象が動物にとっては不変であるのに、人間にとっては変わりやすいものであることを確認する時に、です――フロイトはこの確認をしていませんが、それが当時の彼の主題でなかったことも事実です。間違うことを恐れずにわれわれは、各動物種にとっては、衝動の《代理的な》表象は不動で、確定されており、慣習にしたがっている、と主張することができます。性的興奮は、その都度、同じ刺激的な諸表象によって誘発されますし、行為の展開は主として標準化されています（これについて人は、栄養摂取の必要のため等々と同様にいうことができましょう）。諸例外があるとすれば、それらは実際に例外か常軌を逸したものなのです。しかし人間においては、例外がいわば通則なのです。精神分析的にいえば、種全般にかかわる衝動の慣例にしたがった典型はありませんし、違った状況ないし時期における同じ個人にとってすら、それはありません。

あの〔動物性と人間性との間の〕違いはなぜなのか、という問いに対して、答えはむつかしいものではありません。すなわち、表象の働き――想像力の主要な構成要素――は、動物にはつねに同じ産物を供給しますが、人間においてはその働きが解き放されており、障害が取り除かれており、お望みのように狂わされます。生物一般は、不変の産物を生む機能的な想像力を持っていますが、人間は、不確定の産物を生む非機能的な想像力を持っています。そのことは人間の間では、別の決定的な特徴、彼の想像力の下では表象の快楽が器官の快楽に優越しがちである（夢は、交接と同様に、それ以上にさえ、快楽の源泉でありうる）という特徴と、一緒になっています。この事実がこんどは、昇華という（フロイトがその重要性と難解さを認めている）人間たちだけに特有の別の過程の出現の、必要な（しかし十分ではない）条件となっています。人間にとって快楽の源泉であるのは（また彼の生物学的な諸必要を制御できるか、彼の単なる生存に対立さえできるのは）、諸対象と諸活動への感情の集中――単にいかなる器官の快楽も与えないし与えることができないであろうだけではなく・その創造と評価が社会的であり・その主要な次元は知覚できないものでもある[12]・諸対象と諸活動への感情の集中です。

この解明は、フロイトによって（すでに『三つの試論』の中で）見つけられた別の要素、現実《支配》の欲望（と、主体の自分自身の肉体支配の欲望）にもとづいて、補われることができるし、補われなければなりません。この支配の欲望の地位と起源は、何なのでしょうか。この欲望と性的好奇心には、どんな関係があるのでしょうか。この二つの問いはわれわれに、フロイトから離れるよう（彼を裏切るのではなく、と私は思いますが）、うながします。支配の欲望は、（フロイトが《思想の魔術的な全能》の名称の下で、子供や成人、全員の無意識の中に、当然ながら見出していた）原初のナルシスト的な全能の、モナド的な主体の全能の、《現実》の中での、子孫であり置き換えです。さて注意しなければならないのは、この全能が、その原初においては、つねに無意識の中での、諸表象への全能であること（精神現象にとって表象は、分野、《現実》、種類であること）ですし、この全能は快感原則にしたがっており、この原則は意味の絆です。精神現象の起源においては、《当をえた》表象は快楽の源泉である表象ですし、不快の源泉である表象は（耳障りな音のように）不当なものです。意味の母胎となるのは、すべてが一体であること、一体であらねばならないこと、ですし、この一体であることは、探し求められているもの、積極的に価値あるもの、快楽の源泉です。器官の快楽それ自身も、満足の源泉である対象の・その源泉が位置する色情帯の・一体であるものです。交接は結合、つまり分離していたものの再統合です（『饗宴』の中でのアリストファネスを参照せよ）。

他方、子供の間での性的好奇心は、子供たちがどこから生じたのか、という問いに本質的に答えられるものなのでしょうか。問いを抽象化し一般化して、私がどこから生じたのか、に対しても？　この問いは、起源についての疑問を背景にしてしか、意味がありませんし、——起源は意味についての問題の一角度、一契機（意味の諸原因と諸条件の角度と契機）です。牛乳や睡眠以上に、精神現象は意味を要求します。精神現象は、見たところ秩序も関係もないよう自分に示されるものが、自分にとって一体であることを、要求します。起源の問題は時間的な《歴史的な》次元の中での秩序と関係の問題です。起源の問題は、現在の十全性に小穴をあけますし、したがって本来の意味での時間的な視界（主体の根源的想像力の働き）を創造します。すなわち、誕生や開始という上流への視界、下流への視界、企てについての・かつまた死についての・視界、です。もちろんこの時間化は、精神現象の社会化と少しずつ結びつけられてしか形成されえませんし、その社会化は時間化に、次第に相違を明確にしてゆく世界を提供しますし、その世界を認めるように強います。しかしこの角度は、われわれがここにとどまることを許しません。

性的好奇心に対して幼児の性理論によって答えること、それはつまり、子供の側から、彼の思想の彼の起源への支配を樹立しようとすること、いいかえれば彼の歴史の意味を大筋で示すこと、です。それは、ついですべての起源についての問題へと発展してゆくもので、この問題に対して社会的に創出された神学や宇宙論が、つねに答えを与えることになります。このことを、別なふうにいってみましょう。性的好奇心はある支配に向かいますが、この支配といったものは、つねにまた性的な性質をも含んでいます(それはまた、さまざまな変貌をへて、フロイトが、『幻想の未来』の中で見られるように、大きな重要性を与えている、手段的な支配に結びついていますが、それらの変貌についてわれわれは、ここでとりあげることはできません)。

したがって性的好奇心と支配と快楽の諸源泉がかかわっているとすれば、動物性との決別は、個々の精神現象の根源的想像力の・諸制度の源泉としての社会的想念の・したがって昇華の糧となることのできる諸対象と諸活動の・出現によって、条件づけられています。この出現は、動物の《本能的な》調節を破壊し、器官の快楽に表象の快楽をつけ加え、意味と意味作用の要求を生じさせますし、この要求に対しては、当の社会にそのたびごとに起こりうるすべてを説明する社会的想念の諸意味作用の、共同の水準での創造によって答えています。それらの意味作用は、社会的に創出された諸対象によってもたらされる、性的な意味を失った、本質的に知覚されえないものですが、それらは個々の主体たちによって、死ないし狂気をまぬがれるよう感情を集中されています。この感情集中とその諸結果こそ、われわれが昇華と呼ばねばならないものです[14]。

しかし昇華は認識の条件であって、認識ではありません。なぜなら、ほとんどすべての社会において、昇華の諸対象は疑う余地のない諸信仰——世界は大きな亀の上にある、あるいは神は世界を六日間で作られ、その後は休息された、等々——です。そうした信仰は、当の社会にとって理にかなった形で問いになりうるすべてに答えを与えることによって、意味の要求の飽和を、また意味作用の最終的で・正統的な源泉を創設することによって疑問の閉鎖を、ゆるぎないものにしています。認識の起源を解明するためには、われわれはもっと先に進まねばなりません。

認識と真実への情熱

あえてアリストテレスに抗弁することにしましょう。精神現象が社会と同様に望んでいるもの、両者が必要としているもの、それは知識ではなく信仰です。

精神現象は確かに意味の要求とともに生まれますが、むしろそれは、自分にとって意味であるもの、自分の生涯を通じて意味の規範としてとどまることになるものの中で、つまり精神的なモナドの即自的な閉鎖とそれにともなう十全性の中で、生まれます。閉鎖と十全性は、身体的な必要と、その必要の満足を支配している他の人間の存在との、圧力の下でしか破棄されえません。必要は満足されないことになりますし、それは意味のないものとしてしか現われえません（フロイトは、《精神的な安静状態の終わり》と書いています）。したがって、その必要の満足を保証する人間が、ただちに意味の主人の位置にあるものとして示されます——母親か、その身代わりが、です。

疑問は、その最初の形としては、不当なものから・それが生じさせている不安から・のがれるための、精神現象の闘いの一契機です（この段階では不当なものは、自己を破壊する脅威としてしか現われえません）。この不安に、意味の支配としての支配の探求が応じます（この支配は当初、《幻覚的な》ないし《常軌を逸した》ものとして、実際に全体的なものです）。

意味の探求は、提供される数限りのない《諸要素》と関係を持つことの探求ですし、その関係の持ち方は、表象・欲望・情動の回復された一体化という、精神的な流出の無傷さを何とか保つ修復に由来する快楽と、結びついているものです。これこそ精神分析的な観点から考察される意味での意味ですし、それと哲学的な意味での意味（理論探求活動というユダイモニア〔幸福〕）との類縁はたやすく見出されます。

探求と疑問は一般的に、人間が自己の社会化というあの辛い訓練期を通じて吸収し内在化する、社会的想念の諸意味作用に満ち溢れています。そしてこの諸意味作用自身は、ほとんどつねに閉鎖の中で創出されています。なぜなら疑問の排除は、諸意味作用の有効性を永続させる最初の・最良の・手段だからです。《現実》が諸意味作用を改めて問題にさせうるだろう、ということはできましょう。――しかし《現実》それ自身が、各社会にとって創出され解釈された、諸意味作用の網の中でしか把握されておりません。純粋に《手段的な》諸意味作用のみが、あるいはむしろ、いくつかの意味作用の手段的な次元が、《現実》に試されて、時に障害を引き起こすことがありえます。

その際に熱烈に感情を集中されるのが、制度化されている社会的な《理論》、すなわち既存の諸信仰です。同意の形態はここではまさしく信ずることですし、この信ずることの感情的な様式は情熱ですし、それはほとんどつねに狂信として表明されています。情熱は、社会化された個人が、彼自身と彼をとりまくすべてが無意味なものにならないよう、彼の社会の制度とその制度が体現している諸意味作用と一体化しなければならないという事実によって、強度の最大限にまで実際に達します。この制度と諸意味作用を否定すること、それは大概の場合、肉体的に自殺することですし、ほとんどつねに精神的に自殺することです。あの情熱の・自己と自分のものたちへの際限のないあの愛の・明白な裏面は、それらの対象を否定するものすべてへの憎しみ、すなわち他の諸社会の諸制度と諸意味作用とそれらを体現する個人たちへの憎しみです。

こうしたものこそが、原則的に、ほとんどいたるところでの・ほとんどいつでもの・人間の状態でしたし、今もそうです。しかしわれわれは、その状態がいくたびか断絶されなかったとしたら、信仰に対立するものとして認識を、語りはしないでしょう。問題の状態は実際に少なくとも二度、古代ギリシャと西欧において断絶されましたし、それからはその断絶の諸結果が、すべての人びととすべての人間共同体にとって、潜在的に理解しやすいものになりました。

われわれは、あの断絶が《なぜ》生じたのかを知ることができませんし、実をいえばこの問いには意味がありません。断絶は創造だったのです。しかしわれわれは、断絶の内容をもっと的確に特徴づけることはできます。社会的に制度化されている数々の答えによって満たされていることをもはや容認できない、という疑問の再出現、それは同時に哲学の創造、つまり部族の——賢者たちの部族のであるにしても——諸偶像や諸確信についての限りなく開かれた問題化ですし、同時にまた民主的政治としての政治の創造、つまり社会の実際の諸制度についてのやはり開かれた再検討化と正義という際限のない問題の開始ですし、最終的には、おそらく特に、以上二つの運動の間での相互の高め合いなのです。(15)

われわれが厳密な意味での思想の領域にとどまるなら、今や情熱の対象となるのは、探求そのものですし、フィロソフィア〔知への愛〕という言葉がまさしく語っているように、既得の決定的に保証された知恵ではなく、知恵への愛ないしエロスです。

この移行は、存在論的、社会・歴史的、精神的な、三つの条件を帯びています。

認識の過程が、存在それ自身にかかわる二つの条件を前提としていることは明白ですが、奇妙にもそのうちの一つだけが特に、旧来の哲学によって提起されています。認識するためには、少なくとも存在の何かしらが認識しうるものでなければなりません。なぜなら、明らかに、誰であろうと主体は、絶対的に無秩序な世界を知ることは全くできないであろうからです。しかしまた存在は、《透明》であっても、余すところなく認識しうるものでさえあっても、なりません。対自的な諸存在の単なる実在が、少なくとも存在のある層——その自然の第一の層、生物がかかわりを持っている層——の、安定性と構成を確信させるのに対し、認識の歴史の実在は、重大な存在論的な諸含意を帯びています。この実在は、存在が最初の疑問や認識の最初の努力によって汲みつくされうるようなものではないことを、実際に示しています。もしこの問題を追求していくなら人は、存在をいくつかの層や断片に分けることによってしか、諸事実が考えられえないものであることを、確認することになります。[16]

社会・歴史的な条件は、開かれた諸社会の出現、つまり既存の諸制度や諸意味作用の問題視がそこで可能なような、認識それ自身といったものの過程がそこで積極的に感情を集中され評価されるような、そんな諸社会の出現と、かかわりがあります。社会の創出は、個人たちによってもたらされ、いわば彼らの中にとりこまれない限り、実際にはありえないので、前記のような諸社会の出現は、疑問を支持し深めることのできる個人たちの形成をうながすし前提とする、ということと結局は同じことです。

最後に、すでにのべられたように、精神現象が望むものが特に知識ないし認識ではなく信仰だとすれば、重大な問題が、認識の可能性についての精神的な諸条件に関して、生じます。まさしく精神現象的な視点から意味を持ちうる認識の領域での、感情集中の諸媒体と諸対象は、どんなものでありうるのでしょうか。

精神現象的な媒体は、ここでは奇妙にもナルシシスト的な情熱でしかありえないのですが、それは感情を集中している自己の映像の、実体変化を前提としています。自己はもはや真実の持主として感情を集中されてはおりません。そうではなく、創造の・絶えず更新される・源泉と力として、です。あるいは、結局は同じことになりますが、感情集中は、真の・しかし与えられた特定の結果を越えた・諸結果を生むのに適したものとしての、思想の活動それ自身に向かいます。このことは、哲学的な思想としての・また情熱の対象としての・真実についての別の理念と一体のものです。真実のものはもはや、所有すべき対象（まさしくヘーゲルがいっていたような《結果》[17]）でもないし、存在の覆い隠し／解明のはばの受け身の様相（ハイデガー）でもありません。真実のものは、考えうるものの諸形態の・現にあるものと一致できる思想の諸内容の・つねに開かれた・いつでも自分自身を改めて検討できる・創造になります。感情の集中は、ある《対象》へ・慣習的な意味での《自己の映像》へ・ではもはやなく、ある《対象／非対象》、真実への活動とその源泉への、感情の集中です。この真実のものへの愛着は、認識への・ないしエロスとしての思想への・情熱です。

精神分析と哲学(1)

私が選んだ主題に本質的に結びついているむつかしさの一つ、むしろこの主題に特有のむつかしさは、どんな精神分析か、どんな哲学か、です。問いの第二の部分に対しては、答えがあまりむつかしくないように見えます。哲学するとは、第一に、何よりまず、哲学するとは何か、どんな種類の哲学を実行するのか、と絶えず問うことを意味します。このような問いは、精神分析ではせいぜい暗黙のものでしかありません。フロイト以来、精神分析と呼ばれているのは、彼が精神現象の現実と呼んでいたもの、主としてその無意識の次元に関する探求ですし、同時にまたその現実を探索することで、フロイト以来《分析の終わり》と呼ばれている、当事者たち〔医者と患者〕の一人のある変化に達することを目指す、当事者二人の共同の活動に関する探求です。

しかし逆に、どんな精神分析かという問いがその重みを増すのは、精神分析《学派》の数の多さとそれら相互の中傷が思いだされる時に、ですし(ライプニッツはスピノザを読んで、《これは哲学ではない》といわなかったし、いうことは決してなかったでしょうが、それに対して精神分析学者間の論争では、《これは精神分析ではない》はよくあることです)、またフロイトの仕事についての諸解釈の増殖——と、さらには、フロイトの複雑さ、曖昧さ、特に生涯を通じての彼の思想の・彼の発見の・新しい思想と見方の彼による創造の・絶えざる展開(2)——が思いだされる時に、です。一つの例だけをあげれば、私がもっとも重要なものと考える彼の命題の一つ、*Ich bin die Brust*〔私はオッパイである〕は、一九三九年〔フロイトが八十三歳で死去した年〕になってはじめて、数行が書かれた一枚の紙の上に、現われたのでした。(3)

一つの同語反復になりますが、しかしここで明確にしておかねばならないのは、私は、精神分析についての私の概念と、精神現象の問題性についての私の再・吟味、一般的に流布されている考えとはきわめて違う二つのものにもとづいて、語ることにする、ということです。

精神分析による哲学への・もっと一般的にわれわれの思想様式への・寄与は、ないし、ありえない、ということについて少し。精神分析は、哲学同様に古い・精神分析的な観点そのものから見てもきわめていかがわしい・精神の諸現象についてのある決定論という・思想では、確かにありません。それは、まして《主体の裂け目》の発見ではありません。《無意識の発見》は、いかにも何かしら根本的なものですが、これについては改めてのべることにします。しかし、その長い豊かな哲学的・科学的な前史(4)とは無関係に、意識／無意識の区別は、どうやら過激なデカルト主義者たちにとってをのぞいて、長らく哲学的な地位を与えられていた何かしらに、属しています。たとえば《主体の裂け目》は、ここ何十年かの《秩序破壊的な》議論の中でよりも、カントの哲学の中ではるかに徹底した形で考察されています。その哲学の中では、実際、現実の人間のすべてが経験的な諸確定の中でとらえられており、それらの確定は、人間一般の行動の——実際の・また厳密に認識しうる・行動の——《諸原因》として作用しますし、作用〔物理学的な法則の必然の意味で *müssen*〔不可避的に〕しなければならないのですし、このことは、以上の諸確定をのがれる〔理論上の要求の意味で *soll*〔意図的である〕はずである超越的な自我と、対立しています。経験的な諸確定の中に利己主義的な関心の諸動機〔と、たとえば快感原則や現実原則〕が見出されること、そうした諸《関心》は好色的・経済的な・あるいはその他の・性質のものであること、それらが意識されているか、部分的にか全体的に無意識的なものであること、そこには諸動機を強制的に無意識的なものにする《諸原因》すらが存在すること、——これらすべては、問題を全く変えません。つまりそれらは、経験的な心理学の一分野としての精神分析の地位を、強調させることしかしないでしょう。ここでカントの立場が出会う二律背反——実際の主体は、そこでは真実や価値ではなく、もっぱら事実の連鎖だけが問題とされうる、実際の諸確定の中でとらえられているのに、一方、そうであるという断言そのものは真実であると主張されている、この二律背反——は、私があとでとりあげることにする、素朴な精神分析が出会う二律背反と、より明確である点をのぞけば、違ってはおりません。

精神分析による哲学への寄与は、《主体の（人間の・歴史の・等々の）死》というごく最近の流行のスローガンへの援兵として、さらに探し求めるべきものではありません。もし精神分析が何かしらを示しているとすれば、それはむしろ同じ外観の下に含まれている諸主体の多様性ですし、——問題となるのは、その都度、まさに主体の主要な諸属性が持つ力域であるという事実です。ここで思いだしたいのは、それぞれがそばに魂を引いている馬たちについての・御者の役割を演じようとつとめる合理的な決定者についての・プラトンのイメージ、フロイトによってほとんど本文どおりに繰り返されたイメージです。しかしこの着想は、精神現象の諸力域についての理論を用いての、単なる確認から適切で力強い分析へとそれを導いてゆく、吟味の開始を受け入れることになります。主体の死について嘆くか楽しむかするどころか、精神分析の実践が向かおうとしているか、向かわねばならないのは、特に主観的な力域——熟考し議論する主観性——の確立へ、です。精神分析は、誰であろうと主体の構造の解明、つまり対自的なものの組織についてのもっとも重要な解明を、もたらします。

最後に精神分析は、欲望の制限ないし支配を創始することが必要であろうと、われわれに教えるどころか、そのような支配はむしろ殺人の全面化にいたるであろうことを、われわれに理解させます。

精神分析から着想を受けた・また精神分析を継承しながらの・精神現象についての解明が、哲学的に大きな重要性を持つと私に考えさせる主な点は、簡潔にいえば以下のとおりです。

1　存在論の面で。精神分析によって解明されているような精神現象は、旧来の哲学にとってはまず知られていない・実は普遍的な・しかも精神現象の中ではまことに明白な形で現われている・存在様式を、われわれに理解させます。

2　哲学的人類学の面で。精神分析がわれわれに理解するよう強いるのは、人間が《合理的な》動物ではないこと、そうではなく本質的に想像する存在、根拠のない・非機能化された・根源的想像力であること、です。精神分析はまた、人間の社会化の過程と、ついで常軌を逸したものと思われうる感情集中の奥深い諸根源と、人間の他律性のほとんど破壊しえない頑強さを、われわれに理解しうるものにします。

3　実践哲学の面で。実践的・形成的活動としての精神分析は、プラクシス〔実践〕の思想を明らかにしますし、個々の人間の場合には、彼という存在の転換と・その転換の目標としての自律とに・向かう道を、示します。

存在論

精神分析は、精神現象の中に体現され・精神現象によって例示されている・新しい存在様式を、われわれに考えるよう、考えられうるものにしようとつとめるよう、強いますし、この新しい存在様式は、精神現象の中でのその存在がひとたび把握され解明されれば、普遍的なものであるという事実が、明らかになります。この存在様式を私は、マグマ[5]と名づけました。

旧来の哲学は、その大部分、その支配的な流派において、存在＝確定された存在、という方程式にもとづいています。この〔確定された存在、という〕用語は、その一派生物でしかない・諸現象（《諸事物》か《諸思想》）の・《決定論》にのみ関係しているのではなく、個々の存在しようとするものすべての資格にも、存在といった用語の《意味》（内容、所記）にも、関係しております。以上のことは、確定性が近寄りがたい極限、あるいは理想として示されている時にすら、真実です。したがって、たとえばカントにおいては、《……存在するすべてのものは完全に確定されている……》。一定の矛盾する賓辞の各一組についてのみならず、可能なすべての賓辞についても、つねにそれにふさわしい一つの賓辞がある[6]》のです。カントがこの要求を実現しえないものと考えていたことは、どうでもいいことです。実在するか存在しているものは彼にとって明確であること、そのことは彼の視界のうちに、もっとはっきりいえば彼の怯《ひる》みのうちにありました。これは、諸事物の《現実の実在様式》に関係しているだけではなく、思想の対象でありうるすべてのものの論理的な理解可能性にも関係しております。この決定を（たとえばアナクシマンドロスやヘラクレイトスと完全に対立して）はじめて採用し、自分に先行する前ソクラテス派の人びとと決別したのは、パルメニデスでした。確かにあの要求の諸限界は、プラトンによって（『ソフィスト』、『ピレボス』の中で）、またアリストテレスによって（極度に押し進めた物質の概念を示していることで）、すでに提示されております。しかしそれらの限界ないし異議は、第一に、大概の場合はわれわれの欠陥に結びついた諸制約として、まさしく示されております。神にとって、あるいは《限りなく強力な》精神にとっては確定されないものは何一つないであろうと、カントもラプラスもいうことでしょう。第二に、特に、諸限界は、それら自身として考慮され吟味されたことが、全くありません。

問題の存在論に、集合論的・同一性的な（略称して集同的な）論理学が対応しています。同一性原理の・矛盾の・局外者排除の・論理学、主として算術と数学一般にもとづく論理学、どこにでもある・位相学の用語でいえばどこででも濃密な・われわれが語り行なっているすべてのものの中にある・論理学、社会によってそのたびごとに創出されなければならないし創出されている・批准されていなければならないし批准されている・論理学、です。

さて精神現象の中でわれわれは、集合と、あるいは諸集合の組織ないし階層制と、かかわりを持ってはおりません。集合と確定性はそこに見出されますけれども、精神現象の存在を汲みつくしてはいないし、そうであるどころではありません。

そのことがはっきり理解されるのはまず、精神現象の活動の要素（要素として水、土、火を語る意味での、要素）であるもの、すなわち特に意識されていない・しかしすでに意識されてさえいる・表象の、存在様式の中で、です。われわれは、一つの表彰の《中》に、いくつの要素（ここでは、集合論での・あるいは単に列挙する・意味での、要素）があるのか、いうことはできません。われわれは、何が一つの表象を一つの表象にするのか、いうことができません。われわれは、分割という基本的図式を諸表象に適用することはできません。私の諸表象を、たとえばそれらが交差する場には何もないらしい、二つの種類に分離することは不可能です。

この存在様式が、精神現象に限られているどころか、少なくとも全人間世界に及んでいることは、言語をそれにとって本質的なもの、すなわち諸意味作用の中で考察してみれば、ただちに理解されます。言語の各意味作用は、精神現象の諸表象と同様に、無数の他の諸意味作用か諸表象に、送り返されます。それらの送り返しこそ、それらの限りない・つねに開かれた・全体の中で、個々の表象か意味作用の《内容》を形成するものです。

この送り返しの構造が、ここでは基本的なものです。その構造は、精神現象の中で、精神分析の中で、連想過程によって実際に示されます。患者が夢を語る時、連想が彼をどこに導くのか、連想が彼をどんなふうにするのか、誰も予想することはできません。見かけに反してフロイトは、そのことをよく承知していました。夢の分析を語って彼は、書いています。《もっともよく解釈された夢の中でも、人はしばしばある部分を闇の中においておくことを余儀なくされる。なぜなら人は解釈の間に、解明されるままではいない・夢の内容に別の諸貢献もしなかった・夢の諸思想のかたまりが、そこに湧き上がってくることに気づくからである。夢が未知のものにもとづいている場所、そここそ夢のへそである。人が解釈の過程でたどりつく夢の諸思想は、強制的にすら、全く普遍的な形で、結末なしのままでとどまらざるをえないし、われわれの諸思想の世界のもつれた網からいたるところでのがれてゆく。その時、その網のもっとも濃密な場所から、夢の願望が、夢の菌糸体のきのこのように、身を起こす[7]》。このくだり、あるいはほかのいくつかのくだりを読めば、フロイトの《決定論的な》あらゆる注釈に反して、彼にとって、(a)すべての夢が解釈されうるものではない、(b)いかなる夢も完全には解釈されえない、ということは明白です。前出のくだりがそうはっきり語っているように、夢の《完全な》解釈をさまたげるのは、単に患者の抵抗ではなく、精神現象の世界の性質そのものです。無意識的な心理現象の他のすべての現象についても全く同様に、もちろんそういうことができましょう。

私がついでに、集同的な要素の普遍的な性格について先にのべたことを明らかにするために注意しておきたいのは、夢の解釈の中でも夢の存在そのものの中でも、集合論的・同一性的な論理学が絶えず存在していること、その論理学がいたるところで濃密であること、です。夢の解釈は、人がそこでその論理学を適用しないでは一歩もすすめないであろう・しかしまたそこで人は、その論理学に固執するならば何一つ肝心なことをいえないであろう・奇妙な企てです。この事態は、それ自身として考察された（意識的か無意識的かの）表象の、性質そのものに由来します。しかしその事態は全く同様に、表象と切り離すことができない・精神現象の活動の・古典的な用語でいう二つの別のベクトル、すなわち情動と意図ないし欲望の、識別不能を明らかにしています。

以上三つのベクトル――表象、情動、欲望――を整理し、それらを確定という方法で結びつける、《論理的》で陳腐なやり方は、確かにありましょう。たとえば、ある表象が切り離され、その表象がある欲望の《原因となり》、その欲望の満足がある快楽の情動を生じさせるだろう、といったやり方（そして、必要な時には人は、用語の順序や因果関係の方法を変えることができましょう。――そのことはすでに、実をいえば、この領域での《因果関係》という観念そのものを根本的に問題にさせる、さまざまな疑問を生じさせるだろうものです）。以上のようなことは、動物の生活の中でも意識的な人間生活のいくつかの様相の中でも、ありうることです。しかし無意識的な活動の中では、あのような分離と単なる線的な連鎖を行なう可能性を、われわれは全く持ちません。表象と情動と欲望は、これらに独特の形でまぜられていますし、陳腐ではない事例においては、それらをはっきりと分離し、それらの出現に順序を定めることは、ふつうは不可能です。このことは、臨床の場では、うつの過程によって、模範的に明らかにされえましょう。また音楽の場合にも、表象と情動の分離に意味のないことを、示すことができましょう。

われわれは、マグマ的状態にある精神現象の場合での、特に表象にかかわるものに関しての、あの不可避的なものをもっと解明することができましょう。第一に、無意識的な諸情動の徹底したものではありえないアンビヴァランス〔反対感情の両立〕は、原初的な精神諸現象の諸対象への、愛と憎しみの態度の共存を意味します。そしてこんどはこのアンビヴァランスが、——自分自身のうちに閉じこもり、全能のすべてを自分自身のうちに含んでいる——精神現象のモナドの、最初の状態から社会化された個人への強制的な移行の、避けがたい結果なのです。しかしもちろん諸情動のアンビヴァランスは、対立する・いずれにせよ大いに違っている・同じ《対象》に起因する・諸表象の共存と対になっています。

第二に、表象の組織そのものが問題になります。フロイトが夢の作業様式としてあげたもの——圧縮（一）、置き換え（二）、形象化の要求——は、実際つねに表象にとって有効なものですし、表象に多義性を強います。表象についてほんのしばらく熟考すれば十分に気づくことですが、表象は、《明晰で判明》であること・《自然の鏡》になること・《諸事物の化身を生み出すこと》・等々がいつかできるどころか、意識的なものですら、それ自身としては厳密に形象化しえないものか、いずれにせよ精神現象にとってあらかじめ確定された形象のないものを、圧縮し、置き換え、形象化することによってしか、存在しえません。表象の中では、つねに何かしらのものが別のもののためにあるし、その別のものもそうだ、といいえますし、——いやむしろ、何かしらのものはそうでありうる、といいえます。そのようにかつてフロイトによって論じられた思想（彼の概念全体にとってはきわめて重大な否定的な諸結果をもたらすであろうもの）は、表象による（精神現象のかたわらでの、またその中での）*Vorstellungsrepräsentanz des Triebes* 衝動の代理者という・間違って不可能なものと見なされた・資格の下ではありながら、示されています。人間にとっては、衝動の《しきたりにかなった》代理者ないし対象はありませんし、衝動の形象化は恣意的か偶然のものですし、それは動物たちの間で起きていることの逆です（いくつかの種の中では、浸透という形で、形象化の発端がみられうるにもかかわらず、ですが)。表象の対象の相対的なあの不確定は、人間化にとっての決定的な重要性を帯びています。

最後に、肉体/魂、精神現象/身体という関係の謎にふれなければなりません。確かに精神分析によって発見されたのではない謎、しかしその異様さが精神分析によっていちじるしく深められた謎。この関係を説明するか《理解し》ようとした、哲学的か科学的な諸理論の失敗は、それらが集合論的・同一性的な論理学にとらわれたままだったからだ、と私は考えます。まるで人が、二つの分離された実体——時によってそのいずれかが、理論家の選択次第で《原因》であり《結果》である、二つの分離された実体——の前にいたかのように、です。しかしわれわれが——すでに日常生活の中で——確認しているのは、そんな関係はここでの場合には存在しない、ということです。魂は肉体に従属していますし(傷害、アルコール、向精神薬)、また肉体に従属していません(苦しみや拷問に対する抵抗か不抵抗、死についての断固とした選択)。肉体は魂に従属していますし(意志にもとづく動き、精神・身体的な病気)、魂に従属してはいません(今この瞬間ですら、何千億という細胞が、私の中で、適切に、しばしば不適切に、働いています。そこで私は何もできないのに、です)。

したがって、見かけに反して精神分析は、精神生活の中での決定論をくつがえします。精神分析は一見、決定論を《補強します》。それがかつてなしえたよりもずっと豊かで正確な形で、表象による《因果関係》を吟味することによって、です。しかしこの《因果関係》は奇妙です。それが明確で(蓋然的ですら)ないだけではなく。それはいつも、後になってからしか確認されえません。このことは、その因果関係のあらゆる予言の可能性を、否認するものです。そして特に、この場合に因果関係を話題にすることは、途方もない言語の誤用になります。すなわち、表象は《原因》ではありえません。というのも表象は、厳密に確定しうるものではないからですし、諸表象・諸情動・諸欲望の絶えざる流出は、いっそう確定しうるものではないからです。

決定論のこの拒否は、フロイトのうちに明白には見出されません。逆に彼は、《決定論者》だと確かにみなされましょう。しかしながらあの拒否は、薄弱ながら彼の著作の中に見られます。私は夢についての事例で、それを示しました。人はまた、フロイトが自ら満足できる《解答》を決して見出すことなしに何度もとりあげた、《神経症の選択》という名高い問題について、それを示すことができます。一九二〇年代の初め以来、とりわけ女性の性欲に関するいくつかの文章の中でフロイトは、若い娘に可能ないくつもの《運命》についてはっきりとのべており、別のものではない個人のある進展をどんな要素が確定したのか、人が知ることはできないと、結局は白状しています。彼は単に、リビドーの《量》や《質》についての曖昧な諸仮説、もちろんいかなる検証をも受けていない諸仮説を、発表しています。他のいくつかの文脈の中で、同じ時期に彼は、リビドーの《一時期的な変調》について語っています（似たような考え、情報の運び手としての神経衝動にしばしば起きる変調という考えは、ずっとのちにフォン・ノイマン[8]によって表明されました）。しばしばまた（生まれつきの――必ずしも遺伝的なものを意味するものではない）《体質的な諸要素》が、たとえば、主体たちの間での・寛容から欲求不満にいたる・初めからの・違いという明白な現象を説明するために、持ちだされますが、これは説明なしに、人間の各主体の独自性を認めさせるものでしかないのは、明らかです。

人間に特有の事例におけるあの不確定の根底に、われわれは、人間を他のあらゆる生物から根本的に区別するもの――すなわち根源的想像力――を、見出します。これについては、すぐにふれることにします。

すべての生物は、対自的な存在です。そのことは、第一に、そして何よりもまず、彼が自分自身の世界——一つの固有の世界、一つの *Eigenwelt*〔特有の世界〕——を創造していることを、意味します。このことはこんどは、彼が魂を提示していること（魂を《持つ》とか、魂であること。これこそ彼を生物にさせているもの）を、前提としています。そのことは、ふつうの言語が、生命のある存在と生命のない存在とを対比している時に、はっきりと認めていることですし、アリストテレスが彼の著作『霊魂論』の中でただちに肯定していることです。魂における基本的な特徴、すなわち想像力は、前記の書の第三巻で、ファンタシーアの語の下にアリストテレスによってはっきりと発見されたにもかかわらず、旧来の哲学全体によって、魂のほかのいくつもの中での一つの《能力》（あるいは《機能》）の地位に、大概の場合に二次的能力や一般的に欺瞞的な機能の地位に、追いやられました。——カントとフィヒテは、注目すべき例外です。(9)

想像力は、物質的なだけの世界には存在しないものを存在させる力ですし、第一に、何よりもまず、生物をとりかこんでいるものと生物にとって重要なものと、たぶん想像力自身の存在とを、想像する・そしてそれ自身のやり方で対自的に示す・力です。この提示は、《外的な》表象の——知覚の——場合には、周囲にあるものとそこにある諸《対象》のかくあることによって条件づけられていますが、しかし原因を与えられてはおりません。同時に生物は、われわれが情動——快／不快——と意図——追求と回避——と呼ぶものと同等のものを、存在させます。生物は、《自分》に関係のある・また自分が自分の《周囲にあるもの》として創造するものに関係のある・何かしらを、獲得しようとします。情動は、手はじめにまず、周囲にあるものとの彼の関係の決定的な《きざし》です。

しかしこの関係は、単なる生物の場合、本質的に機能的なものです。生物の想像力は、保存と生殖という、諸機能、諸手段性に主として服しています（厳密な機能性についてのいくつかの種の生物における、想像力の過度の働きの問題は、きわめて複雑であって、ここでとりあげることはできません。それについての結論がどのようなものであれ、ここでの議論の基本的な流れに影響することはありえないでしょう）。たやすく理解されるのは、生物の固有の世界の創造と自己・目的性とが相互にかかわり合っていることです。この機能への追従は、閉鎖、決定的に与えられた固有の世界の閉鎖という、別の基本的な特徴と対になっています。生物のそれぞれの種に特有の想像力の諸生産物は、変化しないし、限りなく反復されるものです。

さて、人間の出現が表現する断絶は、そうした想像力の変質に結びついておりますし、想像力は今や、絶えず創造的な根源的想像力になりますし、諸表象・諸情動・諸欲望の自然発生的で制御しえない流出の、（無意識的であれ意識的であれ）精神現象の世界での絶え間ない出現に、なります。それらの本質的な特徴は、以下のように要約することができます。

――人間の精神現象の諸過程は、人間の生物学的な基体に比べて非機能化されていますし、――それらはしばしば反・機能的であり、大概の場合は非・機能的です。人間の性欲は機能的ではありませんし、戦争は尚更です。

――人間においては、器官の快楽への表象の快楽の支配があります。この支配は、フロイトが思想の魔術的な全能と呼んだものと、結びついています。――そう呼ばれたものは実は、そこでは《考えること》が《すること》である、無意識の世界での、実際の全能です。欲望が現われれば、それを実現する表象もまた、ただちに姿を見せます。

――想像力（表象的なものとしてのみではなく、同様にまた情動的なもの、欲望的なものとして理解される、想像力）は、自律化されています。すでにのべましたように、生物にとって創造は、決定的なものとして行なわれますし、主として機能性に服したままです。人間においては、想像力の自然発生的な流出は、人間に特有のものとして、生物学的目的性から解放されています。そこに、単なる生物が閉じこめられたままでいる（認識の・情動の・欲望の）閉鎖を破る、人間の能力の条件があります。

人間の想像力のそれらの属性こそ、一般的に旧来の哲学が知らなかったものですし、いずれにせよ主題として決してとりあげなかったものです。想像力は、すでに《知覚したもの》の単なる再生とその諸要素の再結合の中に、閉じこめられたのでした。カントでさえ、彼は超越的な想像力という考え（人が何かしらの知識を先験的に持つための条件、を意味するもの）にまで到達したのに、認識し意識的な自我の働きに服している同じ諸形象をつねに生みだすよう、想像力に強いています（特徴的なのは、彼がつねに生産力 *produktive* について語っていること、創造的な想像力 *schöpferische Einbildungskraft* については決して語っていないこと、です）。想像力のあの自律化、想像力の機能性からの脱却こそ、単なる合図から記号へ・言語という恣意的な代用物へ・移ることを、人間に可能とさせたものです。

また想像力の自律化と器官の快楽の表象の快楽への取り替えこそ、それがなければ人間化はなかったであろう、人間にとっての決定的な特徴の、つまり昇華の、条件です。昇華は、社会的に創出された・社会的にしか実在していない・知覚しえない・諸《対象》に、感情を集中する能力ですし、そこに（精神現象的な意味での）快楽を見出す能力です。

社会化と社会の実在を《説明する》のは、人間の《遅い成熟》ではありません。チンパンジーの群れの中で、子供たちの成熟が一年か二年の代わりに十年か十二年かつづいたとしても、何一つ変わらないでしょう。[10] 人間たちにとっての社会の《必要性》についての精神現象的な条件は、自分自身に閉じこめられている・絶対に自己中心的な・全能の・私－快楽－意味－すべて－存在－私という原初の同一性の体験の中で暮らしている・最初の精神現象のモナドの性格の中に、探らねばなりません。私は彼のものである。そこにこそ、人間にとっての意味の原型が見出されます。精神現象として自己充足しているモナド的な世界からの人間の退出、という事実そのものによって永遠に失われた意味、人間が宗教や哲学や科学を通して仲介的な形でつねに再発見しようとする意味、社会が創出された社会的想念の諸意味作用によってつねに人間にその身代わりを提供しなければならない――最初の原型によって計られることはつねにできない――意味の、原型が、です。

われわれが《現実》と《論理学》と呼ぶものを人間の主体が受け入れるのは、彼の社会化、社会的個人としての彼の社会的製作、を通してです。この社会化は同時に、歴史、主体の歴史と共同の歴史への参加ですし、この参加は、人びとが今日それを信じさせようとしているような、《見習い》にかかわる事柄とは全く別のものです。社会化は精神現象の二つの基本的な作業様式、投影と取り入れに支えられていますし、投影はつねに優越的で、取り入れの前提です。取り入れは、内在化されているものへの精神現象の感情集中を、基本的な条件としています。それが、パイデイア〔教育〕の中でのエロスの役割ですし、この役割をプラトンは見事に理解しましたが、しかし彼は、それを理解できるものにすること――精神分析がわれわれに可能にさせること――はできませんでした。前記の歴史は、その相次ぐ諸段階を通しての、人間の精神現象がつねに示している層形成の発端です（動物の精神現象については、類似の何かしらを語ることは絶対にできないでしょうし、動物の精神現象は真の《歴史》を持ちません）し、層化されたものの中では、以前の諸段階の諸痕跡が、《調和よく同化される》ことは全くなしに、もっとも最近の諸段階と共存しており、精神現象の《諸力域》の中にも明確な形を残しており、矛盾するか首尾一貫しない・つねに葛藤をひそませている・全体の中に、存続しています。

人間の精神現象のそれらの特徴が、社会の構成を重く条件づけています。社会は諸制度の全体です。——しかしそれらの制度は一体となっています。なぜならそれらは、その都度、社会的想念の諸意味作用のマグマを体現しているからです。純粋に《機能的な》社会は決してないし、これからも決してないでしょう。社会的想念の諸意味作用は、そのたびごとにその社会に固有の世界を組織しますし、その世界に《意味》を供給します。各社会に固有の世界は、それ自身の中で・それ自身にとって、一体化されていなければなりませんが、しかしまたその世界は、その社会の個人たちに意味を供給しなければなりません。——この意味という絶対的な要求は、精神現象に由来します。

実践哲学

精神分析の実践哲学への可能な寄与の問題に入る前に、回り路が必要です。それは、私が当初にのべた二律背反に関係しています。精神分析がとりあつかっている精神現象上の現実は、もっぱら実際的なものです。欲望は欲望ですし、そうしたものとしてそれは、よいものでもわるいものでも、美しいものでも醜いものでも、真でも偽でも、ありません（それは、単にそれがあるという意味でしか、《真》ではありません）。それではどのようにして精神分析は、真実や価値との何らかの関係を維持できるのでしょうか。

この問題は、カントの哲学の中でも、また旧来の哲学のほとんど全体の中でも、解決不能の二律背反として示されています。もし私が現実の個人として語っているすべてが、実際に確定されているのだとすれば（そのすべては確定されていなければならないので。なぜなら精神現象は現象としてしか存在していないし、したがって因果関係にしたがっているのですから）、真実という用語はもはやいかなる意味も持ちません。私が2＋2＝4といっても、私が月はロックフォール・チーズでできているといっても、理論的には十分な理由があるわけです。しかしまた、精神現象の諸過程は多くの部分で確定されていない、といってみても、われわれは難問をのがれてはおりません。それでは私がのべる諸命題は、真実の視点からみれば、単に偶然の事情によることになります。精神現象の諸過程の不確定は、それが逆説的にその反対物、つまり表象による因果関係をともなっていなければ、真実の実際の可能性を解明する上で、われわれを助けられません。われわれが真実についてか、もっと一般的に価値について語る時、あの因果関係づけは、昇華を、すなわち知覚しえない（お望みなら、観念的な）諸表象への感情集中を、前提としています。精神分析の用語でいえばあの因果関係づけは、衝動の・昇華の対象の目的への・転換を、前提としています。われわれは真実を容認できます。というのもわれわれは、言葉の本来の意味でいかなるリビドーの快楽をももたらさない活動、真実の探求に、感情を集中することができるからです。この可能性がこんどは、われわれを社会・歴史的なものに送り返します。すなわち、そこで真実という観念が創造された歴史へと、伝統的な他律的な諸社会に特有の意味の閉鎖をどうにか破ることのできた社会へと、送り返します。

実践哲学の問題は、精神分析においては、治療の終わりと合目的性の問題として、さらにまた治療の諸《手段》と諸《様式》の問題として、現われます。

精神分析はなぜ、人びとを迎え入れるのでしょうか。彼らが苦しんでいるから、と答えることができます。しかし問題が単に彼らの苦しみを和らげることだけなら、たぶん彼らに精神安定剤を与えてすませることもできましょう——もっとも次第に量を増やすことになりますが。精神分析の過程の合目的性は、すでにその諸《手段》や諸《様式》の中に、含まれています。つまり、慰めや《精神療法》を与えないこと、忠告も現実への介入もしないこと、無意識的な精神現象の流出が明らかにされてゆく上での患者の連想や夢の重視、患者の内省し熟慮する自己活動に次第に場所をゆずってゆくはずの・精神分析医の解釈の上での・介入。なぜなのでしょうか。求められているのが、患者の彼の無意識への接近——すなわち、自分の歴史、自分の固有の世界、自分の欲望についての自らの明快さ——であることは、明白です。この明快さは、患者の自己活動、彼自身による問題化、彼の内省性の発見、によってしか達成されえません。求められているのはまた確かに、患者の実生活におけるあの明快さの解釈ないし表現ですが、——そのことが患者の中での、精神現象の新しい力域の形成と出現を要求しますし、無意識的な諸圧力と諸欲望を濾過すること・幻覚と現実の結合を粉砕すること・主体の諸思想のみならず彼の実践をも問題にすること・ができる、熟慮し議論をする主観性を、要求します。熟慮し議論をする・つまり自律的な・主観性の出現が、精神分析過程のファン（目的、終わり、というこの語の二つの意味での、ファン）として、定義されうるものです。

われわれはこの型の主観性を、人間の明確な規範と見なすことができます。われわれはまた、患者の自律を目指す・そのことのためにその同じ自律の潜在的な諸要素を《活用する》・真の精神分析医の活動を、真の教育と真の政治がそうしているか、そうしなければならないのと同様に、一人ないし多くの他者の自律を目指す活動と定義される、人間すべてのプラクシス〔実践〕にとっての、明確な模範と見なすことができます。そこにまた、ある別な自由に向けてのある自由の作用が、いかにして可能なのか、という問いへの答えが見出されます。

ロゴス〔条理〕

メルロ＝ポンティと存在論についての遺産の重み（1）

表象は根源的想像力（一）に依存している。表象は、自己の存在を示そうとする・自己を形象化しようとする・根源的想像力である。表象がそのようなものであるのは、それが知覚的な表象である時にも、それが《感ずるもの》と《感じられるもの》との明白で理解しえない結合、感じうるものがそのようにあることに——われわれがこれからしばしば使うフロイトの用語でいえば——支えられている時にも、全く同じである。光なしに働く眼はないし、働く眼なしに光もない。しかし映像、見られたものは、眼の中にも、光の中にも、《事物》の中にもないし、同様に、それらのいずれかによって映像が、そうしたものとして《説明される》こともありえない。映像は、《こちら》、《私の頭の中》にもないし、《あちら》、《ある事物の中》あるいは《諸事物の中》にもない。映像は、それによって・それの中で《こちら》や《あちら》が出現するものである。私は、間隔をおくか空間を持つかすることなしに、見ることができない。私が想像する〔映像をいだく〕や否や、私は間隔をおくか空間を持つ。というのも、あらゆる形象は、その〔見えるもの、音がするもの、ノエマ的（二）なものすらの〕ほぼ素材であるものが何であれ、直ちに（アマ〔同時に〕）秩序ある距離の設定であるからである。知覚することは想像することを想定している、といっても不十分であろう。知覚するは、この言葉の文字どおりの・積極的な・意味での、想像するである。知覚するは（想起すると同様に）、一種の想像するであり、知覚は表象の一変種である。知覚が、特有の際限のない（しかし思い出や夢や虚構以上に重大ではない）諸問題を提起することは、知覚を表象という存在の枠外におくにも、表象の他の諸種類に比べて知覚に何らかの存在論的な特権を与えるにも、全く十分ではない。もしそのことが、特に存在しているものの・エンス・レアリシムム〔現実的な存在〕の諸性格の中に、存在そのものの意義を二十世紀間にもわたって一様に探させた、同じこだわり（類似物ではなく同類のもの）によらないのだとすれば。

　さて、哲学の伝統ではあの特権は不変のものである。知覚が諸《事物》に近づくことを可能にする、という考えから人が知らぬ間に移ってゆくのは、知覚のみが何らかの事物に近づくことを可能にする、という考え（あるいは対称的だが同じ論理学的・存在論的な構造の中での考え、知覚は諸事物に近づくことを実際には可能にしないので、何ものも《主体》を《彼の》表象の範囲から連れださせることはできない、という考え）であり、したがって、どれもが知覚の中にその起源を見出すあらゆる種類の表象は、知覚の複写、弱められた変種、欠陥や不足のある残留物、以外の何ものでもない、という考えである。では、あの特権は何に由来しているのか。それはもちろん、哲学がつねにレス〔事物〕に与えてきた――事物が外部のものであれ内部のものであれ、イデア〔実相〕、ウーシア〔実体〕、ヴェーゼン〔本質〕に還元されたものであろうと――存在論的な臆断の別の一面である。哲学が時にレスはない（あるいはレスは真にレスではない）ことを示そうと夢中になっていた時にさえ、そうなのであって、そのことは、ここでもまた、この問題が哲学にとって根源的なものであることを示している。ではレスとは何か。知覚とは何か。レスは本当に根源的なものなのか。それともそこには、それの形式や変種がどのようなものであれ、後続してくるものを確定された轍《わだち》の中に位置させた、宿命的な優先権があったのか。なぜ哲学者は、彼が《主体》と《客体》という古典的な二分法を放棄するか、問題視すると断言した時にすら、つねにあの三つ組の状況、そこには——視覚の隠喩が絶えず彼の言語に滲透している範囲においてのみではなく、とりわけそうなのではなく、三つ組の関係の構造が《与えられた》あるものの・あるいは《与えられている》何かしらのものの・《受け身》の受け入れとしてつねに設定されていた、その範囲において——見ている《人》と見られている《事物》——不朽の机、不朽のインク壺、職業上の大切な道具、あるいは彼が大胆にも刷新をはかる時には《風景に現われる山》——と、テオリア〔観照〕、視覚以外に属しているものでは決してない慣習にかなったそれらの関係と、がある、あの三つ組の状況へと送られていくのか。

あの状況の根源のもの・慣習にかなったもの・としての立場は、限りない数の予備的な臆断と決定をともなっているし、以来それらには、アバヴォ〔初めから〕さまざまな自称の世界設定の中に、与えられているものについてのそれが与えられているままの諸記述と、《数々の存在しているもの》を存在させておき、かつそれらを《以前のままにさせておく》決定とが、十分に考えられることもなしに導入されている。

この哲学的状況がいかに打破しがたいものか、それを人は、モーリス・メルロ＝ポンティの最後の諸著作の中に見ることができる。少なくともわれわれが『見えるものと見えないもの』と、それにともなう『研究ノート』として知っている諸著作の中に。問題はもちろんここでは、彼の仕事が新しい飛躍をとげようとしていた、まさにその時に中断された、当の著者を《批判する》ことではないし、まして論争することでもなく、われわれには模範的と見える事例について、旧来の存在論の暗々裡の諸臆断が、それらから解放されようと闘っているその時にすら、ある思想に与えた重みを示すことにある。なぜ模範的なのか。メルロ＝ポンティが、伝統的な存在論とそれと同体の自我論と決別する計画的な意向を明確にしているからだけではなく、彼においてはその意向が実現の端緒と受けとられているからである。そのことがこんどは、メルロ＝ポンティが、政治、社会、精神分析、創出、芸術を否応もなく生じさせる、まさしく哲学的な諸疑問に、哲学的に注意深く開かれている自分を示した、現代の最初の哲学者たちの一人であること（かつ、まれな人びとの一人でありつづけていること）に起因していたし、認識されるものに取りつかれることを止めた彼が、考察にも《知ること》にも値する諸領域と諸《対象》を見ることができたこと、彼がそれらについてしばしば、既存の哲学をそれらに《適用する》ことによってではなく、それらに特有の存在様式を明らかにすることによって、そのことを通じて彼自身の思想を一新させることによって、そのようにして旧来の存在論の乗り越えが《存在論的な相違》を無視せずにはできないことを諸事実において示したことによって、語りえたことに起因するのである。そのようにして、特に、われわれにとって中心的な重要性を持つ領域においてメルロ＝ポンティは、彼がフッサールから創出（*Stiftung*）の思想——フッサールにおいては、主として認識されるものの範囲でしか理解されていない、きわめて限られた狭い役割しか持っていない思想、歴史自身としては見られていない・やっと歴史が見られた時には理性の目的論としてしか見られていない・歴史の内在性の中に諸意味作用の存在を保証する思想——を受けついだ時に、まさしく歴史を歴史として、外的な偶然性としてではなく、《存在の宿命》としてでもなく、見はじめることができたという事実によって、彼は歴史という言葉に比類ないほど強い意味作用を与えたのであり、《存在の創出》を語るまでにいたる。そのようにしてまた、彼の最後の諸著作の中では、想像上のものという言葉と理念が、それらの不明確さは辛うじて疑義をまぬかれているにせよ、何度もとりあげられているし、そこに人は、もしその動きが継続されていたら、《伝統的な存在論の諸分派を揺さぶる》のではなく、起源以来のそうした存在論の全体を背後から攻撃することがおそらくできたであろう、ある動きの兆しを見ることができる。

しかしその動きは、その兆しが見えたその時に流産するし、——それは彼の死のせいではない。確かに、時間が彼に与えられていたとしても、彼がその動きを再開し、継続し、明確にしえなかったであろうことは、彼の死のせいではない。しかしその際には彼は、『見えるものと見えないもの』を、この著作の諸文面のみならず、その暗黙の志向、その存在論的な意図の性質をも、放置しなければならなかったであろう。なぜならその場合に彼は、手はじめに、《現実》と伝統的な存在論的幻想とを、放棄しなければならなかったであろうからである。問題の幻想は、ハイデガーによって強められ、彼からメルロ＝ポンティが受けついだもので、存在を、与えられているものが与えられていること、としたのであり、したがって、否応もなく、与えられた存在をしか規範にできない、という幻想である。『見えるものと見えないもの』の中での想像上のものについてのいくつかの着目は、着目にとどまっているし、着目としてしかとどまることができなかった。というのもそれらは、あの著作の中で展開されている思想の本質的なものとは大いに異質であって、結局は相容れないものであったからである。

　そこで、あの本の冒頭の最初の試論であったと思われるものの中で、メルロ＝ポンティは書いている。《……われわれは、それが心理学的なものであれ超越的なものであれ、反省から生まれた諸概念を、われわれの叙述の中に含めることをも自分に禁じている……。われわれは、まず第一に、〝意識の働き〟、〝意識の状態〟〝質料〟、〝形式〟といった・〝映像〟や〝知覚〟すらの・観念を放棄しなければならない。われわれは知覚という用語を排除する。それが、断続する諸行為の中でのある分割や、その資格が明確化されていない〝諸事物〟とのある関連や、単に見えるものと見えないものとの対照のみを、すでに暗示している限りにおいて。……われわれは、見ることとは何か、考えることとは何か、この区別が有効かどうか、どんな意味でかを、まだ知らない。われわれにとっての〝知覚信仰〟は、自然人に対して経験－源泉の中に原型的な形で現われるすべて、端緒となり・おのずからに現存するものの強烈さをもって、自然人にとって最後のものであって・より以上に完全にもより以上に近接しても考えられないであろう見方にしたがって・現われるすべてを、取り巻いている。問題とされるのが、言葉の本来の意味での知覚された諸事実であり、あるいは過去、想像上のもの、言語、科学の賓辞的な真実、芸術の諸作品、他者たち、歴史への自然人の手ほどきであるならば。われわれは、さまざまな〝層〟の間に存在しうる諸関係についても、〝層〟であるものについても、臆断を下すことはしないし、それらについて、生まか粗野な経験に関するわれわれの疑問がわれわれに教えるであろうものにしたがって、判断を下すのも、われわれの任務の一部である》(『見えるものと見えないもの』[2]――以下*VI*と略す――二〇九―二一〇頁)。

われわれはここで、臆断なしに論議することの可能性について、議論することはしない。それはわれわれを、われわれの目的から遠ざけるであろうし、それにまた、ここで責任を負うべきフッサール的な無邪気さの名残りは、あの本の流れと『研究ノート』の中では、実際に放棄されている。一時的な非連続であろうものについてのみならず、さらに見えるもの‐見えないもの、知覚された諸事物‐想像上の言語等々の、《質的な》諸対照についての、《実体験の区分》の拒否を、検討してみよう。さて、先に引用した箇所のすぐあとには、こうある。《自然の諸事物との出会いとしての知覚は、われわれの探求の中心にある。ただし、その他のものについて説明するであろう単なる感覚的な機能としてではなく、過去との・想像上のものとの・思想との・出会いの中で模倣され、更新される最初の出会いの原型としての知覚が、である》(*VI*、傍点は引用者)。さまざまな《層》の間に存在しうる諸関係や《〝層〟であるものについても》臆断を下さなかったと主張したあとで、どのようにして人は、《自然の諸事物との出会い》としての知覚と、《過去との・想像上のものとの・思想との・》出会いを、区別し対照させることができるのであろうか。この段階で、知覚と想像上のものとを絶対的に区別することを、誰がわれわれに可能とさせたのであろうか。特に、誰がわれわれに、説明的な原理としてではなく、それよりもはるかに重大なもの、《原型》として考えることを、かつまた、想像上のものとの出会いは原型の模倣と更新であると断言することを、許しているのだろうか。知覚は原型である、過去、想像上のもの、思想は知覚を《更新する》、というこの単純な言葉とともに、あらゆる存在論的な決定がすでに下されている。

そこにあるのは、偶然の表現方法ではない。それについてわれわれは、改めて見てゆくことになる。問題が《現存すること》、《事物》、《何かしらのもの》の検討を新たに企てることである時、筆の下に自然に現われるもの、われわれに示される《何かしらのもの》、それは《この小石、あるいはこの貝殻である》（*VI*、二一三頁）。同様に、日付的にもっとも最後の記述の中では――その表現のうちに現われている弁論術はどうでもいいが――、メルロ＝ポンティは、《私が知覚の中に表象ではなく、事物そのものを持つ今では……》（*VI*、二一頁）と、問題なしに書くことができるのである。

しかし、非常識な人がゲームのしきたりを拒否し、机や小石から《はじめる》ことを望むまいとすれば、彼が《いかなる臆断もなしに、ほかのものより実体験のある形に特権を与えることもせずに、はじめる。私は与えられているものをそれが与えられているように考察したい。昨夜の私の夢であれ……》というとすれば、ここであらゆる哲学が立往生する。彼は、《事物そのもの》を、その《表象》を、あるいはある《表象》（夢）の（前夜の状態での）表象を、持つことになるのだろうか。もしそうであることが、ほかのどんなものとも同じ資格の《経験‐源泉》として提起されているのなら――要するにそれもほかのものと同様の実体験なら――、つづいて訪れるであろう哲学の何らかの本の、多くの頁があるのだろうか。哲学が際限なく論議してきたのは、夢の《客観的な》相関物の不在の《明白さ》にもとづいて、知覚に相関するものの《現実》をつねに問題にすることであったし、――つねにまた、メルロ＝ポンティがそれを示しているように（VI、一九—二一頁を見よ）、少なくとも《現実》についての疑いない観念は、《客観的な》相関物との照合によって与えられる、という想定についてであった。しかし、たとえば夢といったもの、夢が存在させる・問題が《臆断なし》にはじめることであったとすれば他のいかなるものとも同等の・存在の様式や典型についてでは決してなかった。こうしたいい方に伝統的な哲学者が反論するであろうことは、夢は《本来の》存在様式をわれわれに提供しない、というのも、夢がそこにある時、われわれはそこに《十分には》——つまり実際には夢を見かつ考えるものとしては——いないから、というものだろうし、夢を考える時われわれは、《おのずからの》、《目のあたりの》夢ではなく、ただ扱いにくい思い出の再生物しか持っていないのだから、というものだろう。しかしこの議論の暗黙の諸仮定は、疑問の余地のある命題と論理的な逸脱に帰着する。つまり、唯一の正当で受け入れられうる経験は、明白な意識へのあるものの《おのずからの現存》であり、したがってそのような経験の中で与えられるもの（そして、止むをえなければ、必ずそう推論しうるもの）しか、存在しない、という命題と逸脱に。

この命題は確かにメルロ＝ポンティの命題ではない。彼は、ピュロニズム〔懐疑論〕は、《即自的にしかないであろう存在》という観念を、素朴な実在論と共有していると指摘し、《ピュロニズムに対しては、開かれた一連の符合する探索へと導く知覚ないし真の視覚と、観察しえない・検証すればほとんど欠落でしかない・夢との間には、構造の・いわばきめの・違いがあることを示すことで、十分に答えられる》（VI、二〇頁）と注意した上で、つづけていっている。《確かにそれは、世界へのわれわれの接近の問題を終わらせない。反対にそれは、開始させるものでしかない……。もしわれわれが、それと知ることなく知覚の世界から身を引くことができるとすれば、われわれがかつてそこにいたことも、観察しうるものがかつて全くそうであったこと、それが夢以外の組織からできていたことも、何ものもわれわれに証明しない。夢とそれ以外のものの違いが絶対的でないなら、人には両者をともに、〝われわれの諸経験〟のうちに加える十分な根拠があるし、われわれが知覚の存在論的な役割についての保証や意義を探さねばならないのは、知覚そのものを越えてである。われわれはこの道、それが開かれるなら反省的な哲学の道である道の、地ならしをするであろう。もちろんそれは、ピュロニズム的な議論をはるかに越えてはじめられる……》（*VI*二〇―二一頁、傍点は原著者）。

ではなぜ、《知覚そのものを越えて》ゆくであろう道が、必然的に反省的な哲学の道なのだろうか。観察しうるものと夢との間の違いが絶対的ではない、という観念を流布させることが問題である時、なぜ《知覚することと想像することは、考えることの二つの仕方でしかもはやない》（*VI*、四九頁、傍点は原著者）と認める《反省的な改心》しか、見出されないのか。そのような哲学の中で想像上のものであるもの、それについてメルロ＝ポンティは、皮肉さがないではない厳しさで、《いかなる確実さも、いかなる固有の場も持たず・朝のもやのように思考の光の下で消えてゆく・思考と思考が考えるものとの間の考えられないものの薄い層でしかない・半端に考えられている思考の諸対象、半端な諸対象ないし諸幻想の狭い輪》（*VI*、五〇―五一頁）と書いている。しかしながら、この哲学、それにとって実際に想像上のものが必然的にそのような地位におかれている哲学は――その事実によって、想像上のものという問題を本気で考慮に入れるや否や、支離滅裂な虚構の側に傾いているので――、自分が例の輪の半分であることを・《哲学が自分固有の勢力範囲を認めない》こと――つまり《世界を設定するためには、あらかじめ設定されたものとしての世界の観念を持たねばならない》こと（*VI*、五六頁）――・を忘れている限りにおいてのみ、忌避されないのである。デカルトと反省的な哲学についての批判は、《対象というあらゆる観念の中で想定されている・そして……世界への最初の通路を実現する・……私の肉体の知覚的活動》（*VI*、六〇頁）の明白さに、ことごとく支えられている。現実のものと想像上のものとの違いは、それが違いでありうるであろうことが絶対的なものである限り、急に両者の質は対立するものとされ、前者の真実との同質性と後者の幻想との同質性が重々しく肯定される（《現実のものは、それが現実のものだから首尾一貫したもの、確実らしいものであり、それが首尾一貫しているから現実のものなのではない。想像上のものは、それが想像上のものなので首尾一貫していないもの、確実らしくないものであり、それが首尾一貫していないから想像上のものなのではない》（*VI*、六三頁）。《ある反映の中に全世界の現存》と《もっとも豊かな・もっとも体系的な・諸妄想の中に復旧できない不在》があり、《……その違いはささやかなものではない》（*VI*、六三頁）。指摘しうるであろうことは、世界から妄想を排除するのはむつかしいこと（では、それをどこに挿入するのか）、しかし妄想のない世界は首尾一貫しない哲学的な製作物であること、である。それにまた、その哲学の中では『城』や『トリスタンとイゾルデ』は首尾一貫しないもの、確実らしくないもの——あるいは《模倣品》——でなくてはならない。しかし特に見るべきもの、それは、実際にここでは世界という用語について特徴的な曖昧ないい方があり、《世界》についての狭い意味と広い意味との間の（偶然のものでも・《不注意》の結果でもない・）やはり特徴的なゆらぎがあることである。狭い意味の下では先の諸記述は見たところ正当化されており、広い意味の下ではそれらは維持されえない。しかしこの広い意味は、実は意図的なものである。なぜなら、そこでは真実そのものと存在が問題なのに、存在についてのさまざまな知覚は《遠近法》であって、存在は《いずれにせよ文脈の外にある》（*VI*、六四—五頁）からである。

　そこでまたメルロ＝ポンティは、別の文脈の中で、その批判へと導くためにフッサール的なやり方を繰り返す前に、世界についての主張を改めて確認し、いかなる疑問もそれに影響することは絶対にないのを示そうとして、こう書いている。《……（諸信仰の破壊のあとに）残されているのは、何ものでもないものでも、人が削除したものと別の種類のものでも、ない。すなわちそれは、疑いの的となる曖昧なオムニトゥド・レアリタリス〔現実的なもの全体〕の切断された諸断片であり、それらは別の名――外見、夢、精神現象、表象――の下でその全体を生まれ変わらせている。堅固な現実が疑いを向けられるのは、あれらのただよっている現実のためである》（*VI*、一四三頁）。プラトン『国家論』以来、もはやウーシア〔実体〕ではなくウーシアを越えるほどのものになったあるウーシアがあったし、エンス・エンティウム〔完全な存在〕がつねに唯一のエンス〔存在〕に不可避的になったので――その時、いかにしてそれをエス〔本質〕と区別できるのか？――、したがってオムニトゥド・レアリタリス〔現実的なものの全体〕の中にはほかのものたちよりも《堅固な》現実がある。そこで、それが現実の総体の原型であること、《ただよう》残りくずはわれわれに堅固であるものについて教えるべき大したものを持っていないことを、どうして認めないでいられるだろうか。

確かに《想像上のもの》という用語にも、二重の意味、むしろただよう意味がある。ある時は、想像力、あるいは根源的想像力から生じた副次的な産物が対象とされているし、ある時には問われているのは想像上のものといったものの存在様式であり、またある時には、ディナミス〔力〕、発端、起源としての想像上のものが問題とされている。そのようにして相互にきわめて接近している諸記述の、両立不可能性ないし非等質性を和らげることが可能になる。《逆に、想像上のものは絶対に観察しえないものではない。それを体現しているそれ自身の諸類似物が、肉体の中に見出される。ほかのものと同様にあの区別は、とらえ直すべきものであり、充満しているものと空虚なものとの間の区別に還元はされない》（*VI*、一〇八頁）[3]。しかしまた、サルトルの《想像上の即自・対自》について。《われわれはただ、即自・対自は想像上のもの以上である、といいたい。想像上のものは、確実性を持たず、観察しえないものであり、それは視覚を考慮すれば消え失せる》（*VI*、一一七頁）。さらに数行あとには、《サルトルの即自・対自の実際は、純粋存在の直観であり虚無の否定的直観である。われわれには逆に、神話の堅固さを、つまりわれわれの慣習の一部であり・存在そのものの定義に不可欠な・作用中の想像上のものの堅固さを、彼が認めることが必要であると思われる》（*VI*、一一八頁）。

見えるものに関する以下の説明の際の、表象の存在についての見方を考察してみよう。《……見えるものはまして精神にとっての表象ではない。精神はその諸表象によってとらええないであろうし、精神は見る人にとって不可欠なものである見えるものの中への、そうした組み入れを嫌悪するであろう》（*VI*、一八四頁）。われわれがここで論じたいのは、見えるものについての観念でも、《肉体》についての観念でもなく、以上の挿入句が明るみに引きだすものについて、である。では、諸表象を《持っている》が、諸表象によってとらえられることができないであろう精神という観念は、どこから来ているのだろうか。思考がそれに対して自己を明示しているそのもの——いつものように決定的であるそれ——は、一九三八年にハイデガーによって、打ちこわすべき人体模型の代わりに作られ、以後ほとんどいたるところで批判されることもなく受け入れられている、表象についての通俗的な観念でしかない。この通俗的な観念が、デカルトのいくつかの文章によってどれほど、またそれよりもはるかに重大な度合で心理学の教科書によって、権威づけられえているかは、ここではどうでもいい。重要なのはひとえに、ギリシャ思想の（ドクサ〔意見〕の問題点との格闘の中で一挙に果たされた）奇怪な歪曲と、*Vorstellung*〔表象〕と想像力についてのカントの思想の繰り返される掩蔽とによってのみ、あの観念が信用されえたことに、注目することである。

事実、メルロ＝ポンティがそこで自分を際立たせているのは、あの通俗的な観念によりそってでしかない。視覚の機械的な原型にもとづいている、視覚の複写でしかない観念。私は私が見るものとははっきり区別されている、見るものの中に巻きこまれてはいない、と想定されている。見られているもの、それはある意味では、たとえば私がいつでも眼を閉じるか顔をそむけることができる限り、私の意のままである。同様に私は、あれこれの映像をそこに随意に投射する内部のスクリーンも、意のままにできる。隠喩的な第三の眼、内部の暗い部屋、投射のスクリーンがある。《第三の眼》の背後に《精神》がいて、電気のスイッチをひねってスクリーンを照らし、そこで一つの表象を《持つ》。この滑稽な作り話を打ちこわすことは、ここで問われていることを忘れさせるし、特に、全く同様に恣意的な・しかし旧来の思想の組織すべてにはるかに堅くまといついている・さまざまな作り話を打ちこわすことを、避けさせる。

精神は諸表象を《持た》ない。精神は、この用語を使うことがお望みなら、表象の流出である（し、また確かに別のものでもある）。精神はまず、そして特に、別のもの（再・提示、*Vertretung*〔代理〕）のために、また《誰か》のために、そこにあるのではない《何かしら》の、際限のない提示である。知覚、夢、夢想、思い出、幻覚、読書、音楽の聴取、閉じた眼、思想は、厳密に同じ資格で、まず、本質的に、そうしたものである。私が眼を開くか閉じるかする時、私が聞くか耳をふさぐ時、夢のない眠り以外ならいつも、あの提示の中に・あの提示によってある、そうしたものそのもの——はじめはただそれだけ——があるし、別の超越的な光景でも、ある観客のための光景でもない、絶対的な《光景》が——というのも視覚という隠喩は、偶然にではなく、支配的なので——あるし、彼が存在する限り舞台に彼自身がいる観客がいる。人があのようなものを、同一性がまだ定かではない闇の中にある、明らかにされていないであろうものの《内部》に、別の何かしらのものの中での、そのものの裂開によってふいに現われるらしい、《晴れ問》として叙述するのは、それも副次的な思考、反省による。同一性の闇は、(そこにあるものを)考え直そうとする思考、契機としては確かに正当な・しかし作られた・隠喩である。*Vorstellung*〔表象〕が、《能動的な》意味での表象が、前面に提示し・設定することが、そこにある。別のものの《前面》か《正面》かにではなく、誰かの正面に・何かしらの・ものを・おくのでもない、前面に、であって、それによって・それの中に・すべての配置作業と、すべての位置が存在するものがあり、それにもとづいてすべての——ある主体の《行為》かある対象の《確定》としての——設定が、存在と意味を持つ、そうした最初の設定することがある。

この根本的な存在論的な領域、それを旧来の思想は、それ自体としては一瞬たりとも持ちつづけることができない。なぜならその思想は、何を誰が設定するのか、とただちに問いかけることに突進し、そうしてあの領域を、後日の論理的・存在論的な諸確定の適用下に一挙におき、そのことによって誰かある人のためにある何かしらのものとしてあるものをたちまち分離し、したがって、あの領域を体験する前にすら、非人格的で物的にではなく存在しているものの最初の出現、それによってこそ世界がつねにあるもの、もっとも極端な妄想の中ですら世界があること以外では決してないものを、《世界内部》のか物的な関係に、変形させる。そこから一瞬のうちに由来するのが、その関係を慣習的な(容器から内容へ、原因から結果へ、素材から形式へ、生産者から製品へ、反映から反映されている対象へ、といった)《現実的な》諸確定の下で考える、ほとんど不可避的な必然性であり、それにただちにつづくのが、あの関係の問題についての記述の中に拭いがたい形で含まれている、あれらの確定から解放されようとする際限のない(空しい)努力である。しかし(その特殊な内容が何であれ、物体、*Gegen-stand*〔事物〕としての、しかし表象の流出とは別に保たれているものとしての)《何かしらのもの》と、(その《解釈》が、人間、魂、意識、

《精神》、あるいは*Dasein*〔生命〕のどれであれ、主体としての）《ある人》とは、反省による分離であり、この分離は不可避的で正当なものである――が、副次的なものである。あの分離は《現実的なもの》、《論理的なもの》であり、《堅牢なもの》ですらある――が、副次的なものである。表象の流出がそこにあることの中に、知覚された（十分なと称する）事物を（不可避的にではないのに）急速に誕生させるのは、重要なことで、決定的なことですらある――が、副次的なことである。しかもその誕生は、完全な分離であることは決してできないであろう。――客観主義的な思想の限界（それ自身も、自らの時間と場所の中で、自らの相対的な正当性を持つ限界）としてでなければ。あの誕生は、完全な分離であることは決してできないであろう。なぜなら知覚は、根源的な想像力と分離しえないからであり、知覚が根源的な想像力に還元しえないにもかかわらず、である。同様に、表象の流出の中に、（つねに流出の中でとらえられる）流出についての反省とその反省の主体が出現することは、やはり決定的なことである――が、副次的なことである。この場合、主体と流出を《部分的に》すら分離することは、問題になりえない（たとえば、《超越的な主体》がそうであるような、技術的な意味以外のものはほとんどないほど、限られた特殊な諸文脈の中でをのぞけば）。まして流出を主体の意のままにすることも、問題にはなりえない。主体は、《彼の諸表象》の、《彼の諸情動》の、《彼の諸意図》の、持ち主ではない。主体は、そこで（表象の再・提示をもたらす、表象の一様相としての）反省の絶えざる可能性が出現した・そこで根源的想像力のもともとの自発性が部分的に反省された自発性へと変えられた・表象‐情動‐意図の流出である。

　表象の流出の中に（簡潔であるようわれわれは、しばらくこの抽象に甘んずることにする）、ほとんど分離されたものとして、ある《現実のもの》の知覚と、最終的には反省の主体にゆだねられる反省とが、心理発生論的にも論理的にも存在論的にも副次的なものである、ある時間の中に出現することは、そこで問題となるのが諸《派生物》であることを意味しない。現実のものの知覚と反省は、真の諸総合としてふいに訪れる。諸総合が、始めから終わりまで、表象の流出を前提としているとすれば、それらはいかなる瞬間にも、表象の流出にもとづいて、推論され、産出され、構成されることはできないであろう。知覚された事物は、思想と同様に、社会・歴史的な諸創造物である（とんでもないものと思われかねないこの命題は、言語のない思考はないこと、《超越的な言語》はないこと、また基礎的な論理的な諸形式のない知覚もないことの、直接的な帰結である）。理性こそが、あの諸創造物が提起する理性にとって果てしもなくむつかしい諸問題を、ある時は《実在論的な》・ある時は《自我論的な》・実際にはほとんどつねに両者である・伝統的な展望の中で、まさしく考えられえないものにしたのである。

表象や表象の流出についての真の考慮がわれわれに示すものは、《諸表象を持つ精神》とは全く別のものであり、限りなく《見えるものの中への（見る人の）挿入》以上のものである。それはつまり、表象の《主体》と《表象》との表現しえない相互のかかわり、それ自身にもとづいてわれわれが考えなければならないかかわり、である。《主体の》――そして主体を越える――表象、《表象》の――そしてあらゆる与えられる表象を越える――主体。なぜなら主体は、出現する表象の流出のうちにふいに訪れる総合として以外のものではないし、しかもつねに不確定のあの表象の流出であるからである。表象《一般》は、《主体の》表象としては、そこに主体が存在するその時以後のもの、すなわち言語と公共の世界の社会・歴史的な創造と創出とによって主体が存在する、その時以後のものでしかない。この相互的な内属、同一でも単なる相違でもない・一方の他方による包含でもない・割りふりうる一部を明確にする交差でもない・相互的な内属は、旧来の論理学の諸関係の中では、名を持たない。特にわれわれはその内属を（見る人の見えるものの中への、《主体》の《表象されたもの》か・《表象されうるもの》か・表象の流出すらの・中への）《挿入》として考えることはできない。なぜならそれではわれわれは、内属の絶対に決定的な諸様相をとりのがしてしまうであろうからである。われわれは、一方で・また特に、基本的な事実をとりにがしてしまうであろうし、その事実とは、すっかり与えられた見えるものも・見える人がそこに挿入されうるであろうものの中ですっかり作られた見えるものも・ないこと、しかもまた《表象的映像》もないこと、であり、あるのは出現、継続される創造、決して終わることのない・別の未完に変形する・未完である、ということである。われわれは、伝統的な存在論の轍《わだち》の中では、つねに単に与えられた・見るために与えられた・永遠に－変わらず－あるもの（アエイ）とともにとどまることになろう。そうすることでわれわれは、時間性の問題の真の本質を、とりのがすことであろう。なぜなら、《見えるものの中に挿入された見る人》にとっては、時間でありうるであろうものがわからないからである。《客観的な》時間、彼が見えるものから読みとる時刻、また彼が《自分自身のうちに》・しかし全く別箇に――水も通さないポケットに――・見る人の働きと重なり合うことのできないように・持ちこむ時計でないとするならば。最後にわれわれは、主観性の問題を考えはじめることすら、不可能になるであろう。というのも見る人と見えるものとの《関係》についてのあの理解の仕方は、見る人が、見えるものとしてあるものに対しての距離、見えるものの《諸部分》に隠喩的に設定しうるものとは質的に別の距離を、どのようにしてとることができるのであろうか、見る人が見えるものから遠ざかり、それを《空間的な》諸視点から比較するのとは別の形で《相対化すること》、まして夢見ること、妄想すること、発明すること、作曲することが、どのようにしていずれできるのであろうか、いつか理解することを不可能にするからである。したがってわれわれは、これは『見えるものと見えないもの』の中で実際に起きていることだが、一連の手つかずの諸難問、完全に無力となった諸疑問――主体という存在の前で（*VI*、二四四、二四七、二五五の各頁を参照せよ）、つねに主体性を性格づけているもの、同時に記述的・外観的ではない意味での《私のもの－であるもの》に主体をしているもの、の前で完全に無力となった諸疑問——をかかえたまま、主体を《知覚された世界と言語に生気を与えに》（*VI*、二四四頁）来るらしいXとして、したがってメルロ＝ポンティが行動と知覚に関して見事に示しえたあの《生気賦与》という神秘的な図式の中のXとして、人が何をするにせよ、動かしはじめるには一吹きだけがそこに欠けている・全く既存の・回路に不可避的に送り返されるXとして、単に設定することを余儀なくされつづけるのであろう。——このXは、そのカント的な時代を経た祖先と同様に、そのたびごとに違っていなければならないであろう、Xであろう。なぜなら、Xは《私の側に》（*VI*、二四四頁）いるからである。しかしながらXはまた、Xでしかないので、いたるところで・かつ本質的に・同じものでしかありえない。——したがってXは、間接的にではなく、単に自分自身と矛盾している概念、否定的な虚空、絶対的な無、である。《私は私が話す以上には知覚しない——知覚は言語のように私を持っている》（*VI*、二四四頁）。このハイデガー的な記述は、対応する《人類学的》ないし《超越的な》諸記述の単なる否定でしかなく、自らが否定している同じ場に完全に位置づけられているし、相互に交換するものとしてしか考えられていない〔知覚と言語という〕二つの《用語》の関係の同じ構造を設定しており、したがって思想の同じ次元に属している。《人間は言語を持つ》と《言語は人間を持つ》という記述の間には、深い視点に立てば、もちろん厳密にいかなる違いもない。両者は、一方が他方を《持つこと》の様態についての（《持つこと》というこの言葉の使い方の隠喩性について、人がいそいで提示しようとする注釈がどのようなものであれ。要するに、もっとも平凡な《人類学者たち》は、彼らが自分たちのシャツを持っているように彼らが言語を《持っている》と、かつて考えていたのではないか、そう危ぶむこともできる）、二つの《用語》間の《関係》（実をいえば、関係ですらないもの）を設定しているし、そのことによって両者は、ここで問題であるものを・還元不能のその独自性において・それ自身のエイドス〔形相〕として・言語と語る主体のこの種に特有の関係として・考えることができないことを、告げているのである。《存在についての思想》は、ほかの文脈においてはうまくかくしおおせてきたその本質、人類学の拒絶は包みかくされた神学でしかない、というその本質を、ここでは暴露している。

さらに明確化しうるのは、メルロ＝ポンティが《表象》として考えているものが何なのかと、〃視覚的映像〃—〃世界の表象〃〃トード・イ・ナダ〃〔全体で虚無〕と題する、一九六〇年五月の覚書（*VI*、三〇六—七頁）以後の、彼が表象について考えていることによって導かれた直接的な諸難問、とである。問題なのは、《視覚的映像の批判を〝*Vorstellung*〟〔表象〕の批判として一般化すること》であり、そこで目指されているのは、《事物や世界に前者〔映像〕や後者〔表象〕によって与えられた、存在の意味の批判である。すなわち即自的（それに意味を与える唯一のもの、距離、へだたり、超越性、肉体とかかわりのない、即自的）存在の意味の、である。……もしわれわれの世界との関係が*Vorstellung*であるなら、〃表象された〃世界は即自的存在の意味としてある。たとえば、ある人が世界を思い描く。すると、彼にとっては、どこにもない・観念である・内的な対象があり、それとは別に、世界そのものが存在している。私がしようとしているのは、〃表象されたもの〃とは絶対に違う存在の意味としての、つまり〃諸表象〃のいかなるものも汲みつくしていない・あらゆる表象が〃手をつけている〃・直立した・存在、原始の存在としての、世界を復元することである》（傍点、原著者）。

しかし、世界の存在の意味という第二の問題も、——ここでわれわれが論議することはしない——即自的存在の意味を拒否する彼の決定も、表象の存在を私に否定させうるものではない。その存在が、本原的に・かつ疑いもなく、現われるのであれば。それに、ピストルの一撃による表象の消滅も、他者と世界についての彼の知覚、存在あるいはお望みのものへの通路が提起する問題を、除去しはしない。しかもピストルは、故障で動かなくなるし、表象の消滅は、それを示そうとする文章そのものの中で、不可能であることを暴露する。表象は、原始の存在を決して《汲みつくさない》が、それにつねに《手をつけている》、同時に表象を本原的な場所で復旧する、という明白な・しかし先にのべられた見方では驚くべき・主張は、表象が《手をつけている》存在（ここでは明らかに単に存在しているもの全体の意味での存在）に関連して、表象を外的な立場におき直しているし、他者と《彼の》表象が提起する問題を完全に存続させたままである。なぜなら、彼の表象が私の表象同様に原始の存在に手をつけているとするなら、その存在のうちで彼の表象に手をつけられるものと、私の表象に手をつけられるものとが、同一のもの、比較しうるものであり、彼によっても私によっても関与しうるものであることを、私はどのようにして知りうるのか。そのような関与、はるかにそれ以上の、厳密な同一性すらが、もし実際に――各精神にとっての、他の精神という存在の《契機》であるもの（ヘーゲル主義）を含む――存在を《汲みつくす》手段があるのなら、それ自体として確保されていよう。その道が閉ざされているとすれば、メルロ＝ポンティのものである（フッサールに由来する）問題の提起の中で、あの関与性は、それ固有の可能性が諸条件にもとづく仮定、そのたびごとに手をつけられるものは《同じもの》か《比較しうるもの》か《同質のもの》であるという仮定、に立ってしか考えることができないことを、どうして避けられようか。そのことは明らかに、全く真実ではない（あるいは、即自とその諸《反映》にとってしか真実ではない）ので、整合を求める探索の中での限りない進行に際して、もっともらしい補塡が懇請される。すなわち、存在のうちで私が手をつけているものとあなたが手をつけているものとは、人が進むにつれて符合するか一致するかしてゆくことを人が示しうる、そんな方法がある、というものである。したがって、一つというより三つの観念的なもの。

私的な世界と公共の世界という二元性――私的な世界の不確定性と、全く明白なことだがわれわれの公共の世界は、アズテク人たちやアルタミラの狩人たちの世界とは同じものではないので、公共の世界のより以上の不確定性、という二元性――によって、ある世界の最終的根拠について提起される問題は、――表象をもっとも平凡でもっとも愚かな意味で理解したとしても――知覚や表象の理解とは全く無関係である。その問題は、他者が彼が語っていない何かしらを考えていることを私が確認するや否や、提起される。つまり、その何かしらが、二歳の子供の・彼が即自についての有害な哲学理論によって汚染されるよりはるか以前の・すでに二重の・世界を構成していることを、私が確認するや否や、提起される。あの問題は、私がある言語を学びながら、その言語が私の言語とは厳密に同義ではない言葉を含んでいること（もっと正確には、その言語のいかなる言葉も、私の言語の言葉とは同義ではないこと）を、私が確認するや否や、提起される。あの問題は、ただ単に、私がアフリカの小さな彫像を眺めるや否や、提起される。

さて、他者がそれを語ることなく考えているもの、それはどこにあるのか。それはどんなものなのか。アフリカ人が彼の小さな彫像の中に見るもの、正確にいえばそれが何であるか、明白に知りながらは私が決して見ないであろうもの、それはどこにあり、どんなものなのか。それは《どこにもない・観念的なものである・彼にとっての内的な対象》であると私がいうこと、あるいは、それは原始の存在を汲みつくすことなく手をつける、彼の持つ契機と方法、私のものでは決してないであろう・考える‐かつ‐私に‐想像させること以外は私には決してできないであろう・契機と方法である、と私がいうこと、――そのことが、われわれが生きながら絶えず断固として処理している、状況やその際限のない数々の謎の、何かを本当に変えるのだろうか。いずれにせよ、私はそのことを、すべての《主観的な〝実体験〟》のように、《存在という〝記録簿〟》（*VI*、二三九頁）に（したがってここではさらに、存在しているものの際限のないカタログ、単なる *Inbegriff aller Seienden*〔存在物の総体〕に）、《とどめておか》ねばならない。したがって私は、他者がそれについて決して語らなかったとしたら、《何かしらのもの》が存在したことを、それが一たび存在した形のままいつまでも存在していることを、さまたげることができない。それは単に、その何かしらのものがただ一人の人にとって束の間の思いとして存在していたこと、私にとっては空しい形でなければ指し示すことすらできない単なる観念的なものであったこと、による。では、以下のジレンマをどのようにしてのがれるのか。一方では、私にも、ただ一人の人（一七八八年におけるボーヴェー市の死亡記録に記載された最後の一人の最後の思い）をのぞいて全員にも、本質的に必然的に近寄りがたい・無数の・《何かしらのもの》が、際限なく世界の部分を形成しているので、世界という存在の意味は、実際には、即自であり観念的なものである。たとえば科学が仮定することを強いられたものよりもずっと限りなく口にされた、即自と観念的なもの。すなわち《二十億年前、諸大陸はこんな形をしていた》の意味は、《われわれと同一の科学的諸主体は……と観察したであろう》であり、この場合、抽象は、記述の内容が際限なく正当化しうるのと同様に、実現しうるものである。しかし《もしあなたが死亡記録簿等々に記されている最後の人であったら、最後に……を考えたであろう》という文章は、二重に空しい。それは、指示しえない内容を提示しようとしているし、本質的に実現しえない活動を仮定している。他方では、《ある人にとって存在した》と同義の、存在の意味があるが、そこには名目上をのぞいて一つの存在の意味もない。なぜなら、《ある人にとって存在した》というこの存在の意味は、本質的に空しいからであり、いかなる手段も、《私にとっての存在》か《Xにとっての存在》に、同一であるか相違する内容を、与ええないからである。以来われわれは、知覚や表象等々についてのわれわれの解釈がどのようなものであれ、全く限界を定めることすらできない・諸世界についてのみならず個人的な存在の諸意義についての・無数の構成可能性の大海にあって、希望もなくただよっているのである。

すでにのべた緊急の諸難問は、問題を提起したままとなっている。実際、公共の世界、コスモス・コイノス〔共通の宇宙〕の問題をどう考えるのか。公共のものが意味するものを除去するか忘れること、それはコイノテス〔共同体〕やコイノニア〔協力〕、それらを存在させるもの、つまり社会・歴史的なものとその創出を積極的に忘れて考えること、によってなのか。人が公共の世界についての問題からのがれようとする限りにおいて、また人が、現象学的な態度は本質的な必然性から、アルテル・エゴ〔別の自己〕を手に負えない・ありえないことにせざるをえず、自滅以外に唯我論からのがれられない――したがって公共の世界についての問題からのがれられない――ことを認めた限りにおいて、残されているのはただ、たとえそれが別の質か高い次元かのものであるにせよ、見るものたちの共・自然性ないし共・先天性という観念にすがること、そこに戻ることしかない。事実そのことこそ、見えるものに属するものについて、《絡み合い――交錯的配語法》の章で、提議されていることである。すなわち《なぜ共働作用は異なった生物の間では存在しないのであろうか。それがそれぞれの内部で可能なのだとすれば《単に私のものだけではなくすかに《われわれの肉体を彼の器官とする大きな動物はいない》。しかし《単に私のものだけではなくすての身体を照らす、自然な光の光線》はある。他人が触知しうる数々の色彩や浮彫りが、私にとって《永遠に近寄りがたい……絶対的な不可思議》であること、《それは全く真実でない。私がそれらをわがものにするには、ある観念ではなく、私が風景を見、誰かとそれについて私が語っている時のような間近な経験としての、ある映像か表象で足りる。その時、彼の肉体と私の肉体が一致する作用によって、私が見ているものが彼へと移り、私が見た草原の個人的な緑が私の視覚を離れることなしに彼の視覚に忍びこみ、私は私の緑の中に、彼の緑を認めていた。……ここには、アルテル・エゴの問題はない。なぜなら、見ているのは私でもなく、見ているのは彼でもなく、匿名の可視性がわれわれ二人のうちに潜んでいるからであり、視覚一般が、あの本原的な特性によって、今ここにあり、個人的でもあり次元でも普遍でもあるものとして、いたるところに永遠に光を放っているからである》（*VI*、一八七―一八八頁。初めの方の二つの文章の傍点は引用者）。

ここでわれわれが直面するのは、別の袋小路の探索でしかないし、――われわれはそれを放置しておくことはしない。明らかに、メルロ＝ポンティの表現を借りるなら、彼の記述は《全く真実ではない》。《間近な経験として》あるものは、簡明な経験に価しないし、それを疑問視するには、たった一人の色盲者か、幻覚にとらわれた人か、酔っている人の存在で十分であろう。対抗して用意されるのが、さまざまな肉体に《一致する作用》を与えること、つまり、あらかじめ《見ているのが彼》である他者を妨害すること、匿名の可視性がわれわれ二人のうちに潜むことを可能とする自然の一般性の中に彼を押しこむこと、である。そのような自然の一般性が、われわれが取り組んでいるあらゆる問題の中に、存在しているだけではなく除去しえない役割を果たしていること、われわれはそのことを疑問視する最後のものであろう。しかしこの――世界の社会・歴史的な創出への支えと誘導という――役割は、諸問題を解決するのに絶対に十分ではない。もしそれで十分とすれば、哲学は、そして何らかの議論すら、決してなかったであろう。――なぜなら、諸作用の一致がどこでなぜ停止するのか、その一致がなぜすべての論議における一致と同一性として継承されないのか、わからないし、その上、《匿名の可視性》、《視覚一般》が、なぜ、どのようにして流通し、ジオットオ、レンブラント、ピカソの間であれほど違った形で変化するのか、わかりえない。《私が見ているものが彼のうちに移り》、《私が私の緑の中に彼の緑を認めていた》ことは、カム・グライノ・セイリス〔控え目に見て〕しか、真実ではない。――それはしかし、実をいえば、来るべきあらゆる世代を迷わせるのに十分なほどの効き目を帯びている。

実際、メルロ＝ポンティは、個人を考えられないものにする。なぜなら、《私が見ているものが彼のうちに移る》は、もし私が彼のうちに全体として移らない限り、真実ではないであろうからである。すなわち、子供の頃の私の思い出、特に私の知らない思い出、そこで私が、はじめて・また永遠に・緑を見たし緑であったアテネの数々の庭園、私が何度も思い出す〝緑よ、ぼくが君、緑をどれほど望んでいることか〟(三)、私を驚かすことを止めない光と色を帯びた私の老い方、ある瞬間の私の関心事、以下果てしなく同様、をともなわない限り、である。あるいはまた、あの緑も私も肉身を持っていない、われわれは何ものにも固執していない、われわれはあの極微の出会い、あの平板で切断しうる符合をのぞいて、何ものによっても支えられていない、自由に移転しうる事物にも、つまり私から彼へと変化することなく移るある緑にも、固執していない、――それもそのはず、《見ているのは私でもないし、見ているのは彼でもない》のだから――と、きっぱりと断言すべきであろう。しかしもし、メルロ＝ポンティがそのことをよそできちんと示しているように、見ることが網膜の歴史とは別のものだとすれば、その時はまさに、視覚の中で問題とされるのは、見る人のすべて、単に彼の肉体的な共働作用だけではなく、すべての彼の歴史、彼の思想、彼の言語、彼の性、彼の世界――あえてこの表現を許されるなら、要するに彼の《個人的な創出》――である。二人の見る人の出会いは、匿名の可視性や視覚一般とは別のものを問題にさせるし、その出会いは、彼らの社会・歴史的な創出に強く依存している二人の《個人的な創出》の、多少とも広がりと深みを持つ符合以外ではありえない。彼らの社会・歴史的な創出は、彼らの各自を個人として存在させるが、特にいわねばならないのは、つねに可能性を持ちながらも、かかわり合っている社会・歴史的な、また個人的な《距離》がどのようなものであれ、出会いがある意味でつねに成功することも、見ている二人の

《近さ》がどのようなものであれ、出会いが別な意味でつねに失敗することも、保証されてはいないことである。さて、メルロ゠ポンティによる問題の設定は、人がいつか符合失敗の必然性を考えうることを排除しているし、――それは、その設定があらゆる旧来の思想のように、真実の欠乏ないし欠如とは別の形で誤りの存在を考える可能性を排除している諸理由と、非常に類似した諸理由で、同じやり方において、なのである。

間近な経験として他人の色彩を持つためには、《私がそれについて誰かに語ること》で足りる、とメルロ゠ポンティは書いている。さて、私は語る、――《誰か》に。そこで色彩の移転可能性、関与可能性は、言葉に仲介される。――仲介されうるのか、仲介されねばならないのか。確かにメルロ゠ポンティは、言葉は、ここでも・ほかのどこででも、単なる道具ないし透明な媒体でありうる、と考える最後の人であろうし、言葉は言葉でしかないとなしうると考える、数少ない人でもあろう。彼は赤について語らねばならなかった時、ここで論じている章をはじめた美しい一節（VI、一七三―五頁）でそれをした時、《ある赤、それもまた想像上の諸世界の奥底からとどけられた化石である》と、結論づけている。《それもまた》はおそらく、それは特に、なのである。なぜなら、《エクス近くかマダガスカルのいくつかの地質》や血の赤をのぞけば、あの一節で想起されているすべての赤は、歴史的な・想像上のどっしりとした重みから切り離しえない――その重みなしには不可解な――・赤だからである。すなわち、屋根の瓦、踏切番や大革命の旗、女性・教授・司教・次席検事らの・服、装身具と制服、一九一七年の革命の真髄、永遠に女性的なもの、大革命時の訴追官、そして二十五年前にシャンゼリゼ大通りのあるカフェ・レストランに大勢いた・軽騎兵用の装いをした・ジプシーたち、である。記述が、――ある色彩は《諸事物や諸色彩の間の違い……以下の色彩か事物であり、色のある存在か可視性の・一時的な・結晶作用である》という――最終的で重要な観念を正当化すればするだけ、記述はまた、《私が見ているもの》は、私がそれについて誰かに語るとすれば、暗黙のうちに作用しているあらゆる指示によってしか、《彼のうちに移ら》ないことを、示すことになる。それらの指示は、明らかに、匿名の可視性、視覚一般に関係しているだけではなく、その可視性の・それを《満たし》もし関与しうるものにするものの・生成と歴史的創出にも、関係しているのである。ただし、満たす、は、まことに不当な表現であり、いわねばならないのは、《存在させる》である。すなわち、永遠に女性的なものである赤は、ほかの諸文化にとっては確かにそうではないし、ありうることだが、私の孫たちは、時代遅れの映画の愛好者ではない限り、シャンゼリゼのジプシーたちを全く理解できないであろう（し、そこに何ものも見ないであろう）。また引用された事例のいかなるものも、アリストテレスに関して何一つ理解させないであろう。人は同じ（目に見える）意味を持つであろう他の諸文化を見つけうるであろう、ということは、前記の記述全体の意義をまさしく無効にすることであろう。というのも、そういうことは、あれらすべての中で問題とされるのは、決定的に与えられた一般性か本質かの、諸力域の中での、厳密に存続しうる諸力域でしかない、と断言するのに等しいであろうからである。なぜなら、大革命の赤はもちろん、それまで赤が果たしていた諸力域に、別の新しい差異化、別の新しい転調をもたらすからである。しかしまた、赤がそれらをつけ加えるのは、赤に大革命の赤を見る人びとにとってのみである。したがってわれわれはもはや、単に《想像上の諸世界の奥底からとどけられた化石》についてだけ、語ることはできない。それらの想像上の世界が自己形成されつづけているように、赤もまた完了してはいない。決定的に与えられた《自然な》赤はない。自然な赤——一面では波長や輝きと飽和の度合やらにもとづいて、今日では物理学的諸特徴を明示できるであろう自然な赤——は、ここでもなお一つの支えでしかない。問題となりうる赤は、歴史的な赤であり、そうしたものとして赤は、それ自身が歴史の中で歴史によって形成されつづけている世界創出の一部である、可視性の具体化の一部として、形成されつづけている。

それらすべて、メルロ＝ポンティはそれを完全に承知していた。時折はいくつかの表明が相変わらず、理論的にも、実際的にすら、残余のものをのぞいて考えうるらしい・知覚という混合物のない・自然性という観念を信ずべきものとしているとしても、――したがって（二〇〇頁で）、《特に私の肉体と世界の自然な一般性に、創造された一般性、文化、最初のものをとらえ直し修正する知識が、特にいかなる奇跡によってつけ加えられてゆくのか……を知ることは、確かに一つの問題である》（*VI*、一八九―二〇四頁。傍点は引用者）とあるとしても――、彼の手稿の最後の何頁かの展開は、とりわけ言語と言葉に与えられた位置によって、先の観念を不可能なものにしている。しかしその認識は、それがうながしているにもかかわらず、新しい出発点になるにいたらなかったし、そのことは偶然ではなかった。つまり、その認識が開く道は、メルロ＝ポンティがそこに身をおきつづけている存在論の領域を、ただちに離れてゆくからである。したがって、あの認識を表現しているか、あの認識から生じているものは、中心的な着想と並置されてしかいないのであり、その着想の曖昧な性格は、そのようにして絶えず存続しているのである。

そのことはさらに、すでに引用した一九六〇年五月の覚書（*VI*、三〇六―七頁）についても、見ることができる。すなわち《二つの（自然と文化の）面の区別は、しかも抽象的である。すべてはわれわれのうちで文化的である（われわれの *Lebenswelt*〔生活世界〕は〝主観的〟であり）（われわれの知覚は文化的・歴史的である）し、すべてはわれわれのうちで自然である（文化的なものすら、原始の存在の同質多形にもとづいている）》。偶然のものか孤立したものであるどころではない、知覚の文化的・歴史的な性格についての着目は、もっと以前の数多くの表明[4]につながっている。しかしそれらの含意が知覚を主題とする取り組みのために引きだされていなかったことも、明らかである。もしわれわれの知覚が、異論なしにそうであるように、文化的・歴史的なものであるとすれば、知覚に対して、何らかの存在論的な特権を維持させること、あるいは、お望みのようにいえるが、現にあるものに接近する・何かしらを《与えられる》か存在させる・他の諸形態に関連しての《原型》の地位を維持させることは、問題になりえないだけではなく、そうした事実の諸結果を探求すること、知覚のどんな《構成要素》が社会的・歴史的な起源に属し、どんな形でそうなのか、したがって人はそこで《構成要素》を識別し、それらをあれこれの起源に振り分けることができるのかどうか、最終的には《知覚》の伝統的な意味を保つことすらできるのかどうか、を問うてみることが、重大かつ緊急の課題となる。われわれの知覚が文化的・歴史的であるということ、それは、部分的に・かつ探求すべき諸様相にしたがって・知覚は創出のうちにも起源を持つ、ということである。しかし、何の創出か。文化は、感覚器官によってえた諸事項を転換する機械装置や、ヴェネチアとバビロニアで違ったふうにプログラム化された諸事項を吟味するミニ・コンピューターを、われわれのうちに設置はしないので、あの創出は、表象それ自身、表象する共通の様式、にしか関係しえない。したがってその創出は——われわれはあとで詳しくふれることにするが——、関与しうるもの・集団的な行為・としての表象を可能なものにする、諸図式と諸形象の創出である。その諸図式は、そのたびごとに《事物》として設定されたものの《知覚》を、そのたびごとに可能なものにしなければならない。しかし諸図式は、はるかにそれ以上のことをしなければならない。なぜならそれらは、実際の社会的なものの総体を、そのたびごとに考えうるものとして、組織化しなければならないからである。明らかに、そのような——諸事物の、人間たちの、諸行為の、諸思想の——組織化が、それぞれを他のそれぞれと分離し無関係なものにすることは、不可能である。各社会にとっての、《自然な諸事物》の・人間たちの地位の・諸規則の・することと語ることが指示するものの・（メルロ＝ポンティがあの同じ覚書の中で、《ある社会の中で自分を考えるやり方は、その社会的機構とかかわり合っている》と、注目している）設定と見方には、緊密な結びつき、内的な関連性、相互の内属――われわれがこれから探求すべきもの――が、ある。したがって、コスモス・コイノス〔共通の宇宙〕として世界、当の社会の・その社会のための・その中で社会が必然的にそれ自身として設定される・共通で公共の世界の、社会による創出がある。その創出をわれわれは、社会がそこにおかれるであろう、《実際の》諸条件の《反映》としても《昇華》としても、不条理なしに考えることはできない。というのもそれらの条件は、陳腐なものをのぞけば、あの社会的な創出の外では、とらえられない・限定しえない・ものだからである。同様にわれわれは、その諸条件の中に《理性の契機》を見ることもできない。そのような主張はそれをのべる人を絶対知の化身とする、という理由からにすぎないとしても。人は、そこからあの創出が生じうるであろう、いかなる《即自的に現実的なもの》も、いかなる《即自的に合理的なもの》も、自らに与えることはできない。そんな意図をもって論議に当たることは、当の論議自身が特定の社会・歴史的な創出と、論議といったものの社会的・歴史的な創出とから生じていること、論議がつねにそうした創出に包まれつづけていること、もし論議を生じさせた創出と論議との関係が、創出に対して考えられうるあらゆる距離を可能とする・途方もない・自由によって特徴づけられているとしても、その自由が当の関係を維持している限りにおいてしか、距離がどのように無限であろうと、それがあの関係の空間の・その中での・距離でありつづける限りにおいてしか、創出は論議にそのような自由を与えないこと、人がその空間からのがれることは、ただちに別な空間、全くの空しさの空間に入るためにしかできないであろうことを、愚かにもといわないにしても素朴にも、忘れることによって以外には決してできないであろう。社会・歴史的な創出といったもの、ある社会それぞれの創出は、したがってつねに、現実的なものについても合理的なものについても、その主要な諸要素の中で恣意的で動機のないものであろうし、そう見えるであろう。創出は創造であり、それはそれ自身の外に、必要で十分な諸条件を見出すことはできないであろう。それがたとい、必要で十分な諸条件という思想が、社会・歴史的な創出の副産物であるごく小さなものでしかないから、という理由であるとしても。創出は、存在させることであり、根源的想念の現われである。

では人は、どんな意味で創出もまた、それが《原始の存在の多形現象》にもとづいているらしいので、《自然なもの》であろう、といいうるのだろうか。われわれは、そのようにたまたま主張された存在の自然性には注意するだけにして、ここでは《もとづく》が意味しうるものを、問うてみることにしたい。もしその意味が単なる否定的な条件——諸創出が全く関心を寄せていないほどの広大な制約の中で、ある公共の世界のさまざまな社会・歴史的な諸創出が際限なく可能であること、社会創出の諸様式の多様性がわれわれを、その創出の中で・その創出によって、そのたびごとに示される《基体》の可塑性ないし不安定性に必然的に送り返すこと、という単なる否定的な条件を意味するなら、そのことは明白である（確かに、その明白さを探求することをわれわれからいささかも免除するものではないが）。しかしもしあの意味が、同時的かつ連続的な・さまざまな・創出を通じての、まことしやかな同語反復をのぞいて、《よそで》・非時間的なある《ずっと以前から》・あらかじめ十分に構成されていた可能なものたちによって、具現化させることはできないであろう、そんな多形現象が力を発揮し自己を積極的に表明していること、を意味するのなら——その時、放棄されるのは旧来の存在論のあらゆる視野であり、同時に存在という暗黙の・しかしつねに至上の・意味作用であることを、十分に理解しなければならない。なぜならわれわれはもはや、その多形現象を、理論的にすでに確定されているか・即自的に、カットート〔おのずから〕に確定されている・既定の何かしらの多形現象にすることが、できないからである。その多形現象は、他のものの出現であり、諸形式――エイデ〔諸形相〕――は、汲みつくされるどころか、新しい・独創的な・ものとして立ち現われる――し、そこで《すでに与えられている》諸形式の間の諸関係すら、遡及的に変更される。存在しているもの――オン・エ・オン〔存在としての存在〕ないしオンのエイナイ〔存在の本質〕――のうちに含まれている意味は、一時的ないし漸進的なものとしてをのぞけば、見えてくること、ファイネスタイ〔現わすこと〕、対外的な現存にもとづいてはもはや考えられえないし、同様に、自己性、オートテス〔自足性〕、自己の現存にもとづいても、もっと一般的に何らかの現存にもとづいても、もはや考えられえない。なぜなら現存は、確定的に必然なもの、すなわち理論的に完成しうる――したがって非時間的なずっと以前から完成している――確定性に必要なものの、こぶだからである。現存は（ギリシャ・西欧的な存在論の中できわめて早くから、意識的にではなく暗に、仮定されてきた）一致、今の瞬間と非時間的な(5)《永遠》とのありえない同一性、以外のものでは決してなかった。おそらくいつの日か人は、ニュン・ト・アエイ（永遠は今である）ことを示す、ソクラテス以前の断章を発見するであろう。いずれにせよ存在の思想は、それが確定の思想となった時以来、つまりそれが論理学によって存在論を吸収させようとした時以来――それが、超越的な仮定によって時間性を一時的に停止するのではなく、実際に時間性を除去しようとした時以来――、それ自ら無効となったのである。ほかのどこよりも明確に――プラトンの『ティマイオス』(6)の中での時間の副次的・派生的な性格の中でよりも、さらに明確に――そのことが見出されるのは、アリストテレスによる、ト・ティ・エーン・エイナイ〔何であるのか。本質〕としての、存在が存在させていたもの・存在が存在させようとしていたもの・としての、存在しているものの・ウーシア

〔本質〕の・存在についての確定の中に、である。存在しているものの本質ないしウーシアは、それが確定された‐何かしらの‐もの（ティ、すなわち……であるもの）の中にある。この永遠の未完成の中で（エーン）ずっと以前から確定されている確定は、無数の永遠の究極性（エイナイ）によって、存在しているものをいつまでも確定している。そのように固定された存在しているものの本質の中で、存在し・かくかくと存在している・事実を、初めから収縮しているのである。というのも、何ものも存在しながらでしか存在しないし、それがそのように確定されているものであるがゆえに、そうなのである。ティ・エーン・エイナイ〔何であるのか。本質〕のティは、切り離しがたく確定の疑問詞（ティ・エスティン？〔どうあるのか〕）であり、何かしらの‐もの‐であるもの（エスティ・ティ〔このようにある〕）を限定している。ト・ティ・エーン・エイナイ〔本質〕、すなわち、ずっと以前からこれであるものが永遠にそうであるように決めていたもの、したがってこれにあれであるようにさせているもの。アリストテレスが目的論的な閃光によって結合するよう強いている、（あらゆる目的論は、時間性を廃棄するためにしかそれを役立てていない。生成に内在するテロス〔目的〕は、目的は始まり以前に設定されている、時間性は全く無関係である、を文字どおりに意味している）、単に過ぎ去った（経過した）あらゆる過去を越えたある過去と、考えられるあらゆる未来を越えたある未来との矛盾や、*Dass-Sein*〔この存在〕と *Was-Sein*〔ある存在〕の不一致を具体化している・それによってアリストテレスが、存在とは（ずっと以前から、かつ永遠に）確定されている存在を意味すると、結局は断言している・無意識で果てしない・語ティ〔どんな〕の文法上のさまざまな語義の紛争やらが、ギリシャ語ではいささかも例外的でも不可解でもない、この小さな表現を前にした、見たところ乗り越えがたい困難と、きわめて学識がありきわめて有能な翻訳者たちの際限のない注釈とを、説明している。近代語へのもっと悪質ではない翻訳は、おそらくハイデガーが、*Geschick des*

Seins〔諸存在の運命〕を語ることによって、それに与えたものである。すなわち、あるものに属するもの(何かしらのもの)は、存在によって運命づけられていたか、適合させられていた、それはそれが存在するよう作られている、である。無意識的でも思いがけないものでもある、このアリストテレスの精神への忠実は、多くの大衆向けの声明とは別に、《存在論的な相違》とその可能性についての問題を、おそらく改めて熟慮させるはずのものであろう。

もし人が、ト・ティ・エーン・エイナイ、存在が存在させていたもの、というこの短い字句が表現する、最後か最初の《特定の》意義——存在というものの意義——と、(諸結果の中にある原因、始まりにおける目的の内在性、以下同様、のような、いずれもが際限なく姿を変える)運命、適合、確定、したがって予確定との、同一視のうちに見られる深刻な・ほとんど宿命的な・誤りを理解するなら、人はまた、存在するものの本質はト・ティ・エスタイ、存在が存在させようとするものである、言葉をかえるなら、それがなるであろうものである、という命題の、予備教育的な効用と諸制約を、理解されるであろう。あの表現が、確定性を打破し、エイナイ〔在ること〕を目的のエーン〔在ったこと〕の中に定着させる代わりに、それを開かれた変質性のエスタイ〔在るであろう〕の中へと連れてゆく限りでの、効用。単に予備教育的な効用は、制約されている。この効用は、完成された存在という伝統的な思想をゆるがすのを援けるものの、そうするのは時間性の内部での存在の諸徴候を逆転することによってのみである、その限りにおいて。一方で時間性は、与件となり・絶えず延期される達成を実証するものとして考えられる・危険を冒すことになる。それらの危険は、別の箇所で行なうこととする、時間性の探求によって(決して除去されないものの)軽減されることができる。

したがってわれわれが、外的な記述とは別のものとして、社会・歴史的なものの存在との関係で《原始の存在の多形現象》を考えようとするなら、われわれが社会・歴史的なものというこの存在しようとするものの存在様式にもとづいて存在の意義をもっと明らかにしようとするなら、その意義は実は、存在すべきもの、であるといわねばならない。したがってまた、メルロ＝ポンティが存在と名づけるもの――つまり、現にある《もの》とそれの《あり方》の相互的内属――は、一定の存在、完成された存在、確定された存在としてはもはや考えられえないし、継続的な創造、永続的な起源として考ええられるものである。この創造、起源は、単に《具体的な実在物》に関係しているのではなく、同じものの別の写しの複製でもなく、本質的に諸形式、エイデ〔諸形相〕、諸関係、諸原型、諸一般性にも関係しているのであって、したがってわれわれは、それら諸形式など一連のものについて、どのようなものであろうと現実的ないし合理的ないかなる確定性の領域でのいかなるやり方ででも汲みつくすことはできないし、われわれはそれらを人類史の中でもっとも卓越した形で作用しているものと理解する。しかしまたわれわれは、《すべてはわれわれのうちにあって自然である》と、曖昧さなしにいうことももはやできない。交通整理の警官、ソ連共産党書記長、地上でのキリストの代理者、といった他者への不可欠な知覚を、《自然な》と呼ぶのは、言葉の意味をゆがめることである。もしわれわれが、もはやピュシス〔自然〕・与えられた諸規格にもとづいていたものの繰り返しの中にあるものの生産物・に拠るのではなく、すでに生じたものに還元できない生成、存在論的な発生、別の諸原型・諸関係・諸規格の出現、としてのイペルピュシス〔超・自然〕に拠るのだとすれば、われわれは、すべてがわれわれのうちで（われわれの外でも）自然である、ということはできない。

もし知覚が、それが異論の余地なくそうであるように、《文化的》、すなわち社会・歴史的であるとすれば、したがって知覚の・知覚することの・陳腐ではない諸構成要素が、《自然な》物体の存在様式に関するものについても、知覚することを形成する――メルロ＝ポンティがしばしば引用した事例をあげるなら、展望といった――諸図式についても）創出されるとすれば、そのことだけでも、その中で・その中でのみ知覚がこれまでずっと考察されてきた、あらゆる自我論的な指向の、根底的な否認をうながす。そこでわれわれは、公共の世界の創出としての社会的なものの創出が、主体の知覚をあんなふうにかこんなふうにか形成する、その諸方法、諸手段について自問することを強いられるし、これがもっとも重要なことだが、《自然な》ないし《文化をのぞいた》知覚と称するもの――それに照らせば、知覚の歴史的なあれこれの特定化が、説明を求められるし説明されうる一《変種》として見えてくるらしい、*tertium comparationis*〔比較の基準〕をわれわれに与えてくれるであろうもの――に拠ることもなしに、自問することを強いられる。いいかえれば、われわれの知覚に関する状況は、諸言語に関するわれわれの状況と本質的に違ったものであることを止めるのであり、後者の状況の中でわれわれは、普遍的な同じ語ることの《偏向》ないし《変異》とは全く別のものである・しかしながらある意味で諸言語の間で相互に関与しうるものを語ることも、そうあることもそれらに妨げない・ある語ることに関連して、さまざまな諸言語の特殊性を探求することをも、強いられているのである。二つの状況で問題なのは、比較ではなく奥深い相同性である。なぜなら、論理的にも心理発生論的にも、《文化的な》知覚としての・つまり知覚そのものとしての・知覚の獲得と、主体による彼の言語の獲得ないし専有とを、分離することはできないからである。それは結局、当の社会によって設定される公共の世界の組織化と、言語というその世界の明白な提示・表象とを、分離することはできない、というのと同じことである。

　そのようにして、《知覚》も、匿名の可視性も、最終的には肉体についての観念も、見えるものと見えないものとの相互的な挿入、内属ないし相互転換の可能性すらも、世界の問題を《解決すること》も、もっと明確に考えることさえも、あるいは、伝統が成功することなしに即自や観念性といった諸用語の下で対象としていた諸問題を省略することも、可能ではないことが理解される。あれら一連のものは、諸問題をより深刻なものにしさえする。なぜなら、もし見えるものと見えないものの分離に可能性がないのなら、もし見えないものが——メルロ＝ポンティにとって明らかにそうであるように——、決定的に与えられ・知覚することや感じうるものとして現われてくることの心棒の役をする・諸本質の体系や観念的な諸関係の網とは全く別のものだとすれば、もし見えないものが、言語、諸意味作用、思想、《主観的な体験》、《社会的な諸機構》、《諸楽想》、《文化の諸存在》を除去しえないものとして含むとすれば、——その時、私は見えるものの中での・見えるものによる・見えるもののいかなる《伝達》も確保できないからだし、あらゆる伝達は、《見えないもの》をも、したがってまた主観的で社会的な想像上のものをも、本質的に経由するからだし、《堅固な現実》が私に与えていたと見えた、疑いのなさの類似物が消えてゆくからだし、私的な世界と公共の世界の区別に、異なった諸文化の間での限りない数の異なった《公共の世界》という、はるかに重大な区別が加えられるからだし、この状況においては、歴史的な諸文化のあの多形現象がそれに《もとづいているらしい》世界そのものが、即自的存在の資格とは別の資格、観念性ではない存在の意味を、いかに持つことができるのであろうか、理解するのがむつかしいからである。なぜならその時、私が改めてただいいうるのは、各社会は《それに手をつけるが、それを汲みつくしはしない》ということだからである。それとは、ここでもまた、確かに汲みつくしえないが、しかしすでに与えられている・貯蔵であり、各社会をその部分的な発見者とする・したがって実は各社会とは別にある・貯蔵である。——それは、場所でないもの、瞬間でないもの、非場所性、非時間性、（まことしやかな最後の頼み、可能なあらゆる文化の・改めて単にかつ二重に観念的な・全体性の中に、即自と対自を結合させることで変貌したヘーゲル主義をともなう）即自と観念性のアエイ〔永遠〕、以外のものではありえない《どこに》、《いつ》、あるのだろうか。

表象の除去も他のいかなる哲学的な手管も、私的な世界と公共の世界の間の・あるいはこれこれの公共の世界とこれこれの他の公共の世界の間の・距離を無効にすること、それらを（どちらへかはどうでもいいが）いずれかに還元すること、またそれらをそれらに《先行しているであろう》ある世界の・全く名目的な・力に頼って結びつけることを、決して可能にすることはあるまい。なぜなら、あのへだたりを無効にしようとすること、それはそこにあることを全く無効にしようとすることだからである。というのも、そこにあることは、変質性の中で・変質性によってのみ・あるものなのだから。それに、星の青と地中海の正午の青とを、一緒に存在させる・あるいは一方を他方によって存在させる・《差別化》や《変調》も、私にもっとも近い存在、私がこの瞬間に世界史の騒々しさ、アカデミー－フランセーズの対話日の・ルビアンカ刑務所の夜の・ヌドップ(7)について考えようとしていることから、私を引き離す変質性に比べては、ほとんど何ものでもないのだから。さて、この変質性は、別のものが自らを存在させる、その限りにおいてしか、実際に変質性ではありえない。

私的な諸世界の間のへだたりは、そのたびごとの公共の世界の創出によっては、もちろん廃棄されない。むしろ、われわれがのちに見るように、公共の世界は、それがあるものであり、それだけのものでもある。というのもその世界は、その実在やその働きにとって外的な境界ないし形をなさないくずの山とは全く別のものである、私的で限りなく更新される諸世界の限りなさの可能性を、大切に扱うし保証するという、あの奇跡に成功しているからである。それでもなお、この公共の世界は創出されることによってのみ存在するし、それは社会・歴史的な創造といったものであり、そのような諸創造の共存や継承ですらある。そのことについて人は、単に注意するだけにとどめることも、何ものも変わらなかったかのように語ることも、できない。

ここで、メルロ＝ポンティとはもはや関係のない、余談に入ることにする。もし公共の世界がそのたびごとに創出されるのだとすれば、そこから生ずる最初の帰結は、必然的にソリュス・イプス〔唯一のもの自身〕であるエゴ〔自己〕にもとづいて、あれこれのやり方で、典型的かつ不可避的でさえあるやり方で、公共の世界を構成しようとする、あらゆる試みの空しさである。そのような――フッサールが模範的な形で最後に体現していた――取り組みをする時の哲学者の状況は、やはり強い印象を与えずにはおかない。彼が提起する謎がすでに諸事実の中できっぱりと解決されていなかったとすれば、彼は謎があると見る誰かとして存在していないのと同様に、謎は彼にとって謎として存在していないであろうことに、彼は決して気づいてはいないように見える。――このことは確かに、謎としての謎をいささかも消去しないが、しかしその探求のいくつかの《方法》を指示するし、禁ずる。この哲学者は、どこかにあるだろう大学のいくつかの講堂で、エゴ〔自己〕としては冗漫な、アルテル〔別の〕としてはありえない、学生たちに講義をするが、そうしてみても、彼が発する音声を学生たちが知覚していることも、学生たちがデイヴィッド・ヒューム(四)のある講義に列席していると考えないことをも、何一つ保証しない。彼は、際限なく構成を企てる。そのことは、彼を考える主体として存在させる、その創出を、当の創出自身に何一つか全く負うていないらしい純粋な思想活動にもとづいて作り直すために、完全に解体しようと試みることを、意味している。もちろん彼は、ほとんど何一つ解体しない。たとえば言語（この言語、ある時代のあったままのドイツ語）を解体し考えつづけることはできないのだから。彼は七十歳になってやっと、*Lebenswelt*〔生活世界〕のうちや歴史のうちにすら彼がとらえられているること、彼にかかわりのあるあらゆる意味作用が創出されていたこと、あるいは創出された別の諸意味作用を前提としていること、を発見する。そこで彼は、過去の創出の《再活性化》という、同じ自我論的な幻覚によって条件づけられている、別の無邪気さにおちいる。——まるで彼がそこに浸っている諸意味作用の大海が、最初の再活性化の中でかつて改めて＝作られたかのように、まるでその大海が、《再活性化》に役立つ署名と日付を持つ何らかの意識的な行為の、産物でありえたかのように、まるで他者、言語、規範、社会のような諸意味作用の存在論的な発生の、意識による再生産、《再活性化》が、いつかありうるであろうという考えが、彼の記述そのものによって信用を失墜することがないかのように。しかしながらこの無邪気さは、彼がコギト〔私は考える〕の自我論的な諸座標によらずには決して考えない限り、不可避的である。そこから解放されようと最後の努力を試みた時にすら、彼はそこにとらわれつづけていた。というのも彼はその時、急いでとがめる必要のない他の哲学者たちには不可解に見えた表現、《相互主観性としての超越的な主観性》について、語っているからである。というのもまさしく、一方で、三十年の（そして三十世紀の）努力にもかかわらず、アルテル・エゴ〔別の自己〕が、構成に抵抗し手つかずの難問として存続していることを、人が認めざるをえないその時から、《超越的な主観性》はもはや個人的な主観性ではありえないし、個人的な主観性の枠内に導入された《構成物》でももはやありえないからである。同様に、言語が思想に対して偶然のものでも外的なものでもないことがひとたび認められれば、個人的な主観性は、それが単に《超越的な》ものとして考えられえないのと同じく、《主観性》でもないからである。——なぜなら、表現に・一般的な何かしらについての言葉といったものに・必要にして十分な《超越的なもの》と、ある人びとによって彼らの世界を語るために話される特定の言語の《経験的なもの》ないし《偶発的なもの》とを、言語の中でどのようにして判定するのだろうか。哲学的な自己中心主義の言語で表現された、《超越的な主観性は相互主観性である》という文章を、もっと率直な言語へと導く道程の必然性の中で理解すれば、《超越的な主観性》とは社会性・歴史性である、そこで思想が真実を目指しうる・そこで真実という観念が出現する・《場》は、自らの社会・歴史的な創出の中での・その創出による・無限で匿名の集団である、を意味する。——したがって《超越的な主観性》は、主観性ではないもの、超越的ではないもの、である。あの文章が不可解に見えるのは、それが自分がいっていることの否定を意味しているからである。

語ることと考えることは切り離しえないこと、メルロ＝ポンティによって『知覚の現象学』以来はっきりと肯定されていることは、『見えるものと見えないもの』でも強く確認されている（一七二頁で彼は、《語ることと考えることを人が絶対的に区別するや否や、人はすでに内省の状態の中にいる》と、書いている）。しかし語ること－考えることと、絶対的なものとしてとらえられた知覚することの区別がもとづいているのも、その同じ反省の状態に、である。メルロ＝ポンティがそう書いているように（『世界の散文』六〇頁）、言語は、《すでに私的な世界であることを止めた、感知しうる世界の中》にしか根を持ちえないこと、それが真実であれば、同じ奥深い諸理由によって、感知しうる世界が《私的な世界》であることを止めえたのも、言語によってでしかないのも、全く同様に真実である。のみならず、この《私的な世界》という表現は、ここでは誤用になる。というのも、公共の世界がそのあとにあるであろうものとして、《私的な世界》を考えることは、実は可能ではないからである。いずれにせよ明白なのは、公共の世界の創出は、言語の創出と、ある世界の中での諸《事物》を含む・言葉の十全の意味での・知覚の創出と、同時にかつ切り離しがたい形でしか、ありえないことである。しかし、そうであるとするなら、反省ないしエンス・ラティオニス〔推論されるもの〕にもとづく限られた概念としてをのぞいて、《形のない知覚的な世界》（*VI*、二二三頁）を語ることはできないし、《そこに言葉にかかわらない諸意味作用がある次元》としての《知覚された世界》（二二五頁）を語ることもできない。なぜなら、その《知覚された世界》からその組織化に言語がもたらしたものをとりのぞくことは、実際には決してできないであろうからである。問題なのは、――こんどもまた知覚の何らかの《優先権》を前提としている表明――《知覚された意味から言語の意味への、行動から主題化への、移行の》（二二九―二三〇頁）問題ではなく、あの表現しえないが異論の余地のない《以前にあるもの》から知覚と言語への、混同することも解離することもできない知覚と言語への、移行の問題なのである、言語が《初めのうちは変化させて……いない》《言語以前の存在》（二五五頁）は、反省的な抽象化されたものでしかないし、それは、この哲学者に、自分は知覚の中に知覚の《純粋な体験》を見つけられるであろうと信じさせた、相変わらずの現象学的な錯覚に支えられた、抽象化されたものなのである。なぜなら実際、メルロ＝ポンティが同じ覚書の中でそうのべているように、（ある時は彼は知覚し、ある時は彼は話す、という意味ではなくて、彼は話している範囲でしか知覚していない、知覚している範囲でしか話していない、という意味で）《知覚し、話しているのは、同じ存在》だからである。しかしそのことは、それゆえに見ることと感じることが《〝見ることと感じることの思想〟、コギト〔私は考える〕、……についての意識》（二五五頁）になるであろうことを、いささかも導くものではない。デカルト＝フッサール的な接線は、ここでは思想の宿命的な軌道として示されている。――同時にメルロ＝ポンティの哲学的諸決断を多元的に決定しているあの錯覚を抱かせる宿命への、われわれは永続的なデカルト的作業を避けたければ（反省以前なので）言語以前の存在を提起しなければならない、という弁明も見られる。しかし、知覚の言葉への内属が、それによって諸思想の見ること・感ずることを形成させるのに十分ではないであろうことと同様に、言葉の知覚の世界への内属が、言語を単に考えられ・語られる・世界のうちに溶解することも、言語の存在を考えられる存在に還元することも、またできない。そうした還元は、ある事物が考えられるとすれば、その存在はその考えられる存在に帰着すること、また逆に、ある事物が存在するのは、それが考えられる存在に還元しうる限りにおいてであることを、あらかじめ決定した人にとってしか、見かけの正当化を与えないであろう。別の言葉でいえば、……についての意識という不十分な辞節の中での中断符号〔……〕、その位置を占めうるもの、それを、それだけを、存在は意味すると、あらかじめ決定した人にとってのみである。

話し－考えることとの知覚への内属は、話すことが意味するもの、言葉に起因するものすべて、言葉に付き添っているものすべてを人が判断する際には、ある意味では、絶対的なものとして設定された現実のものと想像上のものの間の（あるいは《自然なもの》と《文化的なもの》との間の）、区別の揺れ以外の何ものでもない。この揺れ、それをメルロ＝ポンティは、『事物の超越性と幻覚の超越性』と題する一九五九年五月の覚書の中で、肯定している。ほかの場所ですでに提起した《観察しうるもの》という基準を改めてとりあげて、彼は書いている。《しかし事物は、真に観察しうるものではない。あらゆる観察の中にはつねにあるゆらぎがある。人は、事物そのもののうちには決していない。感じうるものと呼ばれるもの、それは単に、限りない射映が沈殿させるものでしかない。——さて逆に、実在物や象徴的な原型についての想像上のものの沈殿ないし凝結もある》（傍点、原著者）。《あらゆる観察の中にはつねにあるゆらぎがある》とは、何を意味するのだろうか。それが——私はある視界の中で見ている、あるいは事物は《汲みつくしえない》、という陳腐なものである意味においてのみではなく、私は私が見ている以上のものを・しかも私である以上のものを・つねに《見ている》、という意味においても——私は私の見ていないものによってすら見ている、という意味でないとすれば。しかしながら、同じ時期（一九五九年五月二十日）にはこんな記述がある。《すべてを保存している魂という、ベルグソン的な表象の不十分さ（このことは、知覚され・想像された自然の違いを、ありえないものにする）》（二四七頁。傍点、引用者）。確かにここにもまた、《想像上のもの》の意味についての、浮遊がある。しかし、この浮遊が思想の曖昧さを示していることを、どうして見ないでいられるのか。『夢、想像上のもの』と題された一九六〇年の覚書（三一六頁）の中で頂点に達した曖昧さ。《夢の別の舞台》は、《現実のものに想像上のものをつけ加える》あらゆる哲学の中で《理解されえない》ままになっている、《なぜならそこでは、それらすべてがいかに同じ意識の中に属しているか、理解されなければならないから》、と確認した上で、メルロ＝ポンティは、想像上のものを《観察にとっての無価値なものとするのではなく、観察も関節ある肉体もそれの変種である、存在の真の *Stiftung*（創出）として》（傍点、原著者）理解しなければならない、と書いている。そこから先に進むことがむつかしかろうことは、認められよう。しかしながら現実、肉体、感じうるものは、生命を持ちつづけている。なぜならあれらの表明は、それでもなお、《夢を肉体から出発して、肉体のない・〝観察〟のない・世界に属する存在として、あるいはむしろ、重さのない想像上の肉体を用いて、理解すること、……肉体についての想像上のものによって想像上のものを理解すること》が必要であるという、あれらの表明に先立つ主張にもとづいて、また《夢は、内部とは外的な感じうるものの内的な写しであるという意味で、内部にある。夢は、そこに世界がないいたるところで——フロイトが語ったあの〝舞台〟、あの〝劇場〟、われわれの夢幻的な信仰の場で——感じうるもののかたわらにいるし、〝意識〟やその心象上の狂気ではない》という、あれらの表明につづく主張にもとづいても、読まれなければならないからである。なぜ想像上のものを《肉体についての想像上のもの》から出発して、ぜひとも理解しなければならないのか。——その表現に、どうしたらいつか、それ特有の意味を与えることができるのか。ここで問題であるもの、それはもちろん、夢に含まれている感じうる中味の心象によって夢の内容を説明すること（つねに同語反復的には可能でもあり、つねに根底的にバカげたものでもあること）ではなく、夢の存在様式を、そこに夢が属している・夢が存在させる・存在論的な領域を、説明することである。さて、《重みのない想像上の肉体》について語ること、それはあるいは、混乱を持ちこむ恐れのある根拠のない隠喩を利用することであり（精神分析においては、精神的な働きの副次的・派生的な産物として《想像上の肉体》が語られているが）、あるいは、この点ではメルロ＝ポンティによって正当にも批判されているサルトルのように、改めてまた想像上のものを否定的に定義すること、である。夢は、否定的なものでも、《内的な写し》の裏面か様態でもない。夢は存在しているし、それは夢である。しかし夢は、否定的なものである。ここでは、フロイトの発見の哲学的な有効性がこんども取り逃されていることを確認せざるをえないし、——それが取り逃されているのは、フロイトが《実証主義》と非難されている時でも（二五〇頁と同頁の注、二八四頁）、フロイトが《肉身の哲学》を用いたと紹介されている時でも（三二三—四頁）、同じである。

夢は夢としてある。夢は単なる提示、諸映像の出現という様態にもとづいているし、諸映像は、そうしたものとして、それらが《与えられている》ように理解されるし、どこからも来ず、どこにもいかず、それら自身で作られるし、（別の諸映像として）現われることで（これらの映像としては）廃止される。夢は誰のためでもない提示としてある。——あるいは、結局は同じことになるが、そこには映像と映像を見る人との間の違いに《重み》がない提示として。夢はつまるところ、要点だけをあげれば、そこでは伝統的なノエイン－エイナイ〔存在を考えること〕の、もっとも基礎的なものを含むあらゆる諸確定がゆさぶられ、無効になることがありうる、提示である。それこそ、フロイトの中でまず・かつ際限なく・考えるべきことであり、——それこそ、まことに恐るべきことだが、当人のあらゆる体質がある哲学者に考えることを禁じたことである。フロイトが新しい堅固な資料として思想にもたらしたもの（それを伝統の子である彼がはっきり考えたのかどうかは、どうでもいいことだが）、それは、抑圧でも、夢判断でも、性欲でも、タナトスでもない（まして、現代の何人かのぺてん師たちがそう繰り返しているような、エディプス的三角関係ではもちろんない）。フロイトが最初にもたらしたものは、以下の短い字句のうちに要約されている。《精神現象の中には、現実と情動を充当された表象とを区別することを可能にするものは、何一つない》。《無意識は時間〔ここでは時間的次元を意味するもの〕を知らないし、矛盾を知らない》。さて、以下のいくつかの作業仮説にもとづいて考えようとすることは、哲学することを志す人びとにとって、有益な予備教育的な練習問題となることであろう。

——存在＝情動を充当された表象。

——存在の論理＝数々の《矛盾しているもの》は構成しうる。人は必要ないかなる関係も知らず、前と後は意味を奪われている。

——山、小石、貝、机、等々＝社会的《意識》とその《実現されつつある狂気》によって作られたがらくた。

しかし、この練習問題は軽率に勧めるべきものではない。なぜなら、哲学を志す人びとをあれほどしばしば襲ったように見える体質的な半盲目を考慮すると、この問題しか彼らがもはや考ええないことは、これまで彼らが反対のことしか考ええなかったので、恐怖すべきことであろうからである。

しかしいずれにせよ、あの存在論的な領域、それ固有の特殊性の中での・それがそのようにあることと切り離せないそれの存在様式の中での・あの領域こそ、われわれが夢の中に・もっと一般的には無意識の中に・認めなければならないものであり、手始めにまず、そうしたものとして・それ自身のために・考えなければならないものであり、あの領域がそれ自身の中で・また現実と昼間のノエイン－エイナイ〔存在を考えること〕と自らとの《共存》によって・われわれに提起している際限のない問題を、あの領域を別のものにあらかじめ還元したり、その特殊性を粉砕することによってぜひとも除去しようとしたりせずに、考えなければならないものである。さて、その特殊性こそ、われわれが夢を、《内部とは外的な感じうるものの内的な写しである》という〔間近か遠くからの〕意味での《内部に》ある何かしらにするとすれば、粉砕され、吹きとばされるものである。なぜなら、夢の特殊性は、それがまさしく《外部》のない《内部》にあるものである限りにおいて、夢は《内部》でも《外部》でもなく、夢はその存在様式の中で・その存在様式によって、人がまさしく意識の哲学の囚人でありつづける限りにおいてしかそこに再導入されえない、《内部》と《外部》を廃止しているからである。そうした囚人でありつづけることは、見かけは逆説的な・しかし実際は明白な結果として、《意識》それ自身を軽視することである。実際すべてが行なわれているのは、《感じうるもの》の特権をぜひとも維持しなければならぬかのように、そうして夢が借りものの現実少々で汚染されることが期待されているかのように、——一方では《“意識”とその心象上の狂気》を絶対に拒絶しなければならなかったかのように、である。しかし狂気は、生存することを誰にも決して妨げなかった。人は意識とその心象上の狂気という *nichtiges Nichts*〔空虚な無〕の化身を、ついに発見したのだろうか。われわれは、そこに存在し論議の対象でありうる・絶対的な無であろう・《大登録簿》に記載されることを拒んでいるであろう・独自の何かしらを、ついに手に入れえたのであろうか。しかしたった一度、たった一人の人が四角い円という表現を考えること、自分を現にないものと思うこと、誰かを豚と扱うこと、ができたとしたら、――そのことは、見える宇宙全体と厳密に同じ存在論的な重みを、持っている。何の名で、幻覚に認められている《超越性》（二四五頁、二四九頁も参照せよ）が、たとえば月並な昼間の夢想には、言葉のもっとも平凡な意味での《表象》の全く別の形には、拒絶されているのだろうか。仮に、精神分析の視野の中では保証されえない、存在のまことしやかな位階制をここで定めているであろうものが、おそらく無意識としての幻覚の、神秘的な価値、聖なる後光であったとしても、そうなのであろうか。

しかしながら、この領域においてもなおメルロ＝ポンティは、見るべきものを見るのに成功している。《一般的に、フロイトの言葉による分析は、信じられないものに見える。なぜなら分析が、一思想家の中で実行されているからである。しかし分析は、そのように実行されてはならない。すべては、慣例的でない思想の中で行なわれる》（一九六〇年三月、二九四頁。傍点、原著者）。あるいはまた、《無意識についての、〝破壊しえないもの〟としての・〝非時間的なもの〟としての・過去についての・フロイトの思想――〝一連の *Erlebnisse*〔経験〕〟としての時間という共通の観念の除去……。実際には、〝途方もない〟活動、*Stiftung*〔創出〕、開始である・……*Erlebnisse* のない・内在性のない・活動を、復元すること》（一九六〇年四月、二九六頁。傍点、原著者）。さらにはまた、《魂はつねに考える。魂のうちにはそうであるものの特性があるし、魂は考えないでいることができない。なぜなら、そこに何かしらか何かしらの不在がつねに登録されている場が、開かれていたからである。魂の活動も複数の思想の生産も、そこにはない。私は現在から停滞への移行によって私の中に作られる、あの空洞の創造者ですらない。私を考えさせるのは私ではないし、私の心臓を鼓動させるのも私ではない。そこを通って、*Erlebrisse* の哲学から脱出して、われわれの *Urstiftung*〔最初の創出〕の哲学へと移ること》（一九五九年十一月、二七四―五頁。傍点、原著者）。ここで問題なのは、反省的に考えることではもちろんなく、われわれが表象することと呼んでいるもの――意識的な・もっと一般的には指定しうる・ある私の《活動》ではない、しかしながら《私の中で》作られているので十分に目立たせうる、表象すること――である。この場につねに登録されている《何かしら》については、揺れを別の端まで追ってみよう。《前夜の、諸事物との・特に他者たちとの・われわれの関係は、原則として夢のような性格を帯びている。他者たちはわれわれに、夢として、神話として、示されている。それだけで、現実のものと想像上のものの裂け目に異議を申し立てるには、十分である》と、メルロ＝ポンティは、『講義要約』(五)（六九頁）に書いている。そうした事情であれば、見えるものと彼の見えないものは、原型的な価値に《接する自分に接する》特権も経験も、もはや持っていない。もし事物と他者が――ごく僅かな度合でも――《夢のような》性格を共有しているとするなら、そこでもまた、私が諸事物から見られていると感ずるのも、私が《私の緑》の中に他者たちの緑を認めるのも、もはやほとんど《夢のような》明白さの中においてしか、ないのである。

『研究ノート』の中で表明された・少なくともわれわれから見ておそらくもっとも重要な・そしてわれわれの知る限り今日まであまり注目されなかった・諸観念の一つは、《存在論的な相違》についての（この表現が一度か二度は肯定されているにもかかわらず）否定である。ハイデガーへの関心が著作のいたるところで明白なだけに、いっそう注目すべき否定。メルロ＝ポンティがはっきり書いているのは、《人は直接的な存在論を生みだすことができない。私の〝間接的な〟方法（存在するものたちの中での存在）のみが、存在に適合する。——〝否定的な神学〟のような〝否定的な哲学〟》（一九五九年二月、二三三頁）とだけではなく、一九六〇年十一月にはさらに明確化している。《哲学ないし超越的なものと経験的なもの（存在論的なものと存在的なもの、といった方がよいもの）の間には、したがって絶対的な相違はない》（三二九頁。すべての傍点は原著者）。というのも実際、数々の存在するものの中での存在の狙い、彼が《間接的》ないし《否定的》と呼ぶ方法——実際には、それに対置することができるであろう《肯定的なもの》がないので、否定的なとは呼ばれえない方法——が、ここで（しかも以前の彼の諸著作の中でのように）絶えず実行されているからである。存在についての彼の考察を培い、一新しているのは、そのたびごとに——また彼の思想活動を通じて——ある《領域》の中に現われているような《特殊な》存在の型への接近、別のある存在しているものとの既定の、求められる親密さ、である。

しかし事情が実際にそうであるなら、最初の領域としての存在論的な《領域》を設定し、そこで原型ないし典型、その他のものはそれの複写、反響、派生物等々であるらしい、存在するもののこの型を探すことが、いつ、どのようにしてできるのであろうか。そのような位階制は、もちろん副次的・派生的な意味しか——以下の語に認められうる唯一の慣例の中でのまさしく《存在的》か《経験的》かの意味しか——持ちえない。そのような現象を考察しようとしてある言語を——つまりまあ、地方的なアクセントの諸変種を——検討する際には、その言語そのものに対しての副次的なものとしての意味がおそらくある。しかし、言語は銀河が存在している以下にしか存在していない——あるいは、言語はピュシス〔自然〕以下である——、というべきいかなる意味もない。別の存在するもののいくつかの型の、適用、しばしばの登場は、それまで想像もできなかった存在の型をわれわれに明らかにし、存在の意味を別の形で、より一方的にではなく、われわれに考えさせる限りでしか、哲学的な意味作用を獲得しない。その適用は、もしそれが、あれこれのやり方で（《存在論的に》か《存在的に》）あらゆる新しい領域をすでに探求された領域につけ加える・あらゆる新しい対象をすでによそで利用されている存在の型や諸確定に還元する・意識的にかそうでないかの形ですでに下した・決定から発しているのなら、その意味作用を失う——し、ふつうはまことしやかな学校での練習問題に変わる。余計なことだが、もう一度いいかえてみよう。われわれがすでに持ちえているような知覚を歴史の中で再発見するためなら、歴史を探索するには及ばないのである。

しかしながら、メルロ＝ポンティが、ある次元での彼の実践と彼の理論とは反対に、最終的に実践し、かつ理論的にのべているのはこうである。哲学の《ある絶対的なもの》があると理解するためには、《哲学を知覚に・哲学の歴史を歴史の知覚に・することに》成功しなければならない（二四二頁）。さらにまた、《知覚の問題を解くことによってしか、歴史の哲学は解決されまい》（二四九頁）。《相互転換の可能性》という主題にもかかわらず、《歴史の哲学》の中で前進しない限り、知覚の理解の中では（そしてまた、たとえば無意識の理解の中でも）以後は確かに前進できないであろう、という観念、この観念は、明白なものなのに視野のうちには入っていない。いかにも、『見えるものと見えないもの』の中での知覚は、ふつうの意味での知覚ではもはやないし、『知覚の現象学』の知覚ですらなく、この用語の意味はきわめて広げられている。しかもそれはまさしく、使われつづけているのが最終的になぜこの用語なのか、と自問せざるをえないほどにである。《哲学》の・《他の哲学者たち》の・知覚が見出される時、対象をのぞいて知覚の理論の繰り返しでしかない、《理解》（二四二頁）の理論を作ろうとされる時、その時には知覚することは、（*Vernunft*〔理性〕を与える）*Vernehmen*〔知覚すること〕か、あるいは（ヌース〔理性〕を与える）古風なノエイン〔考えること〕をしか、つまり何かしらがそこにあると感ずることをしか、もはや意味しない。そこで私は実際に、夢の知覚について、世界史の知覚について、《すべての有限の物体は交換可能である》という定理の意味の知覚について、話すことができよう。そこではまた、知覚することは単に、どんなものとでも関係を持つこと、あるいはお望みなら、どんなものをでも自分に与えること、を意味する。私は、知覚＝読みとられもする存在、存在＝知覚、という同一性を妨げられない。しかしただちに、抽象的な普遍的なものが、そういいうるなら、窮地を脱する。それは特別な意味を獲得するし、空しい同語反復でなければ、平等が存在を意味する。それは、よそですでに与えられた・すでに知られた・あなたにも私にも《なじんだ》意味での——要するに、誰もが知覚と理解するものとかかわりのある意味での——・知覚である。知覚という用語の意味は、何ものも真の変質性によってそれを制限しようとしなければ、無限に広げることができよう。——なぜなら、あらゆる制限をたちまち吸収する・必然的に特異な・そのような用語の位置は、哲学的な言語の中ですでに理解されており、おそらく永遠にそうだからである。それはまさしく、存在である。あるいは知覚は、存在との関係の・冗漫な・〔そして *misleading*〔誤らせる〕・どうしても誤りに導く〕・同義語である。あるいは、同じ存在論的な水準に、知覚の一つか複数の別の還元不能なもの、別の知覚への還元不能なものが、初めからある。

あのような拡充は、諸帰結なしにはとどまりえなかったこと、それはわれわれが詳しく示そうとしてきたことである。その意味作用を要約してみることにしよう。真の《存在論的な相違》の侵犯、つねに不可能で・つねに不可避的と見える・侵犯が、ここでもやはり繰り返されている。特別な存在するものたちの《種類》、一定の存在様式が、暗にか明白にか、ほかのすべてのものよりもいっそう存在するもの（マロン・オン〔より多く存在であるもの〕）として、したがって最高度に存在するもの——エンス・レアリシム〔もっとも現実的な存在〕——として、したがって唯一の真にか存在論的に存在しているもの（オントス・オン〔実際にある存在〕として、したがって存在論的な原型ないし模範として、したがって存在の意味についての可能で唯一の説明と明確化として、設定されている。もしあなたが存在が真に意味しているものを知りたければ、真に存在しているもの、アガトン〔善〕、神、理性、物質、肉身を、考えるか——見つめるか——しなさい。そこに存在的な再吸収があり、卓越した存在するものがある。その卓越した存在するものこそ、その濃密で最初の現実（あるいは *Inbegriff*〔本質〕、《大登録簿》、スピノザの実体、メルロ゠ポンティの存在）を共有していないものすべての・エンス・エンティウム〔完全な存在〕、《源泉》、《起源》、《基体》、《根拠》、《模範》となったものである。のみならず、もっと重大なもの、存在論的な再吸収も見出され、もはや開かれては保たれていない・別の意味への可能性をもはや保っていない・存在の意味も見出されるし、この存在するものの意味として、それにもとづくべきものとしての（無限にであっても）固定された、存在の意味も見出される。

しかし拡充は、哲学的な動機なしにはおそらくありえなかった。《知覚すること》の意味の拡充は、存在することの意味の制限に等しい。その意味作用をわれわれが理解しようと試みうるのは、著者自身のものであった領域の中で、彼に指示されていたか・彼がそこから哲学的な意味作用をどうにか引きだすにいたった・《諸対象》の間での、拡充が過大評価したものと拡充が過小評価したものとを、考察することによってのみである。この点で決定的なのは、主題化されているものであれ、そうでないものであれ、議論として明確に展開されたものであるというより（それが、いささかもどうでもいいものでも無関係なものでもないにもかかわらず）、特に思想の底にある想像上の図式、形式を与え・考慮に入れているものを組織し迎え入れ排除し・諸評価と諸容量と光と影の領域の中で再出発し・特権的な論理的作業の諸原型や《最終的な》存在論的な諸決定として流布されてゆくものを活気づける・もっとも重要な諸形態である。

哲学者としてのこの哲学者の原・幻覚、彼の想像上のものと呼びうるであろうもの、それが、現にあるものについての彼の《知覚》を作りだし形を与えるし、彼の《見えるもの》を決定する。《個人的な》最初の幻覚としてのそのものについて人は、特有の失敗や危険をともなう仮定的な再構築の中での、さまざまなその帰結を通してしか、対象とすることができない。

そうした再構築自体は、ここでのわれわれの主題ではない。われわれは、いくつかの明白なものだけにとどめることにする。メルロ＝ポンティにおいて不変の・《即自的な》対象の・《諸本質についての観念論》の・反省的なコギト〔私は考える〕の透明性の中で活動するあらゆる設定としてのあらゆる《自動的なロゴス》の・全く同質の・排除が、古典的な諸形式の中での確定性の拒否を導いている。しかしまた不変なのは、《体現された》意味作用の・事物の中でのべられる無音の言葉の・すでに言葉であるであろう言葉のそれ以前のものの・能動性／受動性の混合の・探求であり、また、自発的な行為によって私が自分に与えられない・私が《ゆっくり》前進すると与えられる・そのさまざまな相違の中でそれらの相違によってしか与えられない・与件の探求である。以上のすべては、メルロ＝ポンティが肉身と名づけなかったとしても、生命への途上にわれわれをすでにおいていよう。だからといってわれわれは、その観念の独自性をいささかも狭めようとするものではない。しかし隠喩をのぞけば、人間たち、動物たち、植物たちのみが、原始のという形容詞を、存在と共有しているのである。

さて生命は、運動、相違、心配が、同一性の・すでに与えられたものの・存在論的に確かに保証されたものの・要するに、そのもっと豊かでもっとも流動的な形式の下で確定されたものの・境界のうちにそれらがとどまることによって、そこにとどまっている限りで、到達することのできるぎりぎりの限度である。生命として生命は、誕生から同じ死をへながら同じ誕生へと、果てしない循環を繰り返して疲れ切ることがない。生命、肉身は存続するし、特に存続しようとするものである。生命は、そのエイドス〔形相〕の考慮に際して勝利するために、その質料においては無効にされることを受け入れている。生命は、その形式をつねにすでに与えられている。アントロポス・アントロポン・ジェナ〔人間が人間を生む〕。肉身は、肉身から生殖される。肉身は、創造しない(9)。

しかしわれわれは、創造を、循環的でない時間を、再・誕生ではない誕生を、考えなければならない。われわれは、存在論的な発生を――発生の存在論を――考えなければならない。

ピュシス、創造、自律（1）

ピュシス

ギリシャ思想の偉大な創造的諸契機の一つ、ほかのどれよりもこの思想に特有のものは、ピュシス〔自然〕とノモス〔規範〕の間の区別と対照です。ピュシスとは内部成長をうながす推力ですし、諸事物の自然発生的な・しかし同時に秩序の生殖者である・生長することです。ノモス、ふつう《法》と訳されるこの語は当初、分け前、分け前の法、したがって制度、したがって習慣（慣例と風習）、したがって取り決め、極端な場合には単なる取り決めを、意味しています。何かしらがピュシスではなくノモスにもとづいている、ということは、古代ギリシャ人たちにとっては、その何かしらが諸存在の自然性にではなく、人間のさまざまな取り決めに属していることを、意味します。この対照は、われわれが持つ証拠によれば、紀元前五世紀においてしか、特にデモクリトスによってしか、明白に表現されておりません。しかし実はそれは、ギリシャ語に内在しています。この対照は、アリストテレスのうちにも存続しています。彼はそれを乗り越えようと望んでいたようですが、実際にはそれができてはいません。あの対照は、さらにわれわれのうちにすら存続しています。というのもわれわれわれの問題はつねに、われわれの知識の・われわれの法の・われわれの規範の・要するにわれわれの諸制度の・それらの《取り決め的な性格》と対照的な・《自然性》（これが理性や神に送り返されるとしても）であるからです。ノモス・法・人間の規則・という この観念の下では、今日そういわれるような《ゲームの規則》——問題にならないほど皮相な表現——ではなく、《数々のゲーム》とは別のものに、われわれをまず徹底して専念させるか、しないか、できるようにさせる、諸法、諸規則を理解しなければなりません。人は、ブリッジかポーカーをするかしないか、を選びます。しかし人は、言語を・この言語を・持つことを選べません。人は、お望みなら、社会的に創出された現実という《ゲーム》に入るか入らないかを、《選びます》。しかしこの選択の代価は、精神病と呼ばれています。ノモスは、われわれの創造的な想念上の創出ですし、それによってわれわれがわれわれを人間としているものです。

ノモスという用語こそ、この用語に・また自律の構想に・その意味を十分に与えています。自律的であることは、個人にとってであれ集団にとってであれ、《人が望んでいること》、あるいは束の間われわれに気に入ること、をすることではなく、自分自身の諸法を自らに与えること、を意味します。そこから、二つの問題が生じます。

——自律的であること——自分自身の法を自らに与えること——は、何を意味するのか。そこに、法についての慣習的な観念との食い違いはないのか。

——もしわれわれがわれわれの諸法を作るとすれば、われわれはどんな法をでも作りうるのか（そして、作らねばならないのか）。

これら二つの問題は、一つに縮めることができます。つまり、法の自然と自然の法——ノモスのピュシスとピュシスのノモス——があるのか、の一つにです（私は、以上の表現は古代ギリシャ人の耳には、奇妙に響くだろうと思います）。ここでわれわれは、アリストテレスと彼の深刻な問題に、改めて出会うことになります。

アリストテレスにとっては、ピュシスについての二つの重要な解釈があります。それら自身として・それらのあらゆる潜在性の中で・把握された、それらの解釈は、分岐していますし、この分岐はわれわれにとって、今日においてなお、豊かな出発点になりえます。

アリストテレスがピュシスに与えている最初の解釈は、テロス〔目的〕の・目的ないし合目的性の・観念と結びついています。すなわちエ・デ・ピュシス・テロス・カイ・ウ・エネカ、自然は目的、そして何かを目指している（何かが作られている）ものである（『自然学』B、一九四a、二八─二九）。この解釈は、基本的に神学的なものとしてのアリストテレス哲学の、人は形成されるという観念──誤りではないが、もっぱら単純化され・《調和化された》・観念──に対応しています。すべてのものは諸手段と諸目的という絶大な鎖の中に挿入されていますし、すべてのものはより下級のものの目的であり、私がただちに語ることができない最高の限界にまでいたる・存在として・価値として・より上級のものの手段──条件──です。

アリストテレスがピュシスに与えている・大概の場合に人びとが忘れている・ギリシャ語の中での通俗的な意味にきわめて近い・第二の解釈は、ピュシスとは《諸事物がそれらの中に・そうしたものとして・持っている本質、運動の原理（アルケン・キネセオス）》（『自然学』B、一九二b二一）、《事物自身のうちに存在する運動の原理》ですし、さらには《ピュシスは事物自身の中の原理（アルケ・エーン・オートト）である》（『形而上学』一〇七〇a七）であります。私はこれらすべてのくだりに見られるアルケを、原理と訳しました。しかしこの用語は、全く同様に、起源とも理解されえますし、そうされねばなりません。

要するにこの解釈においては、ピュシスであるのは（あるいは、ピュシスに属しているのは）、自らの運動の起源と原理とを、それ自身のうちに持ち、それ自身のうちに含んでいるもの、です。さらにいえば、ピュシスであり、自然であるのは、自ら動くものです。

第一の解釈は、われわれにはもはや維持できません。——反対ですらありますし、目的を持つもの、それをわれわれは人工物の中に分類するでしょう。合目的性を持っているのは機械です。そして、生物のいくつかの合目的性を考慮に入れざるをえない限りにおいて、生物も《機械》の・ここ半世紀の専門用語によれば、《サイバネティックス》機械の・分類に、加えられます。

しかしながら、アリストテレスによるピュシスの第一の解釈を、単に遠ざけておくことができるのでしょうか。その前に、もっと注意深く考察する必要がわれわれにはないのでしょうか。先ほど私は、最終的なテロス、アリストテレスによればすべてのピュシスが目指しているらしい最後の目的、についての注釈を留保しました。アリストテレスによれば、自然が対象としているもの、自然を動かしているもの、それは欲望（オレクトン）ですし、ギリシャ語の意味での愛、神のエロス（エロメノン）です（『形而上学』一〇七二a二六とb三）。——そこでこそ神が《最初の動因》なのです。アリストテレスの神はもちろん、ユダヤ教やキリスト教の神とは何の関係もありません。彼の神は、世界に関心がないし、世界を考えることすらできません。なぜなら、神が世界——彼自身よりも下等の対象——を考えていたなら、彼は神としての自分の尊厳を失うであろうからです。アリストテレスの神は、純粋な形式と純粋な行為ですし、神は自分自身を考えているもの——ノエシス・ノエセオス——と考えられていて、ピュシスを活気づけるものであり、その形式がエロスなのです。《位階制》については棚に上げておくことにしましょう。この神についての思想を、その上に特にキリスト教の神学が積み重ねた、残りくずから解き放ちましょう。位相幾何学でいわれるように、この集合を開いてみよう。それを、完成以前のものにしてみよう。アリストテレスの神という、あの限界点をとりのけてみよう。われわれに残されているのは、エロスであるピュシス、つまり、形式へ・考えうるものへ・法へ・エイドス〔形相〕へ・向かう運動、推力であるピュシスです。そこでピュシスは、ある－形式を－自らに－与える－もの－に向かう－推力ですし、しかも完全に達成されることは決してできない推力です、なぜなら、アリストテレスがそういっているように、質料のないピュシスはないし、質料、それは考えうるものの限界であり、それは確定されないもの、形のないもの、渾沌としたもの、だからです。

したがって、思想に関してのピュシスのエロスがあります。このことは、形式に向かう自然の推力があること、ピュシスはできるだけもっとも完全な・あるいは（おそらく）できるだけもっとも複雑な・形式を自らに与えようとしているであろうこと、を意味します。ピュシスは一《事物》、《諸事物の》一《集合》ではありません。ピュシスは、存在するための形式・確定されるための法・を自らに与えようとしている、おそらく考えられうる可能性を自らに与えようとしている、存在しようとするものの抑えがたい推力です。ピュシスは形づくられようとしておりましょう。この思想は、まさしくわれわれの出発点との関連で、目的ないし合目的性という観念を特殊なものにさせます。なぜならわれわれは、物質的に実在しているものの、ある層、ある水準にもとづいて、自分たち自身の目的として自らを部分的に設定している、われわれが生物存在と呼んでいるもの、特別な物質的存在たち、存在しているものたちがあることを、認めねばならないからです。カントが『判断力批判』の第二部で、今もなお有効な議論をしながら、われわれは生物存在たちを、彼らが彼ら自身の目的であると仮定することなしに、考えることはできないと主張していることを、想起しておこう。そしてここ何十年か生物学者たちは、目的論の用語を避けるために、目的学について語っています。

ではこんどは、ピュシスについてのアリストテレスの第二の解釈、自然ないし自然なものは、それ自身のうちに自分の運動の原理（起源）を持っている、という解釈にもどろう。運動とは何か。私自身はギリシャ出身ですし、時代の順序を尊重して私は、アリストテレスからはじめました。われわれは今フィレンツェにいます。近代物理学の真の父、ガリレイへの、別の敬意を捧げるべきです。しかしまたいわねばならないのは、ガリレイの大きな寄与であったもの、そのためにまさしく彼が称賛されたもの、そして物理学の数学化を（少なくとも当時の諸手段によって）可能とさせたもの、それは同時に、すべての運動の局部的な運動への・移転への・還元という、大貧困化の始まりであった、ということです。それは、その観念によれば、自然についての唯一の有効な知識は、空間の中での・時間にしたがっての・絶対に安定している諸実体の・移動の研究である、という観念です。しかしそれらの実体が安定してはいないことが相次いで暴露されました。そこで《基礎的》ないし《根本的な》粒子について語られました。しかし、新しい《基礎的な》実体それぞれが構成物であることが、代わる代わる、明らかにされたので、物理学者たちは賢明にも諸確定を放棄しつつありますし、彼らはもはや《諸粒子の物理学》についてしか語りません。

運動は《基礎的なものの中にあります》。しかしどんな運動なのでしょうか。ここでアリストテレスは、今でもわれわれを援けることができます。彼にとって運動（キネシス）は、単に局部的な運動ではありません。運動、それは変化ですし、局部的な運動は運動の諸種類の一つでしかなく、それは、生成や腐敗や、特に彼がアロイオシスと名づけているもの、変質という、別の諸運動の脇に見出されるものです。われわれは、運動の観念をそのように再・敷衍してみることによってのみ、ピュシスは自らの運動の・自分がなるものの・原理か起源を自分のうちに持っているものであり、ピュシスはそれ自身のうちに自らの変化

——自らの変質——の原理か起源を持っているものである、というアリストテレスのあの観念の、潜在的なあらゆる深みを理解することができます。

この観点は、近代人たちにとって——少なくとも《古典的な》近代人たちにとっては——難解なもの、実際には承認しがたいものでありつづけています。彼らにとって、一方においては、運動の原理は動かされる諸事物の外に、動かされるものと動かされうるものの全体の外にすら、あります。動きのあるもの全般の世界を超越するその原理は、神です。他方においては、唯物論的な見解の中でのように、あの運動の原理は動かされる諸事物全体の中に——したがって諸部分に関してはいわば超越的になる全体の中に——ありますし、それ自身としてとらえられる動きのあるものそれぞれは、徹底して自動力のないものでなくてはなりません。つまり、それぞれは、順々に他のものから推進力を受けとる他のものから推進力を受けない限り、自分があるそのままの状態にとどまらねばなりません。それも、人がいつか運動の原理ないし起源を見出しうる、ということなしにです。ただ、世界の中に存在する全運動の——今日なら物質／エネルギーの、といわれるであろうものの——量は、保存され不変にとどまらねばなりません（この見方の中では、形式のすべての変化、新しい形式のすべての出現は、局部的な諸運動に必然的に還元しうるものでなければならないこと、それはただちに明白になります）。

しかしわれわれが、アリストテレスの文章の中でもわれわれがそうしなければならないように、実際には局部的な運動はその特殊な場合でしかない、変化や変質に等しいものとして運動という用語を理解するや否や、われわれは運動のうちに形式の変化、変質、変形を含めなければなりませんし、もっとも強い意味での変形は、形式の登場、出現、創造をも含んでいます。したがってわれわれは、今日の勿体ぶりもし気弱でもある仲間うちの言葉でそういわれるように、アリストテレスの新しい《読解》によってではなく、あの哲学者の著作がわれわれに開示する巨大な問いから出発してわれわれ自身で考えることによって、彼の著作の諸限界を承知の上で犯すことによって、ピュシスはそれ自身のうちに形式の原理と起源を持つものであると、主張します。いうならば、ピュシスはそれ自身のうちに創造の原理と起源を持つものである、とも。——なぜなら、重要な唯一の創造は、諸形式（諸法）の創造であるからです。

犯す、と私はいいました。なるほどこのような表現は、アリストテレスの同郷人には受け入れがたいものでしょう。永遠の（プラトン起源の）存在論である、当時の存在論にとらわれていたアリストテレスは、諸形式といったものの創造を考えることができません。諸形式は決定的に与えられています。現われてくるそのたびごとの形式は、当の事物の本質によってすでに確定されています（その事物が本質なのです）。事物は生じ、それは《自然に》（ピュセイ）予定されていた形式を獲得することによって、潜勢から現動に移ります。それゆえにアリストテレスは、事物の本質をも、彼が発明したギリシャ語の驚嘆すべき表現、ト・ティ・エーン・エイナイ、存在すべきであったもの、にしたがって、ウーシア〔実体〕と名づけています。それは、存在論的な永遠の未完成なものと呼ばれうるものですし、《この壺が割れるのは確実だった》というふうに、ふつう言葉が利用しているものです。いつから確実だったのでしょうか。昨日からか、一昨日から、でしょうか。違います。それは一般的に確実だったのでした。——ずっと確実だったのでした。アリストテレスは、ある事物の本質とは、存在すべきであったもの、存在しなければならなかったもの、それが存在するよう予定されていたもの、それが存在するよう確定されていたもの、だといっています。いつからか。どの日時からか。これまでずっと、これからもずっと、なのです。諸形式はあらかじめ確定されています。したがって近代人たちのナトゥラ・ナトゥランス〔自然な本性〕は事実、彼らにあらかじめ予定されている形式を引き受けるべき、存在しようとするものたち個々の能力以外では、決してないことになります。それゆえに、アリストテレスによるピュシスについての二つの解釈は、最終的には、彼にとっては絶対に一致するものです。すなわち、自然は目的ですし、自然は諸形式の変質の、つまり獲得の、原理です。しかし諸形式は、自然な存在しようとするものたちにあらかじめ割り当てられた、目的です。

この一致は、アリストテレスの思想の中ですら、まさしく人類という、巨大な残滓を残しています。人間は、すべてのほかの存在しようとするものたちと同様に、単にそれ自身のうちに運動の原理を持っている何かしらではありません。――人間はアルケ・トーン・エスメノン、すなわちあるであろうものの、原理と起源です（『解釈論』九、一九a七―八）。人間のこの非確定性は、ポリスと権利に関するアリストテレスのためらいと当惑のうちに、また別の形でテクネー〔技術〕についての彼の概念の曖昧さのうちに、現われています。ここはそれについて語る場所ではありません。[2] 私がいいたいのはただ、まさしく人間の領域、社会と歴史の中でこそ、変質を創造し・新しい諸形式を設定し・新しい諸法の中でその諸法によって自らを存在させようとする・生存しようとするものたちの一種族の能力を、ただちに明確にとらえることができる、ということです。しかしこのとりわけ鮮やかな明白さが、存在しようとするものたちはそれら自身のうちに諸形式の創造の原理と起源を持っている、存在それ自身は強い意味でのアロイオシス〔変化〕、自己・変質、自己・創造によって性格を明示されている、というわれわれが達した一般的な理念の、効力範囲を制限してはなりません。

創造と自律

以上すべてと自律の問題との関係は、どんなものなのでしょうか。私としては、ある存在にとって自律的な存在とは何を意味するのか、という私の第一の問いを思い起していただきたい。自律は、人びとが自分たち自身の法を自らに与えること、からなりたっています。法とは何でしょうか。法、それは形式です。それは、普遍的なものに概して無関心な個別なものたちを支配する、普遍的なものです。形式は、確定され・確定しようとするものですし、それはそれ自身として普遍的なものです。われわれは、ピュシスの存在しようとするものたちが、それら自身のうちに形式創造の原理を持っていることを、見たばかりです。しかしながらここに、言語学的な慣用の問題が現われます。一方では、きわめて長きにわたって、自律という用語は人間の領域に限られてきました。その範囲でこの用語は、自律的であることは他律的であることに対立するという意味作用と、特に規範的な含みとを、強く負わされていました。私には、この慣用を変えることは実際には不可能であり、あまり望ましいことではないと、思われます。他方において私は、生物の自己・創造（大概の場合、《生物に固有の諸形式の出現》とつつましく呼ばれているもの）（一）があると考える・増えつつある・多数の人びとの一員です。それこそ私の友人フランシスコ・ヴァレラに、《生物学的自律》について語るようにさせたものです。私は彼がいいたいことを理解しておりますが、この言葉の用い方が、すでにあげた数々の理由で、混乱を生じさせることを恐れています。私は、われわれが生物の自己・形成について——さらには、かつての哲学におけるように、対・自・存在としての生物について——語るよう、提案します。

われわれはもちろん、生物としての生物の——その質料のではなく——自己・形成について語っています。われわれは、生物は虚無から出発して諸分子を出現させる、とは——ヴェーラー(二)による尿素の合成(一八二八年)まで信じられていたように、生物のみがいくつかの質料を統合しうるとすら——いいません。生物は、われわれが生命と呼ぶ存在の水準・無数の存在様式・生命にかかわる無数の法・という何か別のもの、もっとずっと重要な何かしらを、生みだします。私は、生物(いくつかの生物)は色彩を生みだすという、もっとも目覚ましい例をあげることにします。生物ではない自然に、色彩はありません。——さまざまな波長しかありません。人は、そのことを忘れています。なぜなら、《第二性質批判》の影響下につねにとどまっているからですし、バカげたことですが、波長について語ることによって、色彩を《還元》したか《説明》したと、信じているからです。波長は色彩について何一つ《説明》しませんし、うまくいって人は、両者の間に相関関係を設定することはできます(もっとも相関関係自体も疑わしいものですが、それはここでのわれわれの問題ではありません)。しかしながら、いかなる相関関係も青や赤といったものの(青い事実、赤い事実の)性質を明らかにすることはできませんし、なぜ短い波長がわれわれに青として見えるものに、長い波長がわれわれが赤と呼ぶものに、《対応する》のか、——なぜ逆ではないのか、なぜ誰も決して見なかった別の諸《色彩》ではないのか——《説明する》ことができません。私が語っている存在の水準、それはまさしく色彩についての《主観的な》あの感覚ですし、それは、人間の領域において、もっとも《主観的な》諸情動——愛、憎しみ、苦しみ、嫉妬——が、固有の存在論的な水準を人間が生みだしていることを示しているのと、同じようにです。

生物は自己・形成されます。それは対自的です。それは自分の世界を創造します。生物は、個体としてか、種としてか、生態系としてか、はどうでもいいのですが(そこには、今われわれが語ることのできない、嵌めこみやすれ違いがあります)、自分自身の目的です。蜜蜂や海亀の視覚の世界は、われわれのものと同じではありません、そのたびごとに、生物による・生物のための・自分のやり方での・生物の《外にある》何かしらのものの提示、再提示がありますし、——そしてそのたびごとに、そうして再提示されたものとの関係の設定があります。もちろん生物の《外にある》事物は無数にあります。それらは、生物がそれらをあらかじめとりあげ、形象化し、変形化した限りにおいてしか、生物のためのものではありません。特に、生物の外に、《諸情報》はありません。自然は生物にとって、摘みとりさえすればいい《諸情報》が花咲いている、庭ではありません。生物は、自分のための情報であるものを、《X》に形式を与えることによって、その形式に適合性、重み、価値、《意味作用》を付与することによって、創造します(ここに、対・自的なもののあらゆる形式にとっての、絶対に一般的な原則があります)。生物は、映像を設定し関係を設定します。——いいかえれば、自分にとっての、審美的な次元、論理的な次元を、設定します(ここでは、二つの用語はそれらのもともとの意味で把握されています)。——審美的なもの、論理的なもの、諸映像、諸関係は、それら相互に、つねに交錯していますし、かかわりあっています。

生物は対自的なものです。生物は、自己・合目的性として自分を設定しています。このことは、最少の意図、少なくとも自己保存の意図を、つねに前提としています。したがってまた、生物が自分として提示(再提示)しているものの、肯定的か否定的かの、評価を、したがってまた最少限、生物の情愛を、好まれている存在様式を、(再)提示されているものへの価値の付与を、——したがって、情動を——前提としています。

われわれが生物と、もっと一般的に自己・形成される対・自のものと、かかわりを持つそのたびごとに、われわれはつねに(切り離しがたく審美的で論理的な)表象、意図、情動という、三つの次元を見出します。われわれはそれらを、われわれが知っている自己・形成される存在の四つの型、つまり生物、人間の心理現象、社会的に製作される個人、他の社会から区別されたものとして・そのたびごとに・創出された個別の社会、という四つの型のうちに、実際に見出します。それらすべての水準においてわれわれは、相対的な自己・合目的性と固有の世界の創造を、確認します。したがって実際に、対・自のものの（ヴァレラの用語を借りるなら）認識の囲いがあります。そうであるからこそ、——生物であれ、精神現象であれ、個人であれ、社会であれ——対・自のものを知ることの努力が、《内部》から・つまりその自己・形成の視点から・あのものを考える試みを要求します。それがどうしたら行なわれうるのか。これは、ここで私が取り組むことのできない別の問題です。私はただ、ラザフォード(三)のしゃれをあげておくことにします。彼は、どのようにしてアルファ線の諸法則を発見したのか、と彼にたずねた人に対し、《もし私が一アルファ粒子であったら、私自身で作ったものは何か、と自分にたずねたのです》と、答えたのでした。

　私はまさしく人間の領域にたどりつきました。人間は、社会として歴史として、自己・創造されます。——そこには、何らかの諸《要素》に（もちろん社会的製作物である個人たちにも、諸制度や社会的想念の諸意味作用からもそうしたものとして生みだすことのできない人間の心理現象にも）還元しえない、社会という形式の創造があります。この創造は、《決定的に》——ヒト動物が社会化されることで——、また連続する形で、行なわれています。つまり、人間の社会には無数の多様性がありますし、それぞれの社会は、それぞれの制度と意味作用を、したがってまたそれぞれがそれぞれの固有の世界を、持っています。この創造は、ほとんどいたるところで、ほとんどつねに、きわめて厳しい閉鎖の中で行なわれています。われわれに知られている社会のほとんどすべての中では、部族に固有の世界を問題にすることが不可能です。このことは、暴力や抑圧があるからではなく、そうした問題視が、当の社会によって製作された個人、たちにとって、心理的にも精神的にも想像も及ばないことであるからなのです。きわめて宗教的な伝統的な社会では（そうしたすべての社会がそうであるように）、たとえば《神は不正である》ということは、想像も及ばないことです。というのも正義は、神の諸属性の一つ（また、ヘブライ人たちの間でのように、いくつかの呼び名の一つですら）あるからです。そうした社会においては、《神は不正である》は、『一九八四年』の社会において、ビッグブラザーはよくないが、ニュースピークがその最終的な完成の段階に達した際には、口にしえないものであるのと同じほど、非常識なものなのであります。

さてこの閉鎖それ自身が、歴史上で二度——古代ギリシャと十三世紀以降の西欧で——断絶をこうむっていますし、この断絶はさらに、存在の歴史における前例のない新しい形式の出現を意味します。民主的な運動、哲学的な探求と疑問は、いずれもが社会の既存の諸制度を改めて問題視していますし、——問題なのは、本来の意味での諸法であり、人間の諸表象の構成です。われわれはここで、自分自身のあり方についての諸法を改めて明白に問題視し吟味する存在——ギリシャのポリス社会、いくつかのヨーロッパ社会——を見出しますし、もはや単に《盲目的な》自己・形成ではなく、言葉の真の・強い・意味での、自律の諸要素を、見出します。私は、諸要素といいます。というのも明らかに、われわれは自律的な諸社会の中で暮らしているどころではないからですし。自律の構想——民主的な運動——にとってはなお、その前に踏破すべき長い道程が残されているからです。しかしいずれにせよわれわれは、哲学的な観点から見て、形式としての自分を明白に変化させようとしている——あるいは、それまでその中におかれていた閉鎖を破ろうとしている——ある存在の型の前におります。そして私は、人びとが当初その中にいた——しかもつねに復旧されようとしている——閉鎖を破る絶えざる努力、という以外の、哲学思想の、思想そのものの、定義を知りません。

したがってわれわれは、単なる自己・形成とは根底的に違う、自律の理念に到達しています。われわれは自律を、自分の法を・つまり自分の形式を・修正しようとして断固として明白に行動する——社会や個人の——能力として、理解します。ノモス〔規範〕は、形式の明白な自己・創造になります。これはノモスを、ピュシス〔自然〕の対立物のようにも、それの諸帰結の一つのようにも、思わせるものです。

結論

終わるに当たって、私が初めにあげた第二の問題について少しだけ。もしわれわれがわれわれ自身でわれわれの法を明白に作るとしたら、われわれはどんな法を作らねばならないのでしょうか。これはもちろん真に政治的な問題の根底にあるものですし、私はここで論議することはできません。私はただ、社会が自分の諸法が自分自身の作品だと知ったら、諸法が社会以外のいかなる基礎も持たないとしたら（《もし神がいないのなら、すべてが許される》と、ドストエフスキーはいっていますが）、社会はどのようにして自分の諸法にしたがうのだろうか、という・倦むことなく繰り返されている・何千年にも及ぶ・民主主義の敵対者たちの異議について、若干の指摘をするにとどめます。この異議は、もちろん全く扇動的なものです。なぜならわれわれは、《啓示》にもとづいている諸社会が行なった（今も行なっている）あらゆる残虐行為をよく知っているからです。しかしあの異議は、その意に反して、民主主義と自律の真の問題へと送り返されます。

もし個人にとっても社会にとっても自律的であることが、自分自身の法を自らに与えることであるなら、そのことが意味するのは、自律の構想が、私が（われわれが）採択しなければならない法についての探求を、開始させる、ということです。この探求には、つねに誤りの可能性が含まれています。――しかしこの可能性に対して、二重に誤りにおちいりやすい・単に他律に導いてゆく・動き、外的な権威の樹立によっては、自分を守れません。民主主義がなしうる唯一の規制は、自制ですし、それは結局のところ、民主主義によって・民主主義のために・教育された個人たち（市民たち）の任務、仕事以外のものではありません。そうした教育は、われわれがわれわれに与えている諸制度は、その内容において絶対に必然的なものでも全く偶然のものでもない、という事実の受け入れなしには不可能です。そのことが意味するのは、贈りものとしてわれわれに与えられている意味はないこと、それ以上に意味の保証人も保証もないこと、われわれが歴史の中で・歴史によって・創造する意味以外に意味はないこと、です。哲学ふうに、民主主義は聖なるものを必然的に遠ざけている、といってもいいし、もっと別の言葉でいえば、民主主義は、人間たちが彼らの実際の行為の中で、彼らが本当に受け入れようとはほとんど決してしなかったこと（そしてわれわれ自身の真底では、われわれが実際には決して受け入れていないこと）、つまり彼らは死すべきものであることを、受け入れるよう要求します。われわれ各自の・われわれが作るものすべての・死すべき運命という、乗り越えがたい――ほとんど不可能な――確信から出発してのみ、われわれは自律的な存在として生きること、他者のうちに自律的な存在を見ること、自律社会を可能なものにすること、ができます。

複雑系、マグマ、歴史[1]

——中世の都市を事例にして

複雑系への当惑

複雑系をめぐる昨今の議論は、しばしば当惑を生みだしている。たとえば、複雑な諸現象を生じさせる理由を《きわめて数多くの基礎的な過程》に求める、複雑系についての諸定義（あるいは、その由来についてのさまざまな《説明》）を前にした場合に、である。しかし《きわめて数多くの》といったものは、集合論的・同一性的な論理の数々の枠からわれわれを抜けださせるには、確かに十分ではない。逆にその論理がそこに豊かな養殖池を見出している。可算無限、自然数Nの集合も、不可算無限、実数Rの集合も、より上位の基数、RからRへの諸写像F（R、R）の集合も、無限次元のRについての諸ベクトル空間のそれら自身への写像という真に巨大な集合、F（R^N、R^N）も、数学者たちにとっては、原理の問題を生みださない。ヒルベルト[一]が《世界から決定的に追放すること》を願っていた《基礎の諸問題》[二]が、依然として論議の余地を残しているにしても、またカントルの連続についての仮説に関する（ゲーデルとポール・コーエン[三]の）仕事が、（すべての数学の基礎にある）集合論の慣習的な諸公理の諸体系が不十分なもので、したがって理論的に、《非ユークリッド的》・つまり非カントル的な・無数の諸体系への道が開かれていることを、示したにしても、さらにはまた、連続についてのまことに古びた諸逆説（ゼノン）が、一般に信じられていることに反して、今なおわれわれ――多くのほかの人びと――とともにあるとしても、それらは別問題である。それらすべてや、数学におけるほかの多くの事柄は、われわれの *thaumazein*〔驚異〕、われわれの驚き／感嘆／恐怖を、今なお（あるいは、これまで以上に）惹き起こしうるし、そうであるはずだし、そこで、かつてないほど不可欠な・しかし《複雑系》の問題を生じさせない・哲学的な熟考に、われわれを改めて導きうるし、そうしなくてはならない。《諸要素》についてよりも《諸相互作用》について語るとしても、もちろん何一つ変わらない。厳密にいえば、《諸要素》と《諸相互作用》の区別そのものも、意味がない。(2) 諸相互作用は、より上位の型の集合の・関数の諸空間の・諸要素でしかないし、数学者たちは朝から晩まで、無限次元の諸関数の空間をもてあそんでいる。

さて、現実の諸対象のあらゆる収集品は、有限の基数を必然的に持っている。このことは、宇宙の・有限か無限かの・《最終的な現実》とは関係がない。なぜなら、観察しやすい宇宙の部分はつねに有限であろうからであり、すべての観察しうる相互作用もまた、あるいは観察しうる宇宙について考えうるあらゆる相互作用さえも、有限であろうからである。それらの相互作用は実際に、有限の諸集合の諸部分の諸集合間の、組み合わせ以外のものでは決してないであろう。それは、中枢神経組織が10^9ニューロンかそれ以上からなっているからではなく、それらのニューロン間に可能な連結が、それは玉突き台上の玉の群れとは違うと書こうとしても無駄であろうほどの、数と対応しているからである。ついでにいえば、それはまた、《カオス》についてのと、不適切にも名づけられている諸理論が、哲学的には何一つ新しいものをもたらしてはいない理由でもある。それらの理論は、内在的に決定論的である。――そのことを、《カオス的な》と道理に反していわれる諸過程が、コンピューターというあの決定論的な機械によって計算されうるし、その画面に提示されうる、という事実が示しているように。

これらすべての場合において障害は、原理に関してではなく、事実に関してである。人はまた複雑系を、位階的な諸水準の錯綜によって明らかにしようとしている。しかしその錯綜は、それらの水準が同一性的な《性質》のものなら、いかなる非慣用的な問題も生みださない。いくつかの分子の・ある惑星の・ある星団の・ある銀河系の・重力の諸相互作用は、限りなくこみ入っている。――が、それらは《複雑》ではない。諸分子は銀河系に働きかけているし、銀河系は諸分子に働きかけている。新しい問題が出現するためには、それらの水準が還元しえないものであること、つまりそれらの間で本質的に別のものであることが、明らかに必要であろう。しかしそうした別の諸水準は、どこから来るのか。われわれの同時代人たちを十分にいらだたせるようなやり方で、問題を表現してみよう。すなわち、同じものが別のものを生みだしうるのか、と。

この問いに人はしばしば、出現、と一言で答える。一定の水準の諸要素の結合は、いくつかの条件の下で、新しい出現を生じさせることができよう。――そして人は、この出現した水準と《以前の》あるいは《より下等の》諸水準の間の諸相互作用の問題を、さほど気にしているようには見えない。

しかしながら、諸難問がただちに現われる。

もしあの出現を支配している論理が集合論的・同一性的な（略して集同的な）論理であるなら、出現が――つまり何かしら新しいものが――いかに、なぜ、あるのか、わからない（集同的論理を私は、付属・包括・諸命題間のかかわりあい・最初の次元の諸賓辞の論理・しか諸関係として認めない論理、と理解する）。

単純で人を欺く一例をあげてみよう。三つの要素（*e*、*n*、*s*）の集合と、それらの要素を繰り返しとることを許して四つとることを、考えてみよう。八一とおりある。——そして、まさしく *sens*〔意味〕をのぞいて、フランス語の言葉としては、いかなるものも存在しないか、意味をなさない。この例は、人を欺くものである。なぜならそれは、中間的な諸水準を切り捨てているからである。しかしそれを、いかに長かろうと、厳密なものにすることはたやすいであろう。ここで私が明示したいのは、語として（同時に、意味するもの、意味されるもの、指示されるものとして）、十分な意味での *sens* は、存在論的な別の水準を存在させる（し、そこに属している）、ということである。

第二に、第二の水準が出現すると想定してみよう。なぜそこに、相互作用が、したがってまた（相互）作用の新しい諸様式が、あるのだろうか。Aが一集合であり、U_cがAに作用する一作用素（あるいは諸作用素の一グループ）であり、Bがそれらの作用の《結果》である一集合であるとすれば、$B=U_c(A)$であり、したがってU_c（とA）がBに《働きかける》。決してその逆ではない。それゆえ《下》から《上》への一方向の作用がなくてはならないであろうし、決して《上》から《下》へ、ではない。そこに、ご存じのように、還元主義の本質がある。しかしもちろん、《上》から《下》への作用もある。あなた方は私をののしり、私はあなた方を侮辱する。ある考えが私を訪れ、それを私は書く。

《上》、《出現する》水準、新しい形式（エイドス）は、以前の諸水準の諸用語によって叙述さえできない諸過程の、中枢、起源、原因、条件、である。——あるいは、それらの過程についての以前の諸用語での叙述には、いかなる意味も重要性もない（たとえば、戦争や革命についての・その参加者たちの諸ニューロンにそっての電流循環に関する諸用語での・生物学的な新陳代謝の諸用語での・量子的な相互作用の諸用語での・叙述である）。以上の方向では、新しい形式が、こんどは、実体である。諸過程の起源なのだから。たとえば、生命は実体である。生気説と反生気説の論争は、見せかけだけの論争である。つまり、物理学的に確認しうる生命力ある《流体》も、物理学や化学の諸法則をまぬがれるであろう生命の物理学的・化学的な諸効果も、確かにない。しかし生命の中で・生命によってしか・存在しないし意味もなさない、諸過程や諸相互作用がある（たとえば、ホメオスタシス〔生体の恒常性維持状態〕や生殖）。同様に、精神は実体である。社会・歴史的なものもまた。

出現について語ることは、存在の中に創造があること、もっと的確には存在は創造、ヴィス・フォルマンディ（形成する力）であること、《物質、エネルギー》の創造ではなく諸形式の創造であること、という基本的な存在論的な与件を、おおいかくすことにしか役立たない。この創造の・そのたびごとの・必要だが十分ではない・諸条件がある。創造は、形式、エイドス〔形相〕に関しては、虚無からである。しかしそれは、虚無の中ででも、虚無とともにでも、ない。

この〔虚無という〕用語をなぜ、中味の詰まった歴史に対して採用するのか。一方では、新しいものの問題に関する・つまり、創造があるのか、存在の（したがって人類の）歴史は際限のない繰り返し（か、永遠の回帰）であるのか、といった・いいのがれや詭弁に、けりをつけるためではある。

他方では、新しい形式出現の《内在的に円環的な》性格と、したがってすでに与えられている諸要素からあの出現を《生みだす》か《演繹する》かすることの不可能性とに、光を当てたいからである。――なぜ不可能かといえば、諸《要素》は形式を前提としているし、形式は諸要素を前提としているからである。DNA・蛋白質の《循環》という、今では古典的な事例が、その事実を明らかにしている。細胞の《プログラム》は、その作用の諸産出物を前提としている。――諸産出物は、《プログラム》[3]があるがゆえにのみ、そうしたものなのである。全く同様に、社会・歴史的な創造の中での状況も、明白である。おそらく紀元前八世紀に、ギリシャで、ポリスという社会・歴史的な新しい形式が現われている。しかしポリス――都市――は、ポリタイ――市民たち――なしに不可能である。しかしながら市民たちは、ポリスの中でポリスによってしか、製作されえない。彼らは、ポリスの外では考えられえない。同じことが――ずっとはるかに複雑な意味においてであろうと――新しい諸都市（あるいは、既存の諸都市の性質の変化）とともに、一〇〇〇年頃に西欧で生じている。自由なブール〔市の立つ町か村〕は、原・ブルジョアジー〔ブールの人びと〕なしには考えられえないし、彼らはブールの外では考えられえない。

創造という理念は確かに、完全な余すところのない決定論という公理と、対立する。あの理念は、局部的ないし部分的な諸決定論がないことを、いささかも意味しない――し、全く逆である。もっと一般的な意味で、局部的な決定論は、創造の理念によって前提とされている。――というのも、創造はどんなものでもの創造ではなく、そのたびごとにある形式の・ある決定されたエイドスの・創造だからであり、このエイドスは、実在といったものの中で存続しなければならないからであり、そのことが当の形式の連続した諸《状態》間の（そのたびごとに、それ固有のやり方での）ある決定された関係を必要とするからである。というのもまた、各形式は、その諸構成要素間の（そのたびごとに、それ固有のやり方での）ある決定された諸関係をともなった多様性だからである。いいかえれば、集同的なもののすぐれた形態、確定された関係は、集同的なものそれ自身と同様に、存在の中でもいたるところで濃密である。

完全な決定論という公理について、今日の《実証的な》科学者たちとさらに議論を進めることは、いらいらするか、楽しげなものと思われよう。同じ科学者たちや彼らの仲間たちが、宇宙全体は《虚空の量子的変動》から生じていると、おごそかに主張している、[四]まさにその時なのだから。しかしさらにもう一点に注意しておくのも、有益である。アンリ・アトランは、基礎的なロボットの自己・組織化に関する彼の最近の仕事の中で、新しい・きわめて適切な議論とともに、諸事実による・つまり自由に使用しうる諸観察（デュエム[五]－クワイン[六]）による・諸理論の潜在的確定、という命題を改めてとりあげている。しかしこの命題――と、アンリ・アトランの議論――がまた示しているのは、全く同様に、同じ諸理由によって、表面にあらわれない《諸構造》による《諸事実》（《現実の諸状態》）の、潜在的確定である。――別ない方をすれば、クポケイメノン、基体（あるいは、ある基体、すなわち論理的にそれがいくつあるのか誰も知らないもの。諸人工物と、そうした場合に考えられる限られた領域の内部とをのぞいて）による《現実の諸現象》の、潜在的確定である。さて、以上のことはもちろん、認識論的な面のみならず存在論的な面においても、完全な決定論に反している。実際、観察された諸事実による諸理論の潜在的確定についての議論は、各理論が観察された諸事実の表面にあらわれていない構造を想定し、その構造を復原しようとしている、ということに帰着する。しかし、簡単な事例にもとづく簡単な推論により、観察されうる諸状態の数は、それらを生みだすことのできる諸構造の数よりも、はるかに小さいこと（いいかえれば、表面にあらわれていない諸構造のあらゆる種類が、同じ観察しうる状態に対応していること）を示すことができる。しかしながら、完全な決定論が想定している用語の一つ一つの諸関係の中では、《現実に》観察された事実を生みだしたのは、ただ一つの構造――つまり構造S_i――しかありえない。なぜ構造S_jではなく、構造S_iなのか。もし結果を生み出す構造のあの選択を決定する、隠された（あるいは、《一時的に未知の》）諸助変数が導入されるなら、観察されたものと（その諸特質がそこでもっと数多いものになる）基体の間のずれの、およその大きさを同時に増大させる、度合の問題を押しのけるしかない。したがって決定論が想定している用語（諸用語の、お望みなだけ複雑な、一集合でもちろんありうる用語）一つ一つの関係は、諸事物そのものの中で、諸事物についてのわれわれの認識の中でだけではなく、打ち砕かれる。

不均一性と創造

これまで私は、《複雑系》の意味を明確化しようとする、いくつかの昨今の企てが、私になぜ十分ではないと思われるか、語ろうとしてきた。今や私は、そうした事態の理由と私に思われるものを、のべなければならない。その理由は、《複雑系》として考えられている諸現象（か、諸対象）は、それらがあらゆる対象の、存在一般の・より根底的でより一般的な・特質にもとづいているのでそういうものである、そのことの中に見出される、と私には考えられる。それらの特質はマグマ的である。われわれは、一対象が余すところなく組織的に集同化しうる——いいかえれば、集同的な（集合論的・同一性的な）論理に、余すところなく均一的な形でもとづいている、諸要素や諸関係に還元しうる——ものではない時、それをマグマ的という。

その特質が、（銀河系であれ、都市であれ、夢であれ）すべての実際の対象に属していることを確信するのは、たやすいことである。ただ、二つの明白な例外をのぞいて。つまり、存在論的にではなく、道具的な側面のみで考えられている諸人工物（自動車のモーター）と、諸公理や演繹的な諸法則等々から切り離された数学の諸分科とをのぞいて（もし諸公理が集同化しうるものであったら、それらは演繹しうるものであろうし、したがってもはや諸公理ではないであろう。もし演繹的な諸法則が演繹しうるものであったら、そこには無限等々への後退があるであろう）。

なぜ事情はそんなふうなのだろうか。なぜ存在は、集同的なものの中で汲みつくされないのか。なぜポイエティックな〔形成的な〕・言葉の強い意味での想像上の・次元が、つねにあるのだろうか。なぜ人は、

「マタイ受難曲」が「椿姫」よりいかに優れているかを、計算できないのだろうか。ここはその問題を論議する場所ではない。――それにこの問題は、答えではなく、解明の余地しか残していない。しかし一つの根本的な考察が、われわれをその解明へと導くことができる。

私はつい先ほど、数学ですら、それらの諸公理、演繹的な諸法則等々から切り離されてしか、集同的ではない、とのべた。数学を（諸公理等々を含む）全体として考察してみよう。数学は多数の分科を備えている（N・ブルバキ(七)は、たとえば、代数の諸構造、位相の諸構造、次数の諸構造を、区別している）。諸分科は、ある意味で不均一である（人は位相幾何学の必要なしに、代数の中でずっと先に進みうる）が、――そのことは、諸分科が《結合しうる》ものではないことを、意味してはいない。しかしまた、そうした諸分科それぞれの中では、《先立つ》諸公理から論理的に演繹しえない・新しい・諸公理を設定することによってしか、前進しえない。それらの公理はどこから来るのか。ここではきわめて根底的な諸問題（特にわれわれが諸断片によって作り直している数学的領域という《即自的》実在の問題）は棚に上げて、われわれは、それらの公理はいくつかの制約（確実さ、自立性、場合によっては完全性）の下で、数学者たちから自由に提起されている（少なくとも数学の歴史の中では事態はそのように推移している）と、いうことができる。――要するに数学の歴史は、数学者たちの創造的な想像力の歴史である。この歴史こそ、数学の諸公理の不均一性の近因とわれわれに思われるものである。

さて、実際の対象をわれわれが熟考しようとする時、集同的な分析へのその対象の非還元性の、諸様相の一つ、もっとも重要なものの一つは、そうした分析がたどりつく諸公理の不均一性である。そして分析は、歴史的な創造に、特に対象の、出現の・設定の・諸階層の・時間的な・違いに、送り返される。強い意味での歴史があるから、その中では因果関係が断絶か共存かしている時間性があるから、そこにはすでにあったものによっては《類別され》ない・完全には《類別され》えない・新しいものの強い意味での創造があるから、実際の対象はマグマ的なのである。不均一的な諸公理、変質の諸原理が《同じもの》の中に共存しているので、集同的な還元はその諸権利を喪失する。

歴史は時間性である。そして真の時間性は別の諸原理の出現である。さもなければ、単なる相違、つまり補足的な次元を備えた空間性、であろう。

実際の諸対象は、マグマ的である。なぜならそれらは、歴史的なものだから。存在は、マグマ的である。なぜならそれは、創造と時間性だから。存在は出発時にそうであったのだろうか。出発は、ない。存在は（時間の《視野の中》にあるのではなく）時間である。

ヨーロッパの歴史の中での遺産、不均一性、創造

第一の例は、変化する生物の有機体によって与えられる。われわれが人間のうちに知っているような、免疫の・内分泌腺の・神経の・諸組織の起源が、多数の細胞からなるものの生物学的進化のさまざまな時代にさかのぼること、それはきわめてありそうなことである。確かに現代では、それらは共存しているし、それら相互の間で複雑に区切られている。この共存が、錯綜した位階制と強く思われるものへと、導く。しかしあの区切り——真の複雑系の源泉——はまた、いずれにせよ人間の間では、無秩序の源泉である。したがって、精神的な（それゆえに原則的には、少なくとも中枢神経組織における中心での）出来事は、内分泌腺の（あるいは、免疫の）組織を狂わせうるし、逆もありうる。それはまた、ついでにいえば、心理現象が《原因》でありうることを——いいかえれば、その《実体性》を——示してもいるのである。

第二の例は、心理現象といったものによって与えられる。人類の出現とともに、生物学的に途方もない新・生成の創造、すなわち個々の個人の根源的創造力が、見出される。この根源的想像力は、本質的に非機能化されているし、単に生物学的なその《基礎》を完全にかき乱し、その《基礎》と辛うじて共存していて、個々の人間存在のあらゆる歴史の中心に位置しているものである。しかし、この存在が生き残らねばならないのなら、この想像力は、社会化が彼に強要するもの、《論理》、《現実》等々と、どうにかこうにか連結していなければならないし、それも、その社会化が個々の精神現象の根源的想像力の核を完全にいつか吸収しつくすことなしに、でなくてはならない。個人の歴史すべてを通じて（また精神分析の中で）われわれは、その実在しようとするもののマグマ的な性格を、絶えず改めて見出す。そのように共存し、どうにかこうにか結びつき、《正常》か《病的な》行動に到達しているのが、原初の精神的なモナドと、それに社会化を強いる周囲の諸層であり、あるいは口唇の・肛門の・生殖の・諸次元であり、あるいはつねにこんがらがったまま交錯しているリビドーと破壊的な衝動である。

しかしおそらくほかのどこでもわれわれは、社会・歴史的な領域におけるほど、実際の諸対象のマグマ的な性格を明白な形で確認することは、できない。私はきわめて歴史的な諸社会の中から、例をあげることにする。なぜならこの場合、われわれの無知がさほどでもないからでもあり、現象がそこではるかに明確な姿を見せるからでもある（《構造主義》、社会的なものを陳腐な集同的な諸関係に還元するこの不当な試みが、ほとんどもっぱら未開の諸社会——それらの歴史についてのわれわれの無知と、あまりにもゆっくりとした変動にしたがっていたそれらの歴史性のせいで、一見いくらかの本当らしさをそうした試みに与えている未開の諸社会——に取り組んでいたことは、偶然ではない）。

近代《ヨーロッパ》世界を考えてみよう。この世界の想念上の創出についての《分析》は、そこに生き残っている・どうにかこうにか相互の間で《結びついている》・さまざまな・本質的に不均一的な・歴史的起源を持つ・多くの原理を、そこでたやすく見つけだす。それらの原理を《年代順に》、あるいは《論理的に》整理するのは、ほとんど不可能であり、いずれにせよ取るに足らぬことである。あの世界は、ローマ帝国の崩壊と《野蛮な》ゲルマン諸王国の建設とともに、生まれている。ゲルマンの未開諸民族は、彼ら固有の《諸原理》[4]、特に《同業者の協同組織》・《主観的な権利》と《義務》との関係・という社会的想念の諸意味作用を、そこにもたらしている。しかしそれらの原理は、ローマ化もされキリスト教化もされた世界の中に、入りこむことになる。もちろん、ローマもキリスト教も、《単純なもの》ではない。人はキリスト教のうちに、ヘブライ起源、《イエス》とパウロの特有の創造、それ自身がギリシャの創造的な偉大な時期に根拠を持つ・衰退期の・ギリシャ哲学（プラトン、アリストテレス、ストア哲学）、教会がきわめて早くからそれ自身の行政と法の諸機構とその皇帝的な想念（教皇政治、それが世俗の権力への意図を持つにせよ、持たないにせよ）を真似た・ローマの・諸制度、行政と法、という少なくとも四つの源泉を見分けることができる。それら四つの原理（と、それらが送り返される表面にあらわれている多数の原理）が、それらの間で全く不均一であること——それが幸いにも十八世紀間にわたって神学者たちに職を与えたこと——は、かなり明白なことだと、私には思われる。《ローマ》も、確かに単純ではない。キリスト教が帝国の中に現われた時、ローマは、自らの背後にウルブス（都市、ローマ）の何世紀にもわたる歴史を持っていたし、そこにはローマ民衆固有の諸創造や、すでにゆっくりと解釈され直し・実際に《ローマ化された》[5]遺産が、あった。最後に、ヨーロッパ世界が本当に動きだした時——考えをはっきりさせるためにいえば、十一世紀以後。すでに十世紀、おそらくいくつかの場合には九世紀が、真の中世との関係で新しい諸要素を提供しているとしても——、ヨーロッパ世界は自らの新しい諸原理を創造するし、それらはきわめて長い間にわたって、キリスト教《教義》と、(先行していた・おそらく今日においてもなお、いずれにせよ政治の面では、ギリシャの遺産よりもはるかに重要性がある・)ローマ法と、さらにはギリシャ文化の[6]、継続的な《再・解釈》として示されることになるし、その《再・解釈》によっておおいかくされている。

ヨーロッパ世界の諸創造の中で中心的なものは、おそらく《中世》都市の創造であり、それは外見的には《歴史的に絶対に新しいもの》では確かにないが、その設立の諸様式とそれが帯びている諸意味作用によって、歴史的に新しい形式を形成しているのである。

そのことにふれる前に少しばかり、ヨーロッパ史の暫定的な帰結について。

ヨーロッパ世界が、——固有の諸創造とそれらにともなわれた自らの遺産の継続的な《再・解釈》とによって——まさしく中世の自らの遺産から解放されてゆくにつれて、この世界は、二つの社会的想念の意味作用を出現させるし、最終的には今日われわれが知っている形で、二つの意味作用は、——既存の諸制度の問題視化、いいかえれば革命的性格、という——同じ根からでているように思われるし、社会学的にいえば、原・ブルジョアジーという同じ根から実際にでている。しかもそれらの意味作用は、単に不均一なだけではなく、深く矛盾しているが、にもかかわらずヨーロッパ史を通じて、互いに感染し合っているのである。

一方では、西欧において、古代ギリシャで日の目を見た、社会的・個人的な自律の企図がふたたび現われるし、それはきわめて早くからである。農民たちの諸運動のような(人はそこに単なる《搾取に対する闘争》をしか見ないかもしれないが、その点についての議論はともかく)、新しい諸都市の下準備をした《細民たち》の数限りない反乱はさておいて、すでにコミューンの諸運動や自己・統治への原・ブルジョアジーの熱望は、共同体が自ら自己を統治する、共同体がその行政官たちを任命する、共同体が自らの活動を規制する諸規則を決定する、という要求、帝国や王国や封建制のものに対して根底的に新しい政治的な社会的想念を、表明しているのである（この点では、イヴ・バレル(八)が強調している、あのブルジョアジーの社会的構成、特に封建的な諸分子の《出自》は、どうでもいいことである。肝心なのは、それらの分子が、権力に関しても彼らの活動に関しても、封建的な分子としては行動していないことである）。同時に、古代ギリシャの民主的な想念に比べての本質的な違いが、現われる。新しい諸都市は、ほとんど生まれるや否や、寡頭政治の諸形態（イヴ・バレルがそう呼んだような、《パトリシア》〔都市貴族〕の権力）へ、いずれにせよ、権力の罷免されない委任者か《代表》かの諸形態へ、歩みを進める。――私の知っているところでは（もう一度いうが、《細民たち》の諸蜂起、たとえば十四世紀末頃のフィレンツェにおけるチォンピ(九)たちは、棚に上げておくとして）、直接民主制の諸形態へでは決してなかった。その種の諸形態が見出されるためには、十七世紀のイギリスにおける議会軍(一〇)まで――あるいはアメリカとフランスの革命まで、ついで労働運動まで――時代を下らなくてはならない。そうしたことが住民が数千の、さらには二万か三万かの都市で行なわれている事実は、直接民主制は現代世界では不可能であろう、ギリシャ世界では共同体の規模のおかげで可能であったのだろう、とする議論が、いかに人を欺くものであるかを示している。西欧世界はその発足以来、その政治的諸機構を代表制にもとづかせている――し、つねにきわめて短い挿話的な期間に、直接民主制の諸形態が創造されるには、何世紀かを待たなくてはならない。さて、そのことを嘆くにせよ歓迎するにせよ、政治的代表制は、ヨーロッパ世界の創造物である社会的想念の意味作用である。この意味作用は確かにその起源を、古代世界（スパルタ、ローマ……）において知られているような、罷免されない政治的な行政官たちの存在のうちに見出している。その存在は、中世諸都市の中で・中世諸都市によって・再生されたし、大概の場合にほとんどただちに厳密な意味での代表の観念——……に対しての、そしてもちろん高位か上級のものとしてただちに設定された別の権力、王の権力に対しての（イギリス議会、フランスの三部会……）、結局はアメリカとフランスの革命以来の無条件に絶対的な《代表》としての、代表／使節／委任者——誰かに対しての《人民の代表》に、結びつけられており、この《人民の代表》は今や《自分自身に対しての代表》に・つまり、ふたたび、実際に自律化していてほとんど制御しない権力に・なろうとしており、それはわれわれが今日、西欧諸《民主主義》のうちに承知しているようなものである。

他方では、合理的制覇の無限の拡大という、根底的に新しい社会的想念の意味作用が、西欧で創造されている。この意味作用の歴史は、マルクスやヴェーバーの意に反して、作られつづけている。《資本主義》の初期の諸形態の中にはっきりと明確に体現され、十七世紀の合理主義諸哲学（デカルト、ライプニッツ……）の中で意図的に表明された、あの意味作用は、その根源を、単に原・ブルジョアジーのかなりの分子たちの獲得への熱中の中だけではなく、その熱中が、広い意味での技術的（航海、商業、銀行……）でもあり社会的（直接の生産者たちの組織化、都市間の経済諸関係の拡大……）でもある、その満足の諸条件そのものの転換に、きわめて急速に向かっているという事実の中にも、見出している。幾世紀かをへてあの意味作用が、いわゆる産業資本主義を、社会活動のあらゆる領域への《合理化》の侵入を、あげくには今日われわれが承知している自律化した技術・科学の気違いじみた競争を、もたらすことになる。

この核である二つの想念の意味作用——自律の企図と全般的な合理的制覇の企図——は、少なくとも啓蒙思想と十八世紀末の諸革命以後、相互に感染し合うことになる（それらの影響は、たとえばフランス革命の創建事業の中でも、《空想的》社会主義者たちや、もちろんマルクス自身の仕事の中でも、すでに明白である)。ここ二世紀の西欧資本主義社会は、以上二つの異質な・厳密には両立しえない・原理の共存と、平行もし交差もしている作用とを、そこに認めることなしに理解することは不可能である。なぜ両立しえないのか。《合理的制覇》の無限の拡大は、自律を抹殺することしかできないが、一方で自律は、自制〔自己制限〕というその性格から、《合理性》と称するものであれ何であれ、無限の拡大とは共存できないであろうから。

そこに、社会的想念の諸意味作用のマグマの、核をなす独創的な諸構成要素があり、このマグマが近代世界を形成したのである。——確かに、過去から多かれ少なかれ継承した他の諸意味作用、特に国民国家と宗教の諸意味作用を付け加えて、ではあるが。さて、ここ何十年かの西欧資本主義の歩みの中で、社会的・個人的な自律の企図が絶えず後退しているように見え、一方で〔擬・〕合理的な〔擬・〕制覇の拡大が支配的な要素となっていること、それを指摘するのは無益ではない。ここは、そこから生ずる状況の、長期的な・中期的にすらの・安定性の問題を検討する場ではない。共産主義の/ロシアの形での全体主義的な想念は、その主要な構成要素を認定できるマグマを、表現していた。すなわち、そこで奇怪な逆転を強いられた解放を求める原理、極限にまで推進された資本主義的・《合理主義的》な原理、正統的/神政的な形での宗教的な原理、《イデオロギー》によっておきかえられた・しかし帰依の様式は同じままである・宗教的な教義、である。そのことは確かに、共産主義の/ロシアの全体主義が、それらの原理の単なる《合計》ないし《結合》からなっていた、ということを意味してはいない。それらの原理の融合をなしとげつつあの全体主義がそれらに強いた(自由・それは隷属である、等々の完全な転倒にまでいたる)数々の変更、あの体制が存在させた無数のもののうちに認められる独特の(こういって許されるなら)

《様式》と《精神》は、歴史的な創造——確かに（他の多くのものと同様の）奇怪な創造だが、それでもやはり創造——を、そこで証明するのに十分である。

中世の都市

これまでざっとのべてきた諸考察は、私が一九六四年以後に発表してきた数多くの文章(7)での詳述を要約している。イヴ・バレルは（一九七七年に刊行した）『中世の都市』(一一)を書きながら、以上の文章を知らなかったように思われる。それらを知っていたら、マルクス主義の残りくずから、『中世の都市』の多くの場所で見られるあの残りくずとの時代遅れの闘いから、彼をもっと素早く解放させるのにどれほど役立ったか、私にはわからない。いずれにせよ、一九八一年六月に（《自己・組織化》についてのスリジィでの討論会で）われわれが出会った時、お互い同士の間での好感と問題意識の近親性が、ただちに示されたのだった。(8)

『中世の都市』に関して、用語は別にして私にはもっとも意義深いと思われる諸点についての、ここで私が簡単にふれておきたい近親性と一致点。

第一に、諸疑問の中で。あの本の中でなしとげられた豊かさに満ちた仕事を基礎づけ、緊張させているのは、何が社会を一緒にまとめているのか、一つの社会を作っているものは何なのか、そして、歴史の中にいかに・なぜ・新しい出現があるのか(9)、という二つの重大な問いである。

イヴ・バレルが彼が検討している事例の中でそれらの問いに与えているいくつかの答えは、基本的に私には真実だと思われる。中世の出現は、《重大な非連続》として認められており（七四頁と一六五頁以下）、その中で《新しい諸要素の出現》(一六九頁)が見分けられる。この非連続は、《連続》と織りなされている(第一章、そして五〇五頁と五七四頁)。なぜなら非連続は、その起源を(つねにではないが)回顧できる・継承した・諸要素を(必然的に、とつけ加えよう)含んでいるからである。それらのさまざまな要素は、それらの間で単純な諸関係を維持してはいない。まず《因果関係》の観点からも。なぜならここでは《因果関係》が《循環する》からであり(七六頁。《動詞の矛盾の極限での》表現、と彼は正当にも書いている。一六四頁。雌鳥と卵、一六五頁)、またその循環性は同時に《発生》(七七頁)だからである。また意味作用の観点からも。なぜなら《不確定性》があるからである(同書の各所で。私なら、集同的な観点での不確定性と、つけ加えるであろう。——その根拠は、諸意味作用のマグマ的性格である)。《共・発生》(三〇四頁、三二二頁)がある。

いいかえれば——これは自明の理ではないが——時間性はここでは独自の強い意味での歴史的なものであり、創造はつねにすでにそこにあるものの中で、そうしたものが提供する諸手段によって、行なわれる。このことは、形式としての、この形式としての、創造であることを妨げない。その形式こそイヴ・バレルが(この領域では私には不適切なと思われる・しかし彼にとっては重要な・言葉で)《体系》(一四三頁以下)と呼んでいるものである。この形式の還元不可能性、それら相互の組み合わせが中世の都市を《生んだ》であろう諸分子を、分離し・分解し・お盆にのせてわれわれに示し・うると信じているらしいあらゆる《分析》の空しさは、都市についてのマックス・ヴェーバーの文章の英訳者たちによる序文の、あるくだり(一八七頁、注)に明示されている。すなわち、《都市〔に関する〕諸文章の中に、すべてを、あるいは何でも、見出すことができる。ただ都市自身を創造する形式を与える原理をのぞいて。……すべてがそこにある。すべてに命を与える独特で明確なあの不可欠なもの〔*the one precise essential*〕をのぞいて。すべてがいわれ、なされた時、都市とは何か、という問いが残されている)。

なぜ分析が失敗するのか。なぜなら中世の都市は——別のものにもとづいて《説明する》のではなく——(やはり)それ自身にもとづいて理解することができる社会・歴史的な形式だからである。中世の都市は——上流で生みだしうるか演繹しうるかするものではなく、下流において辛うじて理解しうる——創造である。中世の都市は、新しい社会的想念の意味作用(バビロンでも、テーベでも、チルスでも、アテナイでも、ローマでもない、われわれがそう呼んでいるような《中世の都市》と、それにともなわれる諸意味作用のマグマの、設定である。そのことが——私としては、すでにのべたことでおわかりのように、創造の循環と呼びたい——《循環する因果関係》の中にも見られる。この《関係》は、すでにそこにある諸要素に別の内容を与えるし、諸要素がそれらのおかげでしか存在しないものの《諸要素》でありうるようにさせる・その内容のおかげで諸要素が存在している・別の内容を、与える。イヴ・バレルが《パトリシア》〔都市貴族〕の中に不当にも探知しているもののような、《新しい論理》は、全く新しい形式の中で・それによって・しか《論理》ではありえない。そうでなければ、それは単なる不条理である(ウォール・ストリートとダリウス帝の宮廷での《論理》を入れ換えて見給え。その結果を私にいってほしい)。ある点でバレルは、彼独自の直観の手前にとどまっている、と私には思われる。それは彼が、都市においてはお金が権力の基礎にある(おそらく、マルクス主義の残り香)、といっているように見え、新しい権力が、まさしく新しい《基礎》、お金を自ら創りだすことによって創造されていることを、見ていない時にである。お金はそうして、たとえば九世紀にそれが持っていたのとは全く違った性格を、帯びたのである。

社会・歴史的な形式としての都市は、もちろん最小限の保存を、つまり自己再生産(一四五頁以下)であるその再生産（四九頁）を、強いられている。この再生産は——もう一度いうが、われわれは社会・歴史的なものの中にいる——、同一のものの再生産では決してない。《構造の不朽性》（五一頁）は、ない。《調整》と《再生》が（一七一頁）、都市を変化させながら再生産する。この（《思いがけないものの生産》である、四九頁）自己・再生産は、特に個人の・また共同の・行動者たちの《論理》と《戦略》を含み、つねに《二重で曖昧な》性格を帯びている（七五頁）。不確定のあらゆる除去は、別の不確定の設定である（七一—二頁）。

この自己再生産（七〇—七一頁）は、事実上の自己生産である。——そしてそれが、自己創造にかかわりあっていることは明らかである。《体系は、それが存在しているがゆえに創造されるし、それが創造されるがゆえに存在している》（七七頁）。《生産》という用語は、（マルクスに由来する、しかし実際にはカント起源でハイデガーの帰結である）まことしやかに透明な術語の下に、ここでもよそでも（今日においてなお）、重大な存在論的な問題をおおいかくすことにしか役立っていない。工場で自動車が生産される。このどこに不可解なものがあるのだろうか。

あの自己創造のかげには何かしらがある。イヴ・バレルが《ほぼ意図性》（一〇二頁、ほか）の《非意図的な》、《非意識的な》諸活動について語っていることは、社会・歴史的な創造の最終的な源泉としての、匿名で共同の、創出する根源的想念の観念のきわめて近くに、彼を導いてゆく。彼は、《都市の想念》について語っている（一八二頁）。彼は、そこから先に進まない。なぜと問うてみても無駄であろう。しかしその方向へのいくつかの障害は、見分けられうるものである。すなわち、マルクス主義とアルチュセール主義の残りくず、《象徴的なもの》という用語の（《反・結論》の中での、五八三頁—五九二頁）どこでも通用する活用。この用語は、その厳密な意味を離れ、すべてに、何にでも、送り返される。おそらく最後には、想像力の伝統的な観念にも（彼は五八四頁で、ジルベール・デュランを引用しているが、この人物は想像力の中に、《外的な》Xに結びついているか結びついていない・《知覚によって供給される・数々の写しを変形する、活動的な力》を見ているのである。——まるで知覚がかつて《写し》を供給しえたかのように、まるで精神現象の根源的想像力の最初の仕事が、諸形式の世界を存在させることではまさになかったかのように）。

しかし大事な点はそこにはない。『中世の都市』によってイヴ・バレルは、先駆的な仕事、社会的な探求の模範を、提出した。この模範は、社会・歴史的な諸形式のかく・あること、しか・あること、それらの《発生》とそれらの《風解》——それらの創造とそれらの破壊——という、きわめてむつかしい・もっとも決定的な・いくつかの問題に、《経験的な素材》の間近で立ち向かっているし、相続した概念上のいくつもの枠を粉砕し、もはや単に社会学者ないし歴史家のものではなく、社会と歴史についての哲学者のものである領域へと、大胆に——しかし無謀にではなく——前進しているのである。嘆かわしいのは、それほど重要な書物が同時代において大した反響を呼んでいないこと、その書物が、古い構造主義者たちと新しい非・哲学者たちの周りでの愚かなダンスに吸収された・ここ十五年来の・知的フランスの、悲しい状況についての長談義の外に、すでに久しくおかれていることである。

想像力、想念、熟考[1]

根源的な想像力、創出する社会的想念、これらは熟考にとって中心的に意味を持つものですし、それらにもとづいて哲学の全体が再建されうるし、再建されなければなりません。個々の人間たちの・精神現象の・魂の・根源的な想像力が、二十三世紀前にアレストテレスによってはじめて発見され論議されているのに、主観性についての哲学の中でそれにふさわしい中心的な位置を決して獲得しなかったことには、驚かされるかもしれません。さらに社会的想念、創出する根源的想念が、哲学的・社会学的・政治的な思想史を通じて全く知られていなかったこと――今もそうであること[2]――についても、驚かされるかもしれません。この隠蔽化の原因は、まさしく人間諸社会の他律の中に深く根を張っておりますし、この他律から旧来の思想はこの領域において、解放されるにはいたっていません。この最後の点について私は一九七五年以来[3]、何度も繰り返してふれてきましたが、以下でもう一度、簡略にとりあげることにします。

想像力という用語の修復が、この言葉の二つの含意のためにぜひとも必要です。つまり、この用語の(単に《視覚的な》ものでは全くない)もっとも一般的な意味での映像との・すなわち形式(*Bild*, *Einbildung*〔心象、空想〕等々)との・関連と、発明という・むしろ正確にいうなら創造という・観念との関連の、二つのためにです。

私は、根源的なという用語を用いています。これは第一に、私が《二次的な》想像力として扱っているもの、人がふつうに語っている唯一の想像力、単に再現させるだけの・そして／あるいは組み合わせをする・想像力、に対置させるためですし、第二は、根源的な想像力が、《現実的なもの》と《想像上のもの》ないし《虚構のもの》との区別以前に生じている、という考えを強調するためです。乱暴にいうなら、われわれにとっての《現実》そのもの、あれこれの現実があるのは、根源的な想像力と創出する想念があるからなのです。

創出する社会的な根源的想念には、二つの考察が避けられません。それは、虚無から（虚無の中ででも虚無とともにでもなく）創造するので、根源的なのです。それは、ふつうの意味での諸《映像》を創造しません（それは、トーテム・ポール、旗、紋章等々の映像を創造するにもかかわらず）。しかしそれは、諸形式を創造しますし、この諸形式は、一般的な意味での諸映像でありうるものです（したがってわれわれはある言葉の《聴覚的な心像》を語ります）が、中心的には諸意味作用と諸制度であり、それら二つはつねに相互に関連しています。想念〔想像上のもの〕という用語は、ここでは実体を示すものであり、ある実体と確かに関係を持っています。この用語は、ある特性を表わす形容詞ではありません[4]。

したがって簡潔にいえば、二つの場合に問題なのは、因果関係なしのヴィス・フォルマンディ〔形成する力〕です。因果関係なしは、《無条件の》、《絶対的な》、基礎－なし、分離された、超越した、関係なし、を意味しません。個々の人間におけるあのヴィス・フォルマンディの源が根源的な想像力、つまり、彼の魂の決定をする次元、です。創出する社会的想念としてのあのヴィス〔力〕の源は、匿名の共同のもの、もっと一般的には社会・歴史的なもの、です。

これからしばらくは、その大部分で、個々の主体の根源的想像力を扱うことにします。私は『想念が社会を創る』の中で創出する社会的想念について詳しく論じましたので、それに関してはここでは、創出に欠かすことのできない諸次元と、創出の創造に影響する諸拘束とに主としてかかわる、限られたものだけに当てることにします。

主体の想像力——哲学

精神現象の想像力の歴史は、これから書かれるべきものですが、ここはそれを企てる場所ではありません。その歴史は実際には、アリストテレス、『霊魂論』、二つの想像力の彼による発見、彼の不決断、とともにはじまっています(5)。その歴史は、ストア学派の人びとやダマイキオスの下でつづけられ、ホッブスからコールリッジにいたる、イギリスでの長い展開を経験します。あの歴史は、『純粋理性批判』第一版のカントによる想像力の再発見によって、頂点に達します。そして、同書第二版におけるその役割の徹底した減少、フィヒテによるその著しい回復、壮年のヘーゲルによる記憶の一変種への信じがたいその還元、一九二七年の『カント・ノート』におけるハイデガーによるカントの発見の再発見と、直後でのその遺棄、それ以後における同じハイデガーによるこの主題についての完全な沈黙、《現実のもの》と《想像上のもの》の資格に関するメルロ＝ポンティのためらい(6)。フロイトについては語らないとしても——私はあとで彼について詳しくとりあげるつもりですが——、彼は、実際に想像力であるものについて、ただの一度もこの名詞をあげることなしに、彼の著作すべてを通じて語るという、功績を達成しています。

アリストテレス

われわれは哲学的な面から、大立者への丁重なもてなしとしてアリストテレスから、まずはじめることにします。私の知る限り、アリストテレスのファンタシーア〔想像力〕が、『霊魂論』において完全に違っている二つの観念を含んでいることは、注目されていません。彼の議論の大部分は、二次的な（付随的な）想像力とまさに呼ぶべきもの、模倣し・再現し・組み合わせる・想像力と対応していますし、それ以来ずっと想像力と考えられるものの要点を供給しています。しかし『霊魂論』第三章の半ばでアリストテレスは、突然、予告することなしに、全く違ったファンタシーアを紹介します。それは、それなしに思想がありえないもの、おそらくあらゆる思想に先行するもの、です。このファンタシーアこそ、私が第一次の想像力と名づけたものですし、それは私の根源的想像力に、ほとんど対応しています。しかしその出現は、追跡も吟味もなしに残されたままです。そしてアリストテレスがファンタシーアとポイエシス〔形成〕の間にいかなる関係も設定していないことも、同時に特徴的です。(7)ポイエシスは彼にとってテクネー〔技術〕ですし、テクネーはもっとも高貴な場合、テクネー・ポイエティケの場合ですら、自然を《模倣している》というのです。

隠蔽の理由

それほど重大な回路を前にしてのあの哲学者の、不決断、後退を、どのように理解すべきなのでしょうか。それは、今も形成されつつある哲学思想の中では、すべてが想像力の役割の再認識を妨げているからです。第一に、特に、私がほかの場所で示したように、(8)哲学が、社会的創出によって事物に、その事物が《非物質的》な場合ですら、与えた存在論的特権の影響下に、基本的にとどまっているからです。第二に、思想はその出現以来、真実（アレテイア）の探求として、パルメニデス以来、誤りを生むと想定されている単なる意見（ドクサ）に対立するものとして、考えられてきたからです。真実は一挙に、ロゴス〔条理〕に、ヌース〔理性〕に――ラティオ〔真実を判別する能力〕、理性に、フェアシュタント〔悟性〕かフェアヌンフト〔理性〕に――結びつけられました。相関的にドクサは、感覚の印象に・想像力の産物に・あるいはそれら両者に・関連づけられました。ドクサは急速に《ソフィストたち》の・のちには懐疑論の・ものとされました。世界と存在に関する真実が求められました。この探求は、ロゴスとヌースの仕事でなければなりませんでした。何であれファンタシーア――ファイノマイ、私には思われる、私には見える、から直接に派生した語――に負うている探求が受け入れられないのは、当然のことでした。しかし、世界と存在が、いかにして、なぜ、人間の一主体にとって存在するにいたるのでしょうか。確かにそれらは、彼にはそう見え――ファイネタイ――ます。しかしすべての見えるもの、ファイネタイの中で、単にファイネタイであるものと実際にあるもの――オントス・オン――とを、いかにして見分けるのでしょうか。

この識別はロゴスの仕事ですし、あるいはそうでなくてはなりませんでした。ロゴスは語るものであり、語られるものです。ロゴスは、個々の人間にも、語る存在たちの共同体にも、語ることを可能にするものです。ギリシャ語のレゲンは、語ることをも選ぶことをも、意味します。選ぶことは、識別することを前提としています。アリストテレスにおいてロゴスは、はなはだ多義的な用語です。しかし彼の名高い文章、アントロポス・エスティ・ゾーン・ロゴン・エシュオン、人間はロゴスを持つ生物である、の中では、ロゴスは主として言語に関係しています。理性的な動物という訳は、一世紀におけるセネカに負うています。しかし、いかにして人間たちは言語を与えられるにいたるのか。言語はどこから来るのか。ご存じのように、言語の自然な（ピュセイ）・あるいは慣習的な／制度化された（ノモ）・性格に関する議論は、少なくとも前五世紀以来、大流行していました。言語の慣習的な／制度化された性格に関するデモクリトスの議論は、その後も乗り越えられませんでしたし、乗り越えられることはできないでしょう。プラトンの『クラテュロス』は結論のないままとなっていますが、明らかに彼は、言葉の《自然な》性格という観念を笑いものにしようとしています。アリストテレスは言葉を、フォネ・セマンティケ・カタ・シンテケン、つまり習慣にしたがって意味を伝える《声》(ないし音)と、定義していますが、それ以上に彼の考察を推し進めてはおりません。のみならず、この回路には後続がないままです。ギリシャ人たちは、ピュシスとノモスの間の、つまり自然と制度の間の、区別を発見しましたし、彼らの諸制度を明白に変えることによって、その区別を実行に移しました。しかしデモクリトスをのぞいて、彼らのもっとも重要な哲学者たちは、その区別を練り上げることをひかえましたし、彼らが《任意のもの》への・自由への・道を開くことを恐れていたことは、少なくともプラトンの場合には、明らかです。したがってヘロドトスの眼にもピポクラテス派の著作の著者たちの眼にも明白であり・特に民主的な諸都市の実践の中で証明された・言語とあらゆる制度の社会的起源――社会的創造――は、哲学にとっては何の成果もないままで残されています。

この奇妙な回避を解明することを二つの考察が可能にしますし、それらの有効性はギリシャ時代をはるかに乗り越えます。伝統が、そして/あるいは宗教が、異論の余地のない源泉と、法や・世界についての意味作用の・絶対的な諸原則とを供給するのを止めた時、哲学がそれらの位置に代わりました。この歩みが、あのフンダメントゥム・インコンクススムの、すなわち不動の基礎の、設定を求めましたし、その基礎は理性でなければならなかったのでした。きわめて早くから出現した存在論的な諸範疇にしたがって、その理性は、諸事物、諸思想、諸実体の中に――すなわち実体を持つ個人たち、諸思想を受け入れうる諸事物、レス・コギタンス〔考えられる事物〕の中に――存在しえたのでした。しかし個人たち、自分たちの必要・自分たちの恐怖・自分たちの《合理的な計算》・のために交流に加わる、あの個人たちの単なる収集物としてしか見られえなかった、匿名の社会的集団の中にでは、確かになかったのでした。

したがって出発以来（すでにパルメニデスにおいて）、哲学は集合論的・同一性的な論理学を構成する、エクス・ニヒロ・ニヒル〔決して虚無からではない〕公理を、肯定しています。しかし個々の人間主体の根源的想像力と創出する社会的想念は、創造しますし、エクス・ニヒロ〔虚無から〕創造します。ですから、それらが創造するものは、非・存在か、せいぜい虚構か錯覚でなければなりません。確かにそれでは、解答になりません。なぜなら諸虚構も諸錯覚も存在しているからです（それに、たとえば、巨大な《現実の》諸結果をもたらしうるからです）。この難題は、おおいかくされました。それが、たちまち持続という基準に結びつけられた《存在の度合》――あるいは《実在の強度》――といった観念によっておおいかくされた時にですし、結果として恒久性、永遠なもの、ついには非・時間性が、真の存在の諸特徴になりますし、この真の存在は、不易性と同一視されますし――したがってヘラクレイトス的な流出に属するものすべてを失格させますし――また普遍性とも同一視されますし、全員にとって必然的に存在しなければならないものと、単に誰かにだけ生ずるものとを、対置させます。もちろんまた、哲学が神学化されてからは、創造は、神の・理論上《有限の存在》には近づきがたい・特性としてしか、考えられえませんでした。そのことは、カントにおいても、彼の《知的直観》の可能性に反対する議論のうちにも、依然としてはっきり見受けられます。必要な変更を加えれば、すべてこれらは、今日においても真実のままです。《形而上学》や《存在神学》への非難や、広告のスローガンに変形した、想像力と創造性についての商業的なおしゃべりにもかかわらず、です。

カント

歴史的な諸考察にもどろう。そしてカントを開示してみよう。『純粋理性批判』（24、一五一頁）の中に、しかるべき形式の定義が見出されます。《想像力は、ある対象をその現存なしにすら直観の中で表象する力〔*Vermögen*〕である》[9]と。パルメニデスは同じことを、そうでないとすればそれ以上を、すでにいっていたことに注意しておきましょう。すなわち、《不在〔の存在〕が、ヌース〔理性〕において／によって／のために、いかに現存しているかを検討せよ》[10]と。奇妙にもプラトンが語るソクラテスは、彼が想像力はそこにないものを〔自分に〕思い起こさせる能力であると主張した時、ずっと先をいっています。カントは先の箇所につづいて《われわれのすべての直観は感知しうるものなので、想像力は感性に属している》と、いっています。しかしこれは、真実の逆です。つまり感性が想像力に属しているのです。このことについて私は、あとで示すことにします。ここでカントが語っている想像力は、二次的な想像力です。

ご存じのようにカントは別の場所で、前記の定義が意味するものよりずっと進んだものを目指すことになります。すなわち《超越的な想像力》の概念ですし、図式論に関するいくつかの節や、空間と時間についての諸章の内容すら、先の教科書用心理学的な定義のはるか先をいっています。これについてはまたとりあげることにしますが、あの定義をここで引用したのは、それに真の定義を並置することができるように、です。真の定義とは、想像力は諸表象を出現させる力（能力、機能）であり、諸表象は外的な刺激から生ずるか、生じない、というものです。いいかえれば、想像力は *realiter*〔実際には〕存在しないものを存在させる力ですし、ここで *realiter* とは、物理学における現実の意味で用いられています。

I　第一に外的な刺激（ないし《うながし》）の場合を考えてみよう。フィヒテは、彼の『全知識学の基礎』第一版の中で、想像力にカントよりもはるかに大きな重要性を与えていますし、衝撃（*Anstoss*）について語っています。そこでは彼はもっともです。しかしカントは諸感覚について語り、《諸印象の受容性》を《諸概念の自然発生性》に対置しています。想像力は明らかに、自然発生性の側におかれるべきでしょう。しかし奇妙にも想像力は、あの対置の外に残されたままです。もし想像力が《感じやすさ》に属するものと見なされるのなら、それは受身でなくてはならないでしょう――が、これは意味を持たせるのが難しい観念です。しかしあの《諸印象の受容性》とは、実際にどんなものなのでしょうか。*Sinnlichkeit*――感受性ないし感覚性――とは、どんなものなのでしょうか。

実際には、《諸印象》のいかなる《受容性》ないし《受身性》も、ありません。第一に、《諸印象》などありません。諸《印象》は、哲学的ないし心理学的な、人工物です。いくつかの場合には、諸知覚が――すなわち、《外的な》・多かれ少なかれ《無関係な》・諸対象と相関的な諸表象が――あります（いくつかの場合にだけです。つまりすべての旧来の哲学にとっては、知覚の法外な特権があり、それがフッサール、ハイデガー、メルロ＝ポンティにおいては、さらに強められています(11)）。それらの知覚は、おそらく《感覚的な》構成要素を含んでいます。しかしこの構成要素それ自身が、想像力の創造物です。諸《感覚》はXにもとづいて、《物理学的にも》《現実にも》存在していない何かしらを、出現させます。諸感覚は、色彩、音、匂い、等々を出現させます。《物理学的な》自然の中には、色彩も音も匂いもありません。あるのはただ、電磁波、空気の振動、諸分子の各種、等々だけです。感じうるクワル〔質〕、名高い《二次的な性質》は、感受性の・つまりそのもっとも基礎的な現われの中での想像力の・単なる創造物ですし、想像力がある形式を、ある特定の形式を、《即自的な》当の形式とは何の関係もない何かしらに、与えるのです。

もちろんエジントン(二)の《二つの〔対照的な〕表》があります(12)。この〔知られた実体についての〕表は、私が手にし・私が眺め・私がそれに支えられている・この表は、個々の想像力と社会的想念によって創造された、限りなく多様な《諸要素》を含んでいます。もう一つの〔少しも実体的ではない科学についての〕《表》──実際には全く《表》ではなく、陽子と電子と、そして／あるいは電磁波の振動とによって、諸惑星の距離に点々と散りばめられた空虚であるもの──は、科学が今日製作しているような、科学的構築物です（そしてこのことは科学を、私の理解している言葉の意味で、より想像上のものでなくするものではありません）。

現象学についての余談

あの区別の有効性ないし妥当性について最近、《第一人称的態度》(13)を援用する現象学者たちの側から異論がでているので、余談が有益であると思われます。

もちろん事物の中には、《第一次の》性質と《二次的な》性質の間の、区別はありません。──色、音、匂い、味わい、触覚に対立するものとしての、数、形態、大きさの間にも。確かに第一次のものたちは、《範疇的なもの》ないし《論理的なもの》にもとづいています──し、それらは、二次的なものたちの特徴がそのたびごとにそれら独自の具体性であるのに対し、普遍的な形式を示しています。しかしすべてそれらの《品質》は、生きている身体の・生命ある身体の・つまり人間たちの間では一体化されている精神現象の・創造物ですし、多かれ少なかれ恒久的か一時的かの・多かれ少なかれ種属的か個々のかの・創造物です。それらの創造物は、しばしば《外的な》Xによって条件づけられています。──しかしそのXが《原因となって》いるのではありません。光線は色を帯びてはいませんし、色彩としての色彩の原因になってはおりません。光線は、いくつかの条件の下で、主体によるある《映像》の創造をもたらしますし、この《映像》は多くの場合──いわば論理的には、われわれが語りうるすべての場合において──、種属的にかつ社会的に関与を受けています。
そのことは、それらの映像が《精神の中で》《混乱している》映像であること（《観念的に》か《デカルト的に》まことしやかであるもの）を、意味しません。それらは《混乱して》も、《多かれ少なかれ混乱しても》おりません。それらは、まさにそれらがあるがままのもの、諸映像です。《肖像》ないし《模倣》の意味でではなく、*Vorstellungen*、諸表象、あるいはむしろ諸提示の意味において、です。つまり、別の提示による以外、それについて何一ついいえない、何かしらの諸提示としてですし、別の提示については、果てしない議論がつづけられましょうし、この別な提示は確かにあの諸提示と《同一のもの》でも《同形のもの》でもありません（たとえば、《色彩の不変性》についての、神経生理学者たちが親しんでいる分析は、そのことをはっきりと示しています）。それは《反応する》最初のやり方ですし、――これもまたいくつかの場合にのみです。たとえば、ある楽想が《浮かんでくる》作曲家は、《外的な》何かしらに《反応している》のではありません。この《反応》は、《精神の中でのある思いつき》ではないし、それは主体の全体的な状態（《身体》と《魂》）です。

しかしそのことはまして、《第一人称的》ないし《意図的な》態度が、《それらがあるがままのような諸事物》を私に与えること（現象学的にまことしやかなこと）を、意味するものではありません。そこには、現象学の現実主義的な奇妙な幻覚がありますし、それは逆説的に否応もなく唯我論的な諸帰結と共存しています。私が自分の《第一人称としての態度》に頼っているとしたら、何かしらが別の人物のために存在していること、実をいえば別の人物が単に存在していることを、どのようにして私は知りうるのでしょうか。厳密に現象学的な観点に立てば、私は《他の人物たち》の経験に全く近づけないし、彼らと彼らの《経験》は私にとっての現象としてしか、存在しません。フッサールの『デカルト的省察』の中での（あるいはメルロ＝ポンティの『知覚の現象学』の中での）、この問題についての単なる指摘は、問題を厄介払いするのに十分ではありません。

《第一人称的態度》は、われわれが《他の人物》を棚に上げておくとしても、大いに矛盾しています。あの態度は私に、たとえばある対象を動かすためには、あるいは私自身を動かすためには、私に力が要ることを告げています。しかし私が車の中にいて、運転手が乱暴にブレーキをかけたとしたら、私はいかなる力を発揮することもなしに、フロント・ガラス越しに投げだされます。これもまた《第一人称としての経験》です。《第一人称的態度》の《特権》ないし《正しさ》は、哲学的にはきわめて奇妙に見えます。その《特権》ないし《正しさ》が、そうさせざるをえないので、それらが明らかにすると主張している《経験》そのものの中で、諸矛盾ないし諸混乱を導いている、とするならば。フッサールの《本原的な箱舟としての地球は動かない》という言明は、たとえば同様に強制される直接的な諸現象を（たとえば、フーコーの振子、あるいは諸恒星の年ごとの視差を）、不条理ないし空しいものとして除去することを、私に強います。

現象学は、《生活世界》（*Lebenswelt*）への晩年のフッサールの逃走によっても、さほど救われてはおりません。疑いもなく《第一人称的態度》は、諸事物が生活世界の中で見えているような諸事物を、提示します。しかしそのことは、あの態度が、種属的な（種の）生物学的な想像力と、私が私の人間ソシイ（仲間たち）と共有している社会的想念によって形成されたような諸事物を、提示していることしか意味しません。しかし哲学は、われわれが生物学的な次元におけるとともに社会・歴史的な次元における生活世界の、閉鎖を破壊しようとする時に、はじまります。もちろんわれわれは、われわれをすべての閉鎖の外に飛び立たせ・《どこにもないところでの見方》に達すること・ができるほどに、閉鎖を破壊することは決してできません。しかしながらわれわれは、ともかく閉鎖を破壊します。そして《赤》はある生命のある身体のために・その中で・それにとって・しか存在しないのかどうか——あるいはいっそのこと、あのニンフたちやあの神々が、古代ギリシャ人たちの生活世界では主要な部分を占めていたのに、泉にはどんなニンフも、大河にはどんな神も、いないのかどうか——われわれは知らないと主張するのは、無駄なことです。

赤、あるいは赤い物体は、《私の精神の中でのぼんやりした観念》ではありませんし、《あちらの》（サルトル）現象でもありません。私の世界の創造、われわれの世界の創造は、《外部》の創造をも含みますし、そこでは物体、色彩等々が、私とは違ったもの・私——つねに撤回できない形でここにいる私——から離れているもの・として存在しています。私やわれわれの世界の創造はまた二重の時間的な領域（《以後》と《以前》）も含んでいますし、その領域の中で私はつねに永遠に動きつつある今にいます。

確かにそれらすべては、どうにかこうにか・赤を見るのにふさわしいものを・直接に・《私が知っていること》を、さらにはまた、そこでもっとも重要な諸事物は社会的想念の諸意味作用——たとえばニンフたちや貨幣——である、社会の中で生きるのにふさわしいものを・直接に・私が知っていることを、前提としています。何も誰も、われわれが《……経験の〝中〟か、それに〝よって〟生きることを止め》させませんし、《われわれが経験そのものを対象として、あるいは結局は同じことだが、他者の経験でありえたであろう経験として、取り扱うよう[14]》させることはできません。テーラーをさらに引用するなら、私は《私の歯の痛みを、脳に向かって神経組織にそって信号を送る虫歯を原因とする、私の精神の中での単なる観念性として体験すること》はできない、というのも全く真実です。しかし私はまた、その《体験》に密着していること、そして歯の痛みという異常な事実に取り組む別の道——たとえばアスピリンを飲むか歯医者にかけつけるか私をうながす道——を知らずにいることを、強いられてもいません。

現象学的な・あるいは《第一人称的》・態度のかげには、《私自身の》経験を唯一の真正なものとして、いずれにせよ特権的なもの——《事物そのもの》(*die Sache selbst*) へ接近させる唯一のもの——として示す、企図があります。しかし実際には、あの経験は単に《私のもの》ではなく、それには生物学的・社会的なある種属性が加わっています。そうでなければわれわれは、どれほど不手際にであろうと、それについて話すことは決してできないでしょう。それは《経験》ではなくて、想像上の創造です。この創造は、《事物そのもの》に接近するのではなく、単にあるXに出会うのです。それも、いくつかの場合にのみ、部分的にのみ、です。この創造は、哲学的に絶対的な特権を持つものではありません。それは、永遠に回帰する・(一時的に)末端にある・出発点にすぎません。家はそこからわれわれが出発するところ、とT・S・エリオット(三)は書いています。われわれがはじめるのは、われわれの家からです。われわれの《個人的な》経験は、われわれの個人的な家です。——しかしこの家は、それが村か都市の中にないとすれば、家ではなく、孤独な洞窟でしょう。なぜなら、いかに家々を建て、いかにそこで暮らすかをわれわれに教えるのは、共同体だからです。われわれは家なしに暮らすことはできません。しかしそれ以上に、《われわれの》家の中に密閉されたまま暮らすことも、できません。晩年のフッサールや初期のハイデガーのように、厳密に現象学的な態度、つまり、《生活世界》に対しての(『存在と時間』における私のものである私、わが私有の私、といった)自我論的な態度を離れることによっても人は、自我中心的な見方を人種ないし社会中心的な見方に取り替えるだけにすぎません。つまりより大きな規模での唯我論にです。なぜなら、われわれはそのことを知るべきなのですが、われわれの *Lebenswelt*、われわれの《生活世界》が、他の限りない数の中でのこのような一つの世界でしかないことを知ることは、《第一人称的な》共同の多数の《諸経験》があること、それらのうちにはちょっと見たところ特権化されているいかなるものもないこと、を認めることですし、もっとよく見てみれば、唯一の——哲学的に、また政治的に——《特権化されているもの》は、人間諸世界のあの同じ多様性を認めかつ受け入れることができるような・そのことで自分自身の世界の閉鎖をできる限り打ち破る・経験であることを、認めることです。

改めてカントについて

I　すでにのべたように、われわれは決して諸《印象》にはかかわりあってはいません。われわれがかかわりあっているのは、諸知覚、つまり諸表象（*Vorstellungen*）の一種類です。そして知覚的な表象（あるいは何らかの表象）を《感覚的な諸与件》（*sense data*）の単なる並置によって構成することは、不可能です。表象は、それがいかに曖昧であり奇妙であろうと、この種に特有の結合と驚くべき組織を持っています。それは、単なる無形の多様性、単なる*Mannigfaltigkeit*〔多様なもの〕ではありません。したがって、表象の中に含まれる《論理的な》作業の驚嘆すべき量があります。表象は、カントの諸範疇のいくつか、反省についての純理論的な諸概念、彼の*Reflexionsbegriffen*〔反省概念〕と不適切に呼ばれ不適切に位置づけられたもののいくつか、さらにわれわれがここでは語ることのできない・特に位相的な・いくつかの図式（たとえば、隣接／分離、連続／不連続）を、活動させます。

以上の諸考察は、すべての生きている存在——すべての対自的存在——に関して確かに真実ですが、しかし一般的な場合、《論理的な》諸機能はもっと単純ですし、いずれにせよ人間たちの間でのように、想像力の別の諸機能によって混ぜものをされてはおりません。諸範疇は知覚にとって本質的なものであり、知覚のうちに内在しています。一匹の犬が一羽の兎を追い、ふつうはそれをつかまえます。それはつまり、超越的な有効性なしの捕獲です。なぜならつかまえられた兎という種目は、犬という超越的な知覚の種目にもとづく超越的な諸図式の仲介で、設定されてはいなかったからです。しかし犬の生命の継続にとっては重要な捕獲です。カントは実際には、《動物機械》についてのデカルト的な概念に、結びつけられています。彼が『第三批判』で別の見方をちらりと示していることは事実ですが、単に《反省的に》、単に著しく目的論的な形而上学の一部として、です。ついで、カントの理論体系における私の資格を明らかにしてみることにします。構成的な（確定的な）視点では、私は（身体的・精神的な）機械です。反省的な視点からは、私は機械的にはわけのわからない・しかし目的論的には理解しうる・存在です。超越的な視点では、単に私は存在しておらず、私は価値がある（*Ich gelte*）のです。倫理的な視点では、私は実際には（確定的な視点では）決してありえないであろうものでなくてはならないのです。つまり、あらゆる心理学的な動機の《外で》行動する原動力に、です。これらの条件の下で、私はすべての人間と同様に《ねじれた木》からできている、ということ、それは確かに千福年説信者の婉曲な言いまわしになります。

　われわれの主要な論議に戻りましょう。根源的な（知覚的なクワル〔特性〕と論理的な諸形式の源泉としての）想像力は、すべての（人間たちを含む）対自的な存在にとって、固有の世界（*Eigenwelt*）を対自的に創造することを可能にするものですし、その世界の《中に》彼自身もおかれます。最終的に《外では》表現しえないXであるものは、彼の感覚的・論理的な想像力の働きによって、個々の存在にとって明確で特定の何かしらになりますし、彼の想像力は外的な諸衝撃を《濾過し》、《形づけ》、《組織し》ます。もし世界が内在的に組織しうるもの——それが単に《カオス的》ではありえないことを意味するもの——ではなかったら、いかなる対自的な存在も世界にもとづいて何かしらを《組織する》ことができないであろうことは明白です。そこに、私がここでは論議できない[15]、この問題のまさに存在論的な次元があります。

しかしわれわれは、外的な諸《衝撃》によって誘発される諸表象に、かかわりあっているだけではありません。それらの衝撃の相対的な（そしてしばしば、絶対的な）無関係性の中で、われわれはある《内部》を持ちます。ここでわれわれは、動物等々の仲間から離れます――動物が《内部》を持たないのではなく、われわれがそれについて道理にかなったことを何一ついいえないからです（《それは蝙蝠《こうもり》であることにふさわしいのだろうか》、《月に吠える犬は何を考えているのだろうか》）。この《内部》は、確かに分離しえない諸表象・諸情動・諸意図の、永遠の・真にヘラクレイトス的な・流出です（この非分離性については、カントもフィヒテも、旧来の哲学のいかなる代表者も、いうべき大したことを持ってはおりません。せいぜいこの主題は、《経験的心理学》に追いやられましょう。しかし、あの非分離性が提起する諸問題が対自の存在論にとって基本的な重要性を帯びていることは、明白です）。その側面について私は、ここで詳述することはできません。のべておくべきことは、あの流出の中で諸表象（と諸情動と諸意図ないし諸欲望）は、《絶対に自然発生的な》形で原則として出現する、ということですし、さらには、われわれの諸情動、われわれの諸意図（諸欲望）は、それらの存在すること・それらの存在様式・それらのかく‐すること・の中に原因を持たない、あのヴィス・フォルマンディ〔形成する力〕の創造物だ、ということです。そしてわれわれの理解しうる限りで、この諸表象・諸情動・諸欲望の流出は、個々の人間それぞれにとって個々のものです。われわれの感覚的な想像力とその論理的な構成要素は、われわれ全員にとって《同一》である（もっとよい言葉でなら、本質的に類似している）と、いうことはできます。しかしその諸産物が決定的な度合で《内部》によって共同・創造されている限り、この感覚的な想像力すら、結局は（味わいも色彩も……）個々のもの、です。

もし第一の側面（《外部》にかかわる、知覚的な側面）において根源的想像力が、個々の人間にとっての《種属的な》固有の世界、人類のほかの仲間たちと十分に共有する世界を創造するとすれば、第二の側面、まさしく精神的な側面において根源的な想像力は、個々に固有の世界を創造します。この事実の重要性を誇大視することはできません。あの《内部》こそが、第一に、単に《与えられた》と見なされる世界に相対的に距離をおくことを、第二に、その世界に対しての*Einstellung*〔調整〕、積極的で活動的な設定と配置を、可能にし条件づけます。表象・情動・意図は同時に、固有の世界の——マテリアリテル・スペクタティ〔経験した具体的なもの〕すらの——形成の諸原理であるとともに、その世界に距離をおくこと、それに対する働きかけの、諸原理でもあります。

Ⅲ　カントの《超越的な想像力》について少しばかり。カントの発見の重要性をいささかもおとしめることなしに、その諸限界を指摘しなければなりません。第一に、カントの想像力は初めから終わりまで、《真の認識》の諸要求にしたがっています。第二に、あの想像力は——まさしく以上の理由から——永遠に《同じもの》です。もし超越的な想像力が、何であれ想像しはじめたら、カントの世界はたちまち崩壊するでしょう。やはり先の理由からまた、カントは、認識の（科学的か哲学的かの）領域での、想像力の創造的な役割を理解することができませんし、理解しようと望んでもおりません。それゆえに科学の歴史という存在は、カントの枠組の中では、諸帰納の単なる累積にとどまっていますし、その事情が明らかではないので、歴史という存在は謎となっています[16]。

ここでは二つの追加的な指摘が避けられません。想像力についてのカントの概念のもっとも強力な——もっとも真実な——点は、もちろん諸範疇と《感覚的な諸与件》の間の仲介としての、図式論の理念です。それを導入することによってカントは、《……人間の魂の奥底には隠された力がある》と、書いていますし、その力が超越的な諸図式の源泉です。しかしそこで、《人間の魂》とその《奥底》は、何をしようとしているのか、が問われます。カントにとって人間の魂は、《経験的な心理学》の領域ですし、そこでは因果関係がこの上なく支配しています。魂は、ア・プリオリに総合的な判断の可能性を保証すると想定されている、《超越的な》次元と全く関係がないのです。

想像力は『判断力批判』の中にも現われます。しかしそこでは言及されるだけで、活用されておりません し、芸術作品の起源は創造的な力に与えられていますが、その力は想像力に結びつけられてはおらず、想像力は創造的と名づけられてもおりません(カントは *schaffen*〔創作〕については語っていますが、*schöpfen*〔創造〕については語っておりません。この後者の語は、ただ一度しか現われませんし、全く重要ではない文脈の中でです)。あの力は天分ですし、天分は自然のように(*als Natur*)作用します。われわれは芸術作品の中で、《悟性の諸法則に応じて想像力の自由な働き》を楽しみます。しかし芸術作品の価値は、それが直観の中で理性の諸概念を提示するもののうちに、存在します。私としては、『アンティゴネー』、『リア王』、『城』の中に提示された理性の諸概念を理解することは、自分にはできないと認めます。

IV　想像力における認識の役割に立ち戻ることにします。カントは、ご存じのように、《諸印象の受容性》と《〔純粋な〕諸概念の自然発生性》とを区別し、対照させています。実際には、ここでもまた、単なる刺激への反応を越えて、自然発生性——映像に富んだ自然発生性——は、初めからすでにそこにあります。自然発生性は、諸印象の形式とそれらの関係設定に、責任があります。それは、別の言葉でいえば、最初の表象に、責任があります。その表象の組成——カントが『純粋理性批判』の第一版で《直観の中での理解の総括》と呼んでいたもの——の中にわれわれは、主体の根源的な想像力の働きを認めることができますし、主体はすでに彼自身のうちに数々の論理の芽を含んでいます。というのもあらゆる形成は、諸規則にしたがった多様な関係設定を前提としているからです。

われわれは、カントによって特徴づけられた第二の総合、《想像力の中での〔表象の〕再生産の総合》、実は記憶について、手間をかけるべきではありません。しかしいくつかの指摘が第三の総合、《概念の中での〔表象の〕再認の総合》については必要です。カントは、《もしわれわれが考えていることが、一瞬前に考えていたこととまさしく同じものであることしか意識できないならば、一連の諸表象の中でのすべての再生産は無意味であろう[17]》と、書いています[18]。その意識を、われわれはどのようにして確認するのでしょうか。カントはここで、概念を導入します。しかし、本来の意味での概念は必要ではありません。犬はわれわれが兎の概念と呼ぶものを、おそらく持ってはおりません。しかし犬は、ある進路にそって自分が追跡しているのが同じ兎であることを、知っています（この進路はしかも、微分方程式、追跡曲線の微分方程式の解ですし、動く餌食に関連してなお走破すべき空間を各瞬時に最小限にする、解です。動物の行動における数学的論理の内在性）。主体の相次ぐ行為を通しての表象のあの同一性は、種属に特有のものとしての《映像》ないし表象でしかありえない何かしらに、支えられていなければなりませんし、この何かしらとはつまり、与件のヘラクイレトス的な流出のただ中で変化するあの表象のうちに同一のものを見る・副次的な諸要素（たとえば、時間と空間の単なる違い）を無視し・同じ映像としての必要な使用についての肝心なものを保持する・彼が人間であれ動物であれ主体の・能力です。

しかしこの概念はなお十分ではありません。同一性についての意識はまた、――ここでわれわれは人間の領域に入りますが――映像ないし表象のためにそこにある何かしら、別の何かしらの何かしら、キド・プルークォ〔代用物〕に、支えられていなければなりません。精神現象においてそのものは、変わりやすいものでありえますし、時には安定したものでありえます。たとえば、当の映像を越えるあれこれのものを表現する、ある映像への固着がありえます。しかし昼行性で話す人間たちであるわれわれにとって、それは記号――言葉――です。《言葉》なしで私は、どのようにして概念の同一性を確保できるのでしょうか。このことはわれわれをただちに、言語の社会的創出へと導きます。

映像の単なる種属性に支えられた同一性の意識は、すでに動物の間に仮定しなければならない心理現象の、基礎的な段階です。記号ないし言葉に支えられた同一性の意識は、あるものを・それが《表象する》ものとは何の関係もない別のもののうちに・見る能力という、想像力の歴史の中での決定的な転回点を、前提としています。しかしその意識はまた、精神現象といったものもいかなる超越的な主体も生みだすことのできない、別の何かしらを、つまり社会・歴史的な想念の創造としての言語を、前提としています。最後に、思想を支える数々の言葉（もっと一般的には言語の諸表現）は、実際の社会・歴史的な現実の中では、ある哲学者が諸概念と呼ぶものとふつうは呼応していないことに、注意しておきましょう。それらの意味されるものは、《経験的な諸概念》としてすら、曖昧で近似的ですし、特にそれらは、そのたびごとに関係する社会の中で創出された想念の諸意味作用によって、決定的に共同・確定されています。

V　私はすでに、知覚的な表象にしろそうでない表象にしろ、もっとも単純な表象に内在する《論理的な》組織について、のべました。事情がそのようであることが、われわれを驚かすはずもないことを願います。現にあるもののすべては、集合論的・同一性的な（できる限り広い意味での《論理的な》）次元を、含んでいなければなりません。そうでなければ、現にあるものすべては、絶対的に確定されえないでしょうし、（少なくともわれわれにとって）存在しないものでしょう。そのことは、現にあるすべてのもの

（たとえばヴィグナー[四]を引くなら《数学の不条理な効能》）についての論理的な諸範疇の決定によって、経験的に確認されます。もちろんその結果として、《現にあるもの》が、《論理》によって余すところなく確定されているか、《論理》に（われわれが《精神的現実》を考察する時にすら）還元しうる、ということには、いささかもなりません。

そこに、問題の《客観的な》（《即自的な》）側面があります。《主観的な》（《対自的な》）側面は、生命とともに出現します。生物たちは、彼らが創造する固有の世界を構成するものとして、世界に内在する集合論的・同一性的な次元と何らかの形で和解するために、論理的な機構を（いかに初歩的にせよ）発展させなかったら、存在してはいないでしょう。諸範疇は、犬たちの行動の中に明らかに組み入れられておりますし、それらは当の行動に、科学的観測者によって強要されたのではありません。

それらの範疇は、それらについてわれわれの語りうる限りで、動物たちの間では《意識的なもの》ではありません（動物たちは疑いなくセルフ・アヴェアニス〔自己・認識〕、この・世界・の中での・自分についての・把握を、示しているにもかかわらず、です）[19]し、より以上に熟慮されたものではありません。それらの特色が明らかになるためには、人間の領域でしか出会わない、二つの別の条件が必要です。第一の条件は、人間の精神現象の根源的な想像力とかかわりがありますし、その《病理学的な》発展は、その非機能化によって表現されています。この側面について私は別のいくつかの文章の中で論じましたので[20]、きわめて簡潔にのべることにします。非機能化は第一に、表象と生物学的な《要求》の対象との分離を可能にしますし、したがって生物学的な正当性のない諸対象（神々、王たち、祖国、等々）への感情集中を可能にします。第二に、精神現象の諸活動がそれら自身として《精神的な諸対象》になるという、反省の条件の・また精神現象が不安定的なキド・プルークォ〔代用物〕を取り扱うことができるようになったという昇華の条件の・（全く同様に生物学的な正当性を欠いた）可能性を、可能にします。

第二の・やはり重要な・条件は、根源的な社会的想念による諸制度の、もちろん何よりもまず言語の、創造です。生命といったものも精神現象といったものも、諸制度や言語を生みだすことはできません。理解力や理性は、社会的に創出されています。その創出が、人間の精神現象に内在する諸可能性や諸傾向に支えられているにもかかわらず、です。

最後の点をここで強調しなければなりません。諸範疇、《超越的な》諸図式、《経験的な》諸表象の間の（カントの）区別は、もちろんイン・レ〔事物の中で〕の区別として理解することはできません（し、カントによってそのようなものとして提起されてもおりません）。しかし、もっと明確にすることは可能です。あらゆる表象（私はここで諸情動、諸意図を考慮に入れておりません）は、諸クワリア〔性質〕とそれらクワリアの組織を、含んでいます。その組織がこんどは、諸形象、種属的な諸特徴、範疇化された諸図式を、含んでいます。種属性と範疇性は、表象に本質的なものですし、表象に内在しています。あれらの形象、特徴は、名づけられ反省されることによってしか、諸範疇、諸図式にはなりません。そのこと――つまり抽象的な思想といったもの――は、比較的最近の歴史的創造であって、人類の生物学的な特徴ではありません。抽象的な思想がいったん生まれたら、人間という種のすべての成員がそれに参加しうるにもかかわらず、です。しかし、繰り返していわねばならないのですが、抽象的な思想それ自身は、最小限その思想を伝える言葉の映像であっても、何らかの形象ないし映像につねに支えられていなければなりません。

主体の想像力——フロイト

今や私は、想像力への第二の道、精神分析による道に、たどりつきました。

Ⅰ　想像力の問題へのフロイトの寄与は、はなはだしく矛盾しています。想像力はドイツ語では、*Einbildung* といいますが、これはカント以来きわめて尊敬を受けた用語で、ご存じのように彼はそれを、『純粋理性批判』の中心的な概念にしています。さて、ドイツ語のフロイト著作全集の総索引（*Gesammelte Werke* の *Gesamtregister*）に当たってみると、*Einbildung* という用語は、全くどうでもいい文脈の中で、神経症患者の《想像力》に関して、二度しか現われません[21]（想像力は、標準版の索引の中には現われません）。反対に総索引の四頁半以上にも及んでいるのが *Phantasie*〔幻想〕、*Phantasieren*〔幻想する〕という用語で、これらはきわめて早くから現われます（フリースへの諸書翰は、それらに満ちています）。

当初これらの用語は、きわめて狭い語義を帯びています。幻想[22]——*Phantasie*——と幻想にとりつかれること——*Phantasieren*——は、フロイトのフリースあてのある手紙によれば、《よく承知している・しかしあとから理解した・諸事物から生じている》のですし、彼は《それらの素材すべてはもちろん本物です》と、あほらしいことをつけ加えています。*Phantasie* の中には、幻想の中には、主体が以前に知覚しなかったものは何一つないのです。幻想は再生産なのです。*Phantasie* と幻想は、防衛的な目的を帯びていますし[23]、《体験し承知している諸事物の……無意識的な組み合わせ[24]》なのです。後になると、*Phantasie* は《思想の諸過程から解き放たれた諸断片》（*Abspaltungen der Denkprozessen*）である、という観念が見出されます。

すべては、それらの《幻想》が再結合活動の所産でしかなかったかのように――したがって最初からのものないし創造的なものがいささかもなかったかのように――扱われています。そしてフロイトが（生命の中での）《現在の》現実の源泉を欠いている、《最初からの諸幻想》の問題に対決した時、彼はそれらの神話的な《現実の》源泉を系統発生のうちに求めます。ここでわれわれが見出すのは、心理学における想像力についての古い概念ですし、よそから・つまり知覚機構から・あるいはフロイトが『科学的心理学の草案』の中でいっているようにニューロン〔神経単位〕Ψの組織から、精神現象にすでに供給されている、諸要素の単なる組み合わせとしての概念です。

われわれが想像力と呼んでいるものは、したがって事実上、精神的な資格を奪われたもの、派生的・二次的な活動に帰せられるもの、とされています。ここには、法外な逆説があります。というのも、他方では、フロイトの著作の全体は想像力にしかかかわりあっていない、といいうるであろうからです。なかんずく（一九一二年にハンス・ザックスとランクによって創刊された）雑誌『イマーゴ』によって、自分の考えをのべている運動の族長〔フロイト〕、精神現象の中心的で構成的な力を想像力のうちに見なかったなら、彼の著作が理解しえないものになってしまうであろうこの人物は、そんな想像力について何一つ知ろうとしなかったのです。そこには驚くべきものがありましょう。しかしこの無視、この隠蔽には、前例がないどころではありません。ご存じのようにそれは、二千年をも越える態度の繰り返しですし、最初はアリストテレスによって実行され、のちにカントによって真似られた態度です。

フロイトの思想のこの矛盾、そこで行なわれた戦いの歴史については、一冊の本が書かれるべきでしょう。その戦いは、一方での、彼には当初は疑う余地のないものと思われていた・次第に疑問視されていった・一種の三位一体ないし三項式である・現実、快楽、論理という用語、不快を避けるために――ここに一八九五年の『草案』の中での快感原則の最初の表明があります——、あるいは快楽を最大にするために、自分に与えられた現実を前にしてともかくも論理的に働く精神機構と、他方での、精神機構の想像力との、つまり入念な数々の仕事との、おそらく幻視的・幻想的な諸創造すらとの、戦いだったのでした。

この戦いの決算は、簡潔には作製されえません。しかしその諸結果の一つは、確かです。フロイトは、彼の仕事の初めから終わりまで、実際には想像力、その働き、その効果についてしか語っていないのに、精神現象のこの要素を主題とすることを、かたくなに拒んでいます。想像力への配慮は、フロイトには『科学的心理学の草案』と、のちには《科学的な》精神分析と、相容れないものと思われています。おそらくアリストテレスにとって、確かにカントにとって、結局は想像力は自らの位置、理性には従属する位置に、おかれねばならなかったように、です。フロイトの心理学に関しての（物理学的か行動主義的な）科学万能主義に反対する最終的な諸議論は、それがいかに真実であろうと、合理主義哲学の完全な承認をえておりましょう。そのような心理学は、《意識的か、そうではない存在の特性》(25)、《あらゆる説明ないし叙述を不可能にする類例のない行為——意識の行為》(26)を説明することはできないでしょう。《この基本的な行為を無視する心理学の樹立を可能と見なす》アメリカの行動主義については、正当な数々の皮肉が浴びせられえます。ついでながら、もし精神分析が意識の《基本的な行為》に自分の位置を和解させ、和解させねばならないとするなら、精神分析はその行為を《説明し》(27)うるどころではありません。精神分析は、それが意識は想像力を前提としているという事実を知らないでいる限り、その行為を解明することすらできますまい。

II　いくつかの見かけに反して、フロイトにとっては無意識の厳密な論理があります。問題の見かけとは、とりわけ時間を知らず矛盾を知らない無意識についての（『無意識』一九一五年）、また《考えることをしない夢の作業……》（『夢判断』一九〇〇年）[28]についての、有名な記述です。

この最後の点について考えてみましょう。問題なのは、夢の作業の中に思想の参与を認めない、『夢判断』の中での名高いくだりです。フロイトはつねづね無意識の思考過程（*unbewusste Denkprozesse, ubw. Denkvorgänge, ubw. Denkakte*〔無意識の思考過程、無意識の思考経過、無意識の思考行動〕など）を語っているのを、思いだしてみましょう。しかし、夢の諸思想を夢の（明確な）内容に変える夢の作業について、彼は、《この作業は、考えないし計算しないし、一般的なやり方では判断しない。ただ変えるだけにとどめている》[29]と、書いています。私の見るところその作業はフロイトにとって、実際には置き換え、圧縮からなっていますし、夢の諸思想の諸部分の精神的な強度と夢の形象化に影響する、そのような置き換えや圧縮にまで達します。この作業は、つねに形象化の可能性の要求にしたがっていますし、その可能性を生みだします。同様に『無意識』（一九一五年）の中でフロイトは、初期の諸過程は主として置き換えと圧縮によって特徴づけられている事実を、強調しています。さて、なるほど、夢の作業は考えません。もしわれわれが思考を、抽象的な観念（《諸概念》）を操作する思考か、慣習的な論理学の諸法則にいたるところでしたがっている思考、と理解するならば。夢の作業は主として、既知の諸拘束の下で、自分が用いうる諸手段によって、映像化し、形象化し、提示化します。

それでもわれわれは、フロイトとともに、夢の作業は《考えないし計算しないし判断しないし、ただ変えるだけにとどめている》と、いいうるのでしょうか。彼のこの文章は曖昧です。いくつかの点で夢の作業は、考えないし計算しないし判断しません。しかし別のいくつかの点では、それは考え、計算し、判断します。なぜなら人は、考えること、計算すること、判断することなしに、変えることはできないからです。夢の作業は、これは確かなことですが、衝動を形象化する表象の作業と同様に、確定しえないものです。——しかしそれは、どんなものをでも別のどんなものにでも、変えるのではありません。同様に、フロイトにとって置き換えの重要な点である、精神的な諸強度の転換は、諸強度の転換というこの特色づけそのものの中に見られる、ある計算の痕跡と結果を、帯びています。したがって確かに、夢の作業の中には、映像化、夢の中心的な次元——フロイトがきわめて正当にもそういっていたように、*das Wesentliche am Traum*〔夢の本質的なもの〕——が、あります。すなわち、想像力の創造的な働き、それ自身は見えないし聞こえないもの（ここでもやはり衝動である、最終的なX）の、場合によっては見えるもの・聞こえるもの・としての提示、提示化が、あります。しかしこの働きの中にもわれわれは、想像力の働きすべての中でのように、集合論的・同一性的な論理学のある要素が現存しているのを見出しますし、そのことは、各映像の・それ自身の中での・それ自身のための・構造と繊維状組織の中でも、また夢を形成する諸映像のグループの、配置、構成、因果関係の中でも、同様です。明らかに、それらの論理的な要素を引き受ける支えなしには、夢判断の作業ははじめることすらできないでしょう。もっとも強力な霊感の下ですら、計算なしに音楽を書くか、即興的に演奏することさえできないであろうのと同様に、それ以上に、無意識的な・もちろん明白にされていない・いくつかの初歩的な論理的な作業なしに、ホッブスが理性の基本的な属性と見なしていたもの、すなわち計算、時間の計算、レコニング〔計算〕なしに、置き換えることも圧縮することもできないでしょう。

その根源において想像力は、単にある衝撃にもとづいて、そして——ここでわれわれはフィヒテと別れるし、これはもっとも重要なことなのですが——虚無にもとづいてすら、ある映像を設定する能力です。なぜ虚無かといえば、要するに衝撃がすでに与えられた、《外的》ないし《内的な》《何かしら》とのわれわれの諸関係にかかわっているのに対し、想像力の自律的な運動があるからです。しかしこの能力、それは単にある映像の設定である、というには、全く熟考しないでいなければなりません。映像は一緒に維持されているはずですし、それは《確定されている》諸要素、提示しうる諸要素を、結びつけています。それらの要素は、ある組織の中、ある秩序の中で、つねにとらえられています。――そうでなければ映像はないでしょうし、あるのは混沌だけでしょう。

無意識の数々の働きをそれら自身の中で支配していると想定されているその論理こそ、精神分析理論が、抽象の中で、診療の際の解釈の中で、具体的なものの中で、復元しようとしているものです。夢の・言い間違いの・しそんじの・解釈に当たっての、(五) いつもいつも現われる、推理の・三段論法の(計算すらの)・驚くべき展開や、分析に役立つ利口な女性を、思いだしてみれば十分です。

この事実に驚くべきものはありません。フロイトの出発点と(《科学的な》視野のみならず、のちに見られるように、事物そのものに内属している深奥の諸必然性をも考慮するならば。『科学的心理学の草案』を思いだしてください。――それについて私は(最近の諸研究が明確にそのことを示しているのですが)、フロイトによって否定的な扱いを受けたのに、あの草案は最後まで彼の著作の目に見えない骨格を提供していたし、ある意味では正当にもそうであった、と考えていました。さて、存在論的には『草案』という原型は、すべての精神的世界を次の方程式に帰着させています。

精神現象＝(1)下部構造の網状組織(ニューロン)。
＋(2)エネルギー。
＋(3)《痕跡》(貯えられたか現在の、諸表象)。
＋(4)それらの痕跡の・それらのエネルギー《負荷》の・伝播等々を調整する、物理学的・論理的な諸法則。

要素(1)、(2)、(4)が、論理の支配力をのがれることができないであろうことは、明白です。要素(3)（《諸痕跡》）については、のちに論議することにします。

現実／快楽／論理という三項式が、一八九五年の『草案』の疑う余地のないと呼びうるものを形成しています。この『草案』の中で提起された原型は、《外的》かつ《内的な》現実（ニューロンの網状組織、《負荷》）、特に快／不快の両特性、《内的な》不快の排出による回避という原理、とともに機能しますし、排出はその働きのために暗黙のうちにはい／いいえを——したがって論理の核、相互に拒否し合う二つの用語の識別、一方の肯定と他方の否定を——前提としています。この論理はフロイトにとって、精神的な諸過程の中で働きつづけているものです。このことは、意識的な諸過程にとっても、自我にとっても、明白です。しかしまた、これについてはもっと詳しく論議しなければならないにしても、一九一五年の無意識についての文章で不十分に解釈されたいくつかの表明に反して、昼間の論理と理解しない限りでの、無意識の諸過程のある論理があることもまた、いわねばなりません。

［私がここで用いているような、論理という用語の内容について、簡潔な説明が必要です。それを私は、私が集合論的・同一性的な、略して集同的な、論理と呼んでいる、通常の論理と理解しています。なぜならその論理こそ、いったん精錬されれば、現代数学の基礎にある、集合論の・いずれにせよ諸集合についてのと素朴にも呼ばれる理論の・構成を支配しているものだからです。集合論的と同一性的という用語に、たじろぐことはありません。問題なのは、同一性・矛盾・排除される第三者か何番目かのもの（有限のn）・きちんと限定された諸要素、諸種類、諸関係、諸特性による何らかの与えられたものの組織・の諸原理にもとづいて、組立て設定することが可能なすべてのもの、です。この論理が導きうる諸逆説、人が

一方で無限の諸集合を・他方で自己保証を・そこに導入する際の諸逆説については、われわれはここで論ずることができません」。

この状況への、それぞれが自分のために働き・相互に相容れない・《精神的な諸力域》の導入は、何ものをも変えません。その導入は、無意識の《諸矛盾》を目立たないものにすらしがちですし、無意識は、それぞれが《自分の》諸目的を目指している・しかし同じ《論理》にしたがっている・諸力域の、単なる葛藤、対立になってしまいます。もしわれわれに対して精神現象が非・論理的な諸産物を提供しているとすれば、それはわれわれがほとんどつねに、数々の混合物、和解の数々の産物、数々の妥協、『無意識』[30]の中で語られている・それらのもっとも絢爛たる例を提供している・夢を、見ているからです。極端な場合には、また理想的には、夢のある要素の諸属性間の・あるいは夢のある映像ないしある物語の諸意味作用間の・多数の《矛盾》は、止むをえず夢の作成に協力した・夢の作品の中で驚くべき妥協をするにいたった・相容れない諸力域への、意味のそれぞれのかけら一つ一つの組み入れによって、解消しているように見えます。そこではもはや、矛盾しているのは無意識ではないでしょう。主体か精神現象イン・トート〔全体〕こそ、相互に相容れない諸欲望と諸禁令の間の闘いが行なわれる場で単にあるであろうものです。ついでながらこの縮減、この陳腐化すらが、解釈の作業の大部分を止むをえず形成していること（才気のない分析医にとってはそれだけで精根のつきる恐れのあること）に、注意しておくのも大事なことです。

Ⅲ　もちろんフロイトは、そこにとどまっていたままだったら、フロイトではなかったでしょう。新天地は、彼の諸図式の中への――すでに『草案』の中への――ある要素、精神現象の根源的な想像力、あるいは根源的な想像力としての精神現象の、侵入によって訪れますが、その要素に対して彼は、ずっと抵抗しておりますし、それを説明することは決してありませんでした。ここで私は、論理的ないし編年的な秩序をあげることなしに、割れ目のいくつか、それらを通じて想像力が現実／快楽／論理という三項式の中に流れこみ、それを爆発させる、割れ目のいくつかを指摘するだけにとどめなくてはなりません。説明のための論理的な秩序は、いずれにせよ実現不可能なものでしょう。なぜなら私がこれから次々にとりあげてゆく諸要素は、いくつかがほかのいくつかの上に、瓦状に緊密に重ねられているからです。

夢、すなわち諸表象のグループ、からはじめましょう。これについての解釈は、諸表象の間での諸連想に仲介されます。連想による方法は、解明しうるものです。――しかしそれは、確定されうるものではありません。この事実は、夢の数々の《意味するもの》（明確な内容の諸表象）と、夢の数々の《意味されるもの》（潜在的な諸表象とそれらが実現させる諸欲望）との間の、語一つ一つの（双・包括的な）対応の不在によって、表現されます。私はここでは、厳密な意味での《諸象徴》の問題を、二次的なものとして放置することにします。結果として生じているのが、《意味するもの》と《意味されるもの》との間の多義的な（確かに、確定されない）対応ですが、そのいくつかの側面の一つをフロイトは明らかにしています。《何かしら》を表象するもの・別のもののためにそこにあるもの・の多元的な確定ですが、それは、象徴の低度の確定と呼ぶべきもの、夢の中につねにある多元的な象徴化と低度の象徴化すらを、闇の中に全く放置することによってでした。一つの意味するものが多数の意味されるもの（多元的な確定）のためにそこにありますし、しかしまたその意味するものは、それらの意味されるものにとっての唯一の可能なものではありません（低度の確定）。一つの意味されるものが多数の意味するものによって指示されえますし（多元的な象徴化）、あるいは、《部分的に》しか指示されません（低度の象徴化）[31]。*Rücksicht an Darstellbarkeit*〔明示化への考慮〕、夢を形成する形象化への配慮ないしその必要すらが、いま提起された諸問題を封じこめないのみならず、それらの条件にもなっていることは、明白です（状況は実際、われわれがのちに出会うことになる、表象による衝動の代理、*Vorstellungsrepräsentanz des Triebes* の状況に似ています）。形象しえないものが、形象しうるもの、形象されたもの、になります。どういうふうにしてか。象徴法の・キド・プルークォ〔代用物〕の・創始者としての想像力の、創造的な――創造的であるがゆえに確定されえない――働きによってです。

この創造的な性格は、われわれが諸表象圏や表象されうるものの内部にとどまる時、覆い隠されたままになりえます（私は、表象、*Vorstellung* という用語がフロイトにおいて絶対的に枢要なものであることに、注目します。この用語に出会わないフロイトによって書かれた頁はまずありませんし、そのことをこの四半世紀にわたって無視してきたフランスのハイデガー主義心理学者たちは、おかげで彼らにふさわしい位置を与えられています）。諸表象自身は、フロイト本人が大概の場合に採用していたと思われる、伝統的な見方に人が満足したままでいるなら、すでに知覚機構によって与えられた諸要素の、回帰的な諸方法――隠喩、換喩、反意語、等々――と狭い意味での《象徴法》による、単なる組み合わせに還元しうるものと、映ります。精神的な働き、特に夢の働きは、したがって、すでに与えられた・別のもっと複雑な諸表象と夢が語る奇妙な物語に達する・表象の諸要素の――その構成諸要素の中ではなく、その諸結果の中でおそらく確定されない――組み合わせに還元しうるものと、見えます。しかし、二つの問いがただちに現われ、不可避的にフロイトに課せられます。その組み合わせは何のためのものなのか。何にもとづいているのか。――最初か最後のどんな構成諸要素が構築物を組み立てているのか。

第一の問いへの答えは、知られています。その答えは、夢によって実現される希望（ないし欲望）、性的な希望ないし欲望に、導かれます。しかし人間たちは、彼らがしきたりにかなった交接に際しての性的な満足を果てしなく夢見ていたとすれば、人間たちではないのでしょう（事実、彼らは実際にはそれを決して夢見てはおりません）。その時、幻覚化のジャングルとそこに満ち満ちている怪物たちが現われますし、それらの怪物自身が、もっと奇怪で全く目に見えない別の怪物たちによって、フロイトがいくつかの脈絡のない支柱にもとづいてその前史的・系統発生的な《現実》を復原しようとした、数々の *Ur-phantasien*、つまり数々の最初の幻覚によって、操られています。しかし実は、ここで問題なのは、数々の映像と数々の場合を設定し組織する、精神現象の生来の能力ですし、それらの映像と場面は精神現象にとって、あらゆる《現実》とも・器官の快楽に対応するあらゆる慣習にかなった表象とも・無関係な、快楽の源泉なのです。

第二の問いは、もっと脈絡のない数々の謎に導かれます。フロイトは、精神的なあらゆる働きは、つねに同じものである・いくつかの・要素の、つまらない組み合わせに還元しうることすら認めていて、それらの要素がどこから来るのか、それらはどんなふうに構成されているのか、という二つの水準で、第二の問いに出会います。

第一の水準は、精神分析の領域をはるかに越えています。おそらくそれゆえに彼は、一八九五年の『草案』の中でのいくつかの重要な疑問符つきの留意のあとで、やがて取り組みを放棄してしまいます。あらゆる点で重要なこの水準は、諸映像を創造し・それらの映像と質的に何の関係もない《刺激》にもとづいてそれらを関係づける・人間の精神現象の能力、疑いなくあらゆる生物と・いずれにせよ確かに動物の心理現象と・共有している能力と、かかわりがあります。『草案』の中ではこの能力は、神秘の形の下で現われます。すなわちフロイトは、精神機構は、科学にとって――彼が依拠している、質量と運動しか認めない科学にとって――単なる数々の量、数々の《質量》、数々の運動であるものを、数々の質に変える、といっています。そのことに、別の質の・数々の質のうちのある質の・神秘、意識（と《自我》）が、結びついています。――意識にとっては、ニューロンの特殊な種類、ニューロンωが、仮定されています。

したがってそこに創造があります。この創造はまた、形象可能性の尊重という夢の基本的な役割の中で、見かけはささやかで自明な、しかし実際には重大な形の下でもまた、現われます。この見たところ無害で当たり障りのない表現は、夢よりは限りなく先にまで進みます。それ自身が精神現象にとっての形象を持たないものに形象可能性を与えること――『草案』の外的な《物質とエネルギーの量》や内的な《諸衝動》に関係しているもの――は、精神現象の恒久的な、務めであり働きです。このことがわれわれを一九一五年に導きます。

実際フロイトは、精神分析にきわめて特有の第二の水準、思いがけないが実に不可解で豊かな面での、*Vorstellungen*〔諸表象〕の諸要素の起源の問題に、出会っています。一九一五年の超心理学的な諸著作――特に『諸衝動とそれらの運命』、それにまた『抑圧』と『無意識』――は、一八九五年においては（物理学的な）量と（精神的な）質の関係であったものを改めてとりあげ、それを身体的なものと精神的なものとの関係の問題に、変えています。妥協点が導入されます。《身体的なものと精神的なものの境界にある》諸衝動、です。そういいうるなら、身体的なものの組織と機能の奥底から生まれる諸衝動は、心理現象に働きかけなければなりません。それらは、精神的なものの質を（まさしく！）持っていないのに、です。諸衝動は、精神現象にとっての一種の存在を手に入れるために、精神現象の中で現存のものとなり、精神現象に対して提示され――したがって表象され――ねばなりませんし、代理人、委任者、使者、代弁者――ドイツ語でいうなら *ein Vertreter*――を、見出さねばなりません。しかし表象、*Vorstellung* である精神現象にとっては、何一つ存在しません。したがって当初は身体的起源の推力であるもの、しかしまた、そういいうるなら、精神現象の扉をたたくことができるよう十分に《心理的なもの》は、精神現象によって・精神現象のために、表象されうる何かしらに変えられなければなりません。精神現象の中で表象される――*Vertritt*――ためには、表象、*Vorstellung* を見出すことが必要です。それこそフロイトが *Repräsentanz*、いってみれば使者、と呼んでいたものですし、彼が全く同様に *Vertretung*〔代理〕と呼びえたであろうものです。

この状況こそ、*Vorstellungsrepräsentanz des Triebes*、すなわち表象という手段による（精神現象の中での、あるいは精神現象のかたわらでの）衝動の委任、という明快な用語が表現していることです。衝動の代理としての *Vorstellung*〔表象〕についての、*Triebrepräsentanzen*・つまり諸衝動の諸表象・によって形成される《無意識の核》についての、表象による衝動の提示[32]についての、フロイトの諸表明と諸説明は、フランスの精神分析学界における代理という用語をめぐっての、論争と果てしない混乱の諸理由が不可解なほど、明瞭です。*Repräsentant, repräsentieren* から作られた *Repräsentenz* は、ドイツ語、特にウィーン語にしばしば見られる《フランス風の》言葉に属しており、代理、政府や法人などを代表する使節、を意味しています。*Vorstellngsrepräsentanz* 中央の *s* は、きわめて多様な役割を果たしうる準・属格（主観的な・客観的な・所有の・帰属関係ないし媒介の・《属格》）を示しています（*Verpflichtungsschein, Verrechnungskurs, Zurechnungsfähig* 等々を参照のこと）。衝動は、精神的なものではありません。衝動は精神現象に使者たちを送らねばなりませんし、それらは、理解されるために、精神現象によって認められうる・《理解されうる》・言語を話さなければなりません――し、したがって諸表象として現われなければなりません[33]。

明白な難問が、そこから生じます。なぜ人間にとってしか、表象による衝動の代理という、この問題が提起されないのか。なぜ人間たちの間では――動物たちの間では仮定する必要がある――衝動をつねに同じやり方にしたがって《精神的な》諸用語で表現するらしい、慣習的な代理がないのか。なぜこの慣習的な表象が、周知の栄枯盛衰一切を耐え忍んでいるのか。したがって、どんなものでもとはいわないまでも、いずれにせよ際限のない数の表象が、精神現象にとっての——女体といったものから物神崇拝者のとがった長靴にいたるまでの——、衝動の似たもの、代わりのものになりうるのか。

『精神的な機能の二つの原理』(一九一一年)にもとづいても、問題に取り組むことができます。現実とは関係のない諸機能の中で表象は、快感原則に守られて形成されます。なぜいくつかの表象が快楽をもたらすのか。そしてさらに、それらの表象はどこから来るのか。なぜそれらは、たとえば(動物たちの夢の中ではそうだと、今では推論されているように)《生物学的に慣習的な満足》の諸情景を、際限なく再現しないのでしょうか。これらの問題にフロイトは、生涯を通じて没頭しました。彼はそれらに、定期的に立ち戻っています。彼は、快楽を生む表象の・(あるいは、われわれにとって大事な点では問題は同じものである、心的外傷の表象の・)《現実的な》起源がつねにある、と考えることからはじめました。幻覚は気持ちのよい諸知覚の繰り返しである、と彼は書いています。[34] 彼は急速に、心的外傷の現実の起源、名高い神経作用の主張を、放棄することを強いられました。しかしさらになお、『狼男』(一九〇八年)の中でも、《現実の》原初の光景と仮定されるものを探し当てようとする、彼の長い激しい闘いが見られます。その光景を彼は、最終的には頁下にある注で放棄することになりますし、そこでは、要するにその《現実》はそれほど重要ではない、と確認されます。結局のところ彼は諸幻覚を、それらが主体の《実際に》体験した諸経験から生じえない限りで、系統発生的に形成された最初のいくつかの幻覚から、派生させようと努めます。これについては私は、すでに簡潔にお話ししました。

したがってフロイトが、自身では想像力を、そう名づけもせず、そうしたものとして認めていないにしても、彼の活動を通じてずっと想像力の問題に悩まされていたことが、わかります。そのことについてすでに与えられた数々の証拠には、さらに多くの証拠をつけ加えることができましょう。たとえば、《思想の魔術的な全能》という理念が帯びているものすべて、もっと一般的には、『精神的な機能の二つの原理』の中でのべられた諸過程の全体、です。《思想の魔術的な絶対的な権力》は、実際には、この文脈では唯一の重要なものである現実、精神的な現実の視点での、現実的な、絶対的な権力です。

実は、先に原注24でふれた『精神的な機能の二つの原理についての諸表明』における、幻覚にとらえられる作用についての文章は、私がここで想像力について語っているすべてを、暗に語っています。《快感原則の確立とともに、一種の思想の活動が現われ、現実の試練に対して自由でありつづけ、快感原則にのみしたがうことになった。幻覚にとらえられることは、すでに子供たちの遊びとともにはじまり、のちには昼間の夢想としてつづけられ、現実の諸対象に支えられることを放棄する》。もしその活動が現実に対して《自由でありつづける》とすれば、そのことは、当の活動がすでにそれ以前からそうであったこと、を意味します。なぜならその《離脱》は、快感原則の確立とともにしか生じなかったからですし、前提は明らかに、精神現象の最初の働きが、もっぱら快感原則を満足させる全くの幻覚化、つまり自由な想像力であった、からです。

ほとんど同価値なのが、無意識の中では、実際の知覚と情動を強く充当された表象との間には、違いがない、つまり無意識の中には《現実についての手がかり》がない、というフロイトの主張です。無意識の中での・無意識にとっての・《現実的なもの》は、もっぱら想像上のものです。そこに由来しているのが、人間たちにとって表象の快楽は器官の快楽にまさっている、というあの重大な帰結ですし、この場合に表象と快楽は脱機能化されている、という別の帰結です。

たとえばまた、この〔機能〕否定によって前提とされているもの、あるいは抑圧やそのほかの防衛装置に対置されているものが、同じ精神的な力域であり、この力域は存在するものとしての・また存在していないものとしての・何かしら（対象か属性かはどうでもいい）を設定しています。——そのことは確かに、現実のあらゆる表象的な機能の諸境界を越えています。たとえばさらに、第二の論点、エスの中で支配している混沌、すべてのものが何らかの形で表象されうるものになる必然性、です。

この文脈の中でしか、投影の諸図式と諸過程が取り入れの諸図式と諸過程に先行し、それらを支配している、という別の決定的な事実は理解しうるものになりません。そのことは、非経験主義の哲学者にとって、いかなる驚きを生みだすこともないでしょう。われわれはそこに、あらゆる対自的な存在の本質そのもの、固有の世界の創造は、その世界の中での数々の出来事が供給しうるであろうあらゆる《教訓》に必然的に先行している、という本質そのものを、再発見します。あの——全能の決定力の母への転移の中ですでに明白な——投影の優位は、人間たちの場合での、取り入れの諸過程と諸図式の重要性と力とを、われわれに確認させないはずのものではありません。それらは、理解しにくいものではありません。人間の精神現象は、意味の世界の外では生きられませんし、彼の社会化の過程で、彼自身のモナド的な意味が解体される時、それに由来する破局は、彼はそうせざるをえないので、周りの感情を集中した人びとから与えられる意味の内在化によって、修復されねばなりません。このことは、社会化に向かう精神現象の内在的な意向（*Anlage*〔性向〕）といわれているものと、時に混同されます。実際には、社会化の過程の事後の結果がそのように解釈されているのですが、その過程は、精神現象が体験する意味という生きるのに不可欠な必要物によってしか、社会それ自身が社会的想念の諸意味作用という形での意味の創出以外の何ものでもないという事実によってしか、可能なものになりません。

これらすべては、動物の想像力の機能的な性格とは反対に、人間の想像力は、生物学的な機能とその諸目的への屈従から解放され、自由になっており、いかなる《必要》にも対応しない諸形式と諸内容を創造し、人間の動物的な次元には単に支えられているだけだという・しかもほかのたくさんの考察によっても裏づけられている・理念にもとづいてのみ、理解しうるもの、首尾一貫したもの、になります。

この想像力の最初の与件は、その社会化によって、完全にでは決してなく、和らげられ、馴らされます。社会化は、そこで精神現象が、社会によって与えられた共通の意味のために、彼の最初のモナド的な意味を（完全にでは決してなく）放棄すること、社会生活の諸要求に彼自身の諸創造物や諸推力を従属させること、を強いられる過程です。この作業の中での基本的な媒介が、取り入れです。取り入れは、動物のミ、ネ、シ、ス〔模倣〕よりも、つねにずっと先に進みます。なぜならそれはつねに、取り入れられたものの再・内在化だからですし、この再・内在化は、すでに自由に用いうる特有の諸図式にもとづいてしか、行なわれえないからです。

IV　われわれの主題は、人間の精神現象といったものではありません。しかし以上の諸考察は、フロイトの無意識の、向うか手前に見出されるものへの、若干の示唆なしには不十分なものになりましょう。すべてはわれわれに、あの無意識の《手前》か《底》にある、精神現象のモナドを仮定することを、強います。それは最初、それ自身のうちに閉じこもっており、最後まで、自分に《提示される》ものすべてを自分のうちに閉じこめようとします。フロイトによって書かれた最後の文章の一つは、*Ich bin die Brust*（私はオッパイである）です。(35) しかしそこには、それ以上のものがあります。

逆説的に、不可避的に、自らの諸意向に反して、フロイトは二元論者にとどまります。魂と肉体、精神現象と身体は、彼にとって本質的に別のものでありつづけます。——ヒステリーの諸兆候等々に関する彼の仕事に反して、です。確かに、《魂と肉体との関係》の太古からの数々の謎を、除去するか《解決する》かは問題になりません。われわれはただ、もっとも初歩的な資料がわれわれに直面させる、不可思議な諸二律背反を想起してみましょう。精神現象は身体に強く従属しています。そのことを証明するには、あなた方の頭を弾丸で打ち抜くまでもなく、あなた方にさらに何杯かのアルコールを飲ませれば、私にはそれで十分です。身体は精神現象に強く従属しています。ヒステリーか心身症の諸兆候をあげるまでもなく、私はこの文章を書くと決めたことを思いだします。そう決めたので私の指はタイプを叩きます。身体は精神現象と大いに無関係です。絶えず私の肉体の中で展開し、おそらくこの瞬間にすら私の死を準備している無数の器官の働きを、私は全く制御していません。精神現象は身体と大いに無関係です。この上なく恐しい拷問の下ですら、警察に自分の仲間たちを売りわたさない人びとが存在します。この極度に奇妙な関係は、われわれに対して新しい諸思想様式を要求します。それらの様式は、二つの実体のどちらかを別のどちらかに還元する試みの中でや・それらの不可逆的で取り返しのつかない分離の諸声明の中で・とはほかの場所に、出発点を確かにおかねばならないでしょう。

その方向にそって、いくつかの指示があります。われわれは、フロイトの無意識の《後ろ》か、それの（あるいはエスの）《底に》、活発な人間の肉体としての生きた肉体であり・精神現象と連続している・非意識を、仮定しなければなりません。この生きた活発な肉体と最初の精神的なモナドの間に、境界はありません。モナドは、抑制されませんし、抑制されうるものでもありません。モナドは、言語を絶するものです。ましてわれわれは、肉体の活動を《抑制して》いません。われわれはそれを——心臓の鼓動を、臓腑の運動を、そしておそらく久しい以前から羊水の中でのわれわれの運動を——、なぜか・いかにか・を知らずに、ぼんやりと《感じています》。生きた肉体のそれ自身への・われわれがふつう本来の意味での《魂の諸運動》と見なしているものと不可解なほど混ざり合っている・現存があります。個々の人間の精神現象と身体の間には、実体を示す・公然とした・明白な・不可解な・等質性があります。ソクラテスの死体は、ソクラテスではありません。カントの魂は、エヴァ・ガードナーの肉体に宿ることはできないでしょう。逆も、ありません。人間の生理学は、すでに心理学的です。肉体の《防衛の諸装置》が当の肉体にそむいてしまう、自己・免疫性の障害は、魂の肉体への《外的な》影響の結果として辛うじて理解されえます。この視角の下でまた、われわれは感覚的な・もっと一般的には肉体的な・想像力についての理念を、考察しなければなりません。

生物への遡及

現にあるもの――全体的であろうとする存在――は、その諸層の一つ、自然の第一の層の中で、集合論的・同一性的な論理によって、即自的に、内在的に、調整されています。――それはおそらくまた、それのすべての層においても、空白のある形で、断片的な形で、調整されています。

あの論理はまた、明らかに、生物一般――したがってまた単なる生物としての人間――という、自然の第一の層の基本的な構成要素を、支配しています。細胞、植物、犬は、第一に、特に、はい／いいえ、愛着／嫌悪、承諾／拒否の巨大な網にしたがって、またわれわれが相互に相容れない数々の属性と呼ぶものに応ずる《与件》の限りない分裂にしたがって、機能を果たしています。分子生物学は、現代の神経生理学と同様に、それらの諸対象の中で、それらが再発見するか、お望みなら導入した、あの論理を使用しています。その限りにおいて、単なる生物を、そのかなりの部分で、集合論的・同一性的な一種のロボットと見なすことは、可能です。大いに注意をはらって用いるべき表現ですし、この比喩は、生物のまことに複雑な諸機能を考える時、たとえば現代の研究が中枢神経組織、内分泌腺組織、免疫組織の間での自らの限界において見出す錯綜を考える時、あまりにも単純に見えます。集合論的・同一性的なロボットとしての生物という概念は、われわれの生物についての知識の中で集同的な論理にもとづくものを組織すること・その論理を認めないか乗り越えうるものを区別し提示すること・に役立つ作業の概念として、理解されねばなりません。私はまたロボットが、当初は《機械》を意味してはいないことを想起します。ロボット、オートマトス〔自ら動くもの〕は、自分自身で動くものでした。――現代の諸言語や人びとがロボットと見なすにいたったものとは、全く反対のものでした。

しかしながら、そのように理解すれば、生物はまたそれ自身ですし、これは免疫学者たちが知っていることです。生物はまた、特に、対自的なもの、優れた哲学者たちが久しい以前から知っていたもの、です。そうしたものとして生物は、意図と情動と表象という、三つの基本的な決定要素を帯びています――し、さもなければ生物として生きのびられないでしょう。もちろん最小限の意図、それによってもたらされる諸結果をともなう、保存／再生産の意図ですし、情動は最小限、快／不快（愛着／嫌悪の《合図》）です。しかしわれわれのここでの話題にとっては、重要なのは表象です。

生物にとっての表象は、《外界》の写真ないし複写を意味してはおりませんし、意味することはできません。問題なのは――先に《質》、音、色、等々についてのべたことを想起してください――生物による・生物のための・提示なのですし、この提示によって生物は、フィヒテの用語を用いるなら生物にとって単なる衝撃でしかないものにもとづいて、生物固有の世界を創造するのです。

流行は今や《情報》の言語のものです。生物は自然の中から諸情報を集め、それらをさまざまに加工する、とわれわれには伝えられています。この〔情報という〕言葉は、容赦なく非難されなければなりません。春か秋の畑で芽生えさせる情報を、人は決して見ませんでした。生物は、自分のための情報を、創造します。どんなものも——外的な衝撃Xを情報に変えるか変えないかできる——自分にとってしか、情報ではありません。ラジオの電波は地上の生物たちにいかなる情報をも与えませんし、ヴァイヤーシュトラース(六)＝ストーン(七)の〔関数の〕定理は、私のパン屋にいかな情報も与えてはおりません。パン屋は、私がもし彼の店に入りながら、多項式の空間は連続関数の空間のいたるところで濃密である、と告げたとしたら、奇妙な眼差しを私に向けることでしょう。同じ定理は、ほかの何が新しいのか、とたずねるルネ・トム(八)には、いかなる情報も与えないでしょう。ある記述が誰かある人の情報となる、その諸条件は、そのある人がすでにかくかくであることに、基本的に依存しています。ふつうの意味でのあらゆる《情報》は、主観的な強度の構造化を想定していますし、それが情報であることについては、その構造化に依存しています。しかし本来、そうした主観的な構造化は、第一に、あの衝撃Xに形式を与える——内部で・形にする——必要がありますし、自らにとってXを現存のものにしなければなりません。自分であるものがあのXを形式として設定し、形式として存在させなければなりません。そのことは、あのXを、言葉のもっとも広い意味で、映像にすることを意味します。さて、関係を持つことのない、映像はありません。《原子状》の映像は、存在しません。もっとも基礎的な *Gestalt*〔形態〕、暗い背景に光を放つ一点も、すでに限りない関係を含んでいます。それは、われわれが《ある空間の中のある事物》と呼ぶ、諸関係の限りない網を前提としています。さて、この知覚能力は、組織することなしには、初歩的な論理——分類化——なしには、働きえません。最初の・本来の・根源的な・想像力、提示する力は、そのことによってすら、組織する力です。ある《映像》のはじめからの形成は、事実それ自身によって、諸《要素》の設定、その諸《要素》の関係化ですし、その両者は、一方が他方によって、《同じ瞬間に》、一挙に作られます。

生物はしたがって、《初歩的な》論理を含む《初歩的な》想像力を持っています。その想像力とその論理によって生物は、そのたびごとに、彼の世界を創造します。この世界に特有の性質は、そのたびごとに閉鎖の中に存在している、ということです。何ものも、その世界の中に入ることは、そのたびごとの当の自分の《主観的な》構造の諸形式と諸法則にしたがってしか、それらの形式と法則にしたがって変わるためにしか、できません――その世界を破壊するためをのぞいて。しかし単純な生物の場合、その想像力、その論理は一方で固定されており、他方で機能性に従属しております。そこにこそ境界線があります。

人間の想像力

われわれは、人間の出現とともに動物世界の精神的な発展の中での断絶が発生する、と仮定しなければなりません。この断絶の生物学的な基礎についてわれわれは、ここでとりあげることはできません。おそらく断絶は、中枢神経組織の極度の発展と、特にその組織の違った構造化と、関係しています。肝心なのは、人間の精神的世界が、想像力の異常な発展によって、この精神的な新形式によって、非-機能的になることです。人間は生きることに根源的に適さない動物です。《そこから》現にあるものの《原因》ではなく条件としての、社会の創造が由来しています。

この非-機能性は、動物の行動を支配している――この言葉に人が与える意味がどんなものであれ――《本能的な諸調整》の、不十分さの中に、断絶の中に、示されています。この非-機能性は、人間の心理現象の二つの性格にもとづいています。

ａ　もはや機能的に統御されていない、想像力の自律化。果てしない・制御しえない・表現の流出、指定しうる目的のない表象の自発性、《映像》と《衝撃＝X》の間の・あるいは諸映像の因果関係の中での・結合の解体、表象の流出と生物学的満足の《慣習的な代理》であろうものとの間の結合の解体。

ｂ　人間の間での、表象の快楽の器官の快楽への優位。そのもっとも明白な――われわれが精神分析によって知っているように、諸結果のもっとも平凡で・かつもっとも重大な・――結果の一つは、生殖と性欲との結合の解体です（いくつかの高等哺乳動物たちの間での、自慰ないしたまたまの同性愛の諸事例は、例外的なものにとどまっており、いずれにせよ性欲の生殖機能を問題視させるものではありません）[a]。

したがって、想像力の法外な膨脹の圧力の下での、人間における動物の心理現象からの離反があります。想像力は確かに、動物の心理＝生物学的な組織の重要な諸要素、たとえば《感覚的な想像力》の中心的な諸要素を存続させたままですし（われわれは概して、すべての種と共通の・不確かな意味ではおそらく高等哺乳動物の諸種と共通の・《外的な世界》についての基礎的な諸映像形成の、ある生物学的な慣習性からのがれてはおりませんし）、さらにはまた、動物の心理現象としての心理現象を調整する集同的な論理の数多くの名残りをも存続させたままですが。以上の〔動物的な〕諸要素は〔人間という〕この二足動物を生きのびさせるには、全く不十分でしょう。しかしそれらは、社会による社会的個人の・つまりわれわれが知っているような人間の・製作に、支えとして役立っています。その製作は実際、感覚的な想像力が人間という種の個々の諸事例を通じて多かれ少なかれ同一のものでありつづけること、社会的な論理の・社会によってそのたびごとに再創造され社会によって再創出される集同的な論理の・強制が、個々の人たちの心理現象のうちに支柱を見出すことを、想定しています。しかしまた、特に、新生児の精神現象というあの原材料から出発する個人たちの社会的製作は、新生児のうちでの器官の快楽の表象の快楽の支配を、すでに想定しています。その支配がなければ、可能な昇華はないでしょうし、したがって社会生活もないでしょう。人間は言語の存在ですし、古代からそういわれています。しかし話すことは、話し・伝達し・考える(言葉なしにはなしえないであろうことの)・快楽が、乳房か親指を吸う快楽よりもはるかに強くなっていることを、想定しています。言葉の現実化の中にわれわれは、昇華の肝心なもの、つまり表象としか関係のない快楽による器官の快楽の代理を、すでに見出しています。

個人のこの社会的製作を通じて制度は、主体の個々の想像力を屈従させますし、その想像力が原則として、夢・幻覚・違反・病気の中で、それらによってしか、現われないようにさせています。特に、主体の根源的な想像力と彼の《思考》の間の交渉を、制度がどうにか断つにいたったかのように、すべてが行なわれています。主体は、たとえ想像することができるにせよ(それを知ってか知らずか)、考えること・することとして社会的に自分が強いられていることしか、考えないし、しないでしょう。そこに、精神分析的にいえば抑圧の過程と同じ過程の、社会・歴史的な側面があります。

社会の方はといえば、その歴史のほとんど全体を通して、閉鎖の中に位置しています。その論理の閉鎖、その諸意味作用の閉鎖、です。社会は自らの諸意味作用を強制しながら、個人たちを製作します。したがって社会は、まず第一に、かつ特に――そして諸社会の圧倒的な大多数においてもっぱら――閉鎖された個人たちを、製作します。彼らは考えるべく教えられたように考えるし、同じように評価するし、社会から意味を持つと教えられたことに意味を与えます。彼らにとって、それらの・考える・評価する・規範を与える・意味を持たせる・やり方は、心理的な構成の上で、疑問視しえないものなのです。

創出する社会的想念

創出する社会的想念という理念は、受け入れがたいものに見えますし、それも無理のないことです。同じ状況は、《潜在性》、《能力》、《可能性》について人が語らねばならない、そのたびごとに現われます。なぜならわれわれは、――それの現われであるそのものではなく――数々の現われ、数々の結果、数々の産物以外には、決して知らないからです。このことに由来するのが、《魂の諸能力》の諸概念に向けられた諸批判ですが――しかしこの《能力》は例外的な専門用語ですし、その《諸機能》について語ってえられるものが何なのか、よくわかりません。

事情はもちろん、想像力についても同じです。それを手にとることも、顕微鏡の下にそれをおくことも、できません。しかしながら誰もが、人がそれについて語ることを受け入れます。なぜでしょうか。その基体を、人が示すことができるであろうから、でしょうか。この基体、人はそれを顕微鏡の下におきうるのでしょうか。そんなことはありません。しかし各自すべては、理解していると錯覚しています。なぜなら彼は、自分が《魂》を持っていることを知っていると信じ、その諸《活動》を知っていると考えているからです。

想像力は、この魂の（ここではそういっても差し支えないので、《頭脳》のすらの）一つの《機能》であるといってみましょう。この機能は、何をすることにあるのでしょうか。とりわけ、《量とエネルギー》を質に変えることに、ですし、――もっと一般的には、諸表象の流れを出現させることに、その流れの中で峡谷を・断絶を・非連続を・またぐこと、話題を飛ばしこじらせることに、です。われわれは表象の流出についての（もっと一般的には、意識的であれ非意識的であれ、主観的な流出についての）諸確定を、可能態の中に・アリストテレスのいった[36]デュナミス〔能力〕の中に・ある予備、ある貯え、あるより可能なものにつねに支えさ‐せる‐力の中に・改めて集めます。あの流出との無媒介的な密接が、流出の存在そのものに関しての、非連続を創造するとともに非連続をまたぐことでそれを無視する流出の不思議な能力に関しての、驚きを停止させます。

同様にアリストテレスにとってもカントにとっても（フィヒテ、ハイデカー、メルロ＝ポンティにとってのように）、把握しえないままに残されたのが、想像力の創造的な可能態が以下のものを通じて効力を持つ、まさしくあの最後の側面、飛躍、予期しえないもの、非連続、であったのは、無理もないことです。そしてまさに同じこの側面――飛躍、断絶、非連続――こそ、何千年にもわたって人びとが精霊ないし神の仕業としてきたもの、明らかにホメロス的人間の気持でもあるもの、ですし、プラトンが詩を《神の熱狂》と見なした時、詩についての彼の考察の原因となっているもの、です。

創出する社会的想念にかかわるむつかしさの度合は、全く別のものです。人びとは、社会・歴史的な創造的領域という理念の前では、肩をすくめます。しかし物理学者たちによる、空虚の中での電磁的な波動の伝播、振動する無の波動、非・事物の中への何らかの事物の伝播、としての光の《説明》には――それを少しも理解していないのに、あるいは少しも理解していないから――、受け入れるふりをします。人間のあらゆる集団の中に創造の諸《源泉》が存在しているであろうという理念、もっと正確には、人間のあらゆる集団がそうした源泉であろうという理念、その源泉は個別の諸領域間の諸接触や諸相互作用を総合し包含する・しかしそれらの領域には還元しえない・創造の領域の中に潜んでいるという理念は、受け入れがたいものか不条理なものと、思われています。

二つの要因が特に、この軽率な拒否の中で働いています。一方には、事物、人間、観念という存在の三つの型における、旧来の存在論の限界があります。以来人びとは、それら三つの存在の型の収集ないし組み合わせに、社会・歴史的なものを還元する不可能性の前で、盲目になります。他方には、創造の理念があります。この理念は——もし各自が自分の諸表象の流出に注意する気になりさえすれば、各自の経験の一部となっているにもかかわらず——信じがたいものと思われています。実際、救済という体系的な働きによる世界史の・国の〔都市が分立しやすい〕地勢によるギリシャ民主主義誕生の・一八五〇年頃のブルジョア社会の状態によるワグナーの音楽の・説明が、どれほどいっそう信じうるものなのでしょうか。それらのバカさ加減についてはほかで詳しくのべましたので[37]、私はここで改めて反証をとりあげることはしません。

創出する社会的想念の問題について私は、すでに一冊の書物と多くの文章を当ててきました[38]。私は手はじめに、哲学にとっても精神分析にとっても除去しえない、社会・歴史的なものを考慮させるものを、あげておきます。

哲学的な面においては、討論は簡潔にすませられます。私は、見かけは特殊な角度、言語の角度から、はじめます。哲学や思想一般は、言語なしには、少なくとも言語との強力な諸関係なしには、存在しえません。しかし言語の個人的ないし《契約的な》本原的な産出は、歴史的にも論理的にも、バカげたことです。言語は、人間集団の自然発生的な創造以外のものではありえません。同じことがすべての本原的な諸制度、それらがなければ社会生活も・したがって人間たちも・存在しない諸制度についても、真実です。

しかし、思想は言語を前提としているし、言語は社会の外ではありえない、という事実よりも、はるかに以上のものがあります。思想は基本的に歴史的なものですし、思想のそれぞれの表明は、歴史的な連鎖の中の一契機ですし、思想はまた、もっぱらではないものの、その連鎖の表現です。同様に、思想は基本的に社会的なものです。思想のそれぞれの表明は、社会環境の一契機です。思想は社会環境から生じますし、逆にそれに働きかけますし、それを表現します。この事実に還元されうることなしに、です。

したがってわれわれが社会・歴史的なものを考慮するよう強いられているのは、社会・歴史的なものが思想と熟考の存在の基本的条件となっている、からです。この条件は、いささかも《外部のもの》ではありませんし、この条件は、人間の生存の基礎に横たわっている・必要であるが十分ではない・限りない・諸条件にも、属してはおりません。それは《内在的な》条件、それが条件づけているものの生存に積極的に協力している条件、です。この条件は思想にとって、個々の精神現象と同じ次元に属しています。精神現象は、思想や熟考があるために十分なものではありません。しかし精神現象は、思想と熟考に参加しております。それに対して、たとえば重力は、人間の生存を数知れない形で条件づけていますが、思想と熟考に参加してはおりません。いいかえれば、私が内在的な条件と名づけたものは、条件づけられたものによって表現されてもいるものに、属しています。

社会・歴史的なものの中での社会・歴史的なものによる、熟考の発生についての探求は、したがって哲学の要求しうるものですし、それは個々の人間における思想の発生についての探求と、同じ資格においてです。

精神分析に関していえば、それが出会う個人は（もちろん精神分析を行なう個人と同様に）、つねに社会化された個人です。われわれは、《純粋な》状態での個々の心身一体的な個人たちには決して出会わないでしょうし、われわれは社会化された個人たちにしか出会わないでしょう。精神的な核は、稀れにしか現われませんし、間接的にすら、そうです。その核はそれ自身の中で、精神分析的な作業にとって永遠に達しえない、限界を形成します。自我、超自我、自我の理想は、社会化の産物（せいぜい共同・産物）としてをのぞけば、考えられえないものです。社会化された個人たちは、当の社会の、歩き語る断片です。彼らは、全体的な断片です。すなわち彼らは、実際には部分的に、潜在的にも部分的に、彼らの社会の諸制度と諸意味作用の、本質的な核を体現しています。個人と社会の間に対立はありません。個人は、そうしたものとしても、またそのたびごとの社会・歴史的なその形態においても、社会的な創造物です。真の極性は、社会／精神現象（先に示した意味での心身的なもの）の極性です。社会と精神現象は、相互に還元しえないものですし、また実際に切り離しえないものでもあります。社会といったものは、魂たちを生みだすことはできませんし、この考えには意味がありません。魂たちの集まりは、社会を生みださないでしょうし、ジェローム・ボッシュ(九)の悪夢を生みだすでしょう。個人たちの集まりは逆に、社会を生みだすことができます（たとえば、メイ・フラワー号の乗船者たち）。なぜなら、それらの個人はすでに社会化されているからです（そうでなければ彼らは、生物学的にすら、存在していないでしょう）。

社会化は、外的な諸要素の、それらが不変のままにしておくらしい、精神的な核への、単なる付加ではありません。諸要素の結果は、実際の現実の中に存在しているような精神現象と、解きほぐしがたく織り合わされています。このことは、今日の精神分析医たちによる意図的な、人間たちの社会的次元についての無知を、不可解なものにします。

社会についての――歴史についてと切り離しえない――問題は、もちろん広大なものですし、私はここで、私がほかで詳しくのべたことを[39]、要約はしないことにします。私はいくつかの点、ここで論じている主題、創出する社会的想念にとって直接的に関連しているか・私がこれまで論ずる機会を持たなかった、社会的想念の創出が服している数々の拘束に関しているか・している、いくつかの点だけにとどめることにします。

I　社会は創造、それ自身の創造、つまり自己創造です。それは、新しい存在論的な形式――新しいエイドス〔形相〕――の、存在の新しい水準と様式の、出現です。諸制度（言語、規範、家族、道具、生産様式、等々）と諸意味作用によって一緒に維持されている、ほぼ全体こそが、それらの制度が体現しているもの（トーテム、タブー、神々、唯一神、ポリス、商品、富、祖国、等々）です。二つのもの――諸制度と諸意味作用――が、存在論的な諸創造を表現しています。ほかのどこにおいてもわれわれは、ある全体の諸構成要素を一緒に維持している関係様式としての、諸制度に出会わないでしょう。われわれは、創出の形式といったものも、創出という事実も、各社会に特有の本原的な諸制度も、《説明すること》――因果関係によって生みだすこと、合理的に演繹すること――ができません。われわれはまた、ほかのどこにおいても、意味作用に、すなわち実際の《働きかける》理想の・内在する知覚できないものの・存在様式に、出会うことはないでしょう。同様にわれわれは、本原的な諸意味作用（ヘブライの唯一神、ギリシャのポリス、等々）の出現を、《説明すること》ができません。

私は、自己創造について、自己・組織化についてではなく、話しています。社会の場合にわれわれは、以前から存在していた諸要素、それらの組み合わせが全体の新しいか付加的な数々の特性を生みだしうるであろう、諸要素の寄せ集めを前にしているわけではありません。一社会の準・（あるいは偽・）諸要素であるものは、その社会自身によって創造されています。アテナイが存在するためには、《人間たち》一般ではなく、アテナイ人たちが必要です。したがって社会はつねに自己・創出です。――しかし人間の歴史のほとんど全体にとって、その自己・創出という事実が、社会の創出そのものによって、隠蔽されています。
社会といったものは自己創造です。個々の各社会は特有の創造ですし、社会という種に属するエイドスの中での別のエイドスの出現です。

II　社会は、言葉の広い・しかし固有の・意味で、つねに歴史的です。社会はつねに、自己・変質の過程を通過しています。社会は、自己・変質です。この過程は、知覚しえないものであるほど、かなりゆっくりしたものでありえますし、ほとんどいつもそうでした。われわれのささやかな社会・歴史的な辺境においては、この四千年にわたって、その過程がむしろ急速で激しいものであったことが、見られました。ある社会の通時的同一性の問題、ある社会はいつ《同一のもの》であることを止め、《別のもの》になるのか、を知る問題は、具体的な歴史の問題ですし、それに対して慣習的な論理は答えを与えることができません（第一共和制下の・マリュウスとシーラの・アントニオたちの・等々のローマは、《同じローマ》なのか）。

III　なぜなら諸社会は、因果関係によって生みだしうるものでも、合理的に演繹しうるものでも、ないからですし、各社会の諸制度と諸意味作用は、関係する匿名の集団の、自由な・動機のない・創造だからです。それらは、虚無からの、しかし虚無の中ででも、虚無とともにでもない、創造です。このことが意味するのは、諸社会は拘束の下での創造である、ということです。私は、そうした拘束のうちのもっとも重要なものいくつかを、あげておきます。

a　《外的な》諸拘束——特に、人間の生物学的な組成を含む、自然の第一の地層（おおよそ、生物の・生物が近づきやすいものの・地層）によって強いられる諸拘束——が、あります。これらの拘束は、基本的に平凡なものです（しかし、それらには重要性がない、を意味するものではありません）。社会は、たとえば自らの居住条件によってそのたびごとに条件づけられていますが、それが《原因となっている》わけではありません。自然の第一の地層が決定的な度合で集合論的・同一性的な次元を含んでいる限りにおいて（二つの石たす二つの石は四つの石、雄牛と雌牛はつねに子牛と若い雌牛を生む、若鶏では決してない、等々）、社会的創出はその次元を、世界と自分自身についての自らの《表象》の中に、すなわち自分固有の世界、自らの *Eigenwelt*〔固有の世界〕の中に、再創造しなければなりません。いいかえれば、社会の創出は、集同的な論理に十分に呼応する論理——社会として生きのびることを社会に可能とさせるもの——を、そのたびごとに創出される社会的想念の諸意味作用——社会に（そのたびごとに違った）意味を与える世界を創造させるもの——の庇護の下に、必然的に、つねに、再構成し再創造します。この《社会的な》集同的な論理は——そのたびごとに創出される想念の諸意味作用として——、社会的な個人の製作の長い苦しい過程で、精神現象に強いられます(40)。集同的な次元はもちろん、言語の中にも示されています。その次元は、記号としての言語に、つまり基礎的なすること・数えること・推理すること・のほぼ包括的な道具としての言語に、呼応しています。言語の記号的な面（猫は猫である）は、本来の意味での（神は三位からなる人格である、等々の）想念の諸意味作用の運び手である、言語の形成的な面と、対立していますが、しかしまた解きほぐしがたく結びついてもおります。これらの《外的な拘束》に呼応しているのが、諸制度の、特に物質的生活の生産と性的な再生産にかかわる諸制度の、機能性です。

b　《内的な》諸拘束もあります。これらは、社会がそれにもとづいて自分自身を創造する《原料》、すなわち精神現象に、由来します。精神現象は社会化されねばならず、そのために精神現象は、それ固有の世界、自らの感情集中の諸対象・自らにとって意味あるものを、多かれ少なかれ放棄しなければなりませんし、社会的に創造され価値を与えられた、数々の対象・方向・行動・役割・等々に、感情を集中しなければなりません。精神現象はそれ固有の時間を放棄し、公共の時間と〔《自然の》また《人間の》〕公共の世界に、入っていかなければなりません。われわれが、われわれが知っている（ありえたであろう・ありうるであろう・諸社会のたぶんごくほんの一部でしかない）諸社会の信じられない多様性を考察する時、われわれは、社会は精神現象から自ら望むものを作りうる——精神現象を一夫多妻に、一妻多夫に・一夫一妻に・物神崇拝的に・異教的に・一神論的に・平和愛好的に・好戦的に・等々にしうる——と考えるよう、おおむね導かれます。もっと近づいて見ることによってわれわれは、一つの条件が満たされれば、すなわち制度が精神現象に意味を——その生にとっての意味とその死にとっての意味を——供給するならば、以上のことが実際に真実であることを、確認します。その条件は、ほとんどつねに宗教的な、社会的想念の諸意味作用によって実現されますし、それらの意味作用は、個人の生と死の意味、当の社会の存在と行動の仕方の意味、全体としての世界の意味を、一緒に織りなしています。

c 《歴史的な》諸拘束もあります。われわれは、諸社会の起源を検索することはできません。しかしわれわれが語りうるいかなる社会も、イン・ワクオ〔空虚から〕出現してはおりません。つねに、それが一部であり断片であるとしても、過去があり伝統があります。しかしその過去との関係それ自身が、その諸様相とその内容において、社会の創出の一部をなしています。したがって古風な、ないし伝統的な諸社会は、ほとんど完全に、過去を再生産し繰り返そうとしていました。別のいくつかの場合には、過去と伝統の《受け入れ》は、少なくとも部分的に、きわめて意識的でした。しかもその《受け入れ》は、実は、再創造です（今日の流行はそれを、《再・解釈》と名づけることでしょう）。アテナイの悲劇は、ギリシャ神話を《受け入れ》、それを再創造しています。キリスト教の歴史は、そのたびごとに大いに異なる結果をともなう、同じ聖なる諸文書の相次ぐ《再・解釈》の歴史以外の、何ものでもありません。古典的なギリシャ人たちは、少なくとも十三世紀以来、西欧における絶えざる《再・解釈》の対象です。この再創造はもちろん、現在の想念の諸意味作用にしたがって、つねになされています――が、もちろんまた、《再・解釈される》ものは、不確定のものではなく、一定の具体的なものです。しかしながら、同じギリシャの遺産から、ビザンチン人たち、アラブ人たち、西欧人たちが作りあげたものを比較するのは、教訓的です。ビザンチン人たちは、あちこちに注釈を加えて、写本を保管するだけで満足していました。アラブ人たちは、科学的、哲学的な諸文書しか利用せず、それ以外のものは政治的な著作や詩を含めて無視しました（ボルヘスのアヴェロエスとアリストテレス『詩学』についての、美しい中編小説を見よ）。西欧人たちは、あの遺産が残した数々のものとこの八世紀来ずっと格闘してきましたが、彼らがそれらを十分に消化したとは思われません。

d　最後に、すべての中でもっとも興味深い、《内在的な》諸拘束があります。私はそのうちの二つだけ、あげておきます。

1　諸制度と社会的想念の諸意味作用は、首尾一貫したものでなくてはなりません。首尾一貫性は、内在的な観点から、つまり、社会化された個人たちの適切な行動等々を考慮に入れた、当の社会の主な諸性格、諸《推力》に照らして、評価されねばなりません。飢え死にしていた農民たちのかたわらでのピラミッドの建設は、それが古代エジプトの、あるいは中央アメリカ・マヤの、社会組織と社会的想念の諸意味作用の全体と結びついている時には、首尾一貫しております。

首尾一貫性は、内的な諸分裂、諸対立、諸闘争をいささかも排除してはおりません。奴隷制か封建制の諸社会は、もちろん全く首尾一貫しております。事態は、資本主義諸社会とともに、特に成熟した諸社会とともに、変わっています。しかしこの場合、別に議論すべき、歴史的革新があります。首尾一貫性は一般的に、制度の厳密に想念上の次元と集合論的・同一性的な次元の間の《諸矛盾》によって、危険にさらされることはありません。なぜなら、原則として、第一のものが第二のものの上位に立っているからです。したがって算術と交易は、キリスト教諸社会の中で、算術よりもはるかに重要な、三位一体の教義における暗黙の一＝三という基本的な方程式によって、さまたげられることはありませんでした。

ここにもまた、制度の各《部分》と社会的想念の諸意味作用との、相互の想像上のかかわり合いがあります。問題なのは、相互の偽《機能的な》それらの従属だけではありません。特に、諸人工物、諸政治体制、諸芸術作品、そしてもちろん同じ社会と同じ歴史的時期に属する人間の数々の型、の間での、統一と実質的で不可解な血縁関係が、問題です。この統一について、《因果関係による》か《論理的な》説明という一切の観念に意味がないのは、指摘するまでもないことです。

2　他方、諸制度と社会的想念の諸意味作用は、完全なものでなくてはなりません。意味作用の閉鎖によって決定されている、他律的な諸社会においては、事情は明確で絶対的です。《閉鎖》という用語は、ここでは厳格に数学的な意味で、理解されなくてはなりません。数学者たちは、ある代数の体《たい》について、もし体《たい》の諸要素によって書き表わされたあらゆる方程式にとって、諸解答もまた体《たい》の諸要素であれば、その体《たい》は閉鎖されている、といっています。ある閉ざされた領域の中で意味を持つあらゆる問いは、その答えを求めて同じ領域に送り返されます。同様に、閉ざされた社会の中では、社会の言語によって表明されうるあらゆる《問題》は、その社会の社会的想念の諸意味作用のマグマの中に、答えを見つけえられなくてはなりません。このことはとりわけ、諸制度と社会的な諸意味作用の適切性に関する諸問題は、単に提起されえない、ということをもたらします。それらの問題の排除は、諸制度と諸意味作用の超越的な社会外の源泉、つまり宗教という源泉、の設定によって確保されています。

Ⅳ　社会的想念の諸意味作用という用語についての若干の補足的な注釈は、誤解を避けるのに役立ちましょう。私は《諸意味作用》という用語を選びました。なぜなら、私が目指しているものを送りとどけるのに、それがもっとも不適切ではない、と私には思われたからです。しかもこの用語は、《精神状態的な》意味で理解されては、絶対になりません。社会的想念の諸意味作用は、当の社会にとっての固有の世界を創造しますし、実際にはそれらの意味作用がその世界です。それらが個人たちの精神現象を形成します。それらは、そのようにして世界の《表象》を創造しますし、そこには社会それ自身についての《表象》も、その世界の中での社会の位置の《表象》も、含まれています。しかしそのことは、知的なコンストルクトゥム〔構築作業〕ではいささかもありません。それは、当の社会の推力（いわば全体的な意図）の・ある気分ないし特殊な *Stimmung*〔気持の〕——ある情動の・あるいは社会活動の全体にしみこんでいる諸情動の星雲の・）——創造と、ともにあります。たとえばキリスト教の信仰は、全く特殊な、単なる歴史的創造ですし、この創造が、特有の《諸目標》（神から愛されること、神によって救われること、等々）を、とりわけ特有で奇妙な諸情動、古代のすべてのギリシャ人やローマ人にとって（またすべての中国人や日本人にとって）全く理解されえないであろう（そして——聖パウロがモリア〔狂気〕と特徴的にものべた——バカげたものであろう）諸情動を、もたらしています。このことは、社会が対自的存在であることを想起するなら、理解しうることです。

昇華、思考、熟考

昇華——フロイトによってあまりに吟味されなかった・彼が《そこに戻らなければならないだろう》といっていた・観念——は、特定の過程ですし、そこで精神現象は、彼自身にとっての自分の映像を含む、彼に固有の・あるいは感情集中の私的な・諸対象を、社会的な創出の中で・その創出によって・存在し価値を持つ諸対象と、取り替えるよう導かれますし、社会的な諸対象を、彼自身にとっての快楽の諸《原因》、諸《手段》、諸《媒体》にするよう、導かれます。

われわれはここで、人間の出現を特徴づけるあの圧倒的な転換を、つまり器官の快楽から表象の快楽への入れ替えを、社会的想念の作用による制度の登場を、したがって的確にいえば眼に見えない、あるいはむしろ知覚しえない、諸事物の創造を、再発見します（社会的なものとして諸事物は、眼に見えません。人は野菜や車を見ますが、野菜や車という商品は、決して眼にしません。商品は、社会的想念の一つの意味作用です）。そしてわれわれは、衝動から解放された個々の想像力が、感情集中の諸対象としての公共の諸対象を精神現象に提供できるようになるという、もっとも重要な事実に出会います。

思想という用語は、すでに指摘されていることですが、フロイトによって、諸表象の諸グループを（あるいは表象それ自身をすら）示すためにも、それらの結合の過程を示すためにも、用いられています。したがって彼は、《夢の諸思想》について語ります。私としては、諸表象とそれらの結合について語ることを、選びます。結合が、ほとんど必然的ないしほとんど射倖的であるにしても、です。思想という用語は、慣例にしたがって、多かれ少なかれ意識的な諸活動のためにとっておくのが、望ましいことです。

単なる意識的な働きの意味での——したがってフロイトにとっては自我の働きにかかわる——思考、この思考、この働きが、第一に、二重の閉鎖の中で実現されていることは明白です。精神分析的な意味での自我のあらゆる働きと同様に、思考の働きもまた、快感原則と不快原則という相反する牽引に服している、《自我の関心》にしたがっています。いいかえれば、その思考は、現実を考慮するという（つねに尊重されるわけではない）拘束の下での、諸衝動に応じています。このことはすでに、その活動の範囲を厳しく限定しています。しかもその現実は、社会化された個人にとっての、基本的に社会的な現実です（火が燃えることを学ぶのは、大したことではありません）。社会的現実への配慮は、社会という基本的に生物学的ではない環境の中での自分としての、自分の生存の必要を、意味しています。しかしそのことを、個人が社会化することによって尊重するよう学ぶ、《諸禁止》や実際の諸禁止命令とだけ理解するのは、全く浅薄なことでしょう。問題なのは、個人の思考にとっての基本的な諸条件ですし、思考の数々の枠組、数々の範疇、大づかみな内容は、個人の社会的製作によって彼に強いられています。したがって思考は、繰り返し、ふつう《病的な》と性格づけることのできない繰り返しの、影響の下で展開されます。そのことを十分に納得するには、古風な、あるいは単に伝統的な諸社会を（そして、われわれの社会すらを！）考えさえすればよいのです。この《社会的な》繰り返しは、《個人的な》繰り返しとして説明され明示されます。しかしこの繰り返しには、いわば精神分析的な意味はありません。

閉鎖という用語についての補足的な説明が、ここで必要です。閉鎖とは、すでに見たように、考えられているものが本質的に問題視されえないこと、を意味します。さて、言語が生じたその時から、人間の社会において、諸問題を提起する可能性が存在します。しかし、圧倒的に大多数の社会を特徴づけるものは、それらの問題がつねに限られたものでありつづけること、社会制度の諸公理、その推論の諸規則、その演繹の諸基準と、社会にとっても部族にとっても隠喩的に呼ばれるであろうものを、乗り越えることも・傷つけることすらも・対象とすることも・できないこと、です。それがどんなものであれ、ある言語の中で、これをしたのはXかYか、村の境に昨日ライオンが本当にいたのか、と問うことができないとは考えられません。誰かが、はいかいいえで、答えますし、彼は嘘をつくか、思い違いをすることもできます。しかしすべては閉ざされています。大地が大きな亀の上に横たわっているのが真実かどうか、誰も問うことができません。それは、問いえないもののままにされなくてはなりません。誰一人、古風な社会の中で先祖伝来の戒律を、問題視することはできません。誰一人、キリスト教社会の中で聖書の内容と天啓の起源に、イスラム社会の中でコーランの聖なる性格に、異議をはさむことはできません。そこに、問われてもいないし、問われうるものでもない、最終的な諸公理があります。

われわれは、ヘブライ人たち以上に知性を備えてはおりませんし、原始人たち以下でもあります。われわれは、原始人たちよりもはるかに知性を備えてさえいないのです。なぜなら、私は、たとえば織物を発明できる、あるいは、知らないとすれば一年の長さを計算できる、いかなる今日の科学者も知らないからです。しかし彼らの知性、彼らの思考は、制度化された閉鎖の中で働いています。そして——そうでなかったら歴史はなかったでしょうから——極端にゆっくりした仕方で、何万年をも重ねて、個々の精神現象のであれ、共同のものであれ、何かしらの創造性が、変化という形で、旧石器の・ついで新石器革命の・ついで残余の・……労働のリズムに、浸透します。

そのように理解すれば、思考はしたがって二つの水準で厳密に機能的です。つまり、まず個人の諸衝動のまずまずの水準でですし、それは基本的に、フロイトの用語でいえば、フロイトが『トーテムとタブー』（一九一二年）の中でいっているように、社会的現実以外では決してない現実と、個人の諸衝動の間で到達する、均衡の水準を意味します。他方では、個人たちの限りない数の諸行動と諸目標と、全体的な社会機構の機能との間の均衡を、はるかそれ以上に一致を、意味します。この均衡は、ヤーヴェ、エジプトの神々、ギリシャの神々、アズテク人たちの人間のいけにえ、イエス・キリスト崇拝、利潤の無限の追求、等々をともなう、一夫一婦制、一夫多妻制、家父長制家族、父系ないし母系の制度によって、無数のやり方で達成されました。この均衡に関しては、つねに違反の可能性があります。しかしこの違反は、基本的に成文化されております。社会的諸規則の・予想される・罰せられる・明白な・違反があります（処罰の強制が弱まるか不確かなものになれば、諸規範は社会的な意味で規範であることを止めます）。病気もあります。しかし病気がほとんどいたるところで別のものの予兆と見なされ、呼応する形（シャーマン、魔女、等々）で体系化され治療されている事実を確認するのは、興味のないことではありません。もちろん夢もありますし、やはり体系化された解釈にしたがっています。これで、ほぼ十分でしょう。

　ここで、フロイトの《知の衝動》ないし《認識愛好の衝動》（*Wisstrieb*）についての、余談が必要です。それについて私は、ほかの場所でもっと詳しく論じましたので[41]、現在の議論にじかに関係するものだけにとどめておきます。この（少なくとも、《身体的なものと精神的なものの間の境界》としての、フロイトの後日の確定に照らせば）奇妙にも《衝動》とされたものは、実は個々の人間たちによる、彼の最初の《自閉的》ないしモナド的な状態の解体以来の、意味を探求する形式です。われわれはここで、あの衝動が特権的な形でかかわっている諸対象（《子供たちはどこから来るのか》＝私の起源は何なのか、私は誰なのか）についても、またあの衝動が当初の満足をえている想像上の（幻覚的な）諸構築（子供の性欲諸理論）についても、取り組むことはできません。大事なのはあの *Wisstrieb*〔認識愛好の衝動〕が、社会的な性欲理論と社会的な宇宙論を吸収することによって、ほとんどつねに飽和していることです（子供の諸性欲理論に結びついている諸幻覚の、無意識の中での保磁性は、ここではわれわれに関係ありません）。意味の探求はふつう、社会によって与えられ／強制される意味——社会的想念の諸意味作用——で、満たされています。あの飽和は、問いの停止と対になっています。つまり、あらゆる質問に対して、慣習にかなった数々の答えがあり、それらを所有している社会的な《お役人たち》（魔術師たち、僧侶たち、官吏たち、理論家たち、事務総長たち、科学者たち）がいます。それ自身の中での・それ単独での・精神分析的な見方は、停止している *Wisstrieb* と停止していない *Wisstrieb* があるという事実を——あるいはスキタイの昇華とギリシャの昇華の違いを——全く説明することができません。エディプスと彼の探索はスキタイでは見られませんし、それどころかあらゆる文化において見られません。

　思考は熟考を意味しません。熟考は、思考自身に向けられ、その個々の内容のみならず、その数々の前提、その数々の基礎をも問う時に、現われます。しかし今のべたばかりのことすべてによれば、それらの前提や基礎は、思考に属してはおらず、それらは思考に、社会制度によって、たとえば、特に、言語によって、供給されました。したがって真の熟考は、事実それ自身によって、社会の一定の諸制度を、社会的に創出された諸表象を、ベーコンが、彼がそれに与えたものよりもはるかに広い意味を与えるべき表現、イドラ・トリブス〔種族の偶像〕と名づけたものを、問題視することです。この種族の諸表象の問題視は、タレスやその他の人びとが、ギリシャ人が語っていることは美しい話である、しかし実際にあるのは……である、といいはじめた時に、あるいはヘラクレイトスが、詩人たち（神話の語り手たち）を彼らは自分が何をいっているのか知らない、と非難した時に、現われたものです。それはまたフロイトがアメリカに着いて、彼らはわれわれが彼らにペストをもたらしていることを知らない、といった時に、表明したものでもあります。精神分析的なペストとは、子供の驚くべき無垢、人間の性生活、人間の愛他主義、人間の善良さ、人間のどちらかの性への明白な所属、等々にかかわるあらゆる制度化された表象を問題視することです。性欲に関する諸表象は、もちろん、社会制度体系の礎石です。

熟考の登場はしたがって、社会・歴史的な領域全体での大変動と基本的な手直しとともにしか、行なわれえません。なぜならその登場は、そこには聖なる（啓示された）真実がもはやない社会と、当人たちにとって社会秩序の基礎を問題視することも（時によってはその秩序に改めて賛成するにしても）、彼ら固有の思想の・つまり彼ら固有の同一性の・基礎をも問題視することが、精神的にできるようになった個人たちとの、相互に条件づけられている・同時の・出現を、前提としているからです。そのことからも熟考が、機能性との思想の決別を前提とし、具体化していることは、明白です。

主体についていえば熟考は、カントが《超越的な知覚》と名づけているもの、すなわち、意識の統一という《純粋な・最初の・不動の・意識》(42)、《すべての現象を諸概念にしたがって、すなわち諸規則にしたがって、結合する……必要な統一の意識》よりも、はるか以上のものを前提としています。熟考は、主体の根源的な想像力の働きを、前提としています。

実際、熟考があるためには、根源的想像力のみが供給しうる何かしらが、まず必要です。対象としてではなく、表象する活動として、対象ではない対象として、自分を表象することができなくてはなりません。問題なのは、二重に見ること、二重に自分を見ること、働きかける活動として問題にすること、です。熟考は、思考を思考自身の対象に転換すること、思考の思考自身への回帰による対象の思考の土台に見られる対位法、です。ついで、主体が意識の諸確信から自由になること、が必要です。そのことは、単なる意識的な活動としての思考を基礎づけている、最終的な諸公理、諸基準を、まだ不確かな、おそらくまだ知られていないもの（諸公理、諸基準、諸規則）によっておきかえられうるであろう、と想定することによって、宙吊りにしておく能力を、前提としています。問題はしたがって、言葉のあらゆる意味でのもっぱら想像上の存在としての、つまり可能な数々の内容を持ちながら確定したいかなる確実な内容も持たない活動としての、自分を見、自分を設定すること、です。熟考する真の疑問の瞬間に私は、他者によって・私自身によって・それまで承認されていたものを、すでに問題視しました。このことは、ありふれた諸事実にではなく、私の思考にとっての本質的な諸問題にかかわっています。私は別の数々の可能性を垣間見るか——見ないか——しますし、この文章を通じて私は、何かしらの・今や私が放棄しようとしているものの・拒否と、期待、いささかも確かではないものの可能性、との間で、宙吊りされている純粋な活動であろう、としています。——あるいはむしろ、そうした活動としての私を設定する必要が、あります。確かに、そうした活動の主体として私が設定するのも、つねにまた《私》です——し、私は疑問の活動の資格を持つ対象として私を設定します。そのことで私はまた、《必要な統一の意識》としても私を設定します。この統一は、《諸概念》あるいは諸規則《にしたがっての……あらゆる現象の》関係の統一ではありません。それは、存在させるための関係の・自らの展開の諸規則そのものを宙吊りにしているある過程の果てに見出すべきものとされている諸規則の関係の・目標の統一です。確かに、あらゆる内容とあらゆる規則が同時に問題視されることは、ありません。しかしそれらすべてが一つ一つ、順番に宙吊りされるものとして設定されることは、ありえます。

これらすべての要素が、熟考ないし熟考的思考の、先に定義した意味での内在的な諸条件を、形成します。それらはすべて、個々の主体の、そして／あるいは、創出する社会的想念の、根源的な想像力にもとづいています。熟考と理論の内容への寄与としての、想像力の基本的な役割を、想起しなければなりません。その寄与は、考えうるものについての諸形象（あるいは諸原型）の創造からなっています。すべての理論的な作業、すべての哲学的な熟考、すべての科学の歴史は、諸形象／諸原型の源泉としての創造的な想像力があることを、示していますし、それらの形象／原型は、どんな形においても経験にもとづいて推論されうると見なされうるものではなく、反対に経験を、もっと一般的には思考を、組織する諸条件です。この絶大な主題を数頁で論証するのは不可能ですし、この主題は、哲学の全歴史と科学の全歴史を、考えうるものをそのたびごとに支える想像上の新しい諸図式の創造という視角から(43)、とらえ直すことを要求するでしょう――し、端的にいえば要求します。私としては、いくつかの簡潔な指摘にとどめておかねばなりません。

哲学の歴史は、内在的な・あるいは肯定的な諸知識の変化によって強いられる・《合理的な発展》の歴史ではありません。また哲学者たちの機嫌や気まぐれの歴史でもありません。それは（諸《概念》のではなく）、想像上の新しい諸図式の創造の歴史です。それらの図式は、内的な首尾一貫性の拘束の下で、（諸知識の発展を含む）人間の経験全体を考えうるものにしようとするもの、つまり解明しようとするもの、ですし、その経験の内容と諸形式に出会おうとするもの、です。必要な変更を加えるなら、このことはまた、諸科学の歴史についても真実です。対象についての・取り組み方についての・目指す結果についての・特別な諸考察の追加をともなって、つまり自然諸科学についての説明、社会的・歴史的諸科学についての理解をともなって、ですが。

いくつかの具体例は無駄ではありません。創造的な想像力の役割は、数学の発展の中で、もっとも正確かつ鮮明な形で、見られます。数学的な想像力（カントが空間と時間についての《最初の》直観に委ねようとしたもの）は、直観しえない諸実体――n次元の・あるいは無限ないし分数的な次元の・諸空間。もっと《提示しえない》か想像上の、ほかの創造物は別にしても――の、信じがたい蓄積です。《数々の語》との、つまり数学的な諸象徴との結びつきは、そこでは明白だし、反論の余地はありません。しかし、数学的な思考を創造するのは、《数々の語》の諸結合ではなく、逆にその思想は、自らを支える象徴使用を、一つ一つ作りあげねばならないのです。

物理学においてもやはり、重要な前進があるそのたびごとに、前記のような諸形象の設定、ある理念の諸形象化がありますし、あるいは、明確化されつつある理論といったものの曖昧にしか直観しえない諸原型の設定があります。それが美しいので、偉大な有機化学者ケクレ[一〇]による、ベンゼンの公式発見の話だけをあげておきましょう。ケクレは、夢を見ました。そこには、輪をなしている六匹の蛇、それぞれが前のものの尾をかじっている六匹の蛇が、現われました。彼は翌日、しばらく空しく求めていたもの、ベンゼン分子の六角形の立体化学の公式を、発見します。

最後に、フロイト自身の仕事の中での、二つの事例をあげておきましょう。一八九五年の『草案』を読み直してみましょう。この『草案』が、精神的なものを考えうるものにする、フロイトの想像上のコンストルクトゥム〔構築物〕でないとしたら、では何なのでしょうか。そこには、説明のための諸作図があります。しかしそれら以外のものはありません。そこには、《電荷》の循環、障害物、ニューロンの近さと距離、等々があります。フロイトは、ある精神的な映像、ある形象、ある原型を、自分のために作ります。なぜなら彼は熟考しているからですが、しかしまた彼はその映像にもとづいて熟考するのですし、それなしには彼は熟考できないでしょう[44]。第二の例は、「終わりうる、そして終わりえない分析」の、有名な文章によって与えられます。行き詰った果てに彼は、ここでおそらくわれわれは、《超心理学という魔法使い》に助けを求めねばならないのであろう、と書き、《思弁すること――幻覚すること、と私はほとんどいいかけていた――なしに、ここでは人はいかなる前進もなしえない》、と主張しています。これは、セルジュ・ヴィデルマンが指摘したことですが、初期の翻訳者たちが——たぶん弟子としての羞恥心から——削除していた文章です(45)。超心理学、怪しげな媚薬を調整する・つまり助けに呼ぶ・老魔女はまあいいとしても、理論化の源泉に《幻覚化》、すなわち想像力、気狂いじみたものを見出す、と告白することは、精神分析の理論的な権威を永遠に失墜させせましょう。しかし実は、精神的機構についての——残り一切のものについての——何かしらを《幻覚化すること》が、その何かしらを考えるためには必要なのです。

そのことは、その幻覚化、つまり想像力の活動が引き離されていることを、意味しません。ここは、ポパー(二)とポパー主義者たちとの討論に入る場所ではありません。ただ、もし何かしらがすでに設定されていなかったら、《変造す》べき何ものもないであろうこと、——そしてポパーとポパー主義者たちが、設定されたものの起源について、また《変造》のあとでそれに代わるものの起源についても、不思議にも黙りこんでいること——に注意しておきましょう。もし人びとがそのたびごとに既存の理論の一つを《変造する》ことしかしなかったとすれば、科学は単になかったでしょう。科学の歴史は、それまで単なる難問、謎ないし障害でありつづけた、既存の数々の《変造》の《有効性を》そのたびごとに《認め》させたのが、数々の《変造》ではなく、新しい理論の創造であることを、示しています(相対性理論や量子論の出現を見てください)。また、たとえば精神的機構についてわれわれが想像しうるもの、それにもとづいて理論化しうるものは、《反論しうるもの》、ポパーの意味での変造しうるものでは確かにないこと、それに変造が真と偽との間の区別を全く廃止してはいないこと、にも注意しておきましょう。人は精神的機構について(あるいはアテナイ社会について、資本主義の誕生について)、愚かなことを限りなくいうことができますし、それらが愚かなことであることを、示すこともできます。長持ちする理論的な構築物はしかしながら限られていますし、きわめて稀れです。精神的機構についての説得的なある原型を生みだす誰か——

たとえばフロイト——と、すぐりのジャムがニューロンに沿って循環しているのですべてが行なわれている、というであろう誰かとを、何かしらが区別することはおそらく可能ですし、もっとも鈍いポパー主義者でさえ、区別することでしょう。証明しうる愚かなことといったものも存在しますし、そういったものは限りなく多数あります。そしてプライマ・フェイシ〔一見したところ〕すでに長持ちしている・批判的な検討に耐えることのできる・ごく僅かな理念もあります。

もっと一般的には、新しい重要な理論——哲学者たちについては語らないにしても、ニュートン、アインシュタイン、ダーウィン、フロイト自身——は、単なる《帰納》では決してないだけではなく、それ以上に、以前から存在していた諸理論の《変造》から《窃取した》、単なる産物でもありません。新しい重要な理論は、諸与件の拘束の下での（実はこれに、経験も《変造》も帰属します）、理解を可能にするための想像上の新しい形象／原型の設定です。

熟考はしたがって、閉鎖を破るための努力として定義することもできます。この閉鎖がわれわれの個人的な歴史やわれわれを形成した、つまり人間化した、社会・歴史的な制度から生じているなら、あの閉鎖の中にわれわれは主体としてそのたびごとに必然的にとらえられています。あの努力の中で、想像力が中心的な役割を果たします。なぜなら、《既存の諸真実》を問題視することは、空虚の中での問題視ではないし、そうでは決してありえないし、根源的な想像力によって創造された・熟考の制御下にある・考えうるものの新しい諸形式／諸形象の設定と、つねに対になっているからです。すべては精神的な感情集中の新しい《対象》、対象ではない対象、眼に見えない対象、真実の、庇護の下にあります。この真実は、思想や事物に適するものとしてではなく、思想がつねに改めて閉じこめられがちになる閉鎖の中で、いくつもの裂け目を開こうとする運動そのものとしての、真実です。

ついでながら、この熟考が単に精神分析を可能にするだけのものではないこと、というのも精神分析は結局のところ主体の彼自身への・彼の働きの諸条件への・復帰だからであること、熟考はまた精神分析のファンの（ファンという語の〔終了と目的という〕二重の意味で）定義の要素として役立ちうるものであること、これらのことにも注目しておきましょう。繰り返しを乗り越えること、それは主体に、彼のたまの体質が彼に固着させていた枠からのがれさせ、彼が共同・創造者でありうる真の歴史を彼に開示させること、です。このことは、精神分析それ自身にとっても別問題ではありません。その作業は、患者の諸防衛、諸抵抗、諸防壁（そして精神分析に固有の数々の防壁）を越えて、眼の前にいる個々の人間の個々の根源的想像力の何かしらを垣間見るにいたらない限り、生きたもの、豊かなものでありつづけることはできません。このことは、精神分析医自身にも影響します。彼がもし、彼自身の数々の枠組を変化させるままにしておき、それら以外のものにも耳を貸し、新しい何かしらを考えようとするならば、その場での解釈によって患者は、ずっと以前から自分がおかれていた状態と、そこにとどまるよう強いられているわけではないことを理解して、自分を再発見するでしょう。

確かに、もう一度いいますが、空しい疑問にとどまっている限り、成功したあらゆる思想は、こんどは自ら、新しい閉鎖を確立します。思想の歴史はまた、連続した数々の閉鎖の歴史でもあります――し、それは、かつての思想家たちにたいしての批判的な態度を、取り除くことのできないものにするものです。しかしまた、そのようにして創造された諸形式のうちのいくつかが、不可思議で驚くべき永続性を持っているというのも、事実なのです。思想の真実は、ある運動そのものですし、この運動は、それの中で・それによって・すでに創造された永続的なものが、それ自身が単なる理想的なものの沈黙のうちに没入しないために必要とする、新しい創造によって別な形で位置づけられ照らされている自らを見出す、そのような運動なのです。

原注

したこととすべきこと

（1）すでに発表した参照すべき私の各文章については、初出の年で示しているし、場合によっては、現在でも再録された文章を収めている本の頁で示している。初出の年の索引はこの文章の最後に提示されている。

（a）この二つの用語については、『想念が社会を創る』第Ⅴ章〔邦訳では、第二章〕を見よ。

（b）決定的なものではない、といった方がよかろう。

（c）私が出所を見つけられないでいる伝承によれば、エジプト征服に際してペルシャ王カンビュセスは、エジプト人たちが猫を聖なる動物として崇拝していることを承知した上で、彼の兵士たちに、各自が胸に猫を抱くよう命令した。エジプト人たちは、猫にあえて危害を加えられないので、敗北した。軍事史は、敵の信仰につけこむ以上のような策略の多くの例を、含んでいる。

（d）微妙な区別にこだわる伝統的倫理の典型的な例。もし私が寄託物を返さなかったら私は、返しにくい寄託物を返すという・一般化された・立場を否認するわけである。したがって、普遍的な格率の適用への配慮として私の行為を説明することができない。

（e）ピエール・ヴィダル＝ナケは私に、François Ollier, *Le Mirage spartiate* という、戦前に発表された学位論文に完全に負っていることを、告げている。

モナドから自律へ

（1）*Chimères*, n°14, hiver 1991–1992に発表された、ジャン＝クロード・ポラックとスパルタ・カストリアディスとの

(一九九一年六月十五日の) インタビュー。

(2) 論文 «Discours médical, révolution et maladie en URSS», d'A. Salomoni et M. Ferro, *Chimères*, n°12を参照せよ。

(a) 『細分化された世界』(迷宮の岐路Ⅲ)、パリ、スーユ、一八九―二二六頁〔邦訳は『細分化された世界』法政大学出版局、一九九五年、二〇三―二四三頁〕。

(b) 本書の三〇五―三七六頁を見よ。

精神病の中での世界の構築

(1) Ecole de propédeutique à la connaissance de l'inconscient 主催の「ピエラ・オラニエと精神病についての研究デー」(一九九二年十月三日) での報告。*Psychanalyse à l'université*, 1993, vol. 18, n°71, p. 41-54に発表された。

(a) *La Violence de l'interprétation*, Paris, PUF, 1975.

(b) *Un interprète en quête de seus*, Paris, Ramsay, 1986.

(c) *Les Carefours du labyrinthe*, p. 97, Paris, Le Seuil, 1978〔邦訳『迷宮の岐路』法政大学出版局、一九九四年、一〇五頁〕。

(d) Kurt Goldstein, *La Structure de l'organisme*, Paris, Gallimard, 1951.

(e) 一般的に、苦悶によって粉砕され、甚だしく苦悶に取り替えられる。

情熱と認識

(1) スポルト・フェスティヴァルの一行事として、一九九一年夏に行なわれた講演で、*Diogène*, n°160, octobre-décembre 1992に発表された。

(2) «La découverte de l'imagination» (1978), dans *Les Carrefours du labyriuthe*, II: *Domaines de l'homme*, Paris, Le Seuil, 1986, p. 327-363〔邦訳、『人間の領域』(迷宮の岐路Ⅱ) 法政大学出版局、一九九八年、三九七―四五一頁の「想像力の発見」〕、そして最後に «Logique, imagination, réflexion» (1989) dans *L'Inconscient et la Science*, R. Dorey (éd.), Paris, Dunod, 1991 (ici, «Imagination, imaginaire, réflexion», p. 227 *sq.*)〔邦訳、本書の三〇五頁以下〕を見よ。

（3）この用語については、たとえば «La logique des magmas et la question de l'autonomie», dans *Domaines de l'homme, op. cit.*, p. 385–418〔邦訳、前掲『人間の領域』四八一―五二六頁の「マグマの論理と自律の問題」〕を見よ。

（4）Piera Aulagnier, *Les Destins du plaisir*, Paris, PUF, 1979, p. 14 et 163 *sq.*

（5）私の «Epilégomènes à une théorie de l'âme que l'on a pu présenter comme science» (1968), dans *Les Carrefours du labyrinthe*, Paris, Le Seuil, 1978, p. 61–63〔邦訳、前掲『迷宮の岐路』所収の「科学として提示された心の理論へのエピレゴメーヌ」六七―六九頁〕を見よ。

（6）プラトン『ソクラテスの弁明』29 c-d, 38 a.〔著者はここでギリシャ語の原文を引用しているが、訳文では省略〕。ソクラテスは『弁明』の中で、彼が大人しくしていれば無罪放免（か国外追放）となるだろう場合を、二度にわたって考察し、二度にわたって拒否している。

（a）したがって、この信仰はメルロ＝ポンティの《知覚的信仰》の枠を大きく越えている。

（7）私の «Institution de la société et religion» (1982) dans *Domaines de l'homme, op. cit.*, p. 364–384〔邦訳、前掲『人間の領域』四五二―四八〇頁所収の「社会制度と宗教」〕を見よ。

（8）したがってアウグスチヌスは（『告白』XII, XVI で）、可能なあらゆる対立者たちと議論することを受け入れている。しかし、聖書の権威を拒否する人たちとではない。

（9）この問題についての二次的な・しかも新たに大した寄与もしていない・精神分析文献についてここで考察することは問題にならない。注目すべき例外は、ピエラ・オラニエの仕事である。特に（4）にあげた本とともに、*La Violence de l'interprétation*, Paris, PUF, 1975と *Un interprète en quête de sens*, Paris, Ramsay, 1986を見よ。

（10）*Gesammnelte Werke*, V, p. 95–97; *Standard Edition*, VII, p. 194–197. 事実、知られているように（*S.E.*, VII, p. 126の編者注を参照せよ）、『三つの試論』の中での幼児性理論についての節は、一九一五年の版で追加された。しかしそのことは、私の文章の議論を何一つ変えるものではない。なぜならこの加筆は、一九〇七年の文章、*Über infantile Sexualtheorien*（*G.W.* VII, p. 171–188; *S.E.* IX, p. 207–226）を、主として繰り返すことしかしていないからである。そこには、*Wisstrieb*〔知の衝動〕の観念と用語がつけ加えられている。それについて彼は《それを、基礎的な衝動の諸構成要素に加えることも、性欲にもっぱら従属させることも、できない》が、それは《一方では、抑制の昇華した形式に対応しているし、他方では、見る快楽［あるいは、見る欲望、Schaulust〔好奇心〕］の［リビドーの］エネルギーを［活用しながら］作用している》、G. W., V, p. 95、といっている。フロイトにおける知の衝動ないし探求の衝動の問題、その性格とその特権的な諸対象の問題（《子供たちはどこからくるのか》という問いであれ、《性の違いとはどんなものなのか》であれ）、彼の思想の歴史の中でのそれらの観念の発展の問題は、これまで企てられていない、詳細な検討に価しよう。

(11) たとえば、G. W., XIII, 269（*Das Ich und das Es*）, XIV, 478（*Unbehagen in der Kultur*）, XVI, 22（*Warum Krieg*）、そして88（*Endliche und unendliche Analyse*）を見よ。

(12) 私の *L'Institution imaginaire de la société*, Paris, Le Seuil, 1975, chap. VI, 特に p. 420-431〔邦訳は前掲『想念が社会を創る』二四六—二五三頁〕, «L'état du sujet aujourd'hui» *Le Monde morcelé*, *op. cit.*, p. 189-226〔邦訳は前掲『細分化された世界』二〇三—二四三頁〕と、本書三〇五頁以下を見よ。

(13) *L'Instituion imaginaire de la société*, *op. cit.*, chap. VI, p. 371-420〔邦訳は前掲『想念が社会を創る』一八五—二四六頁〕を見よ。

(14) 注（12）にあげた文章を見よ。《昇華》という用語はフロイトにおいて、『三つの試論』の中ではじめて現われる。

(15) 西欧の独自性を探らねばならないのは、たぶん理論的な探求とまさしく〔創出する〕政治的な活動の、相互的な結びつきと豊饒化の中においてである。その独自性と対照的なのが、アジアの、多かれ少なかれ非宇宙的な、いずれにせよ非政治的な、諸哲学と、いくつかの古風な社会における《民主的》だが《閉ざされた》諸制度である。

(16) 私の «Portée ontologique de l'histoire de la science» *Domaines de l'homme*, *op. cit.*, p. 419-455〔邦訳は「科学史の存在論的射程」、前掲『人間の領域』五二七—五七三頁、所収〕と、«Temps et création», *Le Monde morcelé op. cit.*, p. 247-278〔邦訳は「時間と創造」、前掲『細分化された世界』二六五—三〇三頁、所収〕を見よ。

(17) 《絶対については、それは本質的に結果である、つまりそれは最終的にのみ実際にあるものである、といわねばならない》。ヘーゲル『精神の現象学』序文。

（1）この文章は、特にマドリードでの（一九九三年十一月）、ニューヨークのNew School for Social Researchでの（一九九五年四月）、ブエノスアイレス（一九九六年五月）での、講演にもとづいている。

（2）私の«Epilégomènes à une théorie de l'âme que l'on a pu présenter comme science»（1968）と«La psychanalyse, projet et élucidation»（1977）、ともに*Les Carrefours du labyrinthe, op. cit.*に再録〔邦訳は「科学として提示された心の理論へのエピレゴメーヌ」、「精神分析、企てと解明」、前掲『迷宮の岐路』所収〕を見よ。

（3）一九三八年七月十二日の（ロンドンにおける）メモ、«Ergebnisse, Ideen, Probleme», in *Gesammelte Werke*, V, XVII, p. 152.

（4）たとえば、Henri F. Ellenberger, *The Discovery of the Unconscious*（1970）, New York, Basic Books, 1979. を見よ。

（5）たとえば私の«La logique des magmas et la question de l'autonomie»（1981）, dans *Domaines de l'homme, op. cit.*,〔邦訳は「マグマの論理と自律の問題」、前掲『人間の領域』（迷宮の岐路Ⅱ）所収〕を見よ。そこには、以前のいくつかの文章への参照が見出されよう。

（6）『純粋理性批判』（傍点は著者）。

（7）*Gesammelte Werke*, II, 116 note et p. 529–530（傍点は引用者）。

（8）J. von Neumann, *The Computer and the Brain*, New Haven, Yale U. P., 1958を見よ。この一節が暗示しているフロイトの諸文章とは、特に「女性同性愛の一例」（一九二一年）、「性の間での解剖的な違いの精神的ないくつかの帰結」（一九三一年）、また「快感原則を越えて」（一九二〇年）、「自我とエス」（一九二三年）、「マゾヒズムの経済的問題」（一九二四年）である。

（9）たとえば私の«La découverte de l'imagination»（1978）, dans *Domaines de l'homme, op. cit.*,〔邦訳は「想像力の発見」、前掲『人間の領域』所収〕と、本書三〇五頁以下を見よ。

（10）それは、ボノボ（学名パンパニスクス）種〔ピグミーチンパンジーとも呼ばれる小柄な種〕の場合には、五年にまで及んでいるし、この場合はまた、いくつかの点で魅惑的な行動を示している。Frans B. M. de Waal, «Bonobo Sex and Society», *Scientific American*, mars 1955, p. 58–64.を見よ。ボノボ種はまた、（同性愛を含む）非機能的な性的行動の驚くべき発展を示している。Christiane Mignault, «Les initiatives sexuelles des femelles», *La Recherche*, décembre 1996, p. 70–73. 参照。

メルロ＝ポンティと存在論における遺産の重み

（1） *L'Élément imaginaire*〔カストリアディスが予定していて、未完に終わった著書〕の一章として一九七六―七七年に書かれた。

（2） Maurice Merleau-Ponty, *Le Visible et l'Invisible*, Paris, Gallimard, 1964, p. 209–210〔以下、*V. I.* と略す〕。

（3） 観察しうる（?）ものに暗に負わされている、存在論的な分離の性格に、改めて注意しておこう。

（4） たとえば *La Prose du monde*, p. 60, 72, 97.

（5） *L'Institution imaginaire de la société*, *op. cit.*, p. 278 et note 36〔邦訳は、前掲『想念が社会を創る』六六―六七頁と三五六頁の原注36〕を見よ。

（6） *ibid.*, p. 259–279〔前出書四一―六七頁〕を見よ。

（7） 西アフリカの魔術的治療の儀式。

（8） 一六三―四頁〔本書二一九―二二一頁〕にあげた諸引用文を見よ。

（9） 私がここで《進化》の問題を放置しておくのは、熟考した上でのことである。いずれにせよ進化は、《肉身》という資格では考えられない。

ピュシス、創造、自律

（1） 一九八六年十月にフィレンツェで行なった講演。

（2） アリストテレスの政治問題に関しての思想が導く諸難問について私は、私の «Valeur, égalité, justice, politique : de Marx à Aristote et d'Aristote à nous» (1975)、の中で、またテクネー〔技術〕に関しては «Techique» (1973) の中で、検討した。両者はともに *Les Carrefours du labyrinthe*, *op. cit.* に再録されている〔邦訳は、「価値、平等、正義、政治――マルクスからアリストテレスとアリストテレスから我々まで」、「技術」、前掲『迷宮の岐路』に所収〕。

複雑系、マグマ、歴史

（1） イヴ・バレル Yves Barel のための追悼論集 *Système et Paradoxe*, Paris, Le Seuil, 1993に発表。

（2） 実体と過程の・概念と機能の・間での、それらの慣用的な語義の中での区別に、意味がないのと同様に。それらについては、ヘラクレイトスと現代の数学や物理学とを考慮に入れた哲学的な熟考によって、別の水準において批判的にとらえ直されるべきである。

（3） 私はここでは、およそ三十年来のこの用語の不当な使用についても、分子生物学の《中心的な教条》の絶対的な有効性に関してここしばらく提起されている諸問題についても、ふれないでおく。

（4） ご存じのように、ギエルケ Otto von Gierke が、彼の記念碑的な著作、一八六八年から一九一三年にかけて四巻で刊行された *Das Deutsche Genossenschafsrecht* の中で強調した寄与。——彼の本は、Ernst Kantorowicz, *The King's Two Bodies* にとっての着想と資料の中心的な源泉。ギエルケの著作の第Ⅲ巻の一部は、偉大な法制史家、F・W・メートランドによって英訳され、一九〇〇年に刊行されたし、また一九一四年にはフランス語でも発表された。ジャン・ド・パンジュの訳で、メートランドの長い序文をつけて（*Les Théories politiques du Moyen Age*, Paris Sirey）。

（5） ローマ民衆固有の諸創造は、もちろん第一に、公的・私的な法律を含んでいる。この法律の十一世紀以来の《復活》は、近世ヨーロッパの形成に当たって決定的な役割を果たしている。しかしその法律は、法は全員に強制されるという思想と、帝国の産物である、それによれば《ローマの民衆》（と彼らの元老院）が彼らの権力を決定的に皇帝に譲渡するという、統治の法をも、含んでいる。この統治の法は、全中世を通じて矛盾した形でやたらと活用された。というのもその法は、権力の源泉は《ローマ民衆》であることと、そしてその権力は譲渡できないものとして皇帝（か王）に保持されることを、含意しているからである。そうして皇帝は、『ユスチニヤヌス法典』の表現そのものによれば、生きた法になるのであり、法はシーザー（か王）の気に入るものになる。現代の政治的想念（と実際に施行されているような現代の憲法）は、本当に以上の矛盾からのがれているのか、われわれは疑ってみることができる。

（6） 同じ——ゲルマン的要素を除いた——遺産が、ビザンチンからロシアにいたる、東方のキリスト教正教において、全く別のものになっていたことは、やはり注目すべきである。

（7）　*L' Institution Imaginaire de la société, op. cit.* の第一部〔邦訳は前掲『社会主義の再生は可能か』〕として再録された «Marxisme et théorie révolutionnaire», *Socialisme ou Barbarie*, n°36-40（一九六四年四月—一九六五年六月）。また同書の第二部の各所をも見よ。«Introduction génerale» à *La Société bureaucratique*, Paris, 10/18, t. I., 1973〔邦訳は未刊〕。当初は *L'Inconscient*（1968）, *L'Arc*（1971）, *Encyclopaedia universalis*, t. XV et XVII（1973）, *Textures*（1975）, *Topique*（1977）に発表された諸文章。

（8）　近親性はギリシャ都市に関して見出される。それについては私は、一九八二年以来の社会科学高等研究院での私の講義を宛てた（授業の報告を含む同研究院の『年報』を見よ）。現在は *Domaines de l'homme, op. cit.*〔邦訳は前掲『人間の領域』〕に再録されている «*La polis* grecque et la création de la démocratie» は、一九八三年に英語で発表され、フランス語では、*Le Débat*（一九八六年一月）誌に発表された。この文章をイヴ・バレルは、ギリシャ都市における民主主義誕生に宛てた彼の本、*La Quête du sens*, Paris, Le Seuil, 1987. に引用している。

（9）　*L'Institution imaginaire de la société, op. cit.*, p. 237〔邦訳は前掲『想念が社会を創る』一四頁〕。

想像力、想念、熟考

（1）　この文章の諸観念は、一部ではパリ第十大学によって計画され、一九八八年三月五日と六日にユネスコで行なわれた、《無意識と科学》についての討論会での講演のために作成された。この会には特にルネ・トム、アンリ・アトラン、アンドレ・グリーンが参加した。この講演の内容は *L'Inconscient et la Science*, Roger Dorey (éd.), Paris, Dunod, 1991, に発表された。またこの文章の諸見解は、別の部分では、雑誌 *Thesis Eleven* によって計画され、メルボルンで一九九一年八月に行なわれた《現代文化における理性と想像力》の討論会の際に公表された。ここでは私は、いくつかの重複をのぞくために、二つの文章を一まとめにしたし、そこにいくつかの新しい展開を加えるのに活用もした〔この注には、講演内容の英訳のアメリカ誌などへの掲載についての数行にわたる記述があるが、割愛した〕。

（2）　この確認は、今やますます明確なものになっている。ここ十五年来、概してわれわれが過ごしつつある時代の何であれ特徴的なものに典型的に属する、創出された・二次的な・産出された・想像上のものに、最善の場合でも送り返される、そんな諸文脈の中での名詞としての、想像上のものという用語のでたらめな使用が、やたらと増えているのだから。それは特にいくつかの《大学センター》の場合であり、それらの名の下で想像上のものという言葉は、その主唱者たちに、俗にいう《実際の》出世の追求を可能なものにするものとしてしか、用いられていないのである。

（3） *L'Institution imaginaire de la société* (1975). 特に p. 240–244, 269–285, 293–296, 372–397, 443–453.〔邦訳は、前掲『想念が社会を創る』一七―一二三、五六―七六、八五―九〇、一八六―二二八、二七五―二八九、の各頁〕を見よ。

（4） サルトルやG・デュランにおけるように。

（5） 私の «La découverte de l'imagination», *Libre*, n°3, 1978, *Domaines de l'hommes, op. cit.*, p. 327–363に再録を見よ〔邦訳は、「想像力の発見」、前掲『人間の領域』（迷宮の岐路Ⅱ）三九七―四五一頁に所収〕。

（6） 「メルロ＝ポンティと存在論における遺産の重み」、本書の二一一頁以下を見よ。

（7） 私の «Technique» (1975), *Les Carrefours du labyrinthe, op. cit.*, p. 221–248に再録〔邦訳は、「技術」、前掲『迷宮の岐路』二五五―二八六頁に所収〕を見よ。

（8） 注（3）にあげた各文章を見よ。

（9） バルニのフランス語訳は《……直観の中である対象をその不在そのものにおいて思い描く能力》とある。

（10） Diels-Kranz, Fr. 4.

（11） *L'Institution imaginaire de la société, op. cit.*, chap. VI, p. 443–451〔邦訳は、前掲『想念が社会を創る』二七五―二八六頁〕および本書二一一頁以下の「メルロ＝ポンティと存在論における遺産の重み」の各所を見よ。

（12） エディントンによって『物質的世界の本質』の中で与えられた有名な事例。

（13） たとえば Charles Taylor, *Sources of the Self*, Cambridge U. P., 1989, p. 162以下を見よ。Richard Rortyもまた、別の視点から、この区別を非難した。

（14） デカルトについてのテーラー、*op. cit.*, p. 162.

（15） この問題について私は、多くの文章で詳しく論じた。«Portée ontologique de l'histoire de la science», dans *Domaines de l'homme, op. cit.*, p. 419–455〔邦訳は、「科学史の存在論的射程」、前掲『人間の領域』五二七―五七三頁に所収〕

を見よ。また本書の「したこととすべきこと」の一〇—一五頁をも見よ。

(16) 前出「科学史の存在論的射程」を見よ。

(17) バルニによる訳。Paris, GF-Flammarion, 1987, p. 645.

(18) 三つの総合は、『純粋理性批判』の第二版では削除されている。明らかにそれらが、想像力に中心的な役割を与えているからである。Heidegger. *Kant et le Problème de la métaphysique*, trad. fr. Alphonse de Waehlens et Walter Biemel, Paris. Gallimard, 1953, p. 217–243. を参照せよ。

(19) いつの日かわれわれは、英語のアヴェアニスに、いずれにせよその語義の一つに、対応するフランス語の用語を、作りだすか発明すべきであろう。待ち伏せている犬は、彼の環境を、その中での自分の位置を、アヴェアしている〔知っている〕。彼は《よく知っている》。彼は《考慮に入れている》。彼は意識的である、というのはいい過ぎだろう。

(20) *Le Monde morcelé*, *op. cit.*, p. 189–225に再録された«L'état du sujet aujourd hui» (1986)〔邦訳は、前掲『細分化された世界』(迷宮の岐路Ⅲ)二〇三—二四三頁所収の「今日の主体の状態」〕を見よ。

(21) *G.W.*, V, p. 296–298; XI, p. 381–383.

(22) Lettre n°61, 2 mai 1897, *S. E*, I, p. 247.

(23) Draft L, *S. E.*, I, p. 248.

(24) Draft L, *ibid.*, p. 248; Draft M, 25 mai 1897, *ibid.*, p. 252; cf. aussi Draft N, *ibid.*, p. 225 et 258. 最終的な表現は、『精神的な機能の二つの原理についての諸表明』のそれである(1911; *G. W.*, VIII p. 234; *S. E.*, XII, p. 222)。p. 255以下をも見よ。

(25) *Le Moi et le Ça*, *S. E.*, 19, p. 18, 234.

(26) *Abrégé* (1939), *S. E.*, 23, p. 157.

(27) 当初フロイトは、言語を《構築するか》、《生みだす》ことが可能だとさえ考えている。しかし深淵が、彼が書いているものと真の言語とを、もっと明確には意識と理論的熟考とを、分かっている。《認識の誕生》については、le *Projet de 1895*, *S. E.*, I, p. 327–335を見よ。

(28)〔無意識の中には〕《いかなる否定もいかなる疑いも、いかなる度合の確かさも、ない》。《一時的な関係が、意識的組織の作業に結びつけられている》。«L'inconscient», G. W., X., p. 286; *L'Interprétation des rêves*, G. W., II/III, p. 521; *S. E.*, 5, p. 107.

(29) G., *W.*, II–III, p. 521; *S. E.*, 5, 107.

(30) G. *W.*, X, p. 185. Contradiction *entre* systèmes psychiques (conscient et inconscient): *ibid*., p. 293.

(31) 私の «Epilégomènes à une théorie de l'âme...» (1968), *Les Carrefours du labyrinthe*, *op. cit.*, p. 46–48〔邦訳は、前掲『迷宮の岐路』所収の、「科学として提示された心の理論へのエピレゴメーヌ」五〇―五三頁〕を見よ。

(32) «L'inconscient», G. *W.*, X, p. 275 *sq.* et 285; «Le refoulement», G. *W.*, X, p. 250.

(33) 私はここでは、支えという重要で複雑でむつかしい問題は、放っておくことにする。*L'Institution imaginaire de la société*, *op. cit.*, p. 392–393〔邦訳は前掲『想念が社会を創る』二一一―二一三頁〕。

(34) *S. E.* I, 319; Lettre à Fliess, n°69, 21 septembre 1897, *S. E.*, I, p. 259–261.

(35) Le chap. VI de *L'Institution imaginaire de la société*, *op. cit.*〔邦訳は、前掲『想念が社会を創る』第三章〕を見よ。

(a) 本書三八一頁の注(10)を見よ。

(36)『霊魂論』III 9, 424 a 26. デュナミスは第一に、行為の能力の意味での可能態を意味している。この可能性という観念の意義を、対照物デュナメイ〔実際の力〕を創造して二重のものにしたのは、アリストテレスである。潜在態とエルゴ、現実態とに、可能的にか潜在的にと実際にか現実とに、である。

(37) たとえば、*L'Institution imaginaire de la société*, *op. cit.* の第一部〔邦訳は、前掲『社会主義の再生は可能か』〕を見よ。

(38) *L' Institution imaginaire de la société*, *op. cit.* (1995)〔邦訳は、前掲『想念が社会を創る』〕。

(39) 前出書 (1964/65–1975) に。*Domaines de l'homme*, *op. cit.* に再録した «L'imaginaire : la création dans le domains social-historique» (1981), «Institution de la société, et religion» (1982); *Le Monde morcelé*, *op. cit.* に再録した «Individu, société, rationalité, histoire» (1988), «Pouvoir, politique, autonomie» (1988); *La Montée de l'insignifiance*, Paris, Le Seuil, 1996. に再録した «Anthropologie, philosophie, politique» (1989), «Freud, la société, l'histoire» (1996)〔邦訳は、前掲

『人間の領域』所収の「想念――社会－歴史的領域における創造」、「社会制度と宗教」、前掲『細分化された世界』所収の「個人、社会、合理性、歴史」、「権力、政治、自律」、『意味を見失った時代』法政大学出版局、一九九九年、所収の「人類学、哲学、政治」「フロイト、社会、歴史」〕。

(40) *L'Institution imaginaire de la société, op. cit.*, chap. VI〔邦訳は、前掲『想念が社会を創る』第三章〕を見よ。

(41) 本書一六七頁以下の「情熱と認識」を見よ。

(42) バルニ Barni のフランス語訳『純粋理性批判』第一版、p. 648.

(43) これについて私は、示唆的ないくつかの例をよそであげた。たとえば、*Carrefours du labyrinthe, op. cit.*, p. 17 *sq.* の序文〔邦訳は、前掲『迷宮の岐路』一頁以下〕、*Domaines de l'homme, op. cit.*, p. 451-452に収めた «Portée ontologique de l'histoire de la science»〔邦訳は、前掲『人間の領域』（迷宮の岐路Ⅱ）五二七―五七三頁の「科学史の存在論的射程」〕および本書の「メルロ＝ポンティと存在論における遺産の重み」を見よ。

(44) この映像はしかも、五十年後の McCulloch と Pitts の名高い記事の中に、その主要な諸要素を見出しうるほど、強力である。

(45) G. *W.*, XVI, p. 69. Serge Viderman, *La Construction de l'espace analytique*, Paris, Denoël, 1970, p. 323-324を参照せよ。

訳注

はじめに

（一） Giovanni Busino『社会科学ヨーロッパ誌』*Revue européenne des sciences sociales*（ジュネーヴ）の編集発行人。ローザンヌ大学教授と記憶する。

したこととすべきこと

（一） **Société autonome**　カストリアディスの基本用語の一つ。彼は、彼があるべき社会主義社会として描いていたもの（『社会主義か野蛮か』法政大学出版局、一九九〇年、一二四―一二三頁、参照）を、社会主義という語があまりに現実に汚されてしまったので、一九七九年に自律社会といいかえている（前掲書、四〇四頁、参照。ただしそこでは自治社会という訳語が当てられているが、現在では自律社会という訳語がより適切であると考えている）。

したがって、自律社会とは、ソ連型とはおよそ対照的な、大衆の自律的な活動に立脚したあるべき社会主義社会を意味した。しかしカストリアディスの哲学的探求が進むにつれて、自律社会は特定の制度を持つ社会ではなく、そこでは社会を構成している人びと自身が、彼らの法を自分たち自身に与えることを法としている社会、そこでは正義の問題が絶えず開かれたままである社会として、次第に語られるようになっている。

（二） **le social-historique**　カストリアディスの基本用語の一つ。社会的なものは歴史的なものであり、歴史的なものは社会的なものであって、両者は分離できないので、両者を結合した概念。広い意味では、ある歴史的時点でのある社会的なものを指し、厳密な意味では、ある歴史的時点でのある社会の、社会的想念の諸意味作用（訳注四を参照）、あるいはその諸意味作用によって形成された社会、を指す。詳しくは四〇一頁以下の訳者解説を見られたい。

（三）　地層という用語は、カストリアディスによってしばしば使われる。大地がいくつかの層をなしているように、層の深みによって、人が論理的に認識できるものと、そうでないものとがある（訳注六を参照）。このとらえ方は、二十世紀における原子物理学の発展が、「自然界に質的に異なる多くの階層を発見し、あらゆる法則はある限られた範囲の中でしか成立」しない（坂田昌一『新しい自然観』国民文庫、二九頁）と理解させたことと、無縁ではない。

（四）　significations imaginaires sociales　カストリアディスの基本用語の一つ。社会的想念は社会レベルで創造的な働きをする想像力であり、それぞれの社会をその社会固有の社会として形成させるもの。社会的想念はその諸意味作用を介してしか存在しない。詳しくは四〇一頁以下の訳者解説を見られたい。

（五）　institution　カストリアディスの基本用語の一つ。今まで存在していなかったものを存在させること。それぞれの社会はそれぞれの社会自身によって、それぞれの社会的想念によって創出される、というのは、カストリアディス哲学の基本理念の一つ。詳しくは四〇一頁以下の訳者解説を見られたい。

（六）　*ensembliste-identitaire*、略して ensidique　カストリアディスの基本用語の一つ。集合論的・同一性的な（集同的な）論理学は、ギリシャ＝西欧哲学の伝統的な論理学で、確定された諸対象を確定された諸関係の下で提示しようとする。諸対象の同一性の識別と確定にもとづいているので、同一性的な、と呼ばれ、数学における集合論の中にもっとも凝縮した形で見出されるので、集合論的な、とも呼ばれる。カストリアディスは、この論理学の有効性をある限界の中、彼が自然の第一の地層と呼ぶものの中で認めるが、その限界を超えると有効性を失う、といっている。詳しくは四〇一頁以下の訳者解説を見られたい。

（七）　ホルヘ・ルイス・ボルヘス「アヴェロエスの探求」（『伝奇集』集英社、一九八四年、所収）。アヴェロエスは、アラブの医者で哲学者（一一二六―一一九八）。アリストテレスの注釈者としても知られる。

（八）　邦訳は、『社会主義の再生は可能か――マルクス主義と革命理論』三一書房、一九八七年。

（九）　Friedrich Uberweg（1826–1871）　ドイツの哲学者で哲学史家。主著に『哲学史綱要』三巻がある。

（一〇）　Emil Bréhier（1876–1952）　フランスの哲学者、哲学史家。『ドイツ哲学史』、『現代哲学の問題』などの著者。

（一一）　ジョージ・オーウェルが一九四九年に発表した小説で、独裁体制を逆ユートピアとして描いている。

（一二）　精神分析の用語。快楽追求（リビドー）のエネルギーをある対象に注ぎ、集中し、蓄積すること。本書では同じ語を、わかりやすく「感情の集中」とも訳している。

（一三）　パジャランは、イランにおけるイスラム革命の革命防衛隊員を指す。この防衛隊は一九七五年五月に、正規軍とは別に、宗教指導者ホメイニの親衛隊として創設された。隊員は、八〇年九月から八年に及んだイラン・イラク戦争に際して、人海戦術に投入され、多大の犠牲者をだした。アフマディネジャド現イラン大統領も、当時の隊員の一人。

（一四）　フロイトにおいては、自我が快感原則にしたがって、外部にあるよりよいものを自分の中に引き入れ、それを自分自身と同一視すること。

（一五）　投射ともいわれる。自分の中にある情動を否定したいために、それを他者に投影すること。たとえば、夫を裏切る感情を抱いている妻が、それを認めたくないので、夫が自分を裏切っていると妄想して信じこむこと。

（一六）　アフリカのカメルーン南西部に住む黒人部族。

（一七）　オーウェルの小説『一九八四年』の社会での新語法。公式イデオロギー以外のあらゆる思考方法を不可能にする意図を持つもの。

（一八）　ビッグブラザーは『一九八四年』の社会の独裁者。スターリンを連想させる。オーウェル自身が「〝偉大な兄弟はアングッドだ〟といえないことも」ないが、この発言は、「論証に必要な用語が間に合わなかったから」「正統的な耳を持つ人間には自明の馬鹿げた一言にしか聞こえなかった」と、書いている（『一九八四年』ハヤカワNV文庫、新庄哲夫訳、四〇四頁）。

（一九）　パプアニューギニアの東セピック州トリセリ山脈に住む民族。独自の精霊信仰や造形芸術で知られる。

（二〇）　オーストラリアの南オーストラリア州オーガスタ周辺のアボリジニー。

（二一）　フィリオクェは、ラテン語で「および子から」を意味し、キリスト教の三位一体論の解釈にかかわっている。父なる神、子なる神とともに三位に加えられている精霊が、父からだけ発出するのか、（父および）子からも発出するのか、六世紀に論争が行なわれ、西方ラテン系教会の複数発出論と東方ギリシャ系教会の単数発出論の争いが、東西分裂の一因となった。
（二二）アメリカ・インディアンの有力な部族。十四世紀に北方からメキシコに侵入し、十六世紀のスペイン人による征服まで、メキシコ高原を支配した。
（二三）プラトンの対話編『クリチアス』で知られる、古代ギリシャの哲学者。
（二四）カント（1724-1804）が、生涯を過ごした東プロシャの都市。
（二五）オッカムは十四世紀前半に活躍したイギリス出身のスコラ学者。結果的にスコラ哲学を破壊し、近世的な科学への道を開いた人物として知られる。彼がとなえたという「必要なしに実体を増やしてはならない」という公理が、オッカムの剃刀といわれるもの。
（二六）ブラジル中西部マトグロッソ・ド・スール州最南部に住む先住民。
（二七）紀元前四世紀のギリシャの哲学者で音楽家。
（二八）アテナイの政治家（前五二八ころ―前四六二ころ）。ペルシャ戦争に際しギリシャ軍は、彼の作戦によりサラミスの海戦（前四八〇年）で大勝利し、ペルシャは敗走した。
（二九）ロシア出身の二十世紀前半を代表する男性舞踏家。
（三〇）カントが示す最高の道徳法則。ある目的のためにはこうすべきだとする仮言的命令に対し、定言的命令はいかなる意図ともかかわりなく、無条件かつ普遍妥当なものとしてなすべき命令。カント『道徳形而上学原論』第二章（たとえば岩波文庫版）を見よ。定言的とは条件なしの断定的、断言的の意味。
（三一）スコットランドあるいはアイルランド出身とされる、スコラ哲学者（約一二七〇―一三〇八）。彼によれば神は、「第一形成因であり、最終目的、至上の完成、超越的なる有その他多くのものである」とともに、「全能、巨大、遍在、真実、正義、慈悲、あらゆる被造物の摂理、特に知性ある被造物の摂理である」（エティエンヌ・ジルソン『中世哲学史』エンデルレ書店、昭和二十四年、渡辺秀訳、による）。
（三二）プラトンは対話編『ティマイオス』で、ティマイオス（ピタゴラス主義者の天文学者）を通じて宇宙創成を語らせている。そこでは、数によって世界が説明されるという見解を含めて、ピタゴラス学派の教えがかなり採用されており、神はキリスト教におけるのとは違って、無から世界を創造したのではなく、前からあるものを再配置したり、そこに何かを付け加えたりするだけにとどまっているように、見える。

(三三) アリストテレスにとっての神は、もっとも優越的なものとして、もっとも劣悪な事柄を思惟するのではなく、「それ自らを思惟する」ものであり、「その思惟は思惟の思惟である」(アリストテレス『形而上学』下巻、第十二巻第九章、岩波文庫、出隆訳)。

(三四) アリストテレスにとって神は、「動かされないで動かす」ものであるが、それは欲求や思惟の対象を、神すなわち「愛されるものが動かすように、動かす」(前掲書、第十二巻第七章)。この間の事情についてバートランド・ラッセルは、彼の『西洋哲学史』(上巻、みすず書房、市井三郎訳、一七四頁)で、「神は、純粋な思惟、幸福として、また未実現の目的というもののない完全な自己達成として、永遠に存在する。それに対して感覚し得る世界は、不完全であるが不完全なままの生命、欲望、思惟を持ち、また憧憬を持っている。すべての活けるものは、多かれ少なかれ神を意識していて、神に対する讃美や愛によって作動させられる」と、解説している。

(三五) ギリシャ神話で伝えられる、額の真ん中に一眼を持つ奇怪な巨人たち。

(三六) Benjamin Constant (1767–1830)。フランスの政治家で著作家。小説『アドルフ』の作者としても知られている。

(三七) Fustel de Coulanges (1830–1889)。フランスの歴史家で、『古代都市』や『旧フランスの政治制度』の著者。

(三八) カストリアディスは、「社会主義の内容Ⅱ」(一九五七年)で、あるべき社会主義社会像を詳細に描き、その中で生産や地域の基礎組織が立案し決定する、生産の計画化を示している。計画の工場はそこで、経済の現状を的確にわかりやすくデータとして提出するとともに、各地からだされた案を調整する機関とされている。一種の中央経済研究機構。詳しくは、『社会主義か野蛮か』法政大学出版局、一九九〇年、一七〇頁以下を見よ。

(三九) カストリアディス研究会の刊行物については、http://www.bekkoame.ne.jp/˜rraijtko/library.html で見られる。

モナドから自律へ

(一) Wilhelm Reich (1897–1957)。ポーランド生まれの精神分析医。精神分析理論を社会革命に結びつけようとして、「自然な性に味方し、不自然な性道徳に敵対して」「数千年にわたる搾取と神秘主義の抑圧によって社会のなかにつくられた矛盾を、とりのぞこうと」した(ライヒ『性と文化の革命』中尾ハジメ訳、勁草書房、一九六九年、

XⅦ頁)。ベルリンなどで活躍していたが、ナチスをのがれ、北欧をへて一九三九年にアメリカに亡命。数々の弾圧に抗して活動をつづけていたが、一九五七年十一月、ペンシルバニアのレビスバーグ刑務所で獄死した。死因は心臓マヒとされている。

(二) マルクス『資本論』(二)(向坂逸郎訳、岩波文庫、一〇頁)に、次の記述がある。

「……蜘蛛は織匠のそれに似た作業をなし、蜜蜂はその蠟房の構造によって、多くの人間の建築師を顔色なからしめる。しかし、最悪の建築師でも、もとより最良の蜜蜂にまさるわけは、建築師が蜜房を蠟で築く前に、すでに頭の中にそれを築いているということである。労働過程の終わりには、その始めにすでに労働者の表象としてあり、したがってすでに観念的には存在していた結果が、出てくるのである。……」。

(三) フロイトが扱った著名な患者。彼の夢の中心的なテーマのために、狼男と呼ばれた。フロイトは彼について一九一八年に「ある幼児期神経症の病歴より」(邦訳、『フロイト選集』日本教文社、第一六巻、二〇七頁以下)を書いている。彼の症状は、一歳半の頃に見た〝原初の光景〟、両親の性行為、動物のような後背位(ア・テルゴ)での行為に起因すると推定された。

(四) ヒステリー症状の一つ。精神的な不快不満が身体的な症状の表現をとるものを指す。身体の各部位の痛みとしてのほか、味覚、嗅覚など五感の障害が起きることもある。

(五) 生体は異種の生物に由来する抗原に対してのみ抗体を産生するが、自分の体成分が場合によって〝非自〟化すると、それに対して自己抗体の産生が行なわれ、その反応の結果として種々の病気になることが少なくない。そうした病気を一括して、自己免疫病と呼ぶ。

(六) Melanie Klein (1882-1960)。ウィーン生まれの精神分析医。ベルリンでの活動ののち、一九二七年にロンドンに移り、そこで生涯を終えた。臨床・教育・研究に当たり、クライン派と呼ばれる精神分析の流れを創始した。

(七) フロイトは、「夢が未知のものにもとづいている場所、そここそ夢のへそである」と、書いている。本書一九七頁を参照されたい。

(八) 精神分析を受ける患者が、自分の感情を別の感情に移し変えることで、問題を解消しようとする態度。

(九) 紀元前七世紀のギリシャの詩人。伝統的な叙事詩ではなく、叙情詩をはじめた、とされる。

（一〇） Sandor Ferenczi (1872–1933)。ハンガリー生まれの精神科、神経科の開業医。フロイトと親しい師弟関係を長らくつづけたが、晩年になって師と決裂するにいたった。

精神病の中での世界の構築

（一） Piera Aulagnier　二十世紀後半におけるフランスの代表的な精神分析学者の一人。PUF刊行の学術誌 *L'Inconscient*（無意識）の発行責任者。彼女は、二度の結婚をしている著者（カストリアディス）の最初の夫人で、ある時期、論文や著書の発表に当たって、ピエラ・カストリアディス＝オラニエと署名している。Philippe Gottraux, *«Socialisme ou Barbarie»*, Payot Lausanne, 1997, p. 336 の注を見よ。

（二） 快感原則も現実原則も、ともにフロイトの用語。「われわれの心的活動はすべて快感を求め、不快感を避けることに向けられている。つまり、自動的に快感原則によって規制されているように思われます」。しかしやがて自我は教育されて分別がつき、「直接的な満足を断念したり、快感の獲得を先へのばしたり、一部の不快感に耐えたり、一定の快感の源泉を完全に放棄したりすることが避けがたいことを知るようになり……、もはや快感原則には支配されることなく、現実原則に従います」。「快感原則から現実原則への移行は、自我の発達における最も重視すべき進歩の一つです」（フロイト『精神分析入門』下、高橋義孝・下坂幸三訳、新潮文庫、五五―六頁）。

（三） Kurt Goldstein (1878–1965). ドイツの神経学者。ユダヤ人であるため一九三四年にアメリカに亡命。『生体論』の著者。

（四） John Thomas Perceval『狂人パーシヴァル、ある精神分裂病患者の自伝、一八三〇―一八三二』（フランス語版の書名）の著者。原著は *Perceval's Narrative: A Patient's account of his psychosis 1830–1832*, Morrow, 1974.

（五） 十八世紀フランスの異色作家サド（一七四〇―一八一四）に、傑作とされる『ジュスティーヌあるいは徳の不幸』（一七九五年）につづいての、『その姉ジュリエットの物語、あるいは悪徳の栄え』（一七九七年）の作品がある。サドは、性本能の鋭い観察者として、フロイトの祖ともされる。

情熱と認識

（一）Alonzo Church（1903–1995）. アメリカの数学者、論理学者。ブリストン大学教授。

（二）《安住の場に夢中な》は、フランスの哲学者マルブランシュ（一六三八―一七一五）が、想像力に与えた表現。

（三）アルキメデス（紀元前二八七―二一二）は、古代ギリシャの数学者、物理学者、技術者。てこの原理やアルキメデスの原理の発見などで知られる。第二次ポエニ戦争に際して武器の発明などでローマ軍を悩ませたが、郷里シラクサの陥落直後、ローマの一兵士に殺された。

（四）Evariste Galois（1811–1832）。フランスの数学者。二十一歳の若さで決闘で倒れたため、その業績は大成を見ていないが、現行の代数関数論の基礎である群論を直観するなど、多くの発見でのちになって注目された。

（五）Leopold Kronecker（1823–1891）。ドイツの数学者。楕円関数論など、輝かしい業績をあげている。

（六）Georg Cantor（1845–1918）。ドイツの数学者。集合論の創始者として知られる。

（七）Niels Bohr（1885–1962）。デンマークの物理学者。一九一三年に原子構造理論を発表した、原子物理学の開拓者。

（八）Werner Heisenberg（1901–1976）。ドイツの物理学者。ボーアの下で量子理論を学び、彼の協力もえながら、量子論の分野で画期的な、マトリックス力学（一九二五年）、不確定性原理（一九二七年）を確立した。一九三二年にノーベル物理学賞をえている。

精神分析と哲学

（一）フロイトによれば、夢には記憶されている夢、顕在夢と、解釈によって明らかにされる潜在夢とがあり、圧縮は、顕在夢が潜在夢に比べてその内容が少ないこと、省略されたり断片化されていることを指す。

（二）フロイトが夢の仕事の作用として、圧縮につづいてあげているもの。夢の潜在要素がそれ自身の成分によってではなく、それとは遠くへだたったものによって代用されること。また心理的な強調点が、ある重大な要素から他の重大でない要素に移行し、その結果、夢の中心が他のところに移り夢が奇怪な姿となること。

メルロ＝ポンティと存在論についての遺産の重み

（一）根源的想像力〈L'imagination radicale〉はカストリアディスの基本用語の一つ。個人レベルで創造的な働きをする想像力。個人個人に対して、彼固有の世界を設定させるもの。詳しくは四〇一頁以下の訳者解説を見よ。

（二）ドイツ語のNoema（ノエマ）は、フッサール現象学の用語。意識内の対象的な側面、つまり考えられたもの。志向的作用としての意識作用（ノエシス）が働きかける対象。

（三）原文ではここに、スペインの詩人フェデリコ・ガルシア・ロルカ（一八九八―一九三六）の詩、「夢遊病者のロマンセ」の一節、verde io te quiero verde が引かれている。

（四）David Hume（1711-1776）。イギリスの哲学者で歴史家。従来の形而上学を批判し、徹底した経験論の立場に立った。

（五）*Résumés de cours. Collège de France 1952-1960*. Gallimard.

ピュシス、創造、自律

（一）Francisco Varela　自己形成（オートポイエシス）理論を展開する、現代チリの生物学者。彼は、限られた活動・情報・認識の枠（閉鎖）の中での自動装置といったものとして生物をとらえているようで、そうした生態を「生物的自律」といっている。これは、カストリアディスの自律の理念とは大きくへだたっている。

（二）Friedrich Wöhler（1800-1882）。ドイツの化学者。一八二八年に尿素を合成し、有機化合物の生体外合成にはじめて成功した。

（三）Ernest Rutherford（1871-1937）。イギリスの物理学者。原子核によるアルファ粒子散乱公式を導き、原子物理学発展の道を開いた。一九〇八年にノーベル化学賞を受けている。

複雑系、マグマ、歴史

（一）David Hilbert（1862-1943）。ドイツの数学者。二〇世紀のあらゆる数学と物理学に大きな影響を与えた学派を指導した。万能の数学者として知られ、業績は多岐にわたっている。

（二）Kurt Gödel（1906-1978）。オーストリアの数学者で論理学者。一九四〇年からアメリカで活躍。集合論、数理論理学、相対性理論に関する業績で知られる。現存するあらゆる数学の完全な形式化の不可能性についての定理、および同定理の無矛盾性の証明、の発見者。

(三) Paul Cohen (1934-)。アメリカの数学者。カントルの提起した連続体仮説を解決したが、この仮説をめぐってゲーデルと対立した。

(四) Henri Atlan (1931-) フランスの生物学者。細胞生物学と自己組織化理論の分野で注目されている。

(五) Pierre Maurice Marie Duhem (1861-1916). フランスの理論物理学者、哲学者、科学史家。主著『レオナルド・ダ・ビンチ研究』。

(六) Willard van Orma Quine (1908-2000). アメリカの論理学者、哲学者。

(七) N. Bourbaki 現代のユークリッドを目指した大著『数学原論』を書き進めた、フランスの数学者集団の筆名。公理的・集合論的な手法により、十九世紀以来の古典数学を書き改めた。

(八) Yves Barel (1930-1990)。フランスの経済学者、歴史家、哲学者、社会科学認識論の研究者。『意味の探求』、『中世の都市』、『空虚の社会』などの著者。

(九) チォンピは日雇労働者の意。一三七八年七月二〇日、フィレンツェの毛織物業の下層労働者たちが蜂起し、有力者の家を焼き、市庁舎を包囲し、権力者を辞任させるとともに、自分たちを組織して政治参加の資格を獲得、フィレンツェの少数者支配制に大きな打撃を与えた。チォンピ一揆と呼ばれる。清水廣一郎『イタリア中世都市国家研究』岩波書店、一八七頁以下を見よ。

(一〇) 清教徒革命と呼ばれるイギリスの革命は、一六四〇年の長期議会召集から六〇年の王政復古までを指すが、この間、四二年から王党派と議会派との内乱が起き、最終的には近代的地主、自営農、手工業経営者、商人、下層の農民や労働者などを基盤にした議会軍が、四五年六月に王軍に決定的な勝利を収め、四七年には王をとらえている。四九年一月、王は処刑される。

(一一) Yves Barel, *La Ville médiévale*, Presses universitaires de Grenoble, 1975, 1977.

（一）紀元前四八〇年頃に生まれ、没年不明のギリシャの哲学者。プラトンのアカデメイアの最後の学頭。
（二）Arthur Stanley Eddington（1882–1944）。イギリスの物理学者、天文学者で、理論天体物理学の創始者。物理学者としては相対性理論の発展に寄与している。
（三）Thomas Stearns Eliot（1888–1965）。アメリカ生まれでイギリスに帰化した詩人、批評家。長詩『荒地』で名高い。
（四）Eugene Paul Wigner（1902–1995）。ハンガリー生まれのアメリカの物理学者。原子爆弾開発計画に参加。一九六三年にノーベル物理学賞を受ける。
（五）フロイトは、彼がバカだと思っている女性の患者イルマの友人のことを考え、その「別の女性の方が利口で、だから私のいうことをよくきくだろう。……この女性のほうがイルマよりもっとたくさんのことを私に話してくれるだろう」と、書いている（『夢判断』上、高橋義孝訳、新潮文庫、一四五頁）。
（六）Karl Weierstrass（1815–1897）。ドイツの数学者。一八六四年にベルリン大学の教授となり、クロネッカーらとベルリンの数学界を指導した。楕円関数の理論を完成している。
（七）Machall Havey Stone（1903–1989）。アメリカの数学者。ヒルベルト空間の理論についての研究で知られる。
（八）René Frederic Thom（1923–2002）。フランスの数学者。代数的位相幾何学を開拓する。
（九）Hieronymus Bosch（1450頃–1516）。オランダの画家。敬虔な宗教画を描くかたわらで、「逸楽の園」など、驚くべき怪奇な作品を残している。なおフランスではヒエロニュムス・ボッシュを、ジェローム・ボッシュと呼んでいる。
（一〇）Friedrich August Kekule（1829–1896）。ドイツの化学者。古典有機構造の基礎を確立した。一八六五年にベンゼンに六角環の構造を与え、芳香族化学の道を開いた。
（一一）Karl Raimund Popper（1902–1994）。ウィーン生まれの哲学者。一九三四年に『探求の論理』を発表して世に知られた。一九三七年にナチスの迫害をのがれてニュージーランドに移り、第二次大戦後はイギリスを拠点にして活躍した。人間の知識の誤りやすさを認め、「誤りを訂正するために誤りを探求する仕方で、真理を探求する」批判的方法を説いた。そこで彼の真理探求は、既存の理論を《変造する》性格のものになった。

カストリアディス哲学への手引〔訳者解説〕

本書は、著者の序文にもあるように、精神分析と哲学関連の文章を集めたものです。一読して、カストリアディス哲学についての何よりの解説書だ、と感じました。彼の基本理念についていろいろな角度から繰り返し語られているからですが、しかしまた、何の予備知識もなしに本書に接する人たちには、やはり近づきにくいものがあるのではないか、とも感じます。著者は、哲学史の上で著しく比類ない位置、いわば古典的なニュートン力学に対する素粒子論、といった位置にいるからです。

そこで、本書を十分に読みこなしていただくために、カストリアディス独自の（太字で示す）専門用語の解説もかねて、彼の哲学についての必要最低限の手引を添えておくことにします。

カストリアディスにとって哲学は、政治と切り離されてはおりません。彼の哲学的探求は政治活動のある到達点から開始されておりますし、彼の政治思想は哲学的探求によって普遍化され深められています。彼はもともと哲学と無縁な人間ではありません。一九四五年末にフランスに事実上の亡命をする以前には、母国のアテネ大学で経済、法律とともに哲学を学んでおりますし、フランスに移ってからはソルボンヌで三年間、哲学の博士論文の執筆に当たっています。しかし一九四八年秋、彼は哲学者への道を断念し、政治活動を選びます。クロード・ルフォールらと「社会主義か野蛮か」グループを発足させたからです。このマルクス主義出身者を主体にしたグループは、ソ連を賛美するか擁護する、各国共産党やトロツキスト諸派など、当時のマルクス主義者の圧倒的大多数、おそらく九九・九九パーセント以上に背を向けて、ソ連社会は社会主義とは何の関係もない搾取社会であると断じ、ソ連型とは全く違った社会主義を目指す、栄光ある孤立の道を歩んだのでした。

カストリアディスは、昼間はＯＥＣＤ（と、その前身）での国際経済官僚として働きながら、夜はいくつかの仮名の下に、外国人には禁じられていた政治活動にたずさわるという、長年にわたる二重生活をつづけます。その理論的な成果は機関誌に相次いで発表されてゆきますが、その軸の一つは、ソ連の現実に責任あるものとしての、次第に度を強めてゆく部分的なマルクス主義批判でした。一九六〇年代半ば近くになると彼はついに、マルクス主義総体と決定的に決別するにいたりますし、その決別が彼を哲学的探求に復帰させることになります。

ここでは彼のマルクス主義批判の基本的な性格が、彼の哲学復帰の意味を明らかにします。彼は、マルクス主義は革命的要素と反革命的要素からなっていた、と理解していました。革命的要素とは、世界の単なる解釈ではなく世界を変える実践こそが問題だとした視点、労働者の解放は労働者自身の事業だとした視点、パリ・コミューンの中に単なる反乱をではなく、社会生活の新しい形の大衆による創造を認めた視点ですし、そこには「新しい社会の告知と社会の根底的な変革の構想」があった、とカストリアディスはのべています。

しかしながらこの要素は、実際には発展させられることなく反革命的要素によって押しつぶされました。反革命的なとされるのは、決定的な理論としてのマルクス主義の体系化に向かった要素ですし、経済の仕組、歴史の歩み、革命の進め方を決定的に語るものであろうとし、人びとの自律的な行動や発言を抑圧し、自らを聖なるものとして、マルクス主義をかかげるすべての運動と社会体制に、全体主義的な性格を持たせていった要素でした。

この要素の核が哲学、唯物弁証法とそれを社会や歴史に適用した唯物史観です。この哲学によって資本主義から社会主義への移行は、社会の歴史的な発展法則にもとづく質的な変化とされ、この変化は社会の発展法則を的確に把握した、プロレタリアートの党の指導の下で実現される、と理解されました。この理解に由来するのが、大衆運動への党の支配ですし、いろいろな曲折をへてのソ連における官僚支配体制の樹立です。

この検証を通じてカストリアディスは、マルクス主義がギリシャ＝西欧哲学の伝統の継承者、「曖昧さも残留物もない諸関係の体系として、真実を自らに与えようとする思弁的で体系的なすべての哲学の、必然的な帰結」であることを確認します。

もしギリシャ＝西欧哲学の総体が、マルクス主義同様に、本質的に他律的なもの、たとえば神や歴史法則といった社会外の権威によって社会や個人を律し、それらの自律性を認めないものなら、それはなぜなのか、社会や個人の自律を支える哲学の可能性はないのか、この問いが、カストリアディスに哲学への復帰をうながします。

そこで一九六四年頃から、彼にとっては四十二歳頃から、ギリシャ＝西欧哲学を批判的に検討し直し新しい哲学構築をはかるという、およそ十年つづく壮大な作業への取り組みがはじまります。この間に彼は、二十年近くに及んだ「社会主義か野蛮か」グループの活動を、仲間たちにはかって中断し、一九七〇年にはOECDの統計部長の職も辞し、自由な時間を確保します。一九六五年から一九七二年までは、例外的なもの、六八年五月に関するアッピール、哲学ノートの一部、をのぞいて著作の発表もせず、ほぼ沈黙を守ります。

その結実が、一九七五年に（三年前にフランスに帰化していたので本名で）発表された哲学的主著『想念が社会を創る』です。この大著によってカストリアディスは、思想家、哲学者として、一挙に世界的に認められるにいたります。


沈黙の十年におけるカストリアディスにとっての最大の出来事は、のちに詳しくふれることにする、彼が根源的な想像力、根源的な想念、社会的想念と呼ぶ、個人や社会のレベルでの想像力の創造的な働きの発見です。この発見が彼の哲学の核となりましたし、ギリシャ＝西欧哲学の伝統を根底的に批判する視点をも彼に与えました。

その批判は、何よりもギリシャ＝西欧哲学の存在論、論理学に向けられます。伝統的な存在論の立場は、「すべての存在する事物は確定されている」というカントの言葉に代表されます。そこでは、一時的なもの、個別的なものは不確かなものとされてしりぞけられ、長くつづくもの、誰にとっても存在するもの、つまり不易性、普遍性を持つものだけが、真実の存在と見なされました。この観点からは、想像力のような、理性によって確かめえないもの、一時的なもの、曖昧なもの、個別的なものは、真実探求の対象としては考えるに価しないもの、とされたのでした。

その結果、旧来の哲学の下では創造といった行為は考えられないものになった、とカストリアディスは指摘しています。というのも、既存の存在に由来しない別の存在を発生させる行為こそが創造だとすれば、この行為は確定されていないものの出現を意味するからですし、そんなものの出現を認めることは、「すべての存在する事物は確定されている」という思想を、ただちに崩壊させてしまうことになります。

旧来の存在論の下では、すべての対象は識別され定義され十分に確定されたものとされ、世界はそれらの対象の識別され定義され十分に確定された諸関係の下にある、と見なされています。そこでの論理学は、確定された諸対象を確定された諸関係の下で提示しようとするもので、カストリアディスはそれを**集合論的・同一性的な**（ensembliste-identitaire）、あるいは、略して**集同的な**（ensidique）論理学と呼んでいます。

どうしてそんなふうに呼ぶのか。それは何よりもまず、諸対象の同一性の（たとえば犬なら犬の）識別、確定に立脚しているからですし、この論理学のもっとも基礎的なものが、純粋な同一性の中で示される、識別され定義された用語ないし要素だからです。また、この同一性的な論理学は、数学における集合論の中でもっとも凝集した形で見出されるので、集合論的なという形容が、あわせて用いられることになります。

この論理学は、ギリシャ＝西欧哲学によって伝統的に支持されているものですが、それへのカストリアディスの態度が二重のものであることには、注意を要します。彼はその論理学の有効性を、ある限界の中では肯定し、ある限界を越えると否定します。それは、ある限界の中では社会生活にとって不可欠なものです。確定された諸対象の確定された諸関係という自然の把握がなければ、科学技術は成り立たないでしょうし、識別され定義された用語がなければ、人間同士の会話も意味あるものにはなりません。しかしある限界を越えると有効性を失う、とカストリアディスは断言します。

認識の対象をいくつかの**地層**（La strate）に分けて考えるのは、現代物理学と無縁ではない彼の方法の一つですが、集合論的・同一性的な論理学は、存在するものとその存在様式のすべてを汲みつくすものではなく、そのもっとも表面の地層にしかかかわっていない、と彼はのべています。存在しているもののもっと深い地層には、あの論理学によってはとらええないもの、**マグマ**（Le magma）がある、というのが彼の主張です。

このマグマという概念は、カストリアディスにとって重要なものですが、マグマについて彼は、混沌ではなく、「集合化されえない多様性の存在様式」だと、定義しています。マグマは、たとえば物理学における素粒子、宇宙領域、精神分析における無意識などのうちに見出されるものですが、彼が創造の源とする根源的な想像力、根源的な社会的想念もまた、マグマとしてしかとらええないものです。

さてようやく**根源的な想像力**（L'imagination radicale）にたどりつきました。これは個人レベルでの想像力ですが、根源的な、といわれるのは、当然ながら二次的な想像力に対比されるからです。

ふつう想像力については、自分の経験にもとづく認識を記憶として保存し、その記憶をよみがえらせて、何かを再現したり、類推したり、組み合わせたりする能力、と見られていますが、この類のものをカストリアディスは、二次的な想像力と呼んでいます。ふつうの想像力が基礎としている経験そのものが、根源的な想像力の産物だからです。

純客観的な事物としての、経験のもとの何かといったものはありません。それは、誰かの五感を通さなければその人にとっての実在のものとなりませんし、その過程でその人固有の加工をへます。つまり、ある人固有の経験になること、その人固有の世界でとらえ直され、ある位置におかれること以外に、あの何かが、実在のものとなる道はありません。そのように、ある何かを自分にとってのものに変形させるもの、それが個人個人が持つ根源的な想像力です。

カストリアディスは、「われわれにとって《現実》そのものや、あれこれの現実があるのは、根源的な想像力……があるから」と書いています。また、想像力は実際には存在しないものを存在させる力だ、ともいっています。つまり実際に存在している現実そのものではないが、われわれにとって実在のもの以上に実在のものである、われわれにとっての現実を存在させるもの、それが根源的な想像力です。

現実そのものは、形を持たないし、際限がないし、とらえつくすことができません。しかし、それに形を与え、われわれにとって意味あるものに変えるもの、われわれにとって現実的なものにさせるもの、要するに諸形式を創造するもの、それが根源的な想像力です。

しかし根源的な想像力は、単にいろいろな事物を個人にとって現存しているものとして提示しているだけではなく、もっと広く、われわれをとりまく世界に形式を与え、われわれにとっての世界を現存させもしています。想像力は、外界とのさまざまな接触、外界からのさまざまな刺激を、濾過し、形づけ、組織します。組織することで世界を形成させ、個人個人にとっての固有の世界を創造します。この世界は想像上のものですが、実在のもの以上に実在的なもので、人びとはその世界の中でしか生きておりません。

この世界を組織する作業に当たっているのが、表象です。表象というのは、われわれの頭の中で絶えず生まれては消えていっているものですが、情動、つまり感情の動きと、意図、つまり何らかの意志とともに、われわれの脳裏で絶え間なく流出しています。この流出が個人固有のものの核ですし、われわれが生きている各瞬間ごとに、自分にとっての世界を創造させているものです。

ここまでは便宜的に、個人が社会とは無関係であるかのように、説明してきました。しかし個人を社会と切り離すことはできません。カストリアディスは、すべての個人は社会的な個人であること、社会によって社会化された個人であること、を強調していますし、個人は社会の全体を体現している、ともいっています。個人の社会化を彼は、およそ次のような過程で示しています。

新生児は全能のものとして存在しています。彼の世界は彼自身と一体のもので、そこでの特質は未分化です。つまり、自己と他者、自分と世界、内部と外部、主体と対象といった区別はありません。自己は、つねに満たされる快感の無限の源泉です。

そこにやがて、社会化の過程が訪れます。幼児の中で分化が開始され、他者の存在に気づいてゆきます。し、身近な他者たちとの接触を通じて、他者たちのあり方を支配している共同体、社会の存在をも察するようになります。幼児は長い時間をかけて、彼固有の世界を放棄せざるをえず、社会的に創造され、価値を与えられたものに、次第に意味を見出さざるをえなくなります。

そんなふうに子供が公共の世界に入ってゆく社会化の下で何が行なわれているのか。カストリアディスは、「社会は第一に、閉鎖された個人たちを製作する」と書いています。社会はその歴史のほぼ全体を通じて閉鎖の中におかれているからですし、ここでの**閉鎖**（La clôture）とは、当の社会の基礎を形づくっているものを疑問視させないこと、したがって閉ざされていること、を意味します。ですから社会化された個人たちは、与えられた社会的な規範を、その根拠を問い直すことなく、受け入れるように作られます。

そのような社会化を個人に対して、それと自覚させることなく、無意識のうちに強制する作用をしているのが、カストリアディスのいう社会的想念です。

個人レベルでの創造的な働きをする想像力が根源的な想像力であるのに対し、社会・歴史的なものとしての創造的な働きをする想像力が、**社会的な想念**（L'imaginaire social）です。**根源的な想念**（L'imaginaire radical）、**創出する社会**（La société instituante）、と呼ばれることもあります。

社会・歴史的なもの（Le social-historique）とは、社会的なものは歴史的なものであり、歴史的なものは社会的なものなので、両者を一体化した概念です。広くはある歴史的時点でのある社会を指し、厳密にはその社会における社会的想念、あるいはその社会的想念によって形成された当の社会を指します。

社会的想念を説明することはむつかしいことです。可能性、潜在性といったものと同様に眼に見えないものですし、それらは実現されたあとでしか理解できないものだからです。社会的想念は、その働きの中、カストリアディスが**諸意味作用**（Les significations）と呼ぶものの中、意味を与える作用の中でしか、存在していません。この意味作用は、個人個人の絶えず流出する表象に対し、こうあるべきだと働きかけるものですが、個人個人に内在するものでありながら、知覚できないものです。

一例をあげれば、野菜や自動車は眼に見えますが、商品は眼に見えません。しかしわれわれは、野菜や自動車が商品であり、代金を支払わずに持ち去ってはいけないことを知っています。あるいは、そう思い込まされているわけで、そんなふうに思い込ませているところに、社会的想念の意味作用の一つがあります。しかしまた、商品はある特定の社会にとってのみ意味があるものであることに、注意する必要があります。

いいかえれば社会的想念は、それぞれの社会に固有のものであり、それぞれの社会にとっての、その社会としてのまとまり（統一性）と、その社会の別の社会との違い（個別性）を、創出しているものです。たとえば、西欧中世はキリスト教社会で、社会は神の摂理を実現する場とされていましたし、今日の資本主義社会では、利潤追求をはかることが社会の基本原理とされています。そのような個々の社会の統一性と個別性を創出しているのが、それぞれの社会の社会的想念です。

つまり社会的想念は、当の社会にとっての「自らの世界としての世界」を創出し、組織しますし、それは「各社会の諸制度と諸意味作用」を創造することで実現されます。ここでの諸制度とは、具体的な行政機構などを示すものではなく、もっと根幹のもの、その社会にとっての言語、規範、家族、道具、生産様式、労働といったものを指しておりますし、諸意味作用とは、その社会にとっての「自らの世界」を形成しているものに意味を与えるフィルターです。

ここで想起すべきことは、先に見た個人の根源的な想像力が自分にとっての世界に形式を与えるものであるのと同様に、社会的想念もまた、自分にとっての世界に形式を与えるものだ、ということです。自然ないし客観的世界と思われているものは、それ自体としてとらえることはできません。われわれはその世界を、意味のフィルターを通して眺め、とらえ直しているからです。したがってわれわれが見ているものは、一種の偽世界、変形されたもの、形成されたもの、創造されたものですし、そこでフィルターの役割を果たしているのが、社会的想念の諸意味作用です。

その作用の下でそれぞれの社会は、その社会にとって存在しているもの、存在していないもの、その社会にとって価値のあるもの、価値のないものを設定していますし、事物を社会的事物に、個人を社会的個人にしています。

さてここで、カストリアディスの一貫した立場、社会と個人の自律を求める立場から見れば、重大な問題が登場します。社会的想念が当の社会にとって統一性と個別性を与えるものであるとすれば、その統一性と個別性を維持させる・その社会にとっての基本的なものを疑問視させない・閉鎖的性格がともなわれていることになりますが、われわれはどのようにしてその閉鎖を打ち砕き、別の社会を自律的に創出してゆくことができるのでしょうか。

それに答えるために確認しておきたいのが、カストリアディスの二つの基本理念です。一つは、社会はそれ自身によって自己創出される、という理念ですし、もう一つは、社会はつねに自己変質しつつある、という理念です。

社会はそれ自身によって創出される、ということは、以前に存在していたものを寄せ集めるとか、組み合わせを変える、といったことではなく、かつて存在していなかったもの、全く新しいものを創出する、ということです。

一方、社会も社会的想念も、固定的なものではありません。時間の中にあるからで、時間は絶えざる自己変質そのものであり、「別のものを存在させるもの」にほかなりません。たとえば、人類史上の大半の社会は何百年にもわたって変化せず、伝統にしたがい伝統を繰り返している、というふうに見えます。しかしカストリアディスは、伝統を単に繰り返していたのではなく、再解釈した上で再採用していたのであり、そこには社会それぞれにとっての自己創造があった、といっています。問題はその自己創造の質です。

従来の大半の社会では、社会が自己創出されている事実が隠蔽されてきた、とカストリアディスは指摘しています。社会のあり方はその社会自身によって生みだされたものなのに、神や歴史法則といった社会を超越する何かによって定められた、不可侵のものであるかのように人びとに信じこませていたわけです。その意味で、そこでの社会の絶えざる自己創造は、ある閉鎖の中での自己創造にすぎません。たとえば、資本主義社会はこの二世紀にわたって目覚ましい自己創造をつづけていますが、それは利潤追求の確保こそが社会形成の基本であるという意味作用の、改良、強化、拡大にほかならず、ここでも閉鎖の中にあります。

その閉鎖を打破すること、打破して現在の社会とは全く別の、新しい社会を創出すること、そこにカストリアディスの願いがあります。現在の社会においては、人びとが自分の生き方や社会のあり方を自ら決める道が、あまりにもはばまれているからです。彼が要求するのは他律の中での自律の自己創造です。カストリアディスは、人類史上で二度、古代ギリシャと西欧近代で、閉鎖の断絶が開始されたことを繰り返し語っています。その二度の機会に、自分たちの社会で神聖なとされているものは実はそうではないのではないか、われわれの社会の法はたぶん不当なものなのではないか、という疑問が生まれ、既存の理念を問い直す作業としての理論的探求と、既存の制度を問い直す作業としての民主主義が、ともに発達を見たわけですが、カストリアディスは、われわれがそうした問い直しの相続人であることを強調した上で、今こそ何千年来の他律を脱して自律を確立してゆくための、社会の根源的な転換を果たすべき時だ、と訴えています。

その第一歩として彼は、社会は社会それ自身によって創出されていること、社会のあり方の源泉はわれわれ自身の活動以外にはないこと、われわれ自身が歴史の共同創造者であること、をわれわれが自覚し、その自覚の下に行動することをうながしています。ここでカストリアディスの哲学的探求は、自律社会(La société autonome、人びとが自分たち自身に自分たち自身の法を与える社会)の樹立を目指す、彼の政治思想の核心と合流することになりますし、それゆえに彼は、書斎のうちにとどまることなく、たとえば本書九二頁以下でしているように、荒廃した西欧社会の現実とそこからの脱出の道についての時事的な発言を、死を迎えるまで決して絶やすことがなかったのでした。「西欧の住民たちが現にあるがままなら、エコロジー的な大破局が、おそらく他の事態よりも新しい型のファシズムに、導くことであろう」(本書九六頁)と深く危惧しながら。

さて、あとは直接カストリアディス自身の文章を読んで下さい。この手引とはおよそ比較にならない豊かさに満ちているはずです。

江　口　幹

訳者あとがき

一九九七年の年末にカストリアディスが亡くなって、丸九年がたちました。最初にこの九年の間のカストリアディスをめぐる話題を、いくつかあげておきます。

まず彼の本が七冊でていますが、うち遺稿集といえるのは次の四冊です。

Post-Scriptum sur l'insignifiance. Entretien avec Daniel Mermet (novembre 1996). La Tour d'Aigues, Editions de l'Aube, 1998.

Dialogue, La Tour d'Aigues, Editions de l'Aube, 1999.

Figures du pensable. Les carrefours du labyrinthe VI, Paris, Seuil, 1999.

Une société à la dérive, Entretiens et débats 1974–1997, Paris, Seuil, 2005.

初めの二冊については、まだ見ておりません。三番目のものは、大部分は一九九〇年代のものからなる十四編の遺稿集で、「迷宮の岐路VI」として、このシリーズをしめくくっています。四番目のものは、一九七四年から一九九七年までの、インタビューや討論会での発言を集めています。

以上のほか、カストリアディスが社会科学高等研究院で行なった講義が、録音をもとにして学生たちによって復原され、「人間の創造」シリーズとして刊行中で、既刊の講義録として以下の三冊がでています。

Sur le politique de Platon, Paris, Seuil, 1999.

Sujet et vérité dans le monde social-historique. Séminaires 1986–1987（La création humaine I), Paris Seuil, 2002.

Ce qui fait la Grèce, 1. D' Homère à Héraclite. Séminaires 1982–1983（La création humaine II), Paris, Seuil, 2004.

このほか、カストリアディスを論じたものとして、

Gérard David. *Castoriadis, le projet d'autonomie*, Paris, Michalon, 2000.

がでています。これは若手研究者が主として政治思想をめぐってカストリアディスについて書いているのですが、入門書としては手頃だし、的確だと思います。また、いっそう手頃な最近でた入門書に、

Jean-Louis Prat, *Introduction à Castoriadis*, Découverte, 2007.

があります。この本についてはまだざっと眺めることしかしていないのですが、「つねに時流に抗していた」カストリアディス独特の思想を、簡潔かつ明瞭に提示しようとするもので、小さいながら好著、と感じられます。

特筆したい出来事としては、二〇〇〇年十二月一日から三日間にわたって、ニューヨークのコロンビア大学フランス館で開かれた、カストリアディスについてのシンポジウムがあります。アメリカ、フランス、ドイツ、イギリス、イタリア、アルゼンチンの、二十六の大学か研究機関の研究者を中心にして、何人かの著作家、精神分析学者、編集者も参加した大がかりなもので、十の分科会が持たれ、五十人が発言し、聴衆は三百人を集めた、と伝えられています。

このシンポジウムについて『ル・モンド』紙（二〇〇〇年十二月十二日号）は、「カストリアディスとユートピアの精神」と題する長文の内容報告を掲載していますが、その一節に「彼の死から三年をへて、コルネリユウス・カストリアディスに捧げられたこのシンポジウムは、人がこの哲学者に表明することのできた、おそらくもっとも美しい敬意であった」、とあります。

このほか『レ・タン・モデルヌ』誌二〇〇〇年六・七・八月号が「なぜカストリアディスを読むか」という特集を組むなど、各国で雑誌が彼についての特集をする例があるようですが、詳細は残念ながら承知しておりません。

カストリアディス関連の（日本語を含めた）各国語文献については、彼の英訳者であるDavid Ames Curtisが中心になって維持している、Cornelius Castoriadis Agora International の次のウェブサイトを利用できます。

http://www.agorainternational.org

あるいはCurtis の E-Mail:curtis @ msh-paris.fr. に連絡することもできます。

最後に、カストリアディスとの関連で強調しておきたいのは、一九九五年以来のフランスでの新しい社会運動の高まりです。カストリアディスは、七〇年代以後の大衆運動の低調ぶりを嘆いていたのですが、この十年余り、全く違った状況が見られます。一九九五年の十一月、十二月には、政府の年金抑制などの政策に反発して、下部労働者を中心にしたストライキが相次ぎ、フランスでは郵便、鉄道などが麻痺し、電気、ガスの供給も部分的に止まるといった事態が日常化しました。

この一九九五年末を境にして、各種の社会運動が高揚期に入っています。そこでの特徴としてあげられるもの、体制内化している左翼政党、大労組とはむしろ対立して、下部を中心にした自律的な運動が形成されていること、決定機関として下部の総会が重視されていること、指導する・指導されるといった関係を拒否した、調整委員会、コレクティフといった、直接民主主義的な組織が影響力を強めていること、には注目させられます。そこに、カストリアディスが期待していたものの、少なくとも芽があることは確かです。

また、そのような社会運動の高揚を反映するものの一つに、今では入手不可能で伝説的な存在、『社会主義か野蛮か』誌のアンソロジー刊行があります。カストリアディス、ルフォール、リオタール、モテ、スイーリ、ヴェガの文章を集めています。*Anthologie de Socialisme ou Barbarie, 1949-1967*, Acratie, 2007. ちなみにこの出版社は、アクラシ、つまりア・クラシ（支配・なし）を社名とし、六八年五月の起点となったパリ大学ナンテール分校での、三月二十二日運動の中心メンバーの一人、当時の社会学科の学生、ジャン＝ピエール・デュトゥーユによって運営されています。

ところで、カストリアディスの哲学的主著『想念が社会を創る』の訳者として、大失態をしていたことをご報告しなければなりません。ある箇所で、ギリシャ語の nous（ヌース、理性）をフランス語の nous（ヌー、われわれ）と取り違えておりました。単なる不注意とはいいがたい重大な過ちですが、これについては、カストリアディス『人間の領域』の訳者の一人である米山親能さんから、ご指摘をいただきました。ありがたいご指摘で、米山さんには深く感謝しております。と同時に読者には、間違ったものを提供していたことについて、率直におわびしなければなりません。

問題の箇所（同書二七二頁十一行目の途中から）を、次のように訂正いたします。

あらゆる論理学以前のこの保証とこの確定が、しかも、思考に、理性に、それ自身の本質によって保証されている。「なぜなら理性は、つねにではなく、存在すべきであったものにしたがって現にあるものを考える時に、何かしらの何かしらを考える時にではなく、真実だからである」(55)。理性は、帰属や判断に当たって間違えることもありうる。――しかし本質への接近は、理性に、つねに保証されている。アリストテレスはつづいていっているが、視覚はそれが感じうるものそのものについては――

これは白い——決して間違えないが、帰属については間違えることがありうるので——この白いものは人間である——、したがって理性は、諸帰属について間違うことはありうる。しかし、理性が考えうるものそのもの、本質、と名づけられるであろうものについては、そうではない。

この箇所については、『人間の領域』四三五頁、および六〇八頁の訳注（九五）をも参照していただければ、と思います。

なお、本書の訳出に当たっては、内外の友人たちから、疑問点や人名表記についての助言、数学にかかわる部分についての専門的な監修、カストリアディス関連文献資料の取りそろえ、などで協力を受けました。また、ある少数派労組が世話役で昨年四月に発足した「カストリアディスとともに社会転換を考える」研究会では、参加者や裏方に助けられてカストリアディスへの理解を深めることができ、その成果はこの訳書の作業の上でも少なからず活かされました。明記して感謝の意を表します。

二〇〇七年七月

江口　幹

《叢書・ウニベルシタス　874》
したこととすべきこと
〈迷宮の岐路 V〉

2007年10月 5 日　　初版第 1 刷発行

コルネリュウス・カストリアディス
江口　幹 訳
発行所　財団法人　法政大学出版局
〒102-0073 東京都千代田区九段北3-2-7
電話03(5214)5540／振替00160-6-95814
製版，印刷　三和印刷／鈴木製本所

Printed in Japan

ISBN 978-4-588-00874-0

コルネリュウス・カストリアディス

1922年生まれのギリシャ人．1945年フランスに渡り，ソルボンヌで哲学の国家博士号を取得．48年から70年までOECDの経済官僚としてパリで過ごし，80年からは社会科学高等研究院の指導教官をつとめ，哲学を講ずる．第二次大戦直後，国際主義共産党（第4インター・フランス支部）に参加し，中央委員として活躍するが，ソ連防衛を主張する主流派と対立して党内反主流派を形成，48年に仲間とともに脱党して，C.ルフォールらと「社会主義か野蛮か」グループを結成．マルクス主義の新しい思想と実践のあり方を示す雑誌『社会主義か野蛮か』を創刊して，49年から65年まで，その中心的書き手として活躍する．社会主義の形成過程とその現状を分析する過程で，特権的官僚集団による全体主義的な大衆の抑圧と搾取の現実を逸早く批判し，社会主義の崩壊を予見するとともに，政治・経済・哲学にわたるマルクス主義への全面的な批判と検討の作業を通じて，現代世界の変革の理論を再構築する．『社会主義か野蛮か』(49-79)，『エコロジーから自治へ』(共著，83)，『社会主義の再生は可能か――マルクス主義と革命理論』(87)，『迷宮の岐路』Ⅰ～Ⅴ（86～97)，『想念が社会を創る』(75) が邦訳されている．1997年12月死去．

江口　幹（えぐち　かん）

1931年岩手県生まれ．主著：『方位を求めて』(筑摩書房，73)，『評議会社会主義の思想』(三一書房，77)，『自由を生きる』(筑摩書房，80)，『疎外から自治へ――評伝カストリアディス』(筑摩書房，88)，『地中海の五月――日本を考える旅』(径書房，93)，『パリ68年5月』(論創社，98)．訳書：カストリアディス『社会主義か野蛮か』(法政大学出版局，90)『想念が社会を創る』(同，94)，『意味を見失った時代』(同，99) カストリアディスほか『エコロジーから自治へ』(緑風出版，83)，カストリアディス『社会主義の再生は可能か――マルクス主義と革命理論』(三一書房，87)，カストリアディスほか『東欧の変革，私たちの変革』(径書房，90) ほか．

カストリアディス／既刊

社会主義か野蛮か　江口　幹訳　三八〇〇円

想念が社会を創る　江口　幹訳　四〇〇〇円

迷宮の岐路　〈迷宮の岐路Ⅰ〉　宇京頼三訳　三八五〇円

人間の領域　〈迷宮の岐路Ⅱ〉　米山親能他訳　六五〇〇円

細分化された世界　〈迷宮の岐路Ⅲ〉　宇京頼三訳　三四〇〇円

意味を見失った時代　〈迷宮の岐路Ⅳ〉　江口　幹訳　三七〇〇円

したこととすべきこと　〈迷宮の岐路Ⅴ〉　江口　幹訳　四七〇〇円

（表示価格は税別）